乡村振兴理论与实践丛书

农产品营销与品牌建设

MARKETING AND BRAND BUILDING OF AGRICULTURAL PRODUCTS

包乌兰托亚　李中华　主编

江文斌　张德锋　副主编

中国林业出版社
China Forestry Publishing House

图书在版编目(CIP)数据

农产品营销与品牌建设 / 包乌兰托亚，李中华主编. —北京：中国林业出版社，2020.10
（乡村振兴理论与实践丛书）
ISBN 978-7-5219-0873-2

Ⅰ.①农… Ⅱ.①包…②李… Ⅲ.①农产品-市场营销学②农产品-品牌战略 Ⅳ.①F762②F304.3

中国版本图书馆CIP数据核字（2020）第208777号

中国林业出版社·自然保护分社（国家公园分社）

策划、责任编辑：许 玮
电　　　　话：(010)83143576

出版发行	中国林业出版社（100009　北京市西城区德内大街刘海胡同7号） 电话：(010)83143576 http://www.forestry.gov.cn/lycb.html
印　刷	河北京平诚乾印刷有限公司
版　次	2020年11月第1版
印　次	2020年11月第1次印刷
开　本	787mm×1092mm　1/16
印　张	26
字　数	633千字
定　价	78.00

未经许可，不得以任何方式复制或抄袭本书之部分或全部内容。
版权所有　侵权必究

前　言

本书主要研究以满足消费者需求为中心的农业经营主体营销活动过程及其规律性，以及品牌建设的规律、方法和技巧，具有综合性和实践性的特点。在乡村振兴战略实施背景下，农产品营销与品牌建设贯穿着农业全产业链，是助推农业转型升级和提质增效的重要支撑和持久动力，农产品的市场化和品牌化是全面推进农业高质量发展的关键。本书作为服务于农产品营销与品牌建设实践的应用型教程，适用于高等教育、农业专科教育、农村经营管理人才培训、农村经济管理干部培训等。

本书是在广泛收集国内外农产品营销研究最新成果，调查研究农业经营主体农产品营销与品牌建设成功案例的基础上进行编写的，系统、科学地阐述营销学与品牌学的基本理论、基本知识和基本方法，重在培养学生的系统思维能力。内容编写遵循系统性和前瞻性原则，全面系统地介绍了农产品营销基础理念、营销调查方法、营销策略技巧、品牌建设基础理论与方法。结合互联网背景下出现的新机会和新挑战，对网络营销、新零售、自媒体营销、区域公用品牌建设等前沿问题进行了阐述。

在篇章结构上，本书设4篇，分16章对农产品营销与品牌建设的基本原理与方法进行深入、全面的论述。第1篇营销理念，介绍了农产品市场营销的概念、产生与发展，农产品市场营销在我国的发展，农产品营销的战略与战略规划，包括总体战略和经营战略，以及农产品营销管理过程。第2篇营销调查，由农产品市场营销环境、农产品市场调查与预测、农产品消费者行为分析等章节构成，对农产品宏观营销环境、微观营销环境、营销环境分析与营销对策，农产品市场调查的方法、测量与预测，农产品消费者市场与购买行为模式、影响因素与决策构成等问题进行了详细阐述。第3篇营销策略，由农产品市场细分、目标市场决策和市场定位，农产品产品策略，农产品定价策略，农产品分销策略，农产品促销策略，农产品网络营销策略，具体分析市场营销组合战略在农产品营销领域的应用，并对农产品网络营销的发展动态、网络营销的方法和策略加以深入分析。第4篇品牌建设，分为农产品品牌创建概述、农产品品牌定位、农产品品牌要素设计、农产品品牌的包装策略、农产品品牌文化与品牌资产等章节，具体阐述农产品品牌建设的必要性与具体路径。

本书参考国内外优秀图书的编写体例，设置知识与技能目标、情境导入、知识拓展、小案例、归纳与提高、复习思考题、章节案例等版块。开篇提出章节知识与技能目标，结合案例导入学习情境，分析完成章节目标任务和解决问题所需知识点，围绕知识点编写各章内容，书中引入大量案例、具体营销方法和拓展知识点，以具体案例分析来贯穿知识点，使读者能够更深入地理解所学的理论和原理。案例选材注重时效性，章节案例突出实用性，启发读者深入思考，每章最后对章节内容进行归纳、总结，提出思考方向，帮助读者掌握本章的主要知识点，培养其分析及解决问题的能力。

本书为山东省合作经济研究会策划的乡村振兴理论与实践系列丛书之一，由包乌兰托亚、李中华主编，江文斌、张德锋任副主编。本书还得到青岛农业大学经济学院（合作社学院）、福建农林大学、河北农业大学等院校专家、学者的关心与支持。本书编写借鉴了国内外营销学者大量最新研究成果及网络资料，除注明出处的部分外，限于体例未能一一说明。在此，谨向各位作者及支持本书出版的各单位表示诚挚的感谢。

由于编者水平所限，书中不足与不当之处，敬请广大读者朋友批评指正、不吝赐教。

编　者

2020 年 10 月

目录

前　言 ……………………………………………………………………………（1）
第一篇　营销理念 …………………………………………………………（1）
第一章　农产品市场营销概述 ……………………………………………（2）
　　第一节　市场和市场营销 …………………………………………………（3）
　　第二节　农产品市场营销的概念 …………………………………………（9）
　　第三节　农产品市场营销学的产生与发展 ………………………………（15）
　　第四节　农产品市场营销在我国的发展 …………………………………（19）
第二章　农产品营销的战略框架 …………………………………………（24）
　　第一节　战略与战略规划 …………………………………………………（25）
　　第二节　农产品营销的总体战略 …………………………………………（27）
　　第三节　农产品营销的经营战略 …………………………………………（37）
　　第四节　农产品营销管理过程 ……………………………………………（40）
第二篇　营销调查 …………………………………………………………（47）
第三章　农产品市场营销环境 ……………………………………………（48）
　　第一节　农产品市场营销环境的含义及特征 ……………………………（49）
　　第二节　农产品宏观营销环境 ……………………………………………（51）
　　第三节　农产品微观营销环境 ……………………………………………（59）
　　第四节　农产品营销环境分析与营销对策 ………………………………（64）
第四章　农产品市场调查与预测 …………………………………………（75）
　　第一节　市场营销信息系统 ………………………………………………（76）
　　第二节　农产品市场调查及其程序 ………………………………………（80）
　　第三节　农产品市场调查的方法 …………………………………………（84）
　　第四节　农产品市场需求的测量与预测 …………………………………（90）
第五章　农产品消费者行为分析 …………………………………………（102）
　　第一节　农产品消费者市场与购买行为模式 ……………………………（103）
　　第二节　影响农产品消费者购买行为的主要因素 ………………………（111）
　　第三节　农产品消费者购买决策过程 ……………………………………（115）

第四节　农产品消费者市场发展趋势 …………………………………………（122）
第三篇　营销策略 …………………………………………………………………（127）
　第六章　农产品市场细分、目标市场决策和市场定位 ……………………………（128）
　　第一节　市场细分 ……………………………………………………………（129）
　　第二节　目标市场决策 ………………………………………………………（135）
　　第三节　市场定位 ……………………………………………………………（139）
　第七章　农产品产品策略 ……………………………………………………………（148）
　　第一节　农产品的概念 ………………………………………………………（149）
　　第二节　农产品组合策略 ……………………………………………………（153）
　　第三节　产品生命周期理论 …………………………………………………（157）
　　第四节　新产品开发策略 ……………………………………………………（160）
　第八章　农产品定价策略 ……………………………………………………………（170）
　　第一节　影响农产品定价的主要因素 ………………………………………（171）
　　第二节　农产品定价的目标和程序 …………………………………………（175）
　　第三节　农产品定价的一般方法 ……………………………………………（177）
　　第四节　农产品定价的策略 …………………………………………………（181）
　　第五节　农产品价格调整及价格变动反应 …………………………………（188）
　第九章　农产品分销策略 ……………………………………………………………（197）
　　第一节　农产品分销渠道的职能与类型 ……………………………………（198）
　　第二节　分销渠道策略选择与管理 …………………………………………（202）
　　第三节　农产品分销体系和运行模式 ………………………………………（212）
　　第四节　农产品物流与管理 …………………………………………………（219）
　第十章　农产品促销策略 ……………………………………………………………（231）
　　第一节　农产品促销及促销组合 ……………………………………………（232）
　　第二节　农产品广告促销策略 ………………………………………………（237）
　　第三节　农产品营业推广策略 ………………………………………………（249）
　　第四节　农产品公共关系策略 ………………………………………………（260）
　　第五节　农产品人员推销策略 ………………………………………………（266）
　第十一章　农产品网络营销策略 ……………………………………………………（277）
　　第一节　农产品网络营销的概念 ……………………………………………（278）
　　第二节　农产品网络营销的发展动态 ………………………………………（281）
　　第三节　农产品网络营销的方法 ……………………………………………（284）
　　第四节　农产品网络营销的策略 ……………………………………………（295）
第四篇　品牌建设 …………………………………………………………………（303）
　第十二章　农产品品牌创建概述 ……………………………………………………（304）
　　第一节　农产品品牌概述 ……………………………………………………（305）

| 第二节 | 农产品品牌创建的关键 | (314) |
| 第三节 | 农产品品牌创建的过程 | (319) |

第十三章 农产品品牌定位 (327)
| 第一节 | 农产品品牌定位的基本概念 | (328) |
| 第二节 | 农产品品牌定位的方法 | (332) |

第十四章 农产品品牌要素设计 (336)
第一节	农产品品牌要素的内涵与意义	(337)
第二节	农产品品牌显性要素设计	(340)
第三节	农产品品牌形象识别系统	(351)

第十五章 农产品品牌的包装策略 (356)
第一节	包装的含义及其分类	(357)
第二节	包装的功能与策略	(365)
第三节	农产品包装设计	(369)
第四节	农产品包装的新趋势	(378)

第十六章 农产品品牌文化与品牌资产 (389)
第一节	农产品品牌文化的内涵	(390)
第二节	塑造农产品品牌文化	(391)
第三节	农产品品牌资产概述	(396)

第一篇　营销理念

第一章　农产品市场营销概述

知识与技能目标

1. 掌握农产品市场与市场营销的基本概念。
2. 了解农产品市场营销的特点。
3. 掌握农产品市场营销学研究的主要内容。
4. 掌握农产品市场营销的研究方法。

情境导入

滕州市正德康城蔬菜专业合作社实行"四统一"服务,即统一农业投入品的采购和供应、统一生产质量安全标准和技术培训、统一品牌和包装、统一产品和基地认证。合作社以绿色健康为主题,不断扩大经营范围,形成了第一、二、三产业无缝连接的安全健康体系。产业链发展重点关注以下内容:

(1) 由原来乱吃、按喜好吃变成科学的合理膳食。

(2) 解决千年养生智慧和现代化科技及营养研究的有机结合。

(3) 解决源头蔬、果、禽、肉、蛋、水产的无毒素、无色素、无添加剂生态安全健康食品问题。

(4) 解决如何把一日三餐当作药品来生产;如何生产出美味可口的健康食品。

(5) 解决如何把健康理念和健康产品输送给千家万户。

(6) 健康管理养生院,老有所健、老有所乐、老有所依、老有所医。

(7) 通过正德康城健康一日游,倡导健康生活新理念,助力幸福家庭新生活。

(资料来源:郑锋.融合——看正德康城三产如何破界成新[M].北京:中国财富出版社,2017.)

思考:正德康城"健康产业链"理念体现了怎样的营销哲学?

市场营销学是研究市场营销活动及其规律的应用科学,营销理念已经在经济和社会的各个领域得到了广泛应用。在新的经济时代,市场营销的理论与实践都不断加快创新和发展。面对快速变化、激烈竞争的市场,农产品生产经营者全面、系统地学习和掌握现代市场营销的理念、方法和技巧,对于农产品市场经营管理,提高经济效益具有重要意义。

第一节 市场和市场营销

市场营销学主要研究以满足消费者需求为中心的企业市场营销活动过程及其规律。农产品市场营销要研究作为农产品生产经营者如何在动态竞争的市场上有效地管理其与农产品买方市场的交换过程和交换关系。在现代市场经济条件下,农产品生产经营者必须按照市场需求组织生产和销售,因此,首先要了解市场、市场营销及其相关概念。

一、市场及其构成要素

(一)市场的概念

"市场"一词,最早是指买主和卖主聚集在一起进行交换的场所。在日常生活中,人们习惯将市场看作是买卖的场所,如集市、商场、批发市场等,这是一个从时间和空间上理解的市场的概念。

经济学家从揭示经济实质的角度提出市场概念,认为市场是一个商品经济范畴,是商品的供求关系和交换关系的总和,是通过商品交换反映出来的人与人之间的关系。在这个意义上,列宁曾指出:"哪里有社会分工,哪里有商品生产,哪里就会有'市场',社会分工和商品生产发展到什么程度,市场就发展到什么程度。"

管理学家则侧重从具体的交换活动及其运行规律去认识市场。在他们看来,市场是供需双方在共同认可的一定条件下所进行的商品或劳务的交换活动。如美国学者奥德森(W. Alderson)和科克斯(R. Cox)就认为:"广义的市场概念,包括生产者和消费者之间实现商品和劳务的潜在交换的任何一种活动。"被称为"现代营销之父"的菲利普·科特勒(Philip Kotler)则进一步指出:"市场(Market)是由一切具有特定欲望和需求并且愿意和能够以交换来满足此需求的潜在消费者所组成。"因此,"市场规模的大小,由具有需求拥有他人所需要资源,且愿意以这些资源交换其所需的人数而定"。从组织(特别是企业)的立场来看,市场是外在的、无法控制的,但是可以影响的、用来交换的场所。

市场营销者常常将卖方称为行业,买方称为市场。因此,农产品市场是指农产品的现实购买者与潜在购买者需求的总和。

如果将上述市场的概念做简单的综合和延伸,可以得到一个较为完整的对市场的认识:

(1)市场是建立在社会分工和商品生产基础上的交换关系。

(2)现实市场的形成要有若干基本条件。这些条件包括:消费者有消费需求或欲望,并拥有其可支配的交换资源;存在由另一方提供的能够满足消费者需求的产品或服务;要有促成交换双方达成交易的各种条件,如双方接受的价格、时间、空间、信息和服务方式等。

(3) 市场的发展是一个由消费者(买方)决定,而由生产者(卖方)推动的动态过程。

(二) 市场的构成要素

在现实经济中,市场已经形成较为复杂的体系。但其主要包含三个因素,即人口(消费者)、购买力和购买欲望。农产品市场是由有农产品需求的人、为满足这种需要的购买能力和购买欲望构成。用公式表示就是:

$$市场 = 人口 + 购买力 + 购买欲望$$

市场的这三方面因素缺一不可,三者结合起来构成了现实的市场,决定了市场的规模和容量。农产品市场既要分析销售区域人口的数量,又要分析消费人群的购买力,以及农产品能否引起人们的购买欲望。

【案例1-1】

某乳品饮料公司为了开拓市场,派业务员甲到一小岛上考察,甲报告说:小岛上有很多土著居民,但从来不饮用乳品,因此公司的乳品饮料没有市场。公司又派业务员乙去考察,乙报告说:小岛上现在连乳品饮料都没有,这里有巨大的潜在市场。公司又派主管丙去考察,丙报告说:岛上的居民确实没有饮用乳品的消费习惯,原因有二,一是不知道该乳品,二是没钱购买。但是,这个岛上盛产菠萝、椰子等热带水果。如果我们一方面大力宣传乳品饮料的好处,让居民有购买的需求和欲望,另一方面通过收购水果让他们有钱可以买得起该乳品饮料,即拥有购买力,那么这里确实存在巨大的商机,将拥有高达30%以上的利润。从这个例子中可以看出市场一定要具备上述三要素,并且要充分地结合,才能够形成真正的市场。

资料来源:根据百度文库资料改编。

思考:什么是真正的市场?如何开发市场机会?

二、市场营销及相关概念

(一) 营销的含义

伴随营销理论与实践的不断创新,营销的概念在不同时期有不同的表述。美国营销协会(American Marketing Association, AMA)定义委员会曾在1960年给营销下过如下定义:"营销是引导产品及劳务从生产者到达消费者或使用者手中的一切企业经营活动。"2007年AMA公布市场营销新的定义是:"营销是一项有组织的活动,包括创造、传播和交付顾客价值和管理顾客关系的一系列过程,从而使利益相关者和企业都从中受益。"

菲利普·科特勒(Philip Kotler)则进一步指出:"营销是个人和集体通过创造、提供出售,并同他人交换产品和价值,以满足其需要和欲求的一种社会和管理过程"。这一定义揭示了营销满足顾客需要的本质,同时突出了营销包含着创造、创新性思维的特点,并将其上升到社会和管理过程的高度。

现代管理学之父彼得·德鲁克(Peter F. Drucker)更是一针见血地指出:营销的目的就是要使推销成为多余。营销的目的在于深刻地认识和了解顾客,从而使产品或服务完全适合顾客的需要而形成产品自我销售。

这些定义都共同反映了营销的本质，即满足顾客需要。可以说，营销是围绕满足顾客需要的一种观念、一种管理过程和一种管理者的心智较量。

（二）市场营销的含义

市场营销是指以满足人类各种需要和欲望为目的，通过市场将潜在交换变为现实交换的一系列活动和过程。从管理角度可以将市场营销概念具体归纳为以下几点：

（1）市场营销的基本目标是"获得顾客、挽留顾客和提升顾客"。

（2）"交换"是市场营销的核心。市场营销就是通过创造、传播和交付顾客价值和管理顾客关系实现交换。

（3）交换过程的效率与效益取决于市场营销者创造价值和满足顾客需求的程度，以及对交换过程管理的水平。

（三）市场营销的相关概念

1. 需要、欲望和需求

需要是指人们与生俱来的基本要求。如马斯洛需求层次论中探讨的吃穿住、安全、归属、受人尊重、自我实现等需要。这些需要是人类为了生存和发展，产生的生理和心理的需要，市场营销者只能用不同的方式去满足人们的需要，不能凭空制造需要。

欲望是指想得到满足上述需要的具体产品的愿望，是个人受不同文化及社会环境影响表现出来的对需要的特定追求。市场营销者可以影响消费者的欲望，并通过创造和开发特定的产品或服务来满足消费欲望。

需求是指人们有能力购买并愿意购买某个具体产品的欲望，可见，消费者的欲望在有购买能力的时候才能得到满足。因此，市场营销者不仅要了解多少消费者对其产品有购买欲望，还要了解他们是否有能力购买，从而通过各种营销手段来影响需求，并根据对需求情况的分析来决定是否进入这一产品或服务市场。

2. 产品和服务

产品是指用来满足消费者需要和欲望的任何东西，它给消费者带来欲望的满足。产品包括有形产品与无形产品。有形产品是为消费者提供服务的载体，如蔬菜、水果、肉蛋等。无形产品或服务是通过其他载体，诸如人、地、活动、组织和观念等来提供的。比如休假时，人们可以到乡村去游玩，可以去品尝农家宴，可以参加农事活动，或者体验农村民俗风情，在这个过程中经营者提供的导游、咨询等服务。

3. 交换、交易和关系

交换是指从他人处取得所需之物，并将自己拥有的某种东西作为回报的行为。人们对满足需求或欲望之物的取得，可以通过各种方式，但只有通过等价交换，买卖双方彼此获得所需的产品，才产生市场营销活动。可见，交换是市场营销的核心概念。

交易是交换的基本组成单位，是交换双方之间的价值交换。交换是一个过程，如果双方达成一项协议，则称为发生了交易行为。一次交易至少有两个有价值的事物，买卖双方所同意的条件和协议的时间和地点。与交易有关的市场营销活动，即交易营销。

关系是指市场营销者为促使交易的成功与其顾客、渠道商等建立起的长期互信互利的关系。市场营销的目的是建立、维持、强化客户关系并使之商品化，以便所涉及各方的目标都能够实现，供应商与客户之间相互作用的重点从交易转向关系。

关系营销是一种与顾客共同创造价值(而不是简单地把现成的价值分销给顾客)的全新的营销理念,交易营销与关系营销的区别见表1-1。

表1-1 交易营销与关系营销的区别

交易营销	关系营销
着眼于单笔交易	着眼于客户的保持
着眼于客户的保持	连贯的客户联系
重视产品特性	重视客户价值
短期销售	长期销售
几乎不强调客户服务	非常重视客户服务
对满足客户预期作有限承诺	对满足客户预期作高度承诺
质量是生产部门关心的问题	质量是所有员工关注的问题

【案例1-2】

2012年年底,喀什兰干乡维吉达尼农民专业合作社成立,启动的第一项工作就是利用参与式的农村发展工具,让农民和消费者参与到生产标准和产品标准的建立当中。目前,维吉达尼在新疆有大约2000家合作农户,拥有5万多个愿意重复购买的忠实粉丝,最关键的是——"农民和农产品消费者之间已经形成了一个温暖的社群"。维吉达尼大量采用社会化营销来做品牌传播,以讲故事的方式来传达产品价值。在客户体验上,非常注重打通客户与农户之间的交流。每一份产品里都会附上一张小卡片,里面是农户的一张照片和一句温暖的话,"这袋干果是我种的,我也喜欢吃,希望您也喜欢。"同时加上农户维语的签名。很多客户收到农户签名的卡片以后感觉非常温暖,随后,维吉达尼发起了"给农户寄明信片"的活动,得到粉丝们热情的支持,有来自纽约巴黎的客户给新疆合作农户寄信,农户们看到万里之外寄回来的明信片,也感觉自己的劳动得到很大的尊重。

资料来源:刘敬文. 维吉达尼:帮新疆兄弟卖良心干果[EB/OL]. https://gongyi.qq.com/a/20131203/009896_all.htm,2013-12-03/2020-06-07.

思考:维吉达尼合作社的关系营销策略是什么?

三、营销观念的演变

营销观念,是企业在开展市场营销活动的过程中,在处理企业、顾客和社会三者利益方面所持的态度、思想和观念。了解营销观念的演变,对农产品营销者更新观念,适应竞争激烈的市场形势和社会发展整体趋势,加强营销管理具有重要意义。

(一)以企业为中心的观念

1. 生产观念

生产观念(Production Concept)产生于20世纪20年代前,是在卖方市场条件下产生的,其主要表现是"我生产什么,就卖什么"。生产观念认为,消费者喜欢那些可以随处买得到而且价格低廉的产品,企业应致力于提高生产效率和分销效率,扩大生产,降低成本以拓展市场。生产观念是一种重生产、轻营销的商业理念。

2. 产品观念

产品观念(Product Concept)认为,消费者最喜欢高质量、多功能和具有特色的产品,企业应致力于生产高价值的产品,并不断加以改进。产品观念的表现是"酒香不怕巷子深",它也是产生于市场中产品供不应求的"卖方市场"形势下,高质量的产品自然让消费者趋之若鹜,经营者对此类产品也乐此不疲。产品观念容易导致"营销近视症",即把注意力放在产品上,而不是放在消费者的需求上,在市场营销管理中缺乏远见,只看到自己的产品质量好,看不到市场需求在变化,致使企业经营陷入困境。

3. 推销观念

推销观念(Selling Concept)产生于20世纪20年代末至50年代前,其主要表现是"卖什么就让别人买什么"。这种观念认为,消费者通常表现出一种购买惰性或抗衡心理,如果听其自然的话,消费者一般不会足量购买某一企业的产品,因此,企业必须积极推销和大力促销,针对消费者的心理,采取一系列有效的推销和促销手段,使消费者对企业的产品发生兴趣,刺激消费者大量购买是完全可能的。

推销观念产生于资本主义国家由"卖方市场"向"买方市场"过渡的阶段。在1920—1945年间,由于科学技术的进步,科学管理和大规模生产的推广,产品产量迅速增加,逐渐出现了市场产品供过于求、卖主之间竞争激烈的新形势。尤其在1929—1933年的特大经济危机期间,大量产品销售不出去,企业家们意识到:即使是质量高、有特色的产品,也未必卖得出去。要想在日益激烈的市场竞争中求得生存和发展,就必须重视推销。

(二)以消费者为中心的观念

市场营销观念(Marketing Concept)是作为对上述诸观念的挑战而出现的一种新型的经营哲学。这种观念是以满足顾客需要为出发点的,即"顾客需要什么,就生产什么"。尽管这种思想由来已久,但其核心原则直到20世纪50年代中期才基本定型,当时社会生产力迅速发展,市场趋势表现为供过于求的买方市场,同时广大居民个人收入迅速提高,有可能对产品进行选择,企业之间为销售产品的竞争加剧,许多企业开始认识到,必须转变经营观念,才能求得生存和发展。市场营销观念认为,实现企业各项目标的关键,在于正确确定目标市场的需要和欲望,并且比竞争者更有效地传送目标市场所期望的产品或服务,进而比竞争者更有效地满足目标市场的需要和欲望。

通过创造、传播和交付优质顾客价值,满足需求,达到顾客满意,最终实现包括利润在内的企业目标,是现代市场营销的基本精神。对于现代营销观念如何真正贯彻实施的问题,许多学者和营销经理人将注意力逐渐集中在如何实现顾客满意,如何吸引、保持顾客和培育顾客关系等方面。

1. 顾客满意

所谓顾客满意(Customer Satisfaction),是指顾客将产品或服务满足其需要的感知效果与其期望进行比较所形成的感觉状态。顾客是否满意,取决于其购买后实际感受到的绩效与期望的差异;若绩效小于期望,顾客会不满意;若绩效与期望相当,顾客会满意;若绩效大于期望,顾客会非常满意。

顾客期望的形成,取决于顾客以往的购买经验、朋友和同事的影响,以及营销者和竞争者的信息与承诺。顾客对满足其需要的感知效果(绩效),是顾客通过购买和使用产品的一种感受,是建立在"满足需要"的基础上,顾客对企业产品或服务的综合评估。因此,创建、保持和提升顾客的满意程度,是企业赢得新顾客、保持老顾客、占有和扩大市场份额、提高经营效益的关键。

> **知识拓展**
>
> 顾客满意理论(CS理论)认为:
> 96%的不满意顾客不会向经营者抱怨自己受到的不公正待遇;
> 90%的不满意顾客不会再次光顾你的商店;
> 每个不满意的顾客都会将他们受到的不公正待遇至少向9个人抱怨,13%的不满意的顾客会向20个人以上宣传你的商品或服务质量是如何糟。

2. 顾客感知价值

顾客感知价值(Customer Perceived Value,CPV),是指企业传递给顾客,且能让顾客感受得到的实际价值,一般表现为顾客购买总价值与顾客购买总成本之间的差额。这里的顾客购买总价值是指顾客购买某一产品与服务所期望获得的一系列利益,包括产品价值、服务价值、功能利益、情感利益;顾客购买总成本是指顾客为购买某一产品所耗费的时间、精力、体力以及所支付的金钱等成本之和(图1-1)。

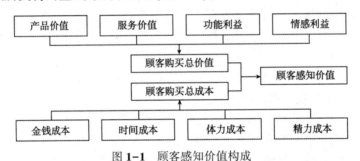

图1-1 顾客感知价值构成

顾客购买产品时,总是希望有较高的顾客购买总价值和较低的顾客购买总成本,以便获得更多的顾客感知价值,使自己的需要最大化。

> **知识拓展**
>
> **营销管理伴随实践发展演进的四种范式**
>
> 1. 交易营销。该阶段的营销管理以交易为中心,以销售活动为主,追求销售额增长,关注发展新顾客。
> 2. 关系营销。该阶段的营销管理以顾客关系为中心,追求留住顾客、多次成交和更持续的生意关系,最关注的是顾客满意度。
> 3. 价值营销。该阶段的营销管理以品牌价值为中心,追求获得更高顾客资产和品牌资产,注重深入挖掘顾客价值。
> 4. 价值网营销。该阶段的营销管理以网络和价值网络为中心,关注利用外部资源的引入和网络效应来增强营销管理的效能和效率。价值网营销有两个分支:一是互联网驱动的互联网营销;二是合作共赢驱动的营销。以顾客价值为中心的合作网络突破了单一公司的资源局限,建立起跨公司、跨行业的联盟,从而争取到共同分享的更大的顾客资产和市场。
>
> 资料来源:菲利普·科特勒.营销管理[M].第13版.卢泰宏,译.北京:中国人民大学出版社,2009:22.

(三) 以社会整体利益为中心的观念

随着经济全球化、相关群体利益多元化、生态环境破坏、资源短缺、人口爆炸、失业增加等问题日益突出，要求企业顾及消费者和利益相关者的整体与长远利益，即对社会整体利益的关注度日益提升。这个阶段，营销理论中出现了一系列新的观念，如人本观念、生态主宰观念、绩效营销观念等，认为企业生产经营应综合考虑消费者、利益相关者和整个社会的长远利益，这种观念统称为社会市场营销观念(Social Marketing Concept)。

社会市场营销观念是对市场营销观念的深化与发展。市场营销观念的中心是满足消费者的需求，进而实现企业的利润目标。市场营销观念在消费者利益与企业利润目标发生冲突时，往往将保障企业的利润放在第一位。社会市场营销观念则强调，要以实现消费者满意以及企业内外经营者和社会公众的长期福利作为企业的根本目的与责任，在市场营销活动中要兼顾消费者的现实需求、消费者和社会的长远利益以及企业及其相关利益者的营销效益。

五种营销观念的关注重点、营销方法以及营销目标上的异同点见表1-2。

表1-2 五种营销观念的异同

营销观念	重点	方法	目标
生产观念	产品数量	提高生产效率	通过扩大销售量，增加利润
产品观念	产品质量	提高产品质量	
推销观念	产品销量	加强推销	
市场营销观念	消费者利益 企业利益	迎合消费需求	通过满足消费者需要而获利
社会市场营销观念	消费者利益 企业利益 社会整体利益	整合营销	通过满足消费者需要、增进社会福利而获利

第二节 农产品市场营销的概念

一、农产品市场及其特点

(一) 农产品市场的定义

农产品市场可以从广义和狭义两个方面来定义：

1. 广义的农产品市场是指农产品流通领域交换关系的总和。它不仅包括具体的农产品市场，还包括农产品交换中的各种经济关系，如农产品的交换原则与交换方式，人们在交换中的地位、作用和相互联系，农产品流通渠道与流通环节，农产品供给与需求的宏观调控等。

2. 狭义的农产品市场则指农产品进行交换的具体场所。

(二) 农产品市场参与者

农产品市场参与者可从主体、客体及辅助要素三方面来分析：

1. 农产品市场的主体

农产品市场中的主体是农产品市场的参与者，主要包括产品生产者、消费者和参与到产品流通环节中的中介组织，其中流通环节越多，参与的中介越多。

（1）生产者是农产品流通过程的起点，他们生产农产品并自己或者通过中介提供给市场，从而取得价值补偿，在现阶段主要是农民及农民组织，如农民合作社、家庭农场、种养大户，还有农业企业等。

（2）消费者处于流通过程的终点，是农产品的购买者，通过购买和消费，满足消费需求，同时也实现了农产品生产目的。

（3）农产品流通过程中的中介通过买卖农产品取得差价实现产品的进一步流通，他们分类众多，有专一的农产品收购商、零售商、批发商，也有农产品加工企业、运输公司、仓储企业、餐饮店以及农产品专卖店等。

农产品市场的主体之间的商品交换带动了整个市场要素的合理流动，构成了农产品市场运行的基础。

2. 农产品市场的客体

农产品市场的客体是指农产品市场中的客观的物的因素，包括交易的农产品、用于结算的货币等。市场客体受市场主体的制约，但也在某种程度上影响着市场主体的行为。

3. 农产品市场辅助要素

农产品市场辅助要素则是指不直接参与农产品市场的运行，但能够对市场平稳有序的运行起到调节作用的各种因素，包括政府的调控管理及必要的交易设施等。其中，政府作为农产品市场调控的主体，虽然原则上不直接参与市场，但作为"有形的手"能够对市场失灵进行有效的弥补。交易设施指为农产品的交换提供便利的摊位、地磅房、仓库等，一般由政府或农产品批发市场所有者修建，对交易的实现起到了重要的保障作用。

（三）农产品市场的特点

农产品的属性决定了其市场的独特性。具体表现在：

1. 市场供给的季节性和周期性

农业生产以动植物为主要对象，而动植物在生产过程中，除了受生长发育规律的影响外，气温、光照等外部环境的作用也非常明显，而这些外部因素具有周期性和季节性的变化特点，导致在既定区域内农产品上市具有明显的季节性，即在某一区域，某种特定农产品在不同的年份上市时间是基本固定的。农产品上市的季节性相应地决定了农产品市场的季节性。另外由于农产品生产需要从土壤中吸收养分，导致产出在一年或几年之内呈现出有规律的淡季、旺季和大年、小年，淡旺季、大小年相互交错，呈现出周期性的特点。农产品市场的季节性和周期性特点，给市场的供给带来了一定的不确定性。

2. 市场的不确定性与风险性

农业生产不仅受自然环境影响较大，农业生产经营还面临更大的市场风险。农产品在从生产者流向消费者的过程中极易发生腐烂、霉变和病虫害等，造成损耗，不同农产品的储运难度与费用高低也具有差异性。另外，农产品生产周期长，农业投入的资产专用性强，农产品市场供给弹性小，对市场需求的变化的反应速度比较慢，也造成农产品市场面临不确定的风险。

3. 市场的非均衡性与差异性

农产品市场也呈现出经济发展水平高的区域明显优于经济发展水平低的地区，城市明显优于农村，相应地，农产品市场的发育水平也存在明显的差异性，呈现出现代化市场和传统小型分散市场并存的局面。在经济发达的东部地区以及大中城市，农产品市场较为发达，市场规模大、基础设施好、配套服务全、交易方式先进。而在广大中西部和乡镇地区，农产品市场则相对滞后，交易环境相对较差。

4. 市场需求的普遍性和连续性

农产品的基础性决定了其在需求上具有普遍性，它在满足人们生活基本需求方面发挥着不可替代的作用。不同消费群体在农产品需求普遍性之下又表现出在产品质量、产品价格、产品档次等方面的差异性。如收入水平较高的消费群体对有机农产品的需求程度更高。另外，虽然农产品的生产具有季节性，但农产品的消费却是均衡的，无论是人们的日常消费，还是作为工业生产的原料，都是常年和连续的。

（四）农产品市场的类型

依据不同的分类标准，农产品市场主要有以下几种分类方法。

1. 按照市场参与主体分类

（1）农产品消费者市场。农产品消费者市场指由为满足个人和家庭需要而购买农产品形成的市场。市场以个人或家庭为基本的购买单位，购买批次多，批量小，购买目的是满足个人或家庭的生活需要。随着城乡居民的消费水平的显著提高，农产品消费需求趋向多样性、个性化、品质化。

（2）农产品企业市场。农产品企业市场指由满足企业生产、流通需要而购买农产品形成的市场。市场的购买者是企业或其他组织，购买批次少，批量大，购买目的是满足企业生产或转卖的需要。如食品加工业、饮料行业等都是农产品企业市场的供给对象。

（3）农产品政府市场。由于农产品对于国计民生有着重要的意义，政府在农产品市场交易中必须发挥其调节、控制作用。所以，政府通过建立重要农产品收储制度，作为买者或者卖者参与农产品市场，对市场上农产品的供求进行调节。

2. 按照交易场所的性质分类

（1）产地市场。产地市场指在各个农产品集中生产地形成的汇集农产品的定期或不定期的农产品市场，如早期的山东寿光蔬菜批发市场就是在当地蔬菜生产快速发展壮大的基础上形成的典型的产地市场。产地市场的主要特点是：

第一，直接连接农产品生产者。产地市场位于农产品集中生产地，直接连接农产品生产者，为分散生产的农户提供集中销售农产品的场所并向农户直接传递市场信息。

第二，以现货交易为主要交易方式。从各个产地市场的交易方式来看，现货交易仍然是主要的交易方式，但网上交易等现代交易方式正在兴起。

第三，以某一特定农产品为主要的交易产品。产地市场往往以当地主要种植或养殖的产品为主要交易品种，尤其是随着"一村（镇）一品"等的影响，种养产品往往比较集中在某一特定品种上，也便于形成特色，集中调配、销售。

第四，以批发为主。产地市场的买方往往是外地的农产品中介或者受委托的当地中介，它的重要功能就是汇集产品，为农产品大流通提供初级的或经过初步整理、分级、加工、包装的农产品。

（2）集中与中转市场。由于农产品生产具有地域性，众多的生产者分散在各个区域，而农产品消费又呈现出多样少量的特点，因此需要将分散生产的农产品集中起来，经过加工、储藏与包装，再通过批发市场分销到全国各地，这样就可以形成规模、降低流通成本，从而形成了集散与中转市场。其主要职能是将分散的产地市场的农产品在市场内集中后再分销出去，因此多设在交通便利的地方，且具备较大的规模，配套服务设施比较完善，提供一系列的交易场所、停车场、仓储设施、运输、金融服务等。山东寿光批发市场随着批发业务的开展，名声在外，逐步从产地市场转变成集散与中转市场，很多产地市场的农产品集中运输到寿光批发市场后，在市场进行二次调配再运送到其他市场去。

知识拓展

山东寿光蔬菜批发市场

始建于1984年，现占地面积600亩①，累计投资总额2亿元，年成交蔬菜40亿公斤，交易额56亿元。山东寿光蔬菜批发市场设施完善，配套机构健全，辐射力广，带动力强，拥有32000平方米的网架交易大厅，5000平方米的交易棚和7200平方米的交易服务楼，信息系统与全国20多个城市联网。交易范围辐射全国20多个省、直辖市、自治区，并出口日、韩、俄等10多个国家，是全国最大的蔬菜集散中心、价格形成中心和信息交流中心。

（3）销地市场。直接向广大农产品消费者提供农产品的市场，其职能是把经过集中、初加工和储运等环节的农产品销售给消费者。这类市场一般设在大中城市，如北京、上海等均为典型的销地市场。

知识拓展

北京新发地农产品批发市场

北京新发地农产品批发市场成立于1988年，市场现占地1680亩，管理人员1500名，固定摊位2000个左右、定点客户4000多家，日吞吐蔬菜1.8万吨、果品2万吨、生猪3000多头、羊1500多只、牛150多头、水产1500多吨。近年来，市场本着"扶大、扶强、扶优"的原则，培养出单品经营大王100名，综合销售百强100名，形成了以蔬菜、果品批发为龙头，肉类、粮油、水产、调料等十大类农副产品综合批发交易的格局。2019年交易量1749万吨，交易额1319亿元人民币。在全国4600多家农产品批发市场中，新发地市场交易量、交易额已连续十七年双居全国第一，是首都名副其实的大"菜篮子"和大"果盘子"。

北京新发地公众号：gh_ 8242fd6e1763

3. 按照农产品交易形式分类

（1）现货交易市场。在农产品市场内，按照商定的付款方式、付款金额和其他条件买卖商品，进行实物的交割实现商品所有权的转让的市场。我国农产品市场中农产品交易的主要方式就是现货交易。

（2）期货市场。进行农产品期货交易的有组织的市场。期货交易是在期货交易所按一定规章制度进行的农产品标准化合约的买卖活动，其交易对象是农产品标准化合约。期货

---

①1亩=1/15公顷，下同。

市场具备规避风险、发现价格的功能。

4. 按照农产品性质类别分类

按照市场上交易的农产品性质类别划分，可以分为粮食市场、油料市场、果品市场、蔬菜市场、肉类市场、水产品市场、禽蛋市场、奶类市场、棉花市场、茶叶市场、中药材市场、林产品市场、花卉市场等。

二、农产品市场营销的含义与职能

（一）农产品市场营销的含义

农产品市场营销是指农产品生产和经营的个人和组织，在农产品从生产者到消费者流通过程中，为实现个人和社会需求目标而进行的农产品生产和交易的一系列活动。其内涵体现在：

（1）农产品营销贯穿于农产品生产、流通和交易的全过程。农产品营销包括农产品产前生产计划的制订和决策，新产品的培育和开发，农业生产资料的供应以及农产品生产者按生产计划进行的符合市场和社会需求的产品生产。现代农产品营销还包括农产品的售后服务，即产前、产中和产后的各个阶段的营销活动都涵盖在内。

（2）农产品营销概念体现了一定的社会价值或社会属性，其最终目标是满足个人和社会的需求和欲望。同时，在农产品从生产者出发，经过采购商、批发商、加工企业、零售商，最后到消费者手中的过程中，农产品的价值和效用得到了增加。

（二）农产品市场营销的职能

一般来讲，农产品市场营销分为集中、分级、储存、运输、简易加工、精加工、包装、批发和零销等环节。营销环节决定了农产品市场营销活动的基本任务和具体职能。当然，并不是每种农产品都必须经过所有的营销环节，一种产品究竟需要经历几个营销环节主要取决于经营者需要完成哪几项营销职能。

1. 集中职能

集中职能是将各地许多分散的生产者生产的初级农产品收集起来。由于农产品广泛分散于远离农产品市场和加工企业的生产地区，因此，农产品的集中对市场交易和农产品加工都十分重要。一般情况下，经销企业专门经营特定的农产品。例如，肉牛的集中环节是由肉牛经销商来完成的，他们可以自己经营，也可以成为肉牛加工的代理商，还可将集中和加工职能合为一体。牛奶的集中环节是由奶牛场直接送到加工厂，牛奶的采购或运销协议是由加工厂和奶牛场直接签订的。

2. 分级职能

由于农产品营销标准化、品牌化运营的需求，经销商从农户或农场那里收集商品时，一般都要分等分级。农产品分级可以促进优质优价，满足不同层次的消费需求，保证农产品加工原料的品质、规格的标准化，还减少了农产品加工的难度。在国际农产品营销中，农产品的分级与标准化条件更为严格。在日本，所有农产品进入市场前都要按一定标准进行严格的筛选分级。鱼虾是以"条"为计量单位，梨、苹果多以"个"为计量单位，大白菜、包菜以一颗、半颗标价。在日本市场上见不到以重量单位计价的蔬菜水果，等级外的农产品是不允许进入市场销售的，而只是作为加工原料。农产品分等分级通常在入库储藏前或者是出库时进行。

3. 储藏职能

多数农产品的生产都具有季节性,而农产品消费具有持续性,这就需要利用储藏设施和先进的储藏方法进行储存,以保证农产品品质,满足人们长期的消费。例如,果汁加工企业对原料(鲜果和果酱)具有持续性的需求,因农产品收获的季节性导致原料不能满足持续性供应,所以,建立仓库及其他储藏设施变得十分必要。各种不同的农产品对温度、湿度等环境条件有不同的要求,储存标准也各不相同。如柑橘、花生、苹果大部分食用农产品需要低温来保证质量,甘薯喜温怕寒,在12~15℃范围内可贮藏较久,低于9℃就会发生冻害,造成腐烂或硬化变质。另外,在储藏过程中,必须提供防虫害、鼠害和污染的保护措施。在这个环节上,由于时间效能引起的产品增值必须足以补偿这一环节的成本,否则,就难以获得利润。

4. 加工职能

农产品加工是一个独立的市场营销环节,食品加工企业普遍承担了这一职能。他们根据消费者或其他需求者的需要,对初级农产品进行简易加工或深加工。有些产品经过简易加工后便于运输和储存,有的则可以延长加工使用期,便于集中加工生产。市场营销的加工职能不仅使农产品具有更加吸引消费者的表现形式,例如,肉食品加工,鲜肉变成零售商店里各种形式的火腿肠、肉罐头等加工品;谷物则可经过碾磨并加入其他配料制成各种糕点、饼干等,而且在繁荣地方经济、促进农民增收、带动农户致富、转移农村剩余劳动力等方面的作用日益明显。

5. 包装职能

包装是产品策略的一个重要组成部分,具有明显的促销效果;对于消费者来说,包装的主要职能是保护好产品,并使其更易于选购和消费。包装材料一般需要专门从事包装的企业进行设计和制造。新的包装设计及包装的安全性、个性化问题越来越被消费者重视。本书第十五章将专门介绍农产品包装策略。

6. 运输职能

商品运销环节是指把农产品运输到集中地点或加工厂,再由运输商通过公路或铁路运送给批发商或零售商。运输的作用是改变农产品的空间位置。农产品运输承接了农产品营销的所有环节,从农产品的集中到最终消费。目前,我国大力推行的鲜活农产品绿色通道政策,就是为了保证鲜活农产品从产地尽快地送到消费者手中,满足人们的需求。本书第九章第五节重点介绍农产品物流与配送内容。

7. 分销职能

分销是通过不同销售渠道和方式将农产品分配到零售商和消费者手中的职能。分销是农产品营销的中间环节,它直接连接农产品的零售环节。零售是农产品的终端,它直接连接消费者。农产品分销渠道包括经销商、代理商、批发市场、城市销地市场、直接采购于产地的超级市场等,它们构成一个完整的农产品营销网络。本书第九章将专门介绍农产品分销策略。

8. 零售及服务职能

零售是农产品营销中的一个重要环节,零售商要考虑经营规模、产品数量和产品种类等。消费者服务职能是农产品营销职能的新发展。市场营销者不仅将农产品销售给消费者，同时，他还必须为消费者提供必要的消费服务。随着买方市场的到来，消费者服务职能日益成为农产品营销的一个重要组成部分。市场营销模式将逐步走向市场营销者、顾客和社会的多赢模式，这是社会整体营销观念的体现。

第三节 农产品市场营销学的产生与发展

农产品市场营销学是研究农产品市场营销整体活动及其发展规律的学科，即研究农产品生产与经营企业、个人以及相关社会组织如何从满足消费者或社会需求出发，有计划地组织农产品生产、收购、分类、加工、包装运输、储藏、销售和服务，从而实现盈利目标的活动以及这些活动的内在联系和规律的学科。

一、农产品市场营销学的发展历程

（一）产品市场营销的实践进程

农产品市场营销的起源最早可追溯到古代部落游牧文明，但当时的市场营销仅仅是一种简单的产品交换活动，不同部落之间可以互相交换不同的产品，为了方便交换，人们选择特定的交换场所。随着人类分工和农业的进一步发展，农业村落随之出现，特定的交换场所逐步形成最早的市场。奴隶社会和封建社会的小农生产无法为农产品市场营销提供更好的发展条件，只有到了工业社会，大规模的机器生产和现代生产方式为社会生产出包括农产品在内的大量商品，并造成了产品过剩问题，农产品市场营销才得到进一步发展。

随着农业生产技术的进步和生产规模的扩展，大量生鲜和加工的农产品走向市场，农产品过剩问题随着资本主义国家经济的恢复和发展日益严重起来，企业开始寻求各种营销技术和营销方法，现代农产品市场营销理论和农产品市场营销学开始形成。

（二）产品市场营销的理论发展

现代农产品市场营销学是一门与农业经济学和市场营销学相互联系的交叉学科。它创立于20世纪初的美国，约翰·富兰克林·克罗威尔（John Franklin Crowell）所撰写的产业委员会关于农产品分销的报告，是已知的有关农产品市场营销的最早文献。报告中克罗威尔对农产品从生产者进入消费者手中的分销体系以及货币在这个体系中各环节的分配比例进行了描述。1903年，本杰明·H. 希巴德（Benjamin H. Hibbard）在威斯康星大学开设了农产品合作市场营销课程；1916年L. D. H. 韦尔德出版了《农产品市场营销》（Marketing of Farm Products）；1921年本杰明·H. 希巴德出版了《农产品市场营销学》（Marketing of Agricultural Products）；与此同时，西奥多·麦克林（Theodore Machlin）出版了《有效的农业市场营销》（Effective Agricultural Marketing）。这些先驱们的理论和著作奠定了现代农产品营销理论的基础。

1929—1933年的资本主义社会发生经济大危机，生产严重过剩，产品销售困难，企业难以生存。为了争夺市场，解决产品销售问题，企业家开始重视市场调查，提出了"创造需求"的口号，致力于扩大销路并在实践中积累了丰富的资料和经验。与此同时，农产品市场营销学研究大规模展开，并形成了新的原理。如弗莱德·克拉克和韦尔法1932年在其《农产品市场营销》一书中指出：农产品市场营销系统包括集中（农产品收购）、平衡（调节供求）和分散（化整为零销售）三个相互关联的过程。营销者在其中执行七大市场营销功能：集中、储存、融资、承担风险、标准化、销售和运输。

第二次世界大战后，随着科学技术的快速发展，农产品市场营销在发达国家广泛开展。快速冷冻技术使得农产品经过加工、冷冻、储藏可以运送到更远的市场。同时，超级市场出现并逐渐取代零售小店，农产品市场营销的实践得到了长足发展，其理论也开始关注农产品的加工、运输、储藏和销售问题。20世纪七八十年代尤其是进入21世纪以来，农产品市场营销从主要解决运销问题，进一步发展到解决农产品产前、产中和产后全部生产和流通领域的营销问题，包括国际营销在内。

农产品市场营销学作为一门应用性经营管理学科，在其发展过程中，不断吸纳经济学、管理学、社会学、行为学等多门学科的相关理论，形成了自己的理论体系。随着全球经济一体化的深入以及互联网的发展与应用，农产品市场营销理论不断创新，出现了大量丰富的新概念，推动农产品市场营销学从策略到战略、从消费者到社会、从外部到内部、从单一的国家到全球，均得到了全面的系统的发展和深化，其应用范围也在不断地扩展。

二、农产品市场营销学的理论创新

21世纪全球经济一体化深入推动了农产品市场营销的进一步发展，新的市场营销理念和方法被迅速应用于农产品营销实践，如服务营销、关系营销、绿色营销和网络营销等。

(一) 产品服务营销

服务营销是一种通过关注消费者的多样化需求，进而提供合理产品及服务，最终实现成功销售所采取的一系列营销方式。农产品服务营销主要包括，一是农产品生产企业和个人提供服务产品，如农业机械服务、技术咨询服务、良种培育服务、物流服务和销售代理服务等；二是农产品售后服务，如种植、食用指导服务，技术跟踪服务等；三是提供观赏和休闲等营销活动，如休闲农业、生态观光农业等。随着消费者收入水平的提高，消费需求和层次呈现多元化，农产品市场营销中的服务营销活动范围和比例将进一步扩大。尤其是农产品的终端消费者具有长期需求、分散购买以及习俗差异性等特征，通过满足个性化需求的服务营销方式，更容易培养顾客的忠诚。

(二) 产品关系营销

在营销思想的发展中，人们通过不断的实践和探索，发现营销的精髓实际就是顾客关系的培养和发展，"关系营销"就是基于这样一种思想而形成的。关系营销的理论认为，企业核心的一项营销工作，就是培养顾客沿着顾客阶梯不断地攀升（图1-2）。关系营销的最高境界，是把顾客培养成企业的合作者，通过利益、业务、人际的高度关联，使原来临时或短期顾客变成长期顾客，成为忠实的顾客。

关系营销把营销活动看成是一个企业与消费者、供应商、分销商、竞争者、政府机构及其他公众发生互动作用的过程，正确处理企业与这些组织及个人的关系是企业营销的核心，是企业经营成败的关键。农产品生产经营者在进行经营活动时应主动运用识别、建立、维持、互利等营销手段，加强同顾客的关系，与关联企业紧密合作，与政府协调一致，来实现利益多赢。

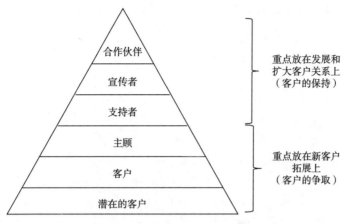

图 1-2 关系营销中的顾客阶梯

（三）产品绿色营销

绿色营销是在人们追求健康（Health）、安全（Safe）、环保（Enviromental Protection）的意识形态下所发展起来的新的营销方式和方法。所谓绿色营销是指企业在生产经营过程中，将企业自身利益、消费者利益和环境保护利益三者统一起来，以此为中心，对产品和服务进行构思、设计、销售和制造。经济发达国家的绿色营销发展过程已经基本上形成了"绿色需求—绿色研发—绿色生产—绿色产品—绿色价格—绿色市场开发—绿色消费"为主线的消费链条。绿色营销的兴起与发展，进一步培育消费者的环保观念。大量绿色食品的出现，已掀起热爱绿色食品的浪潮，促进了绿色消费意识的形成。只有国家、企业和消费者三者同时牢牢树立绿色意识并付诸实施，农产品绿色营销才能蓬勃发展。

（四）产品网络营销

网络营销是随着互联网发展而出现的营销领域，它以现代电子技术和通信技术的应用与发展为基础，带来了市场的变革、市场的竞争以及营销观念和策略的转变。在新技术基础上，网络营销拓展了传统的市场营销，对企业改善营销环境、提高核心竞争能力和市场效率、推动企业可持续发展具有重要的现实意义。农产品网络营销主要是指以互联网为途径而开展的关于农产品的营销活动，包括在互联网上发布农产品的信息、市场调查、促销、交易洽谈、付款结算等活动。农产品网络营销扩大了农产品流通半径，增加了农产品信息的透明度，有利于实现农产品产供销一体化，实现产业链的整合，也逐渐成为农产品销售的主要方式。详见第十一章农产品网络营销策略。

【案例 1-3】

"互联网+农业"：一个农民的典型案例

湖北钟祥的一名普通农民李明华，不仅是湖北省生态农业种养模式的一个典型，而且早在 2014 年 11 月就开始尝试搞"互联网+农业"，更是一步到位直接探索了"移动互联网+农业"。

李明华为实现香稻嘉鱼大米与移动互联网连接,并没有自建系统开发团队,并没有自己购买服务器,并没有自己建立APP客户端,并没有自己购买网络带宽等,而是聪明地采用了与外部移动互联网平台资源进行合作的"借力"方式。"只要贴上决不食品联盟免费提供的决不食品标志,香稻嘉鱼大米的'互联网+农业'就自动实现了!因为决不食品标志内含有二维码,手机一扫,就会进入香稻嘉鱼大米的互联网页面,页面上有食品安全公开承诺视频、7×24小时种养基地实时监控视频、食品安全责任险保单图片、食品安全有奖监督基金的公开信息等"。

用智能手机扫描香稻嘉鱼大米相应的"决不食品"标志上的二维码后,首先映入眼帘的就是李明华的视频和公开承诺:"我们是湖北省钟祥市联发水产养殖专业企业,我是企业理事长李明华,我们向广大消费者庄严承诺:我们的香稻嘉鱼牌大米,决不使用农药、化肥、除草剂,加工大米的过程中,决不使用地沟油、工业石蜡等抛光打蜡,决不非法添加!决不假冒伪劣!决不有毒有害!决不昧良心!而且,我们的决不大米也已经严格贯彻落实了决不食品安全标准,实现了公开承诺,透明生产,开放互动,专业鉴证,保险赔偿,有奖监督。如有违反,我们甘愿接受'决不'食品安全联盟的严厉处罚。敬请广大消费者监督我们,支持我们,最大限度地多多购买我们的决不大米!谢谢大家!"

资料来源:互联网+农业:一个农民的典型案例[EB/OL].http://www.pinlue.com/article/2018/11/2504/427622441512.html,2015-3-10/2020-06-07.

思考:农产品如何借助网络营销手段实现产品销售?

三、农产品市场营销学的研究方法

农产品市场营销学的研究方法有多种,主要包括以下四种。

(一)产品研究法

罗伯特和道格拉斯(1990)认为:"产品(商品)研究法是从单个产品的角度进行营销职能分析、系统分析和结构分析。"产品研究法始于20世纪二三十年代,广泛应用于五六十年代。它既可以将农产品看成一个整体,从整体产品的角度来分析其供求问题、市场问题和消费问题,也可以从农产品的具体分类中,对单个品种或者具体的某个农产品的市场营销进行研究,分析产品的加工、运输、储藏、分级、销售等。例如,粮食的市场营销可以分为大米、小麦等产品的营销。但这种研究方法仍然存在不足,如缺乏系统内部各子系统间的协同观念,忽略了对整个系统活动的行为因素的整体性分析等。

(二)功能研究法

功能研究法即对农产品市场营销的各种功能及作用进行研究,如农产品市场营销的交易功能、形态改变功能、空间转移功能等,同时还将农产品市场营销执行的具体职能进行分类研究,如农产品市场营销的集货、分级、储藏、加工等。功能研究法的缺点是,对于某种功能的强调,会割裂农产品市场营销功能的整体性。

(三)系统研究法

系统研究法是将农产品市场营销作为一个整体的、复杂的系统,考察该系统中要素和要素之间的关系，或者系统内的结构关系的方法。农产品市场营销学将农产品市场营销分为宏观农产品市场营销系统和微观农产品市场营销系统。宏观农产品市场营销系统包括农产品生产和交易相关因素及其相互关系等，如农产品市场营销的目标、市场营销环境等。微观农产品市场营销系统是农产品市场营销中单个主题、单个组织内部要素及其相互关系。系统研究法将农产品市场营销的宏观和微观系统结合起来，对子系统和各要素进行综合研究，寻求系统效率的最大化。

（四）机构研究法

机构研究法即对农产品市场营销过程中不同企业和组织的结构及行为进行研究。如果功能研究法是回答"营销过程中做什么"的问题，那么机构研究法就是回答"谁在做什么"的问题。借助于对农产品市场营销过程中营销主题的分析，可以去了解农产品系统的机构，探求不同组织参与农产品市场营销的途径和缘由，分析不同类型的优缺点，从而寻求更优化的市场营销组合。

（五）营销管理研究法

营销管理研究法即从管理决策的角度来对农产品市场营销活动进行研究。例如，对农产品市场细分策略、定价策略、分销策略、促销策略以及市场营销组合决策的研究，实现农产品市场营销管理及决策的科学化。

第四节　农产品市场营销在我国的发展

中华人民共和国成立以来，我国农产品流通经历了统购统销和市场化改革的演变，与农产品流通的历史演变过程相联系，我国农产品市场营销也经历了一个从无营销到现代营销理论初步应用的发展过程。大致也可分为三个阶段。

一、无市场营销观念时期

这个阶段从新中国成立初期到20世纪70年代末，农产品市场营销是在市场上进行的，没有市场，没有交换，也就没有市场营销。在改革开放前的20多年里，由于农产品的严重短缺，国家对农产品实行统购统销，这里没有市场。这期间虽然也开放过农产品集贸市场，但进入集贸市场交易的品种受到限制，数量也很小，而且都很快被取消。同时，在农产品集贸市场上，参与交易的卖方和买方人员也受到严格限制，在市场空间上基本上是地产地销等。所有这些显然不能影响农产品统购统销的基本性质。这一时期无论农产品生产者还是销售者，都还没有"市场营销"的概念。

二、生产观念与推销观念主导期

这一阶段从20世纪80年代初到90年代中期。增加农产品总量以缓解供求矛盾是改革初期的主要任务。与前一阶段不同的是，这一时期主要通过经济手段调动农民的生产积极性，增加农产品供给总量。80年代初，在联产承包责任制和提高农产品价格的双重刺激下，农民的生产积极性提高。为了满足市场的巨大需求，大量生产仍是这一时期的主要任务，提高劳动生产率、提高单产成为这一时期增加农产品总量的主要手段。例如，凡是能增加产量的品种就被认为是"良种"，质量被放到次要位置，并且只要是产量高的品种，几年甚至十几年不变。

80年代随着生产力的提高，农民就已出现了"卖粮难"现象。但由于当时粮食市场尚未放开，仍由政府垄断粮食的收购与销售，政府采取扩大收购的对策，加之粮食是一种兼有自给性和商品性双重属性的产品，粮食难卖时农户会多存储一些或多消费（如用作饲料，酿酒等）一些。随着政府对低品质且高度同质化的粮食收购量的增加，"卖粮难"的潜在危机便由粮食生产者即农民转移到国有粮食部门，到1997年，终于出现粮多仓满、盛不了、卖不出、调不动、存不下的严重局面，粮食部门普遍亏损，财政补贴急剧增加。

大量推销现象在20世纪80年代中期就已出现。这一时期，市场营销理论得到应用，并在农业领域得到初步实践。但在不同的产品领域应用的程度不同。这一时期对市场营销原理的应用主要偏重于分销渠道、人员推销与广告促销等方面，虽然一些地方也将品牌、商标、包装等的原理应用到农产品的领域，但主要目的是促进产品销售。从根本上来说，营销观念仍停留在产品观念或推销观念阶段。

三、以消费者为中心的市场营销观念主导期

20世纪90年代中期以后，农产品买方市场已经形成，卖方已没有市场优势。这种市场环境，促使农产品生产经营者的营销观念发生重要变化，从以生产或推销为中心逐步向以顾客或消费者为中心的现代营销观念转变。体现在以下几个方面。

（1）绿色营销观念导入农产品营销过程，绿色营销已成为一种大趋势。绿色营销观念是环境保护意识和市场营销观念相结合的产物，是"以消费者为中心"的现代营销观念的新发展。与纯市场营销观念相比较，它更重视消费者的长远利益和社会整体利益。生产经营者在整体营销管理中必须考虑绿色产品与包装、产品生产和营销过程中的污染和废弃物对环境的影响等，并以此实施整体管理。绿色营销观念的这些基本思想，正在逐步深入到我国农产品领域，并开始成为农产品营销的一种新的指导思想。

（2）农产品市场营销组织纷纷成立。农产品市场营销组织可以分为两类，一类是由专业技术服务组织转化而来，如蔬菜协会、苹果协会等，这类组织在进行技术服务的同时还承担部分市场营销职能。另一类是专门成立的农产品营销协会，它的成立更能表明我国农产品市场营销的发展。

（3）注重市场调研。随着"以消费者需求为中心"的营销观念的确立，市场调研越来越受到生产经营者的重视。市场调研是新产品开发的起点，也是进行市场细分、实行目标市场营销的前提。很多农产品中介组织、经销商通过市场调查，将市场需求信息及时传递给农产品生产者；一些农产品生产者也直接进行市场调查或通过广告等渠道及时了解市场需求信息，确定生产品种、上市时间、销售地区。如根据消费者求新求异消费心理，研发紫色、红色等彩色土豆作为特色食品迎合消费需求。

（4）注重新产品的开发与产品改良。现代营销的研究和应用范围则不限于流通领域，而是扩大到生产领域，注重研究适应市场需要的新产品的开发与改良。近年来，农业领域推出的甜玉米、方形西瓜、工程鲫鱼、人寿果等，以及农产品加工领域一系列新产品的问

世，正是现代营销思想在生产领域发挥作用的具体体现。

（5）品牌、商标意识增强。20世纪90年代中期，随着很多地方的名牌战略的实施和向农产品领域的延伸，不少农产品开始使用品牌、商标，但大多是注重品牌、商标的识别功能和促销功能。随着国家"三品一标"农产品品牌化政策措施的落实和发展，农产品生产经营者和中介组织对品牌、商标功能的认识开始从识别功能和促销功能向信息传递功能、价值功能、形象功能的综合功能转变。

虽然目前农产品商标在商标总量中所占比重较小，但农产品品牌化意识在逐步增强，农产品开始从其基本功能向综合功能转变，农产品品牌建设成为农业发展进入新阶段的战略选择。

（6）农产品的分销与促销形式多样化。在分销方面，农超对接、农校对接、农社对接、农企对接等系列对接活动创新了产销对接机制。订单农业、定制营销、电子商务等经营模式不断创新发展。农产品促销的形式也越来越多。除传统的人员推销和广告促销外，各种特色的农产品博览会、交易会和各种主题的公共关系活动（新闻发布会）等已成为农产品促销的重要形式。此外，直播电商、社群电商、自媒体营销、短视频营销、二维码营销等方式促使农产品促销方式更加多样化、个性化，极大促进了农产品销售形势的创新。

【归纳与提高】

市场主要包含三个因素，即人口（消费者）、购买力和购买欲望，这三者相互制约、缺一不可，构成现实的市场，决定着市场的规模和容量。市场营销的核心概念是交换，基本目标是通过创造、传播和交付顾客价值，满足买方需求和欲望，达到顾客满意，并建立自己的竞争优势。市场营销是企业的核心职能。

营销观念的演变经历了以企业为中心、以消费者为中心、以社会整体利益为中心的三个阶段，可以归纳为五种：生产观念、产品观念、推销观念、市场营销观念和社会市场营销观念。社会市场营销观念强调，要以实现消费者满意以及企业内外经营者和社会公众的长期福利作为企业的根本目的与责任。

农产品的属性决定了其市场的独特性。具体表现在：市场供给的季节性和周期性，市场的不确定性与风险性，市场的非均衡性与差异性，市场需求的普遍性和连续性。营销环节决定了农产品市场营销活动的基本任务和具体职能，包括集中职能、分级职能、储藏职能、加工职能、包装职能、运输职能、分销职能、零售及服务职能等。

农产品市场营销重点探讨以何种产品如何满足消费者需求，即产品在何时、何处通过何种交换方式，来实现与消费者的连接。农产品生产经营者的营销观念已经从以生产或推销为中心逐步向以消费者为中心的现代营销观念转变。服务营销、关系营销、绿色营销、网络营销成为发展趋势。

【复习思考题】

1. 试比较经济学家、管理学家与市场营销者对市场认知的异同。
2. 试分析营销观念的演变与发展，农产品经营者如何贯彻社会市场营销观念。
3. 农产品市场营销的概念及内涵。

4. 农产品市场营销具有哪些职能？
5. 农产品市场营销学有哪些研究方法？

章节案例

根据 USDA 统计数据，我国是全世界最大的猪肉消费国家，2016 年全球猪肉消费总量 10800.10 万吨中，中国就消费了 5407.00 万吨，占据了全世界猪肉消费量的 50.06%。而智研咨询发布的《2018—2024 年中国生猪行业深度分析与发展前景预测报告》显示，自 1981 年来，城镇居民家庭人均全年购买猪肉量由 16.9 千克增长到 2015 年的 20.7 千克，农村居民家庭平均每人猪肉消费量也由 8.2 千克增长到 19.5 千克。另外，根据《全国生猪生产发展规划(2016—2020 年)》的预测，至 2020 年我国猪肉消费量比"十二五"末增长 250 万吨，生猪产业将仍会有一定的发展空间。

2015 年 10 月 12 日，阿里农村淘宝公开预售"团年猪"，其中大量都是农户家中黑猪苗，并按传统方式土法养殖，这些猪将按照整猪认购或多人合并认购等方式预售，一头整猪的认购费用为 2499 元，认购完成后猪苗将继续留在农户家中代为喂养，并确保在春节发货前每头猪不低于 140 斤；若采用多人合并认购方式，最终每斤猪肉约合 24.8 元。同时，阿里通过"EI 大脑"为每头猪建立起自己的档案资料，将猪的品种、日龄、体重、运动强度等日常生活习惯一一记录下来，根据数据对猪的饲料和猪肉进行分析，结合声学特征和红外测温技术，判断猪是否患病，将养猪过程中的死亡率降至最低，并提出猪肉新标准：猪不再是长到 200 斤就算"成熟"，而是没有健康问题并且"散步距离"达到 200 千米的猪才合格。

2016 年 12 月 12 日起，网易的"丁家猪"正式开始上市出售，网易推出的有三种不同的价格：3350 元的全年至味配送、1950 元的半年品味配送和 650 元的双月赏味配送。以全年 3350 元的全年服务为例来计算，每斤猪肉大概的价格是 49 元左右。2017 年 3 月份，丁磊开启了味央猪的猪肉众筹活动，仅仅用了 3 天的时间就完成了原定 20 天需要筹集 1000 万的目标，成为中国农业类众筹最快突破千万的项目。网易养猪场坐落于浙江省湖州市安吉县，总面积约 1200 亩，环境一流。"丁家猪"在蹲马桶、睡公寓、不吃药、听音乐、玩玩具的环境中长大。同时，网易养猪场的内部环境也因高科技让消费者咋舌。网易味央有一套自己的处理方式。丁磊曾经在互联网大会上称，"网易猪场猪尿处理后的水，我甚至可以喝下去"，一番话引发了外界哗然。

资料来源：第一监控. 丁磊、马云、刘强东纷纷爱上养猪，来猜猜什么猪吧？[EB/OL]. https://www.sohu.com/a/277486765_609710, 2018-11-24/2020-06-07.

思考：通过案例分析互联网给养殖业的养殖方式、营销渠道与流通带来了哪些变化？养殖经营者与创业者如何利用新媒体工具实现产品的传播与推广？

参 考 文 献

崔富春，弓永华，李平则. 农产品销售与营销[M]. 北京：中国社会出版社，2005.
丁丽芳. 农产品市场营销策略[M]. 北京：中国社会出版社，2008.
杜红娟. 新发地 30 年[J]. 农产品市场周刊，2018，48：25.

葛深渭．营销致富农产品营销策略论［M］．上海：上海三联书店，2005．
李崇光，赵宪军，周发明．农产品营销学（第3版）［M］．北京：高等教育出版社，2016．
汪腾．农产品市场营销［M］．成都：西南交通大学出版社，2011．
吴继东．浅析我国农产品市场与农产品营销的发展与演变［J］．科技信息（学术研究），2007（15）：15．
吴健安，聂元昆，郭国庆，等．市场营销学（第6版）［M］．北京：高等教育出版社，2017．
吴学江，万秀云，关琼．农产品市场营销实务［M］．北京：中国农业科学技术出版社，2014．
徐盛华，陈子慧，肖惠海．新编市场营销学基础［M］．北京：清华大学出版社，2006．
杨国，高传光，丁立．农产品市场营销策略［M］．北京：中国农业科学技术出版社，2016．
赵云．"互联网+"农产品营销［M］．北京：中国农业大学出版社，2016．

第二章　农产品营销的战略框架

知识与技能目标

1. 掌握农产品市场营销的总体战略。
2. 掌握波士顿矩阵及多因素投资组合矩阵分析方法。
3. 掌握农产品市场营销的经营战略。
4. 根据总体战略、经营战略要求规划农产品营销过程。

■ 情境导入

山东思远农业以促进中国现代农业的健康发展、果蔬的安全生产和服务区农民的增产增收为己任，在技术研发、组织建设、教育培训、信息平台建设方面与时俱进，逐渐形成了系统完善的思远模式。思远模式由"六化三标准四服务"构成。"六化"指的是模式的六大模块和价值主张，即专业化服务、组织化建设、标准化生产、职业化培训、信息化平台、品牌化运营；"三标准"指模式由三大标准体系构成，即农业生产标准体系、农业服务标准体系、农产品品质标准体系；"四服务"指模式的四大服务对象，即社员、加盟分社、园区基地、涉农政企。

资料来源：思远农业微信公众号（ID：siyuanfuwu）。

思考：思远农业形成的思远模式体现了怎样的战略规划思维？

在现代市场经济条件下，农产品生产经营者必须善于适应不断变化的市场，制订战略计划，开展市场营销管理。战略是企业面对激烈变化和挑战，为了长期生存和发展进行的谋划、思考和安排，是营销管理的重要依据。战略规划过程为农产品生产经营者进行营销管理提供了基本的活动框架，营销管理也为促进战略规划的实施奠定了基础。市场导向的战略规划是企业在动态的市场营销环境中持续发展与成功经营的基础与保障。

第一节　战略与战略规划

一、战略的特征

战略(Strategy)一词源于希腊语 strategos，意为指挥军队的科学和艺术。在中国，战略本是军事用语，如《辞海》中定义：战略是军事名词，指对战争全局的筹划和指挥，依据敌对双方的军事、政治、经济、地理等因素，照顾战争全局的各个方面，规定军事力量的准备和运用。春秋时期的《孙子兵法》被认为是中国最早对战争进行全局筹划的著作。

现代社会战略一词被广泛应用于社会、经济、管理、政治等各个领域。在现代企业管理中，战略是指企业为了实现预定的目标和使命所作的具有统领性和全局性的谋略、方案与对策。加拿大学者亨利·明茨伯格(Henry Mintzberg)指出，战略是由计划(Plan)、政策(Policy)、模式(Pattern)、定位(Position)和观念(Perspective)组成的。

战略具备以下基本特征：

(1) 全局性。战略布局应考虑整体需要，规定企业整体的行动，追求经营组织全面发展的效果。所有局部活动都应作为整体行动的组成部分。

(2) 长远性。战略是对长远发展的通盘考虑，是对较长时期内企业如何生存与发展的规划布局。

(3) 抗争性。战略是在竞争环境中如何显示竞争优势的行动方案，是面对宏观与微观环境下的各种压力、威胁与挑战的抗衡性对策安排。企业战略计划应充分考虑竞争因素，以市场为导向，作出提高经营效率的计划与安排。

(4) 纲领性。战略一般框定企业长远目标、未来发展方向、经营的基本方针与重大决策，具有一定原则性与统筹性，用以指导具体的行动与计划。

> **知识拓展**
>
> **战略与战术的区别**
>
> 战略谈的是如何赢得一场战争，战术强调的是如何赢得一场战役；战略包含很多因素，战术侧重单一的主意或谋略。
>
> 战略需要大量的内部组织工作，为适应环境变化拟定的长期目标与实施方案，具有组织导向性，战术主要是应对当前形势作出的解决局部问题的方法与措施，具有沟通导向性。
>
> 战略明确了组织努力的方向，战术决定了战略付诸实施的方式方法，是直接对经营产生影响的创意。

二、企业战略的层次结构

企业运营有一定的组织结构，具有不同的管理层次。与此对应，企业战略也可分为总体战略、经营战略和职能战略(表2-1)。安绍夫(H. J. Ansoff)指出，总体战略考虑的是企业应该选择或进入哪种类型的经营业务；经营战略考虑一旦选定某种类型的经营业务，企业或战略业务单位应该如何在这一领域里竞争。

表 2-1 企业战略层次与内容

战略层次	具体内容
总体战略	任务、目标、发展领域、资源配置、组织模式、发展规模、投资决策等
经营战略	事业部、子公司、目标、任务、特色、战略点、组合方案等
职能战略	财务、生产、营销、研发、技术、采购、物流、人力资源配备、服务等

(一) 总体战略

总体战略是企业最高层次的战略，由企业高层负责制定与落实。根据企业的经营目标与使命选择不同的业务领域，选择经营范围，合理配置资源，促使各项业务相互支持、相互协调。

(二) 经营战略

又称经营单位战略或竞争战略。一般企业经营中在组织形态上往往把一些具有共同战略因素的二级单位，如事业部、子公司或其中的某些部分，组成不同的战略业务单位 (Strategic Business Units，SBU)。企业集团可以将具有特殊性产品和市场的分公司作为独立的战略业务单位管理。

(三) 职能战略

企业各职能领域的战略，又称职能层战略，帮助生产、营销、财务等职能部门更清楚地明确自己在总体战略、经营战略中的任务、责任和要求，有效运用有关管理职能，保证企业整体目标的实现。

农产品经营企业职能战略涉及生产(采购)、财务、人力资源、营销和研发等领域的管理。生产(采购)职能包括设备、原材料采购、供应，采购农资、农用设备，形成和发展生产能力，管理作业流程，完善技术流程，控制质量标准，按照要求完成生产任务。财务职能包括组织编制年度业务报告、盈余分配方案、亏损处理方案以及财务会计报告，解决企业运营所需资金来源，在与创造价值有关的各种活动之间分配资金，对资金使用进行监督、管理，核算成本、收益。人力资源管理通过开发、使用人才资源，帮助企业实现经营目标。营销职能引导企业与市场需求相适应。企业通过营销管理，识别和评估消费者的需求和欲望，确定目标消费群体，针对目标市场设计、研发适销对路的产品，选择分销、配送渠道。研发职能为企业运营提供动力支撑，进行产品、工艺和技术的开发、改造、更新和设计。

无论生产、研发还是财务、人力资源管理，都应以营销为导向，成为营销管理的支持性职能。同时，各职能战略又要服从战略业务单位的经营战略，以及为企业发展制定的总体战略。营销职能部门在整体战略计划制订和实施过程中担负着关键性的任务，如图 2-1 所示。营销职能部门为企业经营范围与经营目标的确定提供市场信息和营销建议，评估市场机会，并为每一个新的市场机会制订详尽的市场营销计划，具体制定有关产品、价格、分销和促销的战略和战术。战略计划部门则需要统筹企业战略决策、规定战略业务单位任务、评估并检查计划执行情况。

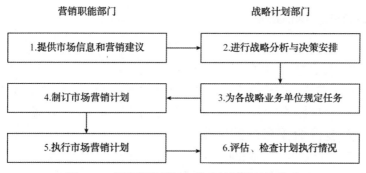

图 2-1 营销职能部门与战略计划部门的关系

三、企业战略规划过程

战略规划是企业根据外部营销环境和内部资源条件而制定的涉及企业生产管理、财务管理、人力资源管理等各方面的带有全局性的重大规划。战略规划强调企业经营管理的整体性，企业必须关注内外部环境变化和可能带来的机会、威胁，实现企业经营目标、组织结构和制度安排等要素之间的匹配和协调，如图 2-2 所示。

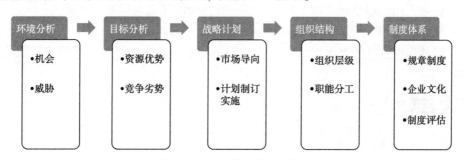

图 2-2 企业战略规划过程

通过分析企业外部环境识别市场机会与威胁，分析自身资源条件与竞争环境辨别优势与劣势，确定企业经营发展的目标，选择能够实现目标的总体战略，制订具体的战略计划。建立或完善能有效执行战略的组织结构，设计相关制度，保证战略落实并达成目标。最后要对战略实施的结果进行评价，确认是否达到预期效果，并为下一步的战略行动明确方向。战略规划是一个循环往复的管理过程。

第二节 农产品营销的总体战略

总体战略是企业最高管理层通过制定企业的任务、目标、业务组合计划和新业务计划，为企业的长远生存与发展，不断适应迅速变化的市场环境，协调企业的目标、资源、能力的战略管理过程。一般分为认识和界定企业使命、确定企业目标、安排业务组合、制订新业务计划四个主要步骤。

一、认识和界定企业使命

使命（Mission）反映企业的目的、特征、性质以及未来发展方向。企业使命应回答企业的"业务是什么""应该是怎样的"的问题。企业使命是一只"无形的手"，它指引着全体企业成员都朝着一个方向前进，提升企业内部的凝聚力和向心力。因此，需要深入分析企业内外部环境和各种影响因素，找出符合企业实际情况以及未来发展的理想特征。

（一）界定企业使命需考虑的因素

通常可从以下方面入手，思考和归纳一个企业的使命：

1. 愿景（Vision），即企业关于未来的愿望和发展方向，可以展望的发展前景。用于揭示和指明企业未来发展的蓝图。

2. 业务领域，既要考虑企业的资源情况，也要考虑市场机会与自身能力。说明企业将在哪些业务领域发挥作用、参与竞争。一般可以从行业范围、市场范围、产业链范围和地理范围等方面进行说明。清晰企业涉及的产业领域，为哪些消费者提供产品和服务，企业内部自给自足生产的程度与产业链上下游延伸的机会，开展业务的地理区域等。

3. 经营理念与执行政策，用以指导企业成员与各部门如何面对市场环境中利益相关者，保证企业在重大问题和经营法则上保持一致，有共同的规范与标准可遵循。

4. 企业的历史和文化。每个企业都有自己的由来与发展，一直以来的目的、政策和公共形象，以及作为这种历史沉淀的企业文化。思考企业使命，必须注意历史、文化的传承和延续。

【案例2-1】

台湾主妇联盟生活消费合作社使命

愿景：创造公益、健康、幸福、永续的社会

宣言：我愿意本着爱与合作的精神，主张绿色生活从安全的食物开始。透过共同购买的消费力量，保护中国台湾农业、捍卫粮食主权、支持友善环境的生产者及维系地球资源的可持续性。

合作社宗旨：本社以置办环保、自然、安全等物品供社员之需要为目的，并基于互助合作与终身学习之精神，以改善及提高社员的文化与经济生活为宗旨。

合作社理念：珍爱环境资源；实践绿色生活；支持本土农业；推广合作社理念；力行共同购买；发挥合作社精神。

资料来源：台湾主妇联盟生活消费合作社 https：//www.hucc-coop.tw/

思考：台湾主妇联盟生活消费合作社的企业使命是什么？

（二）企业使命说明书具体内容

企业使命是全局性的，也是长远的，要有一定弹性和预见性。对企业使命的思考，一般会形成文字即企业使命说明书。企业使命说明书的表达和陈述要有激励性，能够鼓舞人心。一份好的、有实效的企业使命宣言，内容要具体，特点要明晰，并融入企业应担当的社会责任元素。有效的企业使命说明书应具备以下内容。

1. 市场导向

企业的使命是回答企业的业务是什么，在说明书中企业经营的业务范围不应单纯以所生产的产品来表述。在市场营销观念指导下，需要以市场为导向，通过满足目标市场的需要来实现产品的销售与业务的增长。因此，企业使命说明书要按照目标市场的需要来规定和表述企业使命。如"本果蔬企业的使命是满足消费者绿色、健康生活的需要。"

2. 切实可行

企业使命说明书要根据企业的资源特点与优势来规定和表述其业务范围，不要将业务范围规定得太宽泛或太狭隘，不能太过笼统，只有具体清晰的表述才能使企业成员认知明确的发展方向，制订切合实际的行动方案。

3. 鼓动性和感召力

如台湾汉光果菜专业合作社的使命是"以道德良知生产优质的产品，借改良创新提升农业竞争力，创自我品牌保障消费者权益，循互助合作确保生产者利基"。具有感召力的使命口号可以使企业成员感到其工作有利于提高自我价值与社会福利，能够提高士气，鼓励全体成员为实现企业使命而奋斗。

企业使命一旦被规定，就至少在未来一二十年内成为企业努力的方向。一般来说，企业的使命不能随着环境变化或新市场机会的出现而随时变更。但市场环境变化越快，企业越需要经常检查其使命的规定和表述是否恰当。

> **知识拓展**
>
> **企业使命宣言的基本要素**
>
> （1）活动领域。表明企业要在哪些领域发挥作用、参与竞争。一般可从产业范围（拟在哪些产业领域开展活动）；市场范围（拟为哪些市场或类型的顾客服务）；纵向范围（企业内部自给自足生产的程度。纵向范围的一个极端是企业完全依靠自身力量，完成许多相关的生产经营活动；另一个极端是完全依靠外部力量，即社会分工和专业化生产，这样必然形成较长的供应链）和地理范围（企业活动的区域）等思考。
>
> （2）主要政策。强调企业运营中遵循的方针、准则，指导员工应怎样对待顾客、供应商、经销商、竞争者和一般公众。它使整个企业的各个部分在重大问题或原则上步调一致，有共同标准可参照，因此要尽量缩小个人发挥和解释的余地。
>
> （3）愿景和方向。企业使命是全局性的，又是长远性的，要提出或揭示今后若干年的发展蓝图。要有一定的预见性，不能做成每年或隔几年就因不适应而必须修订的文本，除非战略环境确实发生重大变化，原使命不能再给企业指出方向。

二、确定企业目标

企业规定了使命之后，还要将企业使命具体化为一系列的各级组织层次的目标。各职能部门负责人应对其目标完全理解并承担责任，即实行企业目标管理制度。企业常用的目标包括投资收益率、销售增长率、市场占有率、产品创新等。

为使企业目标切实可行，必须符合以下要求。

1. 层次性

企业通常有许多目标，但这些目标的重要性不同，应当按照各种目标的重要性来排列，显示哪些目标对企业来说是最重要的，哪些是派生的。如某农机合作社的使命是"提供良好的农机设备和服务，满足顾客高效生产需要"。为了实现这个使命，该合作社的管理层规定主要目标之一是到2021年底合作社的投资收益率由6%提高到8%。根据合作社这个目标派生出一系列的目标。提高投资收益率的方法包括增加总收益和减少投资成本。如果采取增加总收益的方法，可以通过增加收益率，或者降低成本，为了增加收益率，可以增加现有设备的出租使用率，或者增加租金。至于降低成本，合作社可以采取适当措施，如延长设备使用年限，减少人工成本等方式。合作社除了将增加收益作为企业目标外，还可以在销售人员、宣传推广等方面制定具体的附属目标。例如，合作社将增加收益额度分配给合作社的经理人，各个经理人再把本地区的配额分配给各个销售人员。这样，合作社把使命和目标具体化为一系列的各级目标，等级分明，环环相扣，落实到人，以加强目标管理，确保合作社使命和目标的实现。

2. 现实性

企业管理层不能根据个人好恶和主观愿望来规定目标水平，而应当根据对市场机会和资源条件的调查研究和分析来规定适当的目标水平。

3. 数量化

企业的各层次目标，应尽量有明确的数量化指标。如上面农机合作社的主要目标之一是到2021年底合作社的投资收益率提高到8%，这就是以量化指标来界定的目标。企业根据具体量化指标管理计划、执行和控制过程。

4. 协调一致性

企业提出的各种目标之间往往是相互矛盾的，如"最大限度地增加销售额和企业利润"。实际上，企业不可能既做到大规模增加销售额又能保证利润率。因为企业往往通过降低价格、提高产品附加值、加强营销推广等途径来增加销售额，但这些营销措施也会增加企业成本，导致利润率降低。所以，目标制定应考虑协调一致性，把握限度，否则就会失去指导作用。

三、安排业务组合

企业规定了使命和目标后，就需要安排业务组合。一般在企业经营管理中，可能涉及多个领域，有各种产品大类、品牌等，也有许多业务部门，各个业务单位的增长机会、经营效益各不相同，需要对各种业务加以分析与评价，将企业有限的资金用于经营效益较好的业务，也是战略计划中一个主要任务。对于企业来说，实践中，企业要合理配置资源，要了解自己经营范围包括哪些业务和领域。

（一）区分战略业务单位

战略业务单位(Strategic Business Units，SBU)是企业值得和必须为其专门制定经营战略的最小业务管理单位。企业在安排业务组合时，可以将所有业务分成若干战略业务单位，如图2-3所示。区分战略业务单位可以使企业的使命和目标具体化，并分解为各项业务或某一组相关业务的战略任务。区分战略业务单位的主要依据，是看各项业务之间有无"共同的经营主线"，即产品、市场之间的一种内在联系。

在实践中应以需求为导向，若单纯依据产品特性或技术要素区分，难有持久的生命力，因为产品和技术会随着需求变化不断更新迭代。如农业企业设有一个"无公害草莓"业务部门，随着生产标准与技术水平的升级，以及业务经营范围的扩大必然会对业务部门进行被动调整，如果依据需求导向界定为"健康果蔬"业务单位，就可以向其他果蔬产品领域发展。同时，战略业务单位的界定应切实可行，不宜定义过于宽泛，如"满足餐饮食材的需要"会定义过宽。可供选择的经营范围、消费群体、产品范围均过于宽泛，企业若只有一个战略业务单位也难以制定有效的经营战略。

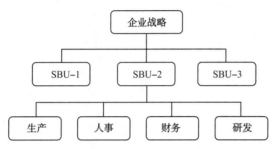

图 2-3　企业战略业务单位区分示意

> **理想的战略业务单位**
>
> 小奥威尔·C. 沃克、约翰·W. 马林斯等认为，理想的战略业务单位具备以下特征。
> (1) 用有限的相关技术为一组同类市场提供服务。保证一个战略业务单位里的各产品/市场单位的差异最小化，使业务单位的管理者能更好地制定、实施具备内在连贯性和一致性的业务战略。
> (2) 有一组独一无二的产品/市场单位。企业内部没有其他战略业务单位生产类似产品以争取相同的顾客，因此能够避免重复努力，并使其战略业务单位的规模达到规模经济。
> (3) 控制那些对绩效必不可少的因素，如生产、研发和营销等。这并不是说，一个战略业务单位不能与另一个或多个业务单位分享诸如生产厂房、销售团队等资源。而是战略业务单位应该清楚，如何分享这些共同的资源从而有效实施其战略。
> (4) 对自己的利润负责。
>
> 资料来源：小奥威尔·C. 沃克、约翰·W. 马林斯，等. 营销战略——以决策为导向的方法[M]. 李先国，等译. 北京：北京大学出版社，2007：61.

（二）战略业务单位的评价

企业在安排业务组合的过程中还要对各个战略业务单位的经营效益进行分析与评价。企业应充分考虑每个战略业务单位的市场地位和发展前景，确定战略业务单位的价值和成长潜力，合理分配企业有限的资源，形成总体竞争优势。应用较为广泛的评价方法是美国波士顿咨询集团（Boston Consulting Group）提出的波士顿矩阵法（BCG Approach）及通用电气公司提出的多因素投资组合矩阵（GE Approach）。

1. 波士顿矩阵法

即"市场增长率/相对市场占有率"矩阵，是企业中应用较广的对战略业务单位加以分类和评价的方法，如图 2-4 所示。

市场增长率是战略业务单位所在市场或行业，一定时期内销售增长的百分比；市场占有率是企业在该市场所占的份额，相对市场占有率是其市场份额与最大竞争对手之比。

矩阵图中纵坐标代表企业各战略业务单位的年市场增长率，假设以10%为分界线，10%以上为高增长率；10%以下为低增长率。

矩阵图中横坐标代表相对市场占有率，即企业各战略业务单位的市场占有率与同行业最大的竞争者(一般为市场领导者)的市场占有率之比。假设以1.0为分界线，1.0以上为高相对占有率；1.0以下为低相对占有率。

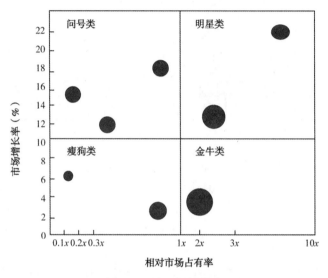

图 2-4 波士顿矩阵法

矩阵中有4个象限。8个圆圈代表企业8个战略业务单位或业务，圆心位置表示各战略业务单位市场增长率及相对市场占有率的高低，圆圈面积表示各战略业务单位的销售额大小。企业所有的战略业务单位或业务，相应分成了四种类型。

（1）问号类(Question Marks)。即高市场增长率和低相对市场占有率的战略业务单位，大多数战略业务单位最初都属于问号类。它们需要较多资源投入，以追赶竞争者和跟上市场成长，但其自身前景不够明朗。

（2）明星类(Stars)。即高市场增长率和高相对市场占有率的单位。经营成功的问号类业务，随着市场占有率提高，会成为明星类业务。一般来说，它们仍需企业投入较多资源，以跟上还在成长的市场，并在竞争中胜出。短期内不一定给企业带来可观收益，却是未来的财源。

（3）金牛类(Cash Caw)。即低市场增长率和高相对市场占有率的战略业务单位。由于市场成长率降低，企业可以不再投入大量资源；具有较高相对市场占有率，能获得较好回报和效益。

（4）瘦狗类(Poor Dogs)。即低市场增长率和高相对市场占有率的单位。它们还能带来一些收益，但是盈利少或有亏损。

企业对所有战略业务单位加以分类和评价，就应采取适当的战略。企业应从全局角度考虑各个单位应扮演的角色，并依据资源有效配置原则形成合适的投资和业务结构。可供选择的战略有四种。

(1) 发展：目的是扩大战略业务单位的市场份额，甚至不惜放弃近期收入来达到这一目标。适用于问题类业务。

(2) 维持：目的是保持战略业务单位的市场份额。适用于强大的金牛类业务。

(3) 收获：目的在于增加战略业务单位短期现金收入，而不是考虑长期影响。适用于处境不佳的金牛类业务和瘦狗类业务。

(4) 放弃：目的在于出售或清算业务，以便使资源转移到更有利的领域。适用于瘦狗类和问题类业务。

2. 多因素投资组合矩阵

多因素投资组合矩阵也是分析战略业务单位、规划投资组合常用的方法，又叫通用电气公司（General Electric Company）矩阵，如图2-5所示。

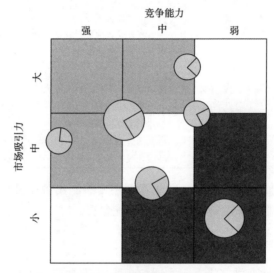

图2-5 多因素投资组合矩阵

依据这种方法，企业从市场吸引力（行业吸引力）和竞争能力（组织实力）两个方面评估每个战略业务单位的现状和前景。市场吸引力的大小，取决于市场大小、生产规模、年市场增长率、市场竞争程度、技术要求、历史的利润率等因素；竞争能力的强弱，由该单位的市场占有率、产品质量、生产技术能力、信誉、原材料供应保证、企业管理水平等决定。对每个因素分别进行等级评分（最低分1分，最高分5分），并依据其权数计算加权值，加权累计得出该单位的市场吸引力及竞争能力的总分。每个战略业务单位都可以两个分数提供的坐标为圆心，画与其市场成正比的圆圈，并标示出其市场占有率。还可在圆圈上画上相应的箭头，说明该战略业务单位或业务下一步的努力方向和目标。

依据市场吸引力的大、中、小，有关战略业务单位竞争力的强、中、弱，多因素投资组合矩阵分为九个区域，组成了三种战略地带。

(1) 左上角地带（浅灰色标注）。这个地带3个区域是"大强""大中""中强"。市场吸引力和业务单位的竞争能力最有利，一般"开绿灯"，增加资源投入和发展、扩大业务。

(2) 从左下角到右上角的对角线地带（白色标注）。这个地带3个区域是"小强""中中"

"大弱"。这个地带市场吸引力和业务单位的竞争能力中等。一般"开黄灯",以维持原投入水平和市场占有率为主。

(3) 右下角地带(深灰色标注)。这个地带 3 个区域是"小弱""小中""中弱"。市场吸引力偏小,业务单位的竞争能力较弱。因此多"开红灯",采用收割或放弃战略。

细化到矩阵的每个区域,策略选择更具有指导性。如表 2-2 所示,当企业的战略业务单位处于属于"左上角地带"的中强,即市场吸引力中但竞争能力强的情况下,可以选择发展的策略,具体措施可以是在最有吸引力的部分重点投入资源,从而更进一步强化该单位在市场上的竞争能力,获取更大的利益。

表 2-2 多因素组合矩阵分析的策略选择

		竞争能力		
		强	中	弱
市场吸引力	大	保持优势 以最快可行的速度投资发展,集中实力保持力量	投资巩固 向市场领导者挑战,有选择地加强力量,加强薄弱地区	有选择发展 集中有限力量努力克服缺点,如无明显增长就放弃
	中	选择发展 在最有吸引力部分重点投资,加强竞争力,提高生产力,加强获利能力	选择或设法保持现有收入 保持现有计划,在获利能力强、风险相对低的部门集中投资	有限发展或缩减 寻找风险小的发展办法,否则尽量减少投资,合理经营
	小	固守和调整 设法保持现有收入,集中力量于有吸引力的部门,保存实力	设法保持现有收入 在大部分获利部门保持优势,产品线升级并尽量降低投资	放弃 在赚钱机会最小的时候出售,降低固定成本,同时避免投资

根据上述分类、评价和战略决策,企业管理层要绘制出各个战略业务单位的计划位置图,并据此决定各战略业务单位的目标和资源分配预算。

四、制订新业务计划

企业制订了业务组合计划,并决定发展、扩大哪些业务,尤其是收割、放弃哪些业务之后,就要考虑发展新业务,以替代萎缩或被淘汰的业务。对未来企业的业务发展方向作出战略计划,即制订企业的新业务计划或增长战略。企业发展新业务的方法有密集式成长、一体化成长和多角化成长三种。

(一) 密集式成长

企业可以在现有业务范围内通过产品与市场(顾客)的对应关系,寻求新的发展机会,如图 2-6 所示。

	现有市场	新市场
现有产品	市场渗透 Market-penetration	产品开发 Product-development
新产品	市场开发 Market-development	多角化成长 Diversification

图 2-6 密集式与多角化成长战略

第二章 农产品营销的战略框架

1. 市场渗透（Market-penetration）

企业采取种种措施，千方百计在现有的市场上扩大现有的产品销售，可通过削价、扩大广告宣传、改进广告语言、挖掘现有市场潜在的产品使用者，或是使现有的顾客增加购买量，并吸引其他品牌的顾客。

2. 市场开发（Market-development）

企业采取种种措施，千方百计在新市场上扩大现有产品的销售。如进入新的地区市场，改变性别角色用户开辟新的细分市场等。

3. 产品开发（Product-development）

企业通过增加花色、品种、规格、型号等向现有市场提供新产品或改进的产品，满足现有市场的不同需求。如新包装、新品牌、新品种、增加新功能等。

4. 多角化（Diversification）

也称为差异化机会。通过寻求消费者的差异化需求，在现有市场和现有产品以外开展新的业务，扩大生产经营范围。

【案例 2-2】

汉光果菜专业合作社的产品开发策略

汉光果菜专业合作社建立了全方位一条龙的作业模式：组织 259 户农民专业生产分工；成立产销蔬菜管控中心；计划性生产，接入电脑化管理。电脑开立处方签，专人配药；农药残留检测保护消费者健康；专业蔬菜分级包装厂；截切蔬菜加工厂；即食蒸熟菜加工厂；研发安全、放心、方便的即食产品；产品通过认证安全有保障；低温仓储中心调节蔬菜供应；国际农业交流；低温配送。

合作社着重发展健康四好菜：履历蔬菜（Food Tracing）、截切蔬菜（Cutting Vegetable）、即食蔬菜（Instant Vegetable）、有机芽菜（Organic Food）。履历蔬菜生产记录马上查，截切蔬菜已切好洗净打开即可烹调，即食蔬菜打开马上吃，有机芽菜不添加任务化学药剂。企业 CAS 认证通过的产品包括 31 种叶菜类、32 种根茎类、25 种花果类、9 种菇类、3 种配料共计 100 种。

资料来源：汉光果菜专业合作社官网 http：//hankuan.org/3product-salad.html

思考：汉光果菜专业合作社是如何通过产品开发、发现市场机会的？

（二）一体化成长

如果一个业务单位所在行业很有前途，企业在供、产、销等方面实行一体化能提高效率、加强控制、扩大销售，则可以考虑一体化成长，通过整合供应链、从事与目前业务相关的新业务寻求持续发展。企业一体化战略包括后向一体化、前向一体化、水平一体化，如图 2-7 所示。

1. 后向一体化

利用自己产品、品牌的优势，把原来外购的原材料或零件改为自行生产或供应。如农产品生产经营企业自己供应农资产品，通过后向一体化提高效益，防范成本受制，通过掌握原材料供应，控制同行业对手的竞争。采取后向一体化策略一般是由于供应商所在领域

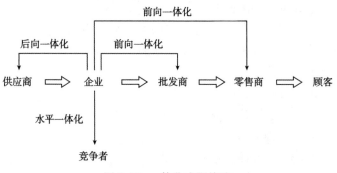

图 2-7 一体化成长战略

盈利水平高,或机会较好,还可避免原材料短缺、成本受制于供应商。

2. 前向一体化

企业根据市场需求和生产技术的可能,利用自己的优势对产品进行深加工。如并购相关的下游厂商或联合组成战略联盟等。典型的方式如企业拥有和控制其分销系统,或将经营范围向下游精深加工业务延伸。例如,蔬菜公司生产加工调理食品、低温脱水食品,水果合作社经营果汁加工业务,批发商开办零售商店等。

3. 水平一体化

与其他性质相同、生产同类产品的企业形成战略联盟,以及合作社组建联合社等形式。扩大规模、实力,取长补短,共同开发市场机会,还可以减少竞争对手,降低来自行业的竞争压力。

(三) 多角化成长

企业也可考虑开发与目前业务不相关或关联甚少,但其市场吸引力更强的业务领域。有选择地增加产品种类,跨行业生产经营多种产品和服务,扩大企业的生产范围和市场范围,使企业的特长得到充分发挥,人力、物力、财力等资源得到充分利用,从而提高经营效益。

多角化成长战略依据市场和技术维度可分为三种方式,如图 2-8 所示。

图 2-8 多角化成长战略

1. 同心多角化（Concentric Diversification）

面对新市场、新顾客，以原技术、特长和经验为基础增加新业务。由于从同一圆心逐渐向外拓宽业务领域，没有脱离原来的经营主线，有利于发挥已有优势，风险也相对要小。如蒙牛从"牛奶"延伸到"酸奶"产品。

2. 水平多角化（Horizontal Diversification）

针对现有市场、原有顾客，采用不同的技术增加新业务，这些技术与企业现有的经验、能力没有多少关联。如农机企业生产果蔬类农产品。由于在生产、技术方面进入了新领域，风险相对要大。

3. 综合多角化（Conglomerate Diversification）

以新业务进入新市场，新业务与现有技术、市场以及业务没有关联。在企业经营中，一般是实力雄厚的大企业集团采用的一种经营战略，要求企业自身具有拓展经营项目的实力和管理更大规模企业的能力，包括足够的资金支持、相关专业人才支持、拥有迅速组建分销渠道的能力、企业综合管理能力强等。对于企业来说，不可盲目追求经营范围的全面、经营规模的宏大，规划新方向必须慎重，结合已有的特长、经验和优势。

第三节　农产品营销的经营战略

经营战略也叫竞争战略，重点考虑一个战略业务单位怎样开展业务，尤其是如何应对竞争、建立相对优势。正确的经营战略是企业成功实现其市场营销目标的关键。

一、分析竞争环境

波特五力模型是迈克尔·波特（Michael E. Porter）于20世纪80年代初提出的。他认为行业中存在着决定竞争规模和程度的五种力量，这五种力量综合起来影响着产业的吸引力以及现有企业的竞争战略决策。五种力量分别为同行业内现有竞争者的竞争能力、潜在竞争者进入的能力、替代品的替代能力、供应商的讨价还价能力、购买者的讨价还价能力，具体如图2-9所示。

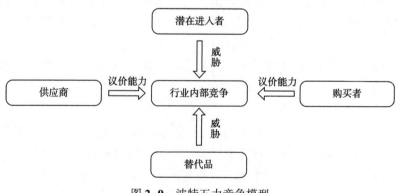

图2-9　波特五力竞争模型

(一) 行业内部竞争

依据市场结构理论,在一个行业内部,企业、品牌之间的竞争关系与强度是由集中度、产品差异和进入、退出障碍的高低决定的。如果已有众多强大的或竞争意识强的竞争者,这个行业就可能缺乏吸引力。

(二) 潜在进入者的威胁

新进入者也是新竞争者。它们给一个行业带来新的产能、资源,要求市场重新"洗牌",对行业秩序和现有企业形成冲击,甚至导致价格下降,影响行业的盈利水平。新进入者的威胁大小,取决于进入障碍和退出障碍。一个行业进入障碍高退出障碍低,新竞争者就不易进入,经营不善的企业也方便退出,留下的企业能有较高且稳定的收益。一个行业退出障碍高,进入障碍也高,潜在收益虽高,风险也大。

农业产业具有较好的发展前景,很多农业企业、电商企业向产业链上游延伸,进入农业行业,如佳沃集团是联想控股的现代农业板块企业,主要从事现代农业和食品领域的投资和相关业务运营。目前,佳沃集团是中国最大的水果全产业链企业,在海外及中国拥有规模化的蓝莓和奇异果种植基地,同时也在茶叶、葡萄酒等领域进行投资和业务布局。因其领先的种苗繁育体系、分选加工能力以及完善的冷链物流平台和品牌营销网络体系在市场竞争中具有较强的竞争能力。

(三) 替代品的威胁

替代品是与现有产品功能类似、用途相近的不同产品。一般来说,替代品进入市场,会迫使现有产品的价格下降。替代品的价格越有吸引力,对行业构成的威胁也越大。为了抵制替代品的威胁,行业往往采取集体行动,如改进质量、提高营销效能等。

分析与替代品的竞争关系,需要结合产品生命周期,尤其是所处生命周期阶段与发展方向。许多替代品是新技术的产物,是社会发展的必然。如随着质量可追溯技术发展,农产品质量可追溯体系建设成为发展趋势,具有质量追溯能力的产品更具市场发展潜力。

(四) 购买者的议价能力

购买者位于一个行业的下游。他们总是希望压低价格,对质量、服务提出更高的要求,设法使供应商之间相互竞争。作为一种重要的竞争力量,他们不仅影响一个企业,也影响整个行业的盈利水平。购买者的讨价还价能力与上游提供的产品是否具有差异性、产品价格敏感性、购买方后向一体化能力、组织化程度等直接相关。如宋小菜专注于"互联网+农产品"经营模式,以反向供应链方式以销促产,对产业链上游提供产品的规模化、标准化提出更高要求,具有较强的讨价还价能力。企业应增强竞争优势,提供优质产品,建立特色品牌以占领市场。

(五) 供应商的议价能力

供应商位于一个行业的上游,为下游行业、厂商提供经营所需的人、财、物和其他资源。供应商提高价格或降低质量,或减少供应,都会对作为购买者的企业产生一定的影响。

企业的上游供应商一般为农资企业,农资供应商阵营往往为少数几家企业控制,没有替代产品与之竞争,农资产品是企业不可或缺的重要投入,供应商方面具有更强的竞争能力。与行业、企业面对购买者的情况一样,供应商讨价还价能力也会变化,企业可审时度势,通过战略选择改善处境。

二、选择竞争战略

通过分析影响竞争态势的五种主要力量,企业或相关战略业务单位要制定自己的经营战略。根据迈克尔·波特的观点,有3种一般性战略可供选择,如图2-10所示。

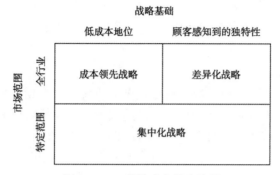

图2-10 一般性竞争战略选择

(一)成本领先战略

这一战略致力于企业内部加强成本监控,通过改进生产技术与流程、节约原材料、降低人工费用和生产创新、自动化等方式,在生产、研发、销售、服务等方面降低总成本,从而获得高于行业平均水平的利润。

成本优势有利于企业在行业内保持领先的竞争地位。即使产品价格受到市场行情波动影响,也能保持一定的利润空间;凭借性价比吸引下游购买者,还可以降低替代品威胁,提高讨价还价能力;为新进入者设置较高的壁垒;更灵活地处理上游农资供应商的提价行为。

实施成本领先战略要求企业拥有通畅的融资渠道、低成本的分销系统、高效的劳动力管理能力、先进的技术设备、更高的生产营销效率、严格的成本控制水平、完善的组织结构和责任管理体系作为保障。

(二)差异化战略

差异化战略也称"别具一格"战略,其竞争优势主要依托于产品及设计、工艺、品牌、特征、功能和服务等方面或几个重要的关键点,与竞争者相比具有更显著并能为顾客感知的独到之处。

通过产品、服务、人员或形象差异形成的战略特色,可以更好地建立起品牌认知度、品牌美誉度和品牌忠诚度,能够有效应对竞争者的挑战和替代品的威胁。不同企业的产品各具特色,也能在一定程度上缓和农产品同质性导致的价格竞争,并降低购买者对价格的敏感度,提高转换成本。

实施差异化战略,企业需要具备良好的研发能力,产品标准化生产水平、质量可追溯能力、生产技术和工艺流程等方面具有显著的优势和良好的声誉。企业的品牌地位、发展历史、渠道经验、营销能力、职能管理与协调控制能力、企业文化等各个环节的比较优势对差异化战略实施都可以形成一定支撑。

差异化战略适用于：(1)企业有很多途径创造特色，尤其是顾客认为其有价值；(2)市场"异质化"，顾客的要求多种多样；(3)采用类似途径"差异化"的对手很少；(4)技术变革太快，竞争主要集中在不断推出新特色。

差异化战略风险在于：(1)竞争对手以低成本策略吸引顾客，顾客就可能放弃"差异化"选择性价比；(2)顾客对产品特征、差异的感觉不明显时，可能会忽略这些差异；(3)在产品生命周期成熟期，有技术实力的竞争者很容易通过学习，降低彼此之间的差异；(4)过度的差异化导致成本上涨，价格超过消费者最大承受能力，也会抵消"差异化"的吸引力。

(三) 集中化战略

成本领先和差异化战略一般定位的目标是全行业或整个市场。集中化战略聚焦于特定的领域，在局部谋求成本领先或差异化优势。其核心是企业战略业务单位集中于某个特定的购买者群体或某一地域市场，便于集中使用企业的资源，更好地为特定的目标市场服务。能够针对目标市场充分调研，整合技术、资金、营销资源，战略过程便于控制与管理。如浙江省嘉兴市天蓬畜禽养殖专业合作社针对孕产妇市场提供月子鸡、月子鸡蛋产品，打造月子皇后品牌，即一种集中化战略的应用。

有效实施集中化战略，关键是选好聚焦的市场。要尽可能选择对手薄弱和最不易受替代品冲击的目标。适用于：(1)市场上确实存在某些可以细分出来的顾客群体；(2)有实力的竞争者不打算在同样的市场竞争；(3)该细分市场容量、成长、盈利能力和竞争强度等，相对更有吸引力；(4)企业资源、能力有限，不能以更大的细分市场为目标。

实施集中化战略的风险在于：(1)竞争者从中发现了可再细分的市场，就可能失去原有的优势；(2)由于技术进步、替代品出现、观念更新和消费偏好变化等，特定市场与总体市场的差异变小，企业会失去原来赖以形成优势的基础；(3)具有竞争实力的企业在成本上显示差异，会抵消本企业"集中"的差异化优势。

成本领先战略、差异化战略、集中化战略的优势与前提条件比较见表2-3。

表2-3 一般性竞争战略的优势与前提条件

竞争战略	核心或优势	前提或要求
成本领先战略	单位产品成本最低； 市场份额最大化； 价格低廉优势； 规模化发展	良好的融资渠道，不断的投入； 产品设计便于制造，工艺简单； 低成本的分销渠道； 先进的设备与更高的劳动生产率； 严格的成本控制与组织管理
差异化战略	具有产品设计、工艺、品牌、特征、款式、服务等优势； 对顾客有更高的满足程度	具有营销、研发、技术、工艺实力； 良好的产品开发、技术创新形象； 进入行业历史长，有传统优势； 公司管理与市场渠道的强力支持
集中化战略	特定领域与局部市场具有相对的竞争优势	一般是中小企业战略； 在一个领域具有相对优势

第四节　农产品营销管理过程

在现代市场经济条件下，农产品经营企业为了实现总体战略和经营战略的各项任务、目标，必须十分重视营销过程及其管理。根据市场需求的现状与趋势，制订计划，配置资源，制定经营战略，作为决策和管理的依据。通过满足市场需求来赢得竞争优势，求得生存和发展。企业营销管理过程包括如下步骤：分析市场机会、决定目标市场和定位、设计市场营销组合和管理市场营销活动。

一、分析市场机会

寻找、分析和评价市场机会是企业营销管理人员的主要任务，也是营销管理过程的首要步骤。由于市场需求不断发生变化，任何产品都有其生命周期阶段，消费者对高质量、高附加值的农副产品及精深加工产品的需求不断增长。企业必须经常性收集市场信息，通过分析农产品供求市场、消费品及产业用品市场，发现市场潜在机会。

1. 收集市场信息。营销管理人员应积极收集关于市场需求变化、消费者购买行为与满意度、农产品价格变化、市场空间和潜力分析等方面的信息。可通过市场调查、网络信息检索及参加农产品展销会、博览会等方式积极寻找和识别尚未被满足的市场需求和新的市场机会。

2. 农产品供求市场分析。一是农产品市场供给因素分析。包括农产品生产成本、运输成本、储存成本、销售成本、农产品价格、相关农产品价格、生产农产品的技术水平、政府税收和补贴政策等。二是农产品市场需求因素分析。包括目标市场消费人口数量、收入水平、替代品和互补品的价格、消费者的消费习惯和偏好、消费者对农产品价格的预期等。

3. 农产品消费市场分析。农产品作为满足消费者吃、穿、用等基本生活需要的物质资料，其消费者市场购买行为同样受到文化因素、社会因素、个人因素和心理因素的影响。农产品消费中所体现的历史文化传统、社会阶层与个性心理更为明显。随着市场经济的不断发展，我国的社会结构和文化特征不断地变迁与发展，农产品的消费者市场购买行为也呈现出许多新的特点和发展趋势。一方面，消费者对农产品的消费需求已经从追求满足数量阶段转向追求品质，更加追求食品营养、安全、健康层面的需求满足，无公害、绿色、有机农产品的需求日益增长。另一方面，随着农业生产的发展和人民生活水平的提高，消费者品牌消费的观念逐渐增强，需求日趋个性化和多层次化。

4. 农产品产业用品市场分析。农产品作为原材料用于农产品的深加工成为产业用品市场的主体。用作加工原材料的农产品一般在主产区大量采购；农产品加工企业为了保证生产的长期稳定性，会与当地农业生产者签订长期购销合同，以保证稳定的原材料来源；为了保证加工产品的品质稳定和特色，对采购的农产品标准化程度要求较高；同时，为了获取符合标准的原材料，一些企业会定向指导农户生产，提供生产资料和技术服务。

二、决定目标市场和定位

菲利普·科特勒（Philip Kotler）指出，营销管理过程也是一个 4P 过程，包括调研（Probing）、划分（Partitioning，即细分 Segmentation）、优先（Prioritizing，即目标选定

Targeting)和定位(Positioning)步骤。在做好营销战略计划过程的基础上,战术性营销组合(Marketing Mix)的制定才能顺利进行。

1. 调研(Probing)。企业首先通过调查、分析,掌握消费市场和产业用品市场的需求和变化趋势,了解自身优势及核心竞争力所在,综合考虑、决定经营方向。目的在于"知己知彼",发现和评估机会,预测、防范风险。

2. 划分(Partitioning)。对潜在顾客及其需求分类,对各细分市场的价值客观、科学地评估。营销管理人员不仅要善于寻找、发现有吸引力的市场机会,也要善于对所发现的各种市场机会进行评价,决定哪些市场机会能成为企业有利可图的机会,判断这些市场机会与企业的任务、目标、资源条件是否一致,能否享有差别利益。

3. 优先(Prioritizing)。市场细分为一个企业决定服务对象提供了多种选择,选择目标市场就是明确愿意进入和需要占领的细分市场。决定企业应当生产经营哪些产品类别,决定企业应当以哪些市场为目标市场。

4. 定位(Positioning)。在选定的目标市场上,为企业、产品或品牌树立一定的特色,以突出与竞争者的不同和差异,在消费者心目中占位。

三、设计市场营销组合

市场营销组合是企业营销战略的一个重要组成部分,是一整套为了满足目标顾客群的需求加以组合搭配、灵活运用的可控制变量,是开展营销活动的工具和手段。企业在对市场机会预测、分析和判断基础上选择目标市场,并为目标市场安排行之有效的营销组合,以争取目标市场的特定反应。

1. 市场营销组合的构成

市场营销组合中包含的可控制变量很多,麦卡锡(E. Jerome McCarthy)在文字表述上将构成营销组合的要素概括为产品(Product)、价格(Price)、渠道(Place)、促销(Promotion)。企业对营销工具和手段的具体运用,会形成不同的营销战略、方法和行动。这些工具、手段或因素相互依存、相互影响和相互制约,通常不应割裂开来孤立地考虑。必须从目标市场的需求状态、定位和营销环境出发,统一、配套和协调使用。

> **知识拓展**
>
> **4P 理论的延伸**
>
> 学术界不断有人提出一些"P"。例如,"人"(People,多用于服务营销)、"包装"(Packaging,多用于消费品的包装)、"报酬"(Payoffs,多用于业务活动的绩效)、"零卖"(Peddling,亦称"人员推销",往往依赖于大量的促销手段)。科特勒也曾在他的"大营销"(Mega Marketing,有的译为"超营销")理论中,提出加入"政治"(Politics)和"公共关系"(Public Relations)两个"P"。但目前广为流传的,依然是以 4P 为基础的提法。

2. 营销组合的特征

(1)可控性。市场营销组合因素对企业来说都是"可控因素",是由企业可控制和运用的有关营销手段、因素构成的。也就是说,企业可根据目标市场的需要,决定生产什么,制定什么价格,选择什么渠道,采用什么促销方式等。对于这些市场营销手段的运用和搭配,企业有自主权。营销管理人员的任务就是适当安排市场营销组合,使之与不可控的环境因素相适应,这是企业市场营销能否成功的关键。

(2) 动态性。市场营销组合是一个动态组合。每一个组合因素都是不断变化的,是一个变量,同时又是相互影响的。四个变量中又各自包含着若干小的变量,任何变量的变动,都会形成新的、效果不同的营销组合。

(3) 复合性。市场营销组合是一个复合结构。构成营销组合的四大类因素或手段,各自又包含多个次一级或更次一级的因素或手段组合。以产品为例,它由质量、性能、设计、外观、品牌、包装、服务等因素构成,每种因素分别又由若干更次一级因素构成,如品牌又包括品牌要素设计、品牌定位、品牌文化、品牌包装等。

(4) 整体性。构成营销组合的各种手段以及各个层次的因素,不是简单相加或拼凑,它们必须成为一个有机的整体。在统一的目标指导下,相互配合、优势互补,追求大于局部功能之和的整体效应。

四、管理市场营销活动

执行和控制市场营销计划是市场营销管理过程的一个关键性和极为重要的步骤。企业制订市场营销计划是为了指导企业的市场营销活动,实现企业的战略任务和目标。

市场营销计划是一个统称,从性质来看,一般分为产品类别计划、品牌营销计划、新产品计划、市场细分计划、区域市场计划、客户计划等,这些不同层面的营销计划,相互之间需要协调、整合。从生产阶段来看,分为产前市场研究计划、目标市场计划、市场定位计划;产中产品创新计划、产品定价计划;产后销售渠道计划、促销活动计划、储运包装加工计划、售后服务计划等。从时间跨度来看,营销计划可分为长期的战略性计划和年度计划。战略性计划要考虑哪些因素会成为今后驱动市场的力量、可能发生的不同情境、企业希望在未来市场占有的地位及应采取的措施。它是一个基本框架,由年度计划使之具体化。必要时,企业需要每年对战略性计划进行审计和修订。

制订营销计划之后,企业或战略业务单位需组织力量落实,并对营销进程进行控制,以保证达成预定的营销目标。

【归纳与提高】

战略描述企业打算如何实现其目标和使命,具有全局性、长远性、抗争性和纲领性特征。企业战略层次包括总体战略、经营战略和职能战略等层次。

总体战略是企业最高层次的战略。总体战略是企业最高管理层为企业的长远生存与发展,通过制定企业的任务、目标、业务组合计划和新业务计划,不断适应迅速变化的市场环境,协调企业的目标、资源、能力的战略管理过程。农产品生产经营企业应从认识和界定企业使命、确定企业目标、安排业务组合、制订新业务计划四个步骤入手制定总体战略。

经营战略也叫竞争战略,重点考虑一个战略业务单位怎样开展业务,尤其是如何应对竞争、建立相对优势。农产品生产经营企业在分析竞争环境的基础上选择合适的竞争战略。

营销管理是企业重要的职能战略之一。企业营销管理过程包括如下步骤:分析市场机会、决定目标市场和定位、设计市场营销组合和管理市场营销活动。

【复习思考题】

1. 总体战略、经营战略与职能战略之间的关系是什么？
2. 如何认识和界定企业使命？
3. 企业怎样区分战略业务单位？
4. 如何规划企业成长战略？
5. 企业营销管理的一般过程和主要任务是什么？
6. 比较三种一般性战略的特点和适用范围。

章节案例

描绘新农业商业模式的"微笑曲线"

吉林云飞鹤舞农牧业科技有限公司创始人牟文建在电子商务"高难度"领域"粮油米面"里崛起，打造"通榆模式"，以其独有的五链聚合，形成了五指合一的新商业模式。

一、构建三项战略能力

新农业营销必须有战略格局，这样才能点面融合，形成组合聚变的能力战略。

1. 以用户为本的战略能力

彼得·德鲁克说："竞争战略的主要目的是为了能比竞争对手更好地满足顾客的需求。"牟文建表示："在互联网时代中，企业营销必须做到求同、求特和求应。"

首先是"求同"。即满足消费者的常规需求。比如，东北大米好吃是公认的，而牟文建更通过通榆县北纬45度的地理位置等营销创新，告诉消费者判断好米的基本要素，让消费者得到超越竞品的价值感。其次是"求特"。比如第一家在天猫卖新鲜向日葵等，以此满足用户的独特需求，同时，也让品牌得以快速传播。最后是"求应"。菲利普·科特勒曾经说："体验营销正是通过让顾客体验产品、确认价值、促成信赖后自动贴近该产品，成为忠诚的客户。"牟文建让团队通过"禾协会"微信公众平台，不仅可以随时发布农产品信息，还通过活动等形成用户与企业之间的黏性和互动。此外，更征集了三千个"三千禾旗舰店"监督员，完成了品质监督、产品试吃、主动晒体验等多位一体的目的。由于通榆县不仅出产杂粮杂豆、打瓜，还有牛羊肉等特色优质农产品，这些产品极大地丰富了产品线，也满足了消费者的不同需求。

2. 以渠道为本的战略能力

渠道是企业必争的，也无法回避的战场。而在互联网时代，电子商务正在成为大势。

牟文建说："在渠道上，我们不仅要看远，更要做深。"首先是看远，即看市场趋势，驾驭互联网。为此，牟文建首先在天猫创立了"三千禾旗舰店"，迅速扩大到全网，形成网店集群。同时，还通过与地产商的联手，推行"社区直供"，并以此构建其独特的"原产地直供"体系。其次往深做，让农民都变成电商。如何让产品销售更多、品牌更响？由于产品品类丰富，并有旗舰店做标杆，使其避免了窄门问题。为此，牟文建创建了"锄头+鼠标"模式，邀请"阿里农村电商讲习所"走进通榆县。据悉，通榆县将实施1000名电商人才培养计划,在县内打造 1000 家网店,最终形成电子商务的"千村万店"。

3. 以资源为本的战略能力

牟文建精心构建了五道价值链,以此形成商业模式的组合聚变。

产品链。优选 1 万亩优质弱碱土地和十余个优质杂粮杂豆品种,牟文建同当地的农村企业签订采购或包销协议,实行"统一品牌、统一包装、统一标准、统一质量"。在有绿色产品、有绿色产业链的背景下,通榆将成为全国消费者的黑土地。

电商链。牟文建更提倡农产品电子商务走"自上而下"的路径。为此,通榆县政府组建了"通榆农产品电子商务发展中心",与常春藤合作,并通过在天猫上建立"三千禾旗舰店",以此作为通榆农产品直销的一个窗口。此外,以"三千禾旗舰店"为标杆,还有庞大的电子商务的"千村万店"上线。

产业链。通榆县位于科尔沁草原东陲,除了有"葵花之乡""绿豆之乡"的美誉,当地还出产杂粮杂豆、打瓜、牛羊肉等特色优质农产品。通榆县探索出"电子商务+基地化种植+科技支撑+深加工"的全产业链一体化运作方式。

品牌链。品牌就要抓住以客户为导向的每次传播机会,以此改变消费者的行为。首先,整合每一个媒体。不仅整合"空中"电视,还借助"陆地"报纸、路牌等,更运用"海里",最终实现海陆空的传播链。其次,整合每一个人。不仅通过用户粉丝、督导员、员工传播品牌,甚至还通过通榆县委书记、县长联合发出了一封"致淘宝网民的公开信"。最后,整合每一个终端。活动是终端,"延边网络泡菜节"在杭州启动,于是有了"为朝鲜族造一口世界最大的泡菜坛子"的轰动性传播;线上是终端,"三千禾旗舰店"把东北味儿做得非常足;粉丝是终端,三千禾督导员更是在体验中完美地传播企业品牌和产品。

动态链。飞跃前进的社会中,唯一持久的竞争优势就是"有能力比你的竞争对手超越得更快",这就是"动态能力"。在新形式下,渠道精细化首先是多元化整合、动态整合。为此,除了开通天猫店外,牟文建还与网上超市 1 号店签订原产地直销战略合作协议。

二、新农业的"微笑曲线"

其实,归根结底,牟文建的农业营销模式可以概括为营销和销售。由此形成新农业营销的"微笑曲线",如图 2-11 所示。

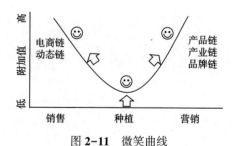

图 2-11 微笑曲线

"微笑曲线"在商界可谓赫赫有名,影响了无数制造型企业。微笑嘴型的一条曲线,两端朝上,其战略能力更多体现在两端,营销和销售,处于中间环节的才是种植。而这正是互联网模式下的能力战略,也是互联网时代的商业模式。

资料来源:牟文建. 描绘新农业商业模式的"微笑曲线"[J]. 销售与市场(评论版),2014(23):84-85.

思考：分析案例中新农业商业模式的战略格局是如何体现的？"互联网+农业"背景下，农产品经营企业如何进行战略规划？

参 考 文 献

卞志刚，盛亚军，董慧博. 市场营销学[M]. 北京：清华大学出版社，2016.
郭国庆. 市场营销学通论[M]. 北京：中国人民大学出版社，2009.
解培才，徐二明. 西方企业战略[M]. 北京：中国人民大学出版社，1992：4.
李大千. 牟文建：描绘新农业商业模式的"微笑曲线"[J]. 销售与市场(评论版)，2014(23)：30.
李宁，潘晓，徐英淇. "互联网+农业"助力传统农业转型升级[M]. 北京：机械工业出版社，2015.
[美]菲利普·科特勒. 市场营销思想的新领域[M]. 邝鸿. 现代市场营销大全[C]. 北京：经济管理出版社，1990.
吴健安，聂元昆，郭国庆，等. 市场营销学(第6版)[M]. 北京：高等教育出版社，2017.
吴健安，聂元昆，郭国庆，等. 市场营销学(第2版精要版)[M]. 北京：高等教育出版社，2017.
吴健安，钟育赣，胡其辉. 市场营销学(第5版)[M]. 北京：清华大学出版社，2013.
吴健安. 市场营销学(第4版)[M]. 北京：高等教育出版社，2011.
吴洛夫，朱元双. 市场营销管理[M]. 长沙：湖南人民出版社，2013.

第二篇 营销调查

第三章 农产品市场营销环境

知识与技能目标

1. 了解农产品市场营销环境的含义和特征。
2. 理解农产品市场营销的宏观环境和微观环境。
3. 掌握农产品市场营销的 SWOT 分析法。
4. 掌握农产品市场营销的市场机会和环境威胁分析。

情境导入

近年来，为了满足民众日益多样的消费需求，我国加大了周边国家的水果进口。而泰国就是其中的受益国，通过对华出口水果，该国也获得了巨大回报。但因为疫情的影响，泰国正常的货物出口受到了冲击，作为新鲜时令产品，泰国的鲜果行业受影响更大。2020年1~2月泰国对华水果和坚果出口为25517万美元，同比大幅下降23.1%。泰国的水果出口行业面临订单丢失的困难，许多水果从业者也面临收入减少甚至失业的困难。

除了泰国，非常依赖中国水果市场的越南也遇到了类似的问题。中国约占越南农产品出口的24%，越南的火龙果、龙眼、菠萝蜜等热带水果在中国都非常畅销，目前至少有9种水果获得了中国市场的"入场券"。然而，今年越南水果行业开局不利。数据显示，2020年第一季度，越南对华出口水果总额为3亿美元，同比大幅下滑近30%。

资料来源：泰国水果陷危机之际，中国及时送上2000万吨榴莲大订单[ED/OL]. https://baijiahao.baidu.com/s?id=1666014097056440382&wfr=spider&for=pc，2020-5-7/2020-6-10。

思考：疫情对全球水果业进出口业务的影响属于哪种营销环境类型？

第三章 农产品市场营销环境

第一节 农产品市场营销环境的含义及特征

市场营销环境是企业市场营销活动的制约因素，市场营销活动依赖于这些环境才得以正常进行。菲利普·科特勒认为，企业为成功地进入特定的市场，在策略上应协调地使用经济、心理、政治和公共关系等手段，以取得有关方面的合作与支持，消除壁垒很高的封闭型或保护型的市场进入障碍，为企业从事营销活动创造一个宽松的外部环境。

一、农产品市场营销环境

环境是指周围的情况和条件，泛指影响某一事物生存与发展的力量总和。市场营销环境是指影响企业生产经营活动的各种内外部因素的总和，可分为微观市场营销环境和宏观市场营销环境。其中微观市场营销环境由与企业联系紧密，并影响其服务目标顾客的单位组成，这些单位或多或少与企业有直接的经济关系，也称为直接营销环境。宏观市场营销环境主要通过微观市场营销环境实现其对企业的影响，所以被称为间接市场营销环境。微观环境与宏观环境之间不是并列关系，而是主从关系。微观环境受制于宏观环境，微观环境中的所有因素都要受宏观环境中各种力量的影响。

所谓农产品市场营销环境，是指存在于农产品经营企业外部，影响农产品经营企业营销活动及目标实现的各种内外部因素的总和。农产品经营企业外部环境是外在于农产品经营企业的客观存在，它不以人们的意志为转移。对农产品经营企业来说，属于不可控因素，农产品经营企业无力改变。但是，农产品企业不仅要观察和适应市场营销环境的变化，同时要积极主动地改变营销环境，通过对内部因素的优化组合，保持农产品经营企业内部因素与外部环境的动态平衡，给自身创造更好的发展空间，使农产品经营企业不断充满生机和活力。

二、农产品市场营销环境的分类

（一）按影响范围划分

按影响范围划分，可以将营销环境分为宏观营销环境和微观营销环境。

宏观营销环境是指影响微观营销环境的各种因素和力量的总和，主要包括政治、法律、经济环境、人口环境、自然环境、社会文化环境、科学技术环境等因素。这些因素涉及广泛的领域，主要从宏观方面对农产品经营企业的市场营销活动产生影响。

微观营销环境是指由企业本身市场营销活动所引起的与企业市场紧密相关、直接影响其市场营销能力的各种行为者，包括公司供应商、营销中间商、竞争者和公众等。微观市场营销环境体现了宏观市场营销环境因素在某领域里的综合作用，对于农产品经营企业当前和今后的经营活动产生直接的影响。

（二）按控制难易程度划分

按控制难易程度划分，可以将营销环境分为企业可控因素和企业不可控因素。

企业可控因素是指由企业及营销人员支配的因素，包括最高管理部门可支配的因素。

企业不可控制的因素是指影响企业的工作和完成情况而企业及市场营销人员不能控制的因素，包括消费者、竞争、政府、经济、技术和独立媒体。

（三）按环境的性质划分

按照环境的性质划分，可以将营销环境分为自然环境和文化环境。

自然环境包括矿产、动物种群等自然资源及其他自然界方面的许多因素，如气候、生态系统的变化。对于农产品来说，受自然环境的影响较大，同一品种农产品在不同地方种植其品质就会相差很大。农产品地理标志产品就是在自然环境影响下才产生的。

文化环境包括社会价值观和信念、人口统计变数、经济和竞争力量、科学和技术、政治和法律力量等。对于农产品来说，不同地方的饮食文化，会直接影响到该地区农产品的消费，如中餐和西餐就是截然不同的两种饮食文化，在对农产品的食用或使用上存在着很大的差别；再者，同是中餐还存在着"南甜北咸、东辣西酸"的差异性，这就需要营销人员加以注意。

（四）按对营销活动影响时间的长短划分

按对企业营销活动影响时间的长短划分，可以将营销环境分为长期环境与短期环境。

长期环境是指在未来很长的一段时间内都会对企业营销活动产生影响。短期环境是指对企业营销活动产生的影响持续时间较短。这里需要区分：

（1）流行。不可预见的，短期的，没有社会、经济和政治意义的。

（2）趋势。能预见的且持续时间较长，趋势能揭示未来。

（3）大趋势。社会、经济、政治和技术的大变化。其不会在短期内形成，但一旦形成则会对我们的生活产生较长时间的影响。

三、农产品市场营销环境的特征

农产品市场营销环境是一个多因素、多层次而且不断变化的综合体，具有如下特征。

（一）客观性

环境作为企业外在的、不以营销者意志为转移的因素，对企业营销活动的影响具有强制性和不可控性。一般来说，企业包括农业企业无法摆脱和控制营销环境，特别是宏观环境，难以按企业自身的要求和意愿随意改变它。但企业可以主动适应环境的变化和要求，制定并不断调整市场营销策略。

（二）差异性

不同的国家或地区之间，宏观营销环境存在着广泛的差异；不同的企业，微观营销环境也千差万别，正因营销环境的差异，企业为适应不同的市场环境及其变化，必须采用有特点和针对性的市场营销策略。营销环境的差异性也表现为同一市场环境的变化对不同企业的影响不同，例如，我国加入世界贸易组织，意味着大多数中国企业进入国际市场，进行"国际性较量"，面对经济环境的变化，对不同行业所造成的冲击并不相同。企业应根据市场环境变化的趋势和行业的特点，采取相应的营销策略，同处一个国度、地区或行业中，企业所面对的营销环境也有差异性。农业企业面对的微观营销环境中，农户数量多、文化程度差异大、关系复杂，给农业企业经营就会带来很大的困难。

(三) 多变性

市场营销环境是一个动态系统。首先，构成营销环境的诸多因素受众多国家经济状况的影响，并随着社会经济的发展而不断变化，改革开放前中国农产品供应处于严重的短缺状态，改革开放后农业政策大大激发了生产者的劳动积极性，粮食、蔬菜等生产大发展，供给量年年大幅增加，市场营销环境已经发生了重大变化。如我国农业生产的规模不断扩大，农业现代化的进程不断推进，消费者更加注重绿色消费，农产品市场由卖方市场进入了买方市场。随着我国社会主义市场经济体制的建立与完善，农产品市场营销宏观环境的变化日益显著，乡村振兴战略的提出无疑体现了国家对农业、农村和农民的重视程度进一步提高，各种优惠政策的落地推动了农业、农村经济的发展。市场营销环境的变化，既会给农业企业提供机遇，也会给农业企业带来威胁。虽然农业企业难以准确无误地预见未来环境的变化，但可以通过设立预警系统，追踪不断变化的环境，及时调整市场营销策略。

(四) 相关性

市场营销环境诸因素之间相互影响、相互制约，某一因素的变化会引起其他因素的变化，从而形成新的市场营销环境。例如，竞争者是企业重要的微观环境因素之一，而宏观环境中的政治、法律因素或经济政策的变动，均能影响一个行业竞争者加入的数量，从而形成不同的竞争格局。又如，市场需求不仅受消费者收入水平、爱好以及社会文化等方面因素的影响，政治、法律因素的变化往往也会产生决定性的影响。再如，各个环境因素之间有时存在矛盾，农民合作社种植有机农产品，但当地消费者对此的需求非常小，无疑就会影响该产品的销售去向。

第二节　农产品宏观营销环境

农产品宏观市场营销环境，也称为总体市场环境，它可以影响微观市场环境中的每一个因素，主要包括以下几个方面的内容。

一、人口环境

人口是构成市场的重要因素。市场是由有购买欲望同时又有支付能力的人构成的，人口的多少直接影响市场的潜在容量。人口环境与市场营销的关系是十分密切的，因为人是市场的主体。农产品经营企业的人口环境包括人口数量、密度、居住地点、年龄、性别、种族、民族和职业等情况。

(一) 人口总量

人口总量是指一个国家或地区人口的总数量。人口是构成市场的基础，一个国家或地区的总人口数量多少是衡量市场潜在容量的重要因素。2019 年，中国大陆总人口达到 14 亿人，中等收入群体规模世界最大，是全球最具成长性的消费市场。对人口总量的衡量，可以从人口总量绝对值和人口增长速度两个方面来进行。一般来讲，人口总量越大，对农产品的需求相应地也会越大；人口增长快，农产品市场的需求增长速度也会越快，对农产品市场的供求格局也会产生长远的影响。从当前世界的人口增长特点来看，发展中国家人口增长速度较快,但收入水平低,农产品需求层次低,市场的需求潜力大,农产品供给不足仍是主要矛盾;而欧美等发达国家则人口增长缓慢,收入水平较高,农产品供给比较充裕,农产品的消费升级是比较迫切的要求。我国属于发展中国家,近年来随着改革开放的深入,供给侧改革进一步推进,人们对农产品的消费升级也日益强烈。

(二) 人口结构

1. 年龄结构

不同年龄层次的消费者对农产品的种类需求是不同的,农产品生产经营者可根据年龄的结构细分消费市场,开发出满足不同市场需求的蔬菜、瓜果和花卉品种等。例如,一般老年人多爱养盆花,而青年人则更多地追求鲜切花;老年人注重蔬菜、瓜果的食用和保健价值,而青年人则更多地追求新奇。

在根据年龄结构进行农产品营销时,要重点关注全球人口的老龄化问题。中国社科院发布《大健康产业蓝皮书:中国大健康产业发展报告》预测,2050年我国60岁及以上老年人口数量将达4.83亿人,80岁及以上老年人口将达1.08亿人。随着越来越多的国家趋向于老龄化,势必给农产品经营企业带来机会和威胁。农产品经营企业应该充分利用年龄结构的变化,做出更好的市场营销策略。

2. 性别结构

人口的性别构成与市场需求紧密相关。男性和女性在生理、心理和社会角色上的差异决定了他们不同的消费倾向,而且两者购买习惯和行为方式也不相同。女性消费者注重产品的外观和情感、产品的实用性和具体利益、产品的视觉效果、产品所能达到的身份地位体现,有较强的自我意识和自尊心。而男性消费者的消费动机形成迅速、果断,具有较强的自信性、理智性。例如,在农产品消费方面,女性消费者会选择同一品质下价位较低的农产品;而男性则通常不注重价格,购买农产品迅速、果断。

3. 地区结构及人口迁移

人口在地理上的分布,关系到市场需求的异同。我国各民族"大杂居、小聚居",并且东西部城镇化率及人口密度的差异都较大。居住在不同地区的人群,由于地理环境、气候条件、自然资源、风俗习惯的不同,消费需求的内容和数量也存在差异。人口的城市化及经济发展的地区不平衡导致人口区域性转移,也会引起社会消费结构的变化。

(三) 家庭组成与规模

家庭组成是指一个以家长为代表的家庭生活的全过程,也称家庭生命周期,按年龄、婚姻、子女等状况,可划分为单身期、新婚期、满巢期一、满巢期二、满巢期三、空巢期、解体期7个时期,具体如表3-1所示。

表3-1 家庭生命周期表

时期	家庭构成	特征
单身期	离开父母,刚参加工作的青年单身男女	几乎没有经济负担,消费观念时尚潮流,娱乐导向,热衷于新产品,对广告敏感
新婚期	新婚的年轻夫妻,无子女	消费结构中用于组建家庭的支出开始大大增加,但仍不排除一些时尚消费

(续)

时期	家庭构成	特征
满巢期一	年轻夫妇+年幼子女(学龄前)	家庭生活方式与消费方式随着孩子的出生而带来很多变化,家庭中女方可能会停止工作在家照看孩子,造成家庭收入减少;而家庭消费决策中的婴儿因素占据较大比重,时尚消费逐步消失
满巢期二	子女大于6岁,已入学	收入水平不断上升,储蓄持续增加,家庭经济状况改善;子女成长和教育消费占据家庭消费决策的主要地位,对产品广告不敏感,消费观念实际化;喜欢购买大包装商品和多种商品集中购买
满巢期三	子女已长大成人,但尚未成家独立	家庭经济状况持续改善,一些子女已经工作,开始注重家庭生活质量的提高
空巢期	子女开始独立生活,而离开父母家庭阶段	家庭结构重新回归"二人世界"状态,没有孩子的牵累,经济和时间都最宽裕,许多父母开始实施他们以前所未能实现的消费"理想"
解体期	夫妻中一方过世,家庭进入解体阶段	收入减少,消费结构简单,节俭生活方式,医疗保健支出增加

家庭是社会的细胞,也是商品采购和消费的基本单位。一个市场所拥有的家庭单位和家庭平均成员的多少以及家庭组成状况等,对市场消费需求的潜量和需求结构都有十分重要的影响。我国的计划生育政策对家庭组成及家庭规模的影响巨大,面对老龄化加剧的趋势,2016年二胎政策全面放开,家庭结构和规模也将发生很大的变化。同时,职业女性的增加和单亲家庭以及独身者的涌现,家庭消费需求也将有很大的变化。目前,世界上普遍呈现家庭总数增加而规模缩小且家庭模式多元化趋势,小规模家庭对高档、精细加工、包装精美的农产品需求呈增加趋势。

(四)职业结构

现代社会的不同职业对农产品有不同的消费偏好。例如,文职人员和管理人员多消费高档农产品,而技术操作岗位人员多消费中低档农产品,这也与他们的受教育水平以及经济收入有很大关系。

二、政治、法律环境

政治、法律环境包括政治环境和法律环境,是影响农产品市场营销的重要宏观环境因素。

(一)政治环境

政治环境是指经营主体市场营销活动的外部政治形势,主要包括政治制度与体制、政局稳定性、政府所持的市场道德标准。政治环境对企业市场营销活动的影响主要表现为国家政府所制定的方针政策,如人口政策、能源政策、物价政策、财政政策、货币政策等,影响农业经营者的农产品开发、定价、渠道、促销等方面的市场营销决策。对国际政治环境的分析,应了解"政治权力"和"政治冲突"对农业经营者的市场营销活动的影响。政治权力对市场营销的影响,往往表现为由政府机构通过采取某种措施来约束外来企业或其产品,如进口限制、外汇控制、劳务限制、绿色壁垒等。政治冲突指国际上的重大事件与突发性事件,这类事件在和平与发展为主流的时代从未绝迹,对企业市场营销工作影响或大或小,有时带来机会，有时带来威胁。

（二）法律环境

法律环境是指国家或地方政府颁布的各项法规、法令和条例等。法律环境对市场消费需求的形成和实现，具有一定的调节作用。为规范农产品经营行为，我国先后颁布实施了环境保护法、公司法、消费者权益保护法、食品卫生法、广告法、农村土地承包法、反不正当竞争法等与农产品市场营销相关的法律法规。市场经营主体研究并熟悉法律环境，既能保证自身严格依法管理和经营，也可运用法律手段保障自身的权益。

各个国家的社会制度不同，经济发展阶段和国情不同，体现统治阶级意志的法制也不同。从事国际市场营销的企业必须对有关国家的法律制度和有关的国际法规、国际惯例和准则进行学习研究，并在实践中遵循。

三、经济环境

经济环境一般指影响企业营销方式与规模的经济因素，如消费者收入与支出状况、经济发展状况等。

（一）收入与支出状况

1. 收入

市场消费需求指人们有支付能力的欲望。仅仅有消费欲望而没有购买能力，并不能创造市场；只有既有消费欲望又有购买能力，才具有现实意义。因为只有既想买又买得起，才能产生购买行为。

在研究收入对消费需求的影响时，常用以下概念。

（1）人均国内生产总值。一般指价值形态的人均 GDP。它是一个国家或地区，所有常住单位在一定时期内（如一年），按人口平均所产生的全部货物和服务的价值，超过同期投入的全部非固定资产货物和服务价值的差额。一个国家的 GDP 总额反映了其市场的总容量、总规模。人均 GDP 则从总体上影响和决定了消费结构与消费水平。我国 2019 年的 GDP 总额接近 100 万亿元，稳居世界第二位，人均 GDP 突破 1 万美元。由此可见，我国的市场容量大，消费需求增长迅速。但从全球来看我国的人均 GDP 仍然低于平均值 1.146 万美元，不到美国人均的六分之一，这也反映出我国居民的消费水平仍然有待于提高。

（2）个人收入。指消费者从各种来源所得到的收入。各地区居民收入总额可用以衡量当地消费市场的容量，人均收入多少则反映了购买力水平的高低。近几年来我国居民人均收入增长较快，购买力逐年提高，国内市场空间巨大。

（3）个人可支配收入。指从个人收入中减除缴纳税收和其他经常性转移支出后，所余下的实际收入，即能够作为个人消费或储蓄的数额。

（4）个人可任意支配收入。在个人可支配收入中，有相当一部分要用来维持个人或家庭的生活以及必不可少的费用。只有在可支配收入中减去这部分维持生活的必需支出，才是个人可任意支配收入，这是影响消费需求变化最活跃的因素。这部分收入越高，人们的消费水平就越高，企业市场营销的动力就越强。

2. 支出

主要指消费者支出模式和消费结构。收入水平在很大程度上影响着消费者支出模式与清费结构。随着消费者收入的变化，支出模式与消费结构也会发生相应变化。恩格尔定律认为一个家庭收入越少，其支出中用于购买食物的比例越大。随着我国经济的发展以及住房、医疗、教育等改革，我国居民的恩格尔系数逐渐下降，且消费者更加关注食品安全和自身健康，农产品中的无公害、绿色、有机食品越来越受到消费者的青睐，安全、卫生、便捷、高效的农产品营销模式也日益受到消费者的欢迎。

> **知识拓展**
>
> 恩格尔系数
>
> 恩格尔系数（Engel's Coefficient）是指食品支出总额占个人消费支出总额的比重。19世纪德国统计学家恩格尔根据统计资料，对消费结构的变化得出一个规律：一个家庭收入越少，家庭收入中（或总支出中）用来购买食物的支出所占的比例就越大，随着家庭收入的增加，家庭收入中（或总支出中）用来购买食物的支出比例则会下降。恩格尔系数达59%以上为贫困，50%~59%为温饱，40%~50%为小康，30%~40%为富裕，低于30%为最富裕。恩格尔系数是衡量一个家庭或一个国家富裕程度的主要标准之一。

3. 消费者的储蓄与信贷

（1）储蓄。指城乡居民将可任意支配收入的一部分储存待用。储蓄的形式可以是银行存款或者购买债券，也可以是手持现金。较高储蓄率会推迟现实的消费支出，加大潜在的购买力。我国人均收入水平虽不高，但储蓄率相当高，从银行储蓄存款余额的增长趋势看，国内市场潜在储蓄存款余额甚大。

（2）信贷。指金融或商业机构向有一定支付能力的消费者融通资金的行为。主要形式有短期赊销、分期付款、消费贷款等。消费信贷使消费者可用贷款先取得商品使用权，再按约定期限归还贷款。消费信贷的规模与期限在一定程度上影响着某一时限内现实购买力的大小，也影响着提供信贷的商品的销售量。如购买比较昂贵的消费品，消费信贷可提前实现这些商品的销售。

> **知识拓展**
>
> 个人消费信贷
>
> 个人消费信贷是指银行或其他金融机构采取信用、抵押、质押担保或保证方式，以商品型货币形式向个人消费者提供的信用。按接受贷款对象的不同，消费信贷又分为买方信贷和卖方信贷。买方信贷是对购买消费品的消费者发放的贷款，如个人旅游贷款、个人综合消费贷款、个人短期信用贷款等。卖方信贷是以分期付款单证作抵押，对销售消费品的企业发放的贷款，如个人小额贷款、个人住房贷款、个人汽车贷款等；按担保的不同，又可分为抵押贷款、质押贷款、保证贷款和信用贷款等。

（二）经济发展状况

市场经营主体的市场营销活动要受到一个国家或地区经济发展状况的制约，在经济全球化的条件下，国际经济形势也是市场经营主体营销活动的重要影响因素。

1. 经济发展阶段

经济发展阶段的高低，直接影响市场经营主体的市场营销活动。经济发展阶段高的国家和地区，着重投资于较大的、精密的、自动化程度高的、性能好的生产设备；在重视产品基本功能的同时，比较强调款式、性能及特色；大量进行广告宣传及营业推广活动，非价格竞争较占优势；分销途径复杂且广泛，制造商、批发商与零售商的职能逐渐独立，连锁商店的网点增加。我国正处于经济起飞的阶段，农业经营主体应该按此做好相应的市场营销活动。

2. 经济形势

经济全球化已成为影响一国内部和各国之间关系的重要因素。2007年，美国次级抵押贷款市场动荡引起的金融风暴席卷美国、欧盟和日本等世界主要金融市场，全球大多数国家都受到严重的冲击，主要投资银行、金融企业甚至实体经济都受到重大冲击，经济下行风险加大。2020年，新冠肺炎引发罕见的全球性公共安全危机，同样没有一个国家可以独善其身，很多产业链因为疫情出现断裂，导致众多企业经营受困，进而引发各国的经济在一季度出现严重下滑，并将继续影响全球的经济形势。我国是农产品出口大国，农产品出口加工型企业在本次疫情中也同样遭受重创，很多企业被取消订单，加上一时难以复工复产，经营陷入困境。有一部分企业能够迅速调整市场战略，利用电商平台或者通过团购等各种形式销售农产品，不仅解决了疫情期间产地农产品的积压问题，也解决了城市居民买菜难的问题。随着疫情在世界范围内的传播和防疫的常态化，农产品经营者必须对国内外的经济形势进行认真研究，力求获得正确的认识与判断，并制订相应的营销战略和计划。

四、社会文化环境

社会文化主要指一个国家、地区的民族特征、价值观念、生活方式、风俗习惯、宗教信仰、伦理道德、教育水平、语言文学等的总和。文化是影响农产品市场营销的重要外部环境，其对所有市场营销参与者的影响是多层次、全方位、渗透性的。它并不一定直接影响消费者的消费行为，更多的是通过潜移默化的方式对消费者的消费行为产生影响。社会文化中，宗教信仰、风俗习惯和价值观念对农产品市场营销的影响非常大。

（一）宗教信仰

宗教信仰是人们洞察文化行为或精神行为的文化层次。不同的宗教信仰有不同的文化倾向和戒律，从而影响人们的生活态度、价值观念、购买动机、消费倾向等，形成特有的市场需求，特别是在一些信奉宗教的国家和地区，宗教信仰对市场营销的影响力更大，营销企业在短时间内难以改变教徒们的消费行为。因此，农产品经营企业在制定营销策略时，要充分了解不同地区、不同民族、不同消费者的宗教信仰，充分考虑目标市场上宗教信徒的生活习惯和兴趣爱好，生产适合其要求的产品，切记不能与宗教禁忌发生冲突。

（二）风俗习惯

风俗习惯是人们在特定的社会物质生产条件下长期形成的风俗、礼节、习俗、惯例和行为规范的总和。它主要表现在饮食、服饰、居住、婚丧、信仰、节日、人际关系、心理特征、伦理道德、行为方式和生活习惯等方面。不同的国家、不同的民族有不同的风俗习惯,它对消费者的消费偏好、消费模式、消费行为等具有重要的影响。例如,我国各地有不同的饮食习惯,对蔬菜、水果等农产品的选择也各不相同。营销者应了解和注意不同国家、民族的消费习惯和爱好,做到"入境而问禁,入国而问俗,入门而问讳"。又如,不同的国家对花卉的种类和颜色有不同的禁忌、习俗等,因此园艺类农产品经营者进行此类产品营销时就要特别重视。

【案例 3-1】

农产品的民俗文化

民俗文化包括当地人的生产习俗、各种农事节庆、当地人的禁忌、各种生活习俗以及自然崇拜等。农产品的民俗文化,重点的是和农产品直接相关的民俗文化。例如,北方民间的婚礼有一种"撒帐"习俗,新婚夫妇入洞房前,由一名亲属长辈妇女手执盛满枣栗的盘子,边抓枣栗撒向床上,边唱《撒帐歌》:"一把栗子,一把枣,小的跟着大的跑",用这种方法祝早生贵子,子孙满堂;又如傣族的"尝新米"习俗,先将一部分煮熟的新米饭送去寺院贡佛,再将一部分用于祭祖,然后全家人再共食。民俗文化是一个区域或者一个民族历史的见证,是优秀历史的传承,不管是否和农产品直接相关,都在农产品的开发过程中起着很重要的作用。

资料来源:如何让你的农产品更有文化?[EB/OL]. http://news.wugu.com.cn/article/1508608.html, 2019-2-28/2020-6-7.

思考:农产品民俗文化如何影响消费者的购物行为?

(三) 价值观念

价值观念就是人们对社会生活中各种事物的态度和看法。在不同的文化背景下,人们的价值观念相差很大。消费者对农产品的需求和购买行为深受其价值观念的影响。对于乐于变化、喜欢猎奇、富有冒险精神、较激进的消费者,应重点强调农产品的新颖和奇特;而对一些比较注重传统、喜欢沿袭传统消费习惯的消费者,农产品经营者在制定市场促销策略时则应把产品与目标市场的文化传统联系起来。价值观念在消费时的体现就是消费理念,它对消费者的消费内容、消费行为、消费方式起着根本性的决定作用。不同的社会经济时代,人们的消费理念也有很大的差异。随着社会的进步,越来越多的人意识到食品安全和环境保护的重要性,绿色消费的理念使得人们更加注重农产品生产和消费的绿色、安全。

五、科学技术环境

科学技术是第一生产力,对经济的发展有着重大的影响。科学技术不仅影响企业内部的生产和经营,还能够通过与其他环境因素的相互作用,给经营者的市场营销带来影响。

近年来,随着现代生物技术的发展,细胞工程、遗传育种、基因工程等技术在农业领域得到广泛的应用,极大地提高了农产品的产量,改善了产品品质,开发出众多的新品种,满足人们日益增长的美好生活需要,对农产品营销产生广泛而深刻的影响。另外,随着互联网技术的进步,农产品网络营销从淘宝店到微店,从团购到直播,催生农产品的"网红经济",传统营销渠道将很快失去主导地位。

【案例3-2】

一颗认养

"一颗认养"隶属于四川一颗认养电子商务有限公司,始终致力于土地、家禽、果树的认养,通过互联网直播的认养的方式,让用户拥有属于自己的农场、家禽。在一颗认养平台,通过全天候直播可以随时监控认养农作物的生长状况以及喂养情况,确保认养者可以得到全生态食材。一颗认养以"直播+认养+溯源"的模式走向全国,成为中国认养农业的领跑者。"一颗认养"农业发展模式是消费者预付生产费用,生产者为消费者提供绿色、有机食品,从而实现农村对城市、土地对餐桌的直接对接。

资料来源:一颗认养官网[ED/OL]. http://www.ante3.com/,2020-6-10/2020-6-12.

思考:未来科技的发展会给智慧农业带来哪些新的形式?

六、生态环境

农业企业需要大量初级农产品、土地、水源、能源等自然资源,因此要受到生态环境的限制。同时,企业的经营活动也会对生态环境产生影响,尤其伴随着工业化进程,生态环境进一步恶化,环境保护越来越受到人们的重视,社会、经济的可持续发展成为必然,于是绿色营销应运而生。

(一)自然资源的限制与利用

随着国民经济发展和人民生活水平的提高,自然资源尤其是土地资源日渐短缺。城镇建设用地的增加使得城郊农业用地日益减少。我国水资源分布和开发利用的不均衡,也给农业经营企业带来很大的困难。同时,也应该看到,我国地域辽阔,各种自然资源的丰缺及组合状况的不同导致农产品的种类因地而异,形成了各地不同的产业结构、生产结构和产品结构。同时,环境的差异也使得各地农产品独具特色。农产品的生产经营者要最大限度地利用当地自然环境优势,生产特色农产品来赢得市场,尤其是要积极打造国家地理标志产品和地方名优产品来开拓市场。另外,农产品经营企业应尽可能合理有效地利用有限的自然资源,强化"绿水青山就是金山银山"的认识,发展可持续性现代农业。

(二)环境污染与环境保护

我国农业环境遭受污染的范围比较广泛,已对农产品生产环境造成严重影响。农业环境污染造成土壤板结、地力下降、生态破坏以及农产品质量安全问题突出等问题,已成为我国农业可持续发展的重要制约因素和影响人们身体健康的潜在隐患。由于生态环境问题日益突出,政府和公众迫切要求企业生产更多更安全的绿色食品。世界各国也纷纷构筑农产品国际营销的技术壁垒,尤其是发达国家不断颁布新的技术法规,增加农产品检测项目,实行更为严格的产品标识制度和认证制度等。因此，大力发展绿色食品和开展绿色食品营销将成为趋势。农产品生产经营者应该实施相应的绿色营销战略，熟知目标市场认可的农产品的质量标准，生产无公害的绿色产品，提高市场竞争力，保证农产品经营企业的永续发展，提高经济效益和社会效益。

> **知识拓展**
>
> 生态农业
>
> 生态农业（Eco-agriculture）是按照生态学原理和生态经济规律，运用现代科学技术成果和现代管理手段，以及传统农业的有效经验建立起来的，能获得较高的经济效益、生态效益和社会效益的现代化高效农业。它要求把发展粮食与多种经济作物生产，发展大田种植与林、牧、副、渔业，发展大农业与第二、三产业结合起来，利用传统农业精华和现代科技成果，通过人工设计生态工程，协调发展与环境之间、资源利用与保护之间的矛盾，形成生态上与经济上两个良性循环，经济、生态、社会三大效益的统一。

第三节 农产品微观营销环境

农产品微观市场营销环境，是指直接营销环境对农产品经营企业活动的影响，主要体现在农产品经营企业的具体对外业务往来过程中。就农产品经营企业市场营销系统而言，农产品经营企业的微观营销环境包括农户、企业、营销中间商、顾客、竞争者和社会公众，营销活动能否成功，受这些因素的直接影响。因此，农产品经营企业的营销管理者不仅要重视目标市场的要求，而且要了解微观市场营销环境因素对农产品经营企业的影响。

一、农户

农户是从事农业生产的最基本的经济单位，现阶段我国农户的显著特征是规模小、经营分散，应对市场的能力较弱。农户的以下行为和特征会对农业企业的市场营销活动产生一定的影响。

（一）农产品商品率

农产品商品率是指农户生产的产品中用于市场出售的比率。根据农产品商品率的高低，可以将农户分为商业性农户和自给性农户两类，前者生产的农产品主要在农产品市场中销售，商业倾向性高；后者生产的农产品主要用于自己消费，自给倾向性高。商业倾向农户向农业经营企业提供初级农产品，成为农业经营企业的上游供给者之一；自给倾向农户生产的农产品主要用于自己消费，参与到农业经营企业的产业链条中的程度不高。

（二）兼业性

兼业是指农户为了弥补单纯经营农业收入不足，或者为了获取更高的收入，在从事农业生产的同时，还从事非农产业经营。兼业使得农户具备两个方面的收入来源，即农业收入和非农业收入。作为农业经营企业的上游,众多农户的兼业特征影响着其向农业企业提供初级农产品的及时性和稳定性。兼业程度高的农户,受外界影响,可能轻易退出某一种农产品的生产,给农业企业带来极大的不确定性;兼业程度低的农户,也就是专业化程度高的农户,由于农业生产的长期性和季节性,其向农业企业提供初级农产品较稳定和及时。

(三) 组织性

由于农户数量多,生产分散,在农产品市场营销中处于弱势地位,为了提高农产品流通效率,保证农户的经济利益,保障消费者的需求能够及时得到满足,农户的组织化程度必须进一步提高。2007年《中华人民共和国农民专业合作社法》的实施,在全国掀起农民组织化的浪潮,截至2019年10月底,依法登记的农民合作社达到220.3万家,辐射带动全国近一半的农户,普通农户占成员总数的80.7%。合作社产业已经涵盖粮棉油、肉蛋奶、果蔬茶等主要农产品生产,主要集中在种养业。同时行业结构进一步优化,农机作业等服务业合作社的增长比较明显,很多合作社开始注重发展休闲农业、乡村旅游、民间工艺和农村电商等新产业新业态。随着乡村振兴战略的提出和实施,农民的组织化程度将会越来越高,参与到农产品大流通的深度也会越来越强,再加上家庭农场和种养大户等的规模化生产经营,农户在今后的农产品市场营销上将会发挥更大的积极主动作用。

二、企业

企业为实现其目标,必须进行制造、采购、研发、财务、营销等业务活动。从营销部门的角度看,经营活动能否成功,首先要受企业内部各种因素的直接影响,具体如图3-1所示。因此,营销部门在分析企业的外部营销环境前,必须先分析企业的内部条件或内部营销环境。

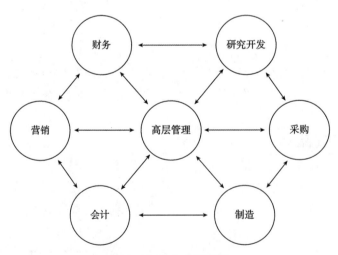

图3-1 企业内部环境

企业为开展营销活动,必须设立某种形式的营销部门,其与企业的其他部门,如财务、采购、制造、研究与开发等部门之间既有多方面的合作,也存在争取资源方面的矛盾。这些部门的业务状况如何，它们与营销部门的合作以及它们之间是否协调发展，对营销决策的制定与实施影响极大。营销部门在制订和实施营销目标与计划时，不仅要考量企业外部环境力量，而且要充分考虑企业内部环境力量，争取高层管理部门和其他职能部门的理解和支持。营销部门提交的营销战略方案需要得到最高管理层的批准与同意，市场营销目标是从属于企业总目标的。同时，营销部门必须与企业的其他相关部门密切合作，以便营销部门的计划和行动取得如期效果。以业务流程为中心建立的企业组织，必须以市场营销作为前哨，所有为顾客提供相关服务的职能要素必须紧密配合、通力合作，向顾客提供高效的服务。

三、营销中间商

（一）经销商

经销商是销售渠道公司，能帮助企业找到顾客并把产品卖给顾客。经销商包括批发商和零售商。由于经销商的销售效率直接影响到企业的生产效率，所以应与其保持良好的关系。生鲜农产品要求尽量减少中间环节，减少从产地运输到消费地的时间，保证其质量，减少损耗。疫情期间涌现的大量的农产品团购和微商，也属于经销商行列，他们一般产地直供较多，中间环节少，品质较好，售价较低，所以很快赢得居家抗疫消费者的追捧。当然有些农产品为了实现广域流通，有众多的经销商参与，造成流通环节多、渠道长。

（二）物流储运商

物流储运商主要职能是帮助企业储存并把货物运送至目的地，包括仓储公司和物流公司。他们主要负责包装、运输、仓储、装卸、搬运、库存控制和订单处理6个方面，提供商品的时间效用和空间效用，以便适时、适地和适量地把商品供给消费者。生鲜农产品的物流运输要求物流储运商有一定规模的冷库和一定数量的冷藏运输车，以确保鲜活农产品被保质保鲜、及时高效地运送到目的地。

> **知识拓展**
>
> **冷链物流**
>
> 冷链物流（Cold Chain Logistics）一般指冷藏冷冻类食品在生产、贮藏运输、销售到消费前的各个环节中始终处于规定的低温环境下，以保证食品质量，减少食品损耗的一项系统工程。它是随着科学技术的进步、制冷技术的发展而建立起来的，是以冷冻工艺学为基础、以制冷技术为手段的低温物流过程。
>
> 资料来源：《2018年中国农产品冷链物流发展报告》[ED/OL]. https://www.iyiou.com/p/70058.html，2018-4-12/2020-5-10。

（三）营销服务机构

营销服务机构是指为农业企业提供营销服务的各种机构，如市场调查公司、广告传播公司和市场营销咨询机构等。它们帮助企业选择目标市场，正确定位和促销产品。企业可自设营销服务机构，也可委托外部营销服务机构代理有关业务并定期评估其绩效。目前，我国的农业企业规模较小、管理水平较低，大多需要外部营销服务机构的帮助，但往往由于服务费用较高望而却步,尤其是农民合作社和家庭农场,利用营销服务机构进行市场营销的比例相当低。

【案例 3-3】

天下星农

北京天下星农投资发展有限公司是一家专注农产品品牌孵化的服务机构,致力于为中国优质农产品种植企业、地方政府提供品牌咨询、品牌推广和全网全渠道销售规划和布局。天下星农进入品牌农产品塑造领域,至今已与全国多个优质农产品基地公司、地方政府共同孵化超过三十个农产品品牌,品牌案例包括:"三果志:褚橙、柳桃、潘苹果"、四大美莓、俞三男状元蟹、汨罗粽、"新三果志:实赣派、本真猕猴桃、黄金富士"、红唇之吻(大樱桃)、围场马铃薯、小兔拔拔(水果萝卜)、小猪拱拱、落霞脆(冬枣)、佳沃榴莲、陕陕的红心(陕西苹果)等。重塑中国农业的价值与尊严是公司的愿景,赋予优质农产品"趣味、人文和温度",积极推动农产品面向消费者,迅速走向标准化、品牌化,真正使"优品收获优价,良农倍受尊崇"。

资料来源:北京天下星农投资发展有限公司官网[ED/OL]. http://www.tianxiaxingnong.cn/,2019-12-10/2020-5-10.

思考:离开"天下星农"专业营销服务机构的营销策划,"褚橙"能否成功?

(四)金融服务机构

金融服务机构主要指协助农业经营组织进行融资或分担货物购销、储运等风险的机构,如银行、保险公司以及其他金融机构。这些机构不直接从事商业活动,但能够为农业经营组织的发展、交易的顺利进行等提供金融支持,对产品买卖中的风险进行评估并保险。如当前投资较大的设施农业大多都加入了农业保险,以防范风险,减少损失。

四、顾客

顾客也称消费者,是产品或服务购买者的总称,是企业服务的对象,也是市场营销活动的出发点和归宿。企业根据顾客的需要制定市场营销策略,营销活动以满足顾客需求为中心。因此,顾客是企业分析市场营销环境时最重要的环境因素。

为便于深入研究各类市场的特点,国内顾客市场按购买动机可分为 4 种类型,连同国际市场,企业面对市场类型如图 3-2 所示。各类市场都有其独特的顾客,因此顾客的消费理念、消费结构及其变化都应该是企业市场营销策略调整的重要依据。农业企业应该分析各个市场的需求特点及购买行为,以不同的方式及时、高效地提供相应的产品和服务。

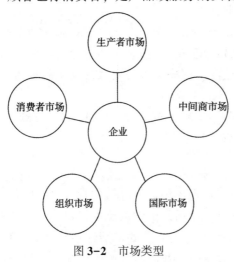

图 3-2　市场类型

五、竞争者

所有企业都会面对形形色色的竞争对手，农业经营者也不例外。在竞争性的市场上，除来自本行业的竞争外，还有来自替代品生产者、潜在加入者、原材料供应者和购买者等的竞争。企业要成功，必须在满足顾客需要和欲望方面比竞争对手做得更好、更快、更有效地向顾客传达其所需要的价值，赢得消费者的满意。企业的市场营销系统总是被一群竞争者包围和影响着，因此必须加强对竞争者的研究，了解对本企业形成威胁的主要竞争对手及其策略，知己知彼，扬长避短，才能在顾客心目中强有力地确定自己所提供产品的地位，以获取战略优势。

菲利普·科特勒把企业的竞争环境分为四个层次：欲望竞争，指消费者想要满足各种欲望之间的可替代性；类别竞争，表示满足消费者某种欲望的各种方法之间的可替代性；产品形式竞争，即在满足消费者某种欲望的不同产品形式之间的竞争；品牌竞争，即在满足消费者某种欲望的同种产品中的不同品牌之间的竞争。在这四个层次的竞争中，农产品的竞争主要表现在类别竞争和产品形式竞争上。但近年来，随着我国大力实施品牌强农战略，农产品品牌意识不断增强，农产品品牌不断增多，同种产品中不同品牌的竞争日趋明显。

六、社会公众

社会公众是指对企业实现营销目标具有实际的或潜在的利益关系或影响的各种群体或个人，主要包括政府公众、媒介公众、金融公众、社团公众、地方公众、一般公众、企业内部公众等。企业面对广大公众的态度及行为，会协助或妨碍企业市场营销活动的正常开展。因此，所有的企业在开展营销活动时都应该采取积极措施、树立良好的企业形象，力求与主要公众之间保持良好的关系。

1. 政府公众

指负责管理企业营销业务的有关政府机构。在众多社会公众中，政府因其特殊地位和特殊作用，尤其值得农业企业关注。政府作为管理者，对农产品营销的政策法规、控制程度、管理模式等有着重要的促进或制约作用。政府对农产品营销管理的主要目标是通过政策法规等各项措施稳定农产品市场供给和市场价格，在加强农产品市场透明度和农产品市场基础设施建设等方面也发挥着重要的作用。因此，企业的发展战略与营销计划，必须和政府的发展计划、产业政策、法律法规保持一致，才能更好地促进企业的长期发展。

2. 媒介公众

主要是报纸、杂志、广播电台、电视台和网络等大众传播媒体。企业必须与媒体组织建立友善关系，争取有更多更好的有利于本企业的新闻、特写以及社论。当前随着纸媒影响力的下降，新的传播媒体如网络传媒等愈发活跃，新媒体更具平民化、个性化，且门槛低、运作简单，更重要的是其交互性强、传播迅速。农产品企业应该更好地运用新媒体的优势，加大宣传和推广，提升企业形象和知名度。

> **知识拓展**
>
> 新媒体
>
> 新媒体（New Media）是利用数字技术，通过计算机网络、无线通信网、卫星等渠道，以及电脑、手机、数字电视机等终端，向用户提供信息和服务的传播形态。从空间上来看，"新媒体"特指当下与"传统媒体"相对应的，以数字压缩和无线网络技术为支撑，利用其大容量、实时性和交互性，可以跨越地理界线最终得以实现全球化的媒体。

3. 金融公众

指影响企业融资能力的金融机构，如银行、投资公司、证券经纪公司、保险公司等。企业可以通过发布年度财务报告，回答关于财务问题的咨询，稳健地运用资金，在融资公众中树立信誉，这样才能解决企业经营中出现的融资难等问题。

4. 社团公众

包括保护消费者权益的组织、环保组织及其他群众团体等。企业营销活动关系到社会各方面的切身利益，必须密切注意来自社团公众的批评和意见。

5. 社区公众

指企业所在地邻近的居民和社区组织。企业必须重视保持与当地公众的良好关系，积极支持社区的重大活动，为社区的发展贡献力量，争取社区公众理解和支持企业的营销活动。

6. 一般公众

指上述各种关系公众之外的社会公众。一般公众虽未有组织地对企业采取行动，但企业形象也会影响他们的惠顾。

第四节 农产品营销环境分析与营销对策

环境的发展变化可能给农产品经营企业带来机会，也可能造成威胁。然而，并不是所有的市场机会对农产品经营企业的营销活动都有同样的吸引力，也不是所有的环境威胁对农产品经营企业都有同样的危害程度。

一、SWOT分析法

（一）SWOT分析法的定义

SWOT（Strength，Weakness，Opportunity，Threats）分析，即基于内外部竞争环境和竞争条件下的态势分析，就是将与研究对象密切相关的各种主要内部优势、劣势和外部的机会和威胁等，通过调查列举出来，并依照矩阵形式排列，然后用系统分析的思想，把各种因素相互匹配起来加以分析，从中得出一系列相应的结论，而结论通常带有一定的决策性（图3-3）。

SWOT分析法实际上是将对农产品经营企业内外部条件各方面内容进行综合和概括，进而分析组织的优劣势、面临的机会和威胁的一种方法。其中，优劣势分析主要是着眼于

第三章　农产品市场营销环境

图 3-3　SWOT 分析法构成要素

农产品经营企业自身的实力及其与竞争对手的比较；而机会和威胁分析将注意力放在外部环境的变化及农产品经营企业的可能影响上。

（二）SWOT 分析法的步骤

SWOT 分析主要有三个步骤，即环境因素分析、构造 SWOT 矩阵以及制订战略计划，如图 3-4 所示。

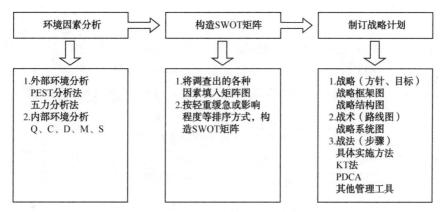

图 3-4　SWOT 分析法的主要步骤

1. 环境因素分析

（1）内部环境分析

内部环境分析主要分析企业内部的竞争优势和竞争劣势。竞争优势是指一个企业超越其竞争对手的能力，或者指公司所特有的能提高公司竞争力的东西；竞争劣势是指一个企业与其竞争对手相比，做得不好或没有做到的东西，从而使自己与竞争对手相比处于劣势。对于企业的竞争优势与劣势可以从 Quality（品质）、Cost（成本）、Delivery（交期）、Morale（士气）、Safety（安全）等几个方面进行分析。

Q——品质：产品质量的安全性、稳定性、可靠性、美观性、适用性、耐久性、经济性等。

C——成本（价格）：同样等级产品的生产成本、销售成本、服务成本等和销售价格（产品盈利能力）。

D/D——产量、效率、交付能力：生产总量、生产能力（CT）、综合效率、人均产量、人均附加值、交付按量准时。

D/L——产品研发/生产技术（产品技术和制造技术）：新产品设计开发能力，开发周期，专利技术，专有技术，技术创新能力等。

M——人才/设备/物料/方法/测量：人才，经验丰富的优秀管理人才，技术人才，优秀的管理、技术团队，年轻富有激情；设备，先进高效率的生产线，现代化高精度的生产设备、检验设备；物料，优秀的供应商团队，一流的供应链，高质量、低价格的物料稳定的供应；方法，先进的管理方法、管理体系，畅通的信息（比其他对手更能优先获得信息）；测量，先进的测量仪器，科学的测量方法，完整的品质控制体系。

S——销售/服务：销售，强大的销售网络，优秀的销售团队，丰富的销售经验和技巧，灵活的市场变化应对能力，优秀的品牌形象，品牌的价值及市场认可度，良好的客户关系，忠诚的消费者；服务，完善的售后服务体系，优质的服务，满意的客户群。

（2）外部环境分析

外部环境分析主要分析企业外部的机会与威胁。环境机会就是对公司行为富有吸引力的领域，在这一领域中，该公司将拥有竞争优势。环境机会是影响公司战略的重大因素，公司经营者应当确认并充分把握每一个机会，评价每一个机会给企业带来的成长和利润空间。环境威胁指的是环境中一种不利的发展趋势所形成的挑战，如果不采取果断的战略行为，这种不利趋势将导致公司的竞争地位受到削弱。政策、经济、社会环境、技术壁垒、竞争对手等，对企业目前或未来造成威胁的因素，企业经营者应一一识别，并予以规避。

对于企业外部机会与威胁的分析主要运用 PEST 分析法和波特五力模型（见第二章第三节）。

（1）PEST 分析法是外部环境分析的基本工具，它通过政治的（Politics）、经济的（Economic）、社会的（Society）和技术的（Technology）角度或 4 个方面的因素分析从总体上把握宏观环境，并评价这些因素对企业战略目标和战略制定的影响（表 3-2）。

表 3-2 PEST 分析法具体分析因素

P——政策/法律	E——经济	S——社会环境	T——技术
政府稳定性	经济周期	市场需求增长强劲	重大技术突破
劳动法	GNP 趋势	竞争对手陷入困境	技术壁垒
贸易法	利率/汇率	生活方式的变化	新技术的发明和进展
税收政策	货币供给	教育水平	技术传播的速度
经济刺激方案	通货膨胀	消费方式/水平	代替技术出现
行业性法规等	失业率	区域特性	
	可支配收入		
	经济环境		
	成本		

（2）波特五力竞争模型中五种力量综合起来影响着产业的吸引力以及现有企业的竞争战略决策，可以从供应商的议价能力、购买者的议价能力、潜在进入者的威胁、替代品的威胁、同行业竞争者的威胁等方面具体分析企业面临的机会与威胁（表 3-3）。

第三章　农产品市场营销环境

表3-3　波特五力模型具体分析因素

供应商 议价能力	购买者 议价能力	潜在进入者 威胁	替代品 威胁	同行业 竞争威胁
供应商数量	买家数量	新进入者所需资金金额	替代品数量	竞争对手数量
供应商规模	买家人数	权利(专利、版权等)	替代品性能	离开行业的成本
供应商集中度	买家集中度	品牌溢价	替代品改变成本	行业增长速度和规模
材料稀缺性	买家转换成本	产品差异化	消费者转换成本	竞争对手的强弱
供应商转换成本	买方垂直整合能力	新进入者需要的规模经济		客户忠诚度
供应商垂直整合能力	替代品数量	政府垄断(政策)		水平整合的威胁
	价格敏感性			

2. 构造SWOT矩阵

在构造SWOT过程中，要将分析出来的内容按轻重缓急及影响程度，做出优先排序，那些对公司发展有直接的、重要的、大量的、迫切的、久远的影响因素优先排列出来，而将那些间接的、次要的、少许的、不急的、短暂的影响因素排列在后面(表3-4、表3-5)。

表3-4　SWOT分析内容排序表

区分	内容	优先顺序				区分	内容	优先顺序			
		重要度	紧急度	影响度	NO			重要度	紧急度	影响度	NO
S						W					
O						T					

表3-5　SWOT分析内容评价表

项目		评价	项目		评价	项目		评价	备注
重要度	5	非常重要	紧急度	5	非常紧急	影响度	5	影响非常大	根据3项的评价合计分数作出优先排序
	4	很重要		4	很紧急		4	影响很大	
	3	重要		3	紧急		3	影响大	
	2	不重要		2	不紧急		2	影响不大	
	1	很不重要		1	很不紧急		1	影响很小	

3. 制订战略计划

制订战略计划的基本思路是，发挥优势因素，分析劣势因素，并克服劣势因素；利用机会因素，识别威胁因素，并规避或化解威胁因素；还要综合考虑过去，立足当前，着眼未来。

制订战略计划的具体做法是，运用系统分析的综合分析方法，将排列与考虑的各种环境因素相互匹配起来加以组合，得出一系列公司未来发展的可选择对策。其目的是将威胁降到最低，将劣势减到最小。

SWOT 分析只是战略发展的第一步，企业需要进一步找到内部要素与外部环境的结合点，有效调整整合内部各要素，以吻合或超越外部环境的变化，获取竞争优势。SWOT 分析矩阵就是将内部要素与外部环境结合分析的工具。通过将强弱势与机会威胁对应进行分割，可得出企业应对环境变化的4个主要战略及相应的对策，如表3-6和图3-5所示。

表 3-6 SWOT 分析矩阵

项目	优势（S）	劣势（W）
机会（O）	SO 战略——增长性战略 （进攻策略，最大限度地利用机会）	WO 战略——扭转型战略 （调整策略，战略转型）
威胁（T）	ST 战略——多种经营战略 （调整策略，多种经营）	WT 战略——防御型战略 （生存策略，严密监控竞争对手动向）

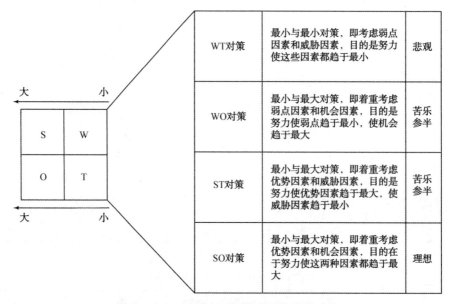

图 3-5 SWOT 分析不同策略下的营销对策

（三）SWOT 分析应注意的问题

SWOT 分析范围虽然很广，但如果缺乏事实和数据，分析就会变得很笼统，制定的战略就会缺乏依据，成为没有价值的战略方案，因此，它带有时代的局限性。这就要求我们在使用 SWOT 分析法时必须注意以下问题。

1. 进行 SWOT 分析的时候必须对公司的优势与劣势有客观的认识。
2. 进行 SWOT 分析的时候必须区分公司的现状与前景。
3. 进行 SWOT 分析的时候必须考虑全面。
4. 进行 SWOT 分析的时候必须与竞争对手进行比较，比如，优于或是劣于你的竞争对手。

5. 保持SWOT分析法的简洁化，避免复杂化与过度分析。
6. SWOT分析法因人而异。

此外，基础SWOT分析法所产生的问题可以由更高级的POWER SWOT分析法得到解决。

二、农产品营销环境分析

（一）市场机会与环境威胁

营销环境的动态性，使企业在不同时期面临着不同的市场营销环境。而不同的市场营销环境，既可能给企业带来机会，也可能给企业带来威胁。企业的生存和发展与周围环境的变化息息相关，分析周围环境的变化，利用机会，避开威胁是企业完成任务的基础。因此，企业不但要监测那些影响其业务的宏观环境因素，如经济因素、政治法律因素、社会文化因素等，还必须监测与企业密切相关的微观环境因素，如顾客、竞争者、供应商等，这些因素会影响企业产品的市场竞争力，从而影响其盈利能力。

市场机会是指营销环境中对企业营销有利的各项因素的总和。环境中的市场机会对不同企业可能有不同的影响力，企业在每一特定的市场机会中成功的概率，取决于其业务实力是否与该行业所需要的成功条件相符合，如企业是否具备实现营销目标所必需的资源，企业是否能比竞争者利用同一市场机会获得较大的差别利益。

环境威胁指由于环境的变化形成或可能形成的对企业现有经营的冲击和挑战。这种威胁或挑战可能来自国际经济形势的变化，例如，2020年受新型冠状病毒肺炎疫情的影响，世界多数国家的经济和贸易受到严重冲击，多数农产品国际贸易不得不中断；威胁或挑战也可能来自社会文化环境的变化，如国内外对环境保护要求的提高，消费者环保意识和安全意识的增强，对不符合环保要求的产品，无疑是一种严峻的挑战。

（二）市场机会分析

有效地捕捉和利用市场机会，是企业营销成功和发展的前提。企业要密切注视营销环境变化带来的市场机会，适时做出适当评价，并结合企业自身的资源和能力，及时将市场机会转化为企业的机会，以此来开拓市场，扩大销售，提高企业产品的市场占有率。同样的环境对于不同的企业，其市场机会和市场容量往往大小不同，由此带来的潜在吸引力也不一样，企业在利用各种市场机会时，获得成功的可能性也有大小之分。因此，分析评价市场机会主要有两个方面：一是考虑机会给企业带来潜在利益的大小，二是考虑机会成功可能性的大小，如图3-6所示。

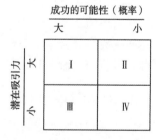

图3-6 市场机会分析矩阵图

在市场机会矩阵图中，纵轴表示市场机会的潜在吸引力，即潜在的盈利能力，用利润额表示；横轴表示企业成功的可能性，用概率值来表示，数值越大，成功的可能性越大，反之越小。在市场机会矩阵图中的四个区域中，其潜在吸引力和成功的可能性是不同的。

区域Ⅰ：是最好的营销环境机会，其潜在吸引力和成功的可能性都很大，企业应抓住和利用这一机会，谋求发展。

区域Ⅱ：潜在的吸引力大，而成功的可能性小。企业应设法找出成功可能性低的原因，然后设法扭转不利因素，使企业自身条件加以改善。

区域Ⅲ：潜在吸引力小，而成功的可能性大。对中小企业来说，可以积极利用，而对大型企业来说，应该观察其发展变化趋势，并依据变化情况及时采取措施。

区域Ⅳ：潜在吸引力小，而成功的可能性也小。一般无机会可言。

（三）威胁分析

企业面对环境威胁，如果不果断地采取营销措施，避免威胁，其不利的环境趋势必然会伤害企业的市场地位，甚至使企业陷于困境。环境威胁对于企业来说是客观存在的，其对营销活动的影响程度是不同的。因此，企业可以按它的潜在严重性和它出现威胁的可能性大小进行分析，构建环境威胁矩阵图，如图3-7所示。

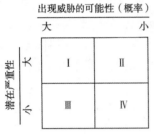

图3-7 环境威胁分析矩阵图

在环境威胁分析矩阵图中，纵轴表示威胁潜在的严重性，即环境威胁出现后给企业带来利益损失的大小；横轴表示出现威胁的可能性，一般用概率值来表示，数值越大，表示出现威胁的可能性越大，数值越小，表示出现威胁的可能性越小。

根据环境威胁在环境威胁分析矩阵中所处的位置的不同，企业对威胁的重视程度应该有所差别。

区域Ⅰ：潜在严重性和出现威胁的可能性均大，一旦出现，将会给企业造成极大的利益损失，应予以高度重视，及早制定应变策略。

区域Ⅱ：潜在严重性大，出现威胁的可能性小，但一旦出现，会给企业造成极大的利益损失，因而不可掉以轻心。

区域Ⅲ：潜在严重性小，出现威胁的可能性大，出现以后对企业造成的损失虽然小，但也应加以注意。

区域Ⅳ：潜在严重性小，出现威胁的可能性也小，一般不构成对企业的威胁，是最佳的市场营销环境。

在环境威胁分析中，企业应特别重视区域Ⅰ、区域Ⅱ的环境威胁，要把主要精力放在对这两种环境威胁的监测和预测上，防止环境威胁给企业带来的经营风险。

三、农产品经营企业营销对策

宏观、微观环境的变化，或给企业带来市场机会，或带来环境威胁，或同时带来机会和威胁。在环境分析与评价的基础上，企业对市场机会与环境威胁水平不等的各种营销业务，要分别采取不同的对策。

（一）企业针对市场机会的对策

1. 及时利用。当市场机会与企业的经营目标一致，企业又具备利用市场机会的资源、条件，并享有竞争中的差别利益时，企业应及时调整自己的营销策略，充分利用市场机会，求得更大的发展。

2. 适时利用。有些市场机会相对稳定，在短时间内不会发生变化，而企业又暂时不具备利用市场机会的必要条件，可以积极准备、创造条件，待时机成熟时，再加以利用。

3. 果断放弃。有些市场机会十分有吸引力，但是企业缺乏必要的条件，无法加以利用，此时企业应做出决策，果断地放弃。因为任何犹豫和拖延都可能导致错过利用其他有利机会的时机，从而一事无成。

在面对潜在吸引力很大的市场机会时，营销决策一定要特别慎重，要结合市场竞争的现状和发展趋势及企业的能力等各个方面，考虑成功的可能性。在很多情况下，许多企业只是看到了市场的吸引力，而忽视了企业要取得成功的其他决定因素，贸然做出进入决策，导致企业陷入经营的困境甚至招致失败。

（二）企业针对环境威胁的对策

1. 对抗策略。即企业试图通过自己的努力，限制或扭转环境中不利因素的发展。如通过各种方式促使（或阻止）政府通过某种法令或有关权威组织达成某种协议，或者努力促使某项政策或协议的形成以用来抵消不利因素的影响。

2. 削弱策略。企业通过调整、改变营销组合策略，尽量减轻环境威胁的程度，如通过加强管理、提高效率、降低成本来抵减原材料涨价带来的威胁。

3. 转移策略。即企业通过转移自己受到威胁的主要产品的现有市场或将投资方向转移以避免环境变化对企业的威胁。具体包括产品转移、市场转移和行业转移。产品转移指将受到威胁的产品转移到其他市场；市场转移指将企业的营销活动转移到新的细分市场上去；行业转移指将企业的资源转移到更有利的行业中去，实行多元化经营。

（三）综合环境分析与对策

在企业实际面临的客观环境中，单纯的机会环境或威胁环境是少有的。一般情况下，营销环境都是机会与威胁并存，利益与风险结合在一起的综合环境。图3-8是市场机会和环境威胁同时存在时的综合分析。

1. 面临理想环境应采取的策略。由图3-8可看出，理想环境是机会水平高，威胁水平低，利益大于风险。这是企业难得的好环境。企业必须抓住机遇，扬长避短，开发新产品，创造营销佳绩。或者在原有的基础上扩大生产和经营规模，并充分运用营销组合策略，全面提高产品或企业的市场地位，争取将产品和企业发展、培育成为名牌产品和有影响力的企业。

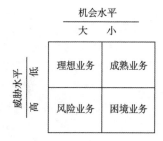

图3-8 机会与威胁的综合分析

2. 面临风险环境应采取的策略。风险环境是指机会和威胁同在，利益与风险并存，在有很高利益的同时，存在很大的风险。面临这样的环境，企业必须加强调查研究，进行全面分析，发挥专家优势，审慎决策，以降低风险，争取利益。面对威胁，企业要冷静分析，在慎重调查的基础上弄清企业主要的威胁是什么，来自何方，要善于扬长避短，调整市场营销组合策略来改善环境，适应环境变化，以减轻威胁给企业营销带来的不利影响；或者通过努力限制或扭转企业所面临的环境威胁，争取使企业向理想环境方向转换。

3. 面临成熟环境应采取的策略。成熟环境是机会和威胁水平都比较低，是一种比较平稳的环境。面对这样的环境，企业方面要按常规经营，规范管理，以维持正常运转，取得相应的收益；另外，企业要积极、主动地作好应变的准备，因为企业不可能一劳永逸地利用同一市场机会。为了在竞争中取得主动，企业要积极寻找适合自己生存的环境，开拓新的营销领域。在宏观环境一时无法改变的情况下，努力改变微观环境，创造出新的营销空间，以使企业长盛不衰。

4. 面临困难环境应采取的策略。困难环境是风险大于机会，企业处境已十分困难。企业面对困难环境，必须想方设法扭转局面。尽快开拓新的目标市场和实施新的营销手段及策略，既要减轻、摆脱威胁，又要及时发现机会，将企业的业务尽快转移到盈利水平更高的行业或市场，或实行多元化经营，尽快使企业走出困境，以避免更大的损失。如果大势已去，无法扭转，则必须采取果断措施，退出在该环境中经营，另谋出路。

【归纳与提高】

市场营销环境是企业营销活动外部不可控制的因素和力量，包括微观环境和宏观环境。微观环境指与企业紧密相连，直接影响企业营销能力的各种参与者，包括市场营销渠道企业、顾客、竞争者以及社会公众。宏观环境指影响微观环境的一系列巨大的社会力量，主要是人口、经济、政治法律、科学技术、社会文化及自然生态等因素。

市场营销环境具有客观性、差异性、多变性、相关性等特征。人口环境主要分析人口总量、年龄结构、地理分布、家庭组成和人口性别；经济环境主要分析收入、支出状况和经济发展状况；分析自然环境需要注意某些自然资源短缺或即将短缺，环境污染日益严重，许多国家对自然资源管理的干预日益加强；分析政治和法律环境主要注意与市场营销有关的经济立法，群众利益团体发展情况；分析科学技术环境主要注意新技术是一种"创造性的毁灭力量"，新技术革命有利于企业改善经营管理，新技术革命会影响零售业态结构和消费者购物习惯；分析社会文化环境主要注意教育水平、宗教信仰、价值观念、消费习俗和消费流行。

环境发展趋势基本上分为两大类，一类是威胁，另一类是市场机会。任何企业都面临着若干环境威胁和市场机会，可用"环境威胁矩阵图"和"市场机会矩阵图"分析、评价。可能会出现四种不同的结果：理想业务、冒险业务、成熟业务和困难业务，企业应采取相应对策。

【复习思考题】

1. 农产品市场营销环境的分类方法有哪些？每种分类方法都有哪些环境类型？
2. 农产品市场营销环境有哪些？
3. 如何利用 SWOT 分析法来分析和评价营销环境？
4. 如何利用机会威胁矩阵图分析企业营销环境，并给出相应对策？

——章节案例——

为全力应对疫情对产业扶贫影响和解决生鲜农产品滞销问题，全国各地政府官员都参与到直播带货的队伍中。2020年被网友们称为"官员直播元年",无论是参与直播官员所在地域,还是特色产品种类以及"带货"数量等,均呈现出前所未有的指数级爆发。

3月15日,湖北秭归县副县长宋俊华为当地特产脐橙带货,销售超6万斤。4月8日,武汉解封首日下午,武汉市副市长李强和企业家、达人开启了直播首秀,推介良品铺子、蔡林记、仟吉西饼、周黑鸭等武汉特色产品。截至4月8日24时,直播累计观看人数超过252万,带货总销售额达1793万元。

在盛产小龙虾的湖北潜江,潜江市委书记吴祖云上阵为小龙虾带货,现场交易了6000吨小龙虾。宜昌枝江市委常委姚迎九也通过直播,向全国的网友推销玛瑙米、脐橙、马蹄和鱼糕等枝江的特色农产品。

截至4月30日,据拼多多数据显示,包括湖北省在内的全国各省区150多位市县长直播带货,抗疫助农活动成交订单量超过1.1亿单,售出农产品总计超过7亿斤。

在北京,4月22日,北京市商务局二级巡视员丁剑华着传统长衫,在淘宝直播间来了一段"快板rap"。5月14日,北京市商务局副局长刘梅英也来到淘宝直播间,为北京老字号带货,引来近200万网友围观。5月17日,北京门头沟区区委常委、副区长庆兆坤也通过拼多多直播推荐了门头沟特产和景区,这也是北京区级干部首次出镜直播助力农产品销售。

4月30日晚,上海闵行区副区长吴斌成为首位参与直播带货的区领导,被网友亲切地称为"首席带货官"。5月17日,上海嘉定区委书记、区长陆方舟则在直播间为南翔小笼"打call"。据媒体报道,5月15日下午,陆方舟才刚刚上任嘉定区委书记,直播成了他首次以区委书记身份在公众场合的亮相。

据新京报记者的不完全统计,安徽省霍山县,湖南省张家界市、安化县,浙江省杭州市余杭县、丽水市、嘉兴桐乡,山东省聊城临清市,吉林省延边市、伊通县,内蒙古乌兰察布、赤峰等地,都有官员通过直播为当地特产带货。广西的14个地级市中,40名县级领导干部通过直播推介当地特色农产品。

在直播现场,领导们都与平日不同,炒菜、泡茶、吃播、唱歌以及"金句"频出。湖北潜江市委书记吴祖云介绍说:"潜江如此安全,小龙虾如此清甜,一旦遇见,终身爱恋。"

湖南省益阳市安化县委常委、副县长陈灿平更是通过直播带货成了"网红县长",从3月1日以来直播了30余场,有时候一天直播3场,"唱播"成了他的特色。截至目前,他的抖音号"陈县长说安化"已经有了近30万粉丝。

对于地方官员为当地特产带货,北京财贸职业学院商业研究所所长赖阳认为,这与专业主播以"带货量"为业绩相比,更重要的是在今年疫情的情况下,对消费信心的一种提振。同时,官员放下"身段"推广地方特产,用网络语言与网友交流、尝试吃播,用方言拉近与观众的距离,用丰富多彩的民族文化打动网友,通过优质特色农产品和绿水青山吸引粉丝,都是拥抱互联网、抓住直播经济机遇的方式。

从目前来看,地方官员、企业家的直播带货"有效但也有限"。名人虽然"自带光环",但真正能产生销售额的,还需要专业的技术、团队的设计与包装。对此,赖阳表示,未来直播的主流必然是专业的人员,他们掌握直播宣传技巧、人群特点、精准表达以及视频技术等方面的专业技能。目前,已经有很多学校都开设了专门的直播专业。"从网红到名人,再到官员、企业家,但最终直播的'主流',还是更多的具有专业知识的经营者。"随着消费时代的升级,购买打破了时空的限制,网络购物从图片、视频到直播,具有更广泛的传播效果。

资料来源:官员企业大佬涌进直播圈今年都为直播带货"拼了"[EB/OL]. https://baijiahao. baidu. com/s? id=1667721028165775891&wfr=spider&for=pc,2020-5-26/2020-6-11.

思考:疫情影响之下,给各地农产品带来了哪些不利影响?各地官员为什么都采取直播方式宣传、推广以及销售本地区农产品?如何看到直播带货给农产品销售带来的影响?未来农产品的销售还会有哪些新形式出现?

参 考 文 献

丁兴良. 直面价格战争:战略篇[M]. 北京:经济管理出版社,2008.
郭锦埔,傅小鹏. 市场营销学[M]. 武汉:中国地质大学出版社,2004.
何伟威. 农产品市场营销知识读本[M]. 北京:中国农业科学技术出版社,2011.
胡浪球. 特色农产品产业经营:理论、方法和案例[M]. 北京:中国农业科学技术出版社,2014.
贾旭东. 现代企业战略管理思想、方法与实务[M]. 兰州:兰州大学出版社,2006.
李波. 种子营销实务[M]. 天津:天津大学出版社,2012.
李崇光,赵宪军,周发明. 农产品营销学(第3版)[M]. 北京:高等教育出版社,2016.
李崇光. 农产品营销学(第2版)[M]. 北京:高等教育出版社,2010.
李桂华,李惠瑶. 营销管理[M]. 上海:上海交通大学出版社,2010.
李庆雷,明庆忠. 旅游规划:技术与方法[M]. 天津:南开大学出版社,2008.
李元杰. 市场营销[M]. 北京:中国财富出版社,2016.
刘金荣. 市场营销学[M]. 大连:大连理工大学出版社,2009.
农业农村部农村合作经济指导司. 以农民合作社规范提升行动为抓手推进农民合作社高质量发展[J]. 中国农民合作社,2020,(2):7-8.
石晓华,贾刚民,职明星. 农产品市场营销[M]. 北京:中国农业科学技术出版社,2014.
王峰,吕彦儒,葛红岩. 市场调研[M]. 上海:上海财经大学出版社,2006.
吴健安,钟育赣,胡其辉. 市场营销学(第5版)[M]. 北京:清华大学出版社,2013.
吴健安. 市场营销学(第2版)[M]. 北京:高等教育出版社,2004.
吴晓微,王珏. 市场营销理论与实务[M]. 北京:北京理工大学出版社,2015.
谢少安. 现代市场营销学[M]. 北京:经济管理出版社,2011.
杨国,高传光,丁立,农产品市场营销策略[M]. 北京:中国农业科学技术出版社,2016.
养老护理员巨大缺口亟待多方纾解[N]. 潮州日报,2019-11-26.
张玉蓉,樊信友,郑涛. 旅游业与文化创意产业融合发展机制研究[M]. 北京:人民交通出版社,2017.
张振刚,郭锐. 市场营销原理与实务[M]. 太原:北岳文艺出版社,2011.
赵鑫. 管理学原理[M]. 天津:天津大学出版社,2018.
郑丹. 合作社营销学[M]. 北京:社会科学文献出版社,2009.
郑凤萍,李军红,魏想明. 现代企业管理学[M]. 北京:中国传媒大学出版社,2007.

第四章 农产品市场调查与预测

知识与技能目标

1. 理解市场营销信息系统的构成。
2. 掌握农产品市场调查的基本方法。
3. 掌握农产品市场调查的主要内容。
4. 熟悉市场需求预测的主要方法。

情境导入

在新产品开发的产品概念阶段,对该产品可能会提出很多个概念,筛选测试就是根据消费者对各个产品概念的态度,从众多的概念中,筛选出几个有潜力的,值得进一步详细研究的产品概念,这也就是企业开发新产品期望注入顾客脑中的一种主观意念。

在确定一个新产品的概念时,必须从以下 5 个方面来测试:

"它是什么"="产品支撑点"="产品特点"是什么?

"它能做什么"="产品利益点",即它提供什么利益给消费者?

"它为谁服务"=产品的目标顾客,产品卖给谁?

"它对于消费者意味着什么"=产品是否具备差异化,即产品的个性、形象等。

"它是否具备吸引力"=消费者能否理解产品概念和产品特性,如包装、颜色、规格、价格,消费者对新产品的购买意向如何?

如果产品没有一个好的概念,消费者难以理解和沟通,就不会打动消费者,吸引消费者去关注,去消费。

资料来源:乐调研网站资料整理[EB/OL]. http://www.lediaoyan.com/,2020-5-10/2020-6-8.

思考:以新上市的农产品为例,针对产品概念测试需要解决问题应如何选择调查方法,确定调查对象,怎样建立研究模型?

市场营销的目的是通过比竞争者更好地满足市场需求，赢得竞争优势，进而取得合理的利润收入。农产品生产经营者所处的环境是动态变化的，要想生存和发展，必须加强对周围环境与市场的研究，获取详细、准确的市场信息，在进行深入调研、掌握市场信息的基础上，科学地预测市场的动向。这是制定营销策略的重要依据，对于正确地进行市场机会分析、市场营销资源配置、市场营销控制具有重要意义。

第一节　市场营销信息系统

一、信息及其功能

信息是事物运动状态以及运动方式的表象。广义的信息由数据、文本、声音和图像四种形态组成，主要与视觉和听觉相关。不论是文本、声音还是图像在计算机中都被简化为"0"和"1"的原始单位时，它们便成了数据。因此，数据是信息的基础。信息按内容可分为三类：消息、资料和知识。消息的积累就是资料，而知识就是资料去伪存真、去粗取精，经过思维加工和概括后获得的，是信息升华的结果，可见这三者之间是逐步递进的关系。另外，信息具有可扩散性、可共享性、可扩充性和可转换性的特点，因此在收集和读取信息时一定不能断章取义，以偏概全。

农产品的市场信息一般分为两类：一类为一手资料，又称原始资料，是调查人员通过现场实地调查所收集的资料；另一类为二手资料，是他人为某种目的而收集并经过整理的资料。二手资料的来源包括七个方面：一是农产品经营企业内部资料，包括企业内部各有关部门的记录、统计表、报告、财务决算、用户来函等；二是政府机关的统计资料，如统计公报、统计资料汇编、农业年鉴等；三是公开出版的文献、报纸、杂志、书籍、研究报告等；四是农产品市场研究机构、广告公司等公布的资料；五是农产品行业协会公布的行业信息；六是农业展览会、展销会公开发送的资料；七是信息网络、供应商、分销商提供的信息资料。

信息对人类社会有三大功能：一是中介功能。作为认识主体的人，要通过对认识事物的中介体（即信息）的接收和加工，才能认识到客观对象的本来面目。二是联结功能。由于客观事物表露信息的一致性，使人们对客观事物有了共同的看法，检验客观事物有了共同的标准，信息把个人联结为社会。三是放大功能。信息与知识的第一次产生，需要投入雄厚的财力和超人的智慧，信息一旦产生，便可以学习，可以复制，从而大大节约社会资源。

二、市场营销信息系统的内涵与作用

由于营销面临环境的动态变化程度是最高的，需要信息支持决策的程度也最高，营销信息系统的构建和应用也成为开展营销活动的重要基础之一。

所谓营销信息系统（Marketing Information System，MIS 或 MKIS），是指一个由人员、机器和程序所构成的相互作用的复合体，用以收集、挑选、分析、评估和分配适当的、及时的和准确的信息,为营销管理人员改进市场营销计划、执行和控制工作提供依据。

市场营销信息系统是企业收集、处理并利用相关宏观和微观环境数据的工具。有效的市场营销信息系统应能向决策者提供迅速、准确、可解释的信息。为了确保决策的精准程度,在收集信息时,要注意以下几个方面。

(1)目的性。在市场营销活动产出大于投入的前提下,为营销决策及时提供相关联的必要的信息,尽量减少杂乱无关的信息。

(2)及时性。信息传递要及时、频率要适宜,避免管理者无法及时得到信息或信息传递频繁造成数据挤压。

(3)准确性。要确保信息来源可靠,收集和整理信息的方法科学,能够反映实际情况。

(4)系统性。市场营销信息系统是若干具有特定内容的同质信息在一定时间和空间范围内形成的有序集合。在时间上具有纵向的连续性,是一种连续作业系统;在空间上具有最大的广泛性,内容全面、完整。

(5)广泛性。市场营销信息反映的是人类社会的市场活动,是市场营销活动中人与人之间传递的社会信息,渗透到社会经济生活的各个领域。随着市场经济的发展和经济全球化,市场营销活动的范围从地方市场扩展为全国性、国际性市场,信息的收集更是空前广泛。

市场营销信息系统是企业进行市场营销决策和编制计划的基础,也是监督、调控企业市场营销活动的依据。一个完善的市场营销信息网络,可以互联互通构建成跨界的多层次、多维度的统一的大市场,更好地利用大数据实现以下任务。

(1)能够向各级管理人员提供从事其工作所必需的一切信息。

(2)能够对信息进行选择,以便使各级管理人员获得与他们能够且必须采取的行动有关的信息。

(3)提供信息的时间限于管理人员能够且应当采取行动的时间。

(4)提供所要求的任何形式的分析、数据与信息。

(5)提供的信息一定是最新的,并且所提供信息的形式都是有关管理人员最容易了解和消化的。

三、市场营销信息系统的构成

市场营销决策所需的信息一般来源于企业内部报告系统、市场营销情报系统和市场营销调研系统,再经过市场营销分析系统,共同构成了市场营销信息系统(图4-1)。

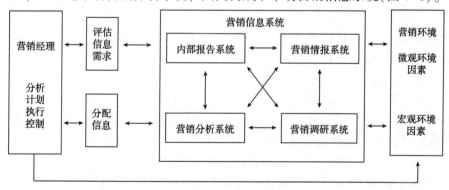

图4-1 市场营销信息系统

(一) 内部报告系统

内部报告系统以收集日常的内部信息为主，内部信息以内部会计系统反映的信息为主，销售信息为辅。内部报告系统是营销信息系统中最基本的子系统，主要功能是向市场营销管理者及时提供有关交易的信息，包括订货数量、销售额、价格、库存状况、应收账款、应付账款等各种反映企业市场营销状况的信息。

内部报告系统的核心是从订单到收款整个周期，同时辅之以销售报告系统。"订单—收款"周期涉及企业的销售、财务等不同的部门和环节的业务流程。订货部门接到销售代理、经销商和顾客发来的订货单后，根据订单内容开具多联发票并递交给有关部门。储运部门首先查询该种货物的库存，存货不足则回复销售部缺货。如果仓库有货，则向仓库和运输单位发出发货和入账指令。财务部门得到收款通知后，做出收款账务，并定期向主管部门递交报告。这一周期各个环节的运作是否高效体现了企业的管理水平，也决定着企业在经营上的竞争力。

销售报告系统应向企业决策制定者提供及时、全面、准确的生产经营信息，以利于掌握时机，更好地处理进、销、存、运等环节的问题。新型的销售报告系统的设计，应符合使用者的需要，力求及时、准确，做到简单化、格式化，实用性、目的性强，真正有助于营销决策。

内部报告系统的信息是企业内部已经发生的交易信息，主要用于向管理人员提供企业运营的"结果资料"，农产品生产经营者通过分析内部报告系统所提供的信息，能深入分析有关目前与过去销售及成本的信息，并发现销售中重要的机会和问题。

(二) 市场营销情报系统

市场营销情报系统以收集外部营销环境发展、变化的信息为主，所要承担的任务是及时捕捉、反馈、加工、分析市场上正在发生和将要发生的信息，用于提供外部环境"变化资料"，帮助营销主管人员了解市场动态并指明未来面对的机遇与挑战。

市场营销情报信息不仅来源于市场与销售人员，也可能来自于企业中所有与外部有接触的其他员工以及专职的营销情报收集人员。这些外部信息的收集方式可以是有目的性地对既定范围的信息有条件地观察，也可以是非正式的探索，还可以有计划地采取审慎严密的行动去获取。市场营销情报的质量和数量决定着企业市场营销决策的灵活性和科学性，进而影响企业的竞争力，因此应加强营销人员的信息收集和传递能力，多渠道、多形式地收集有效信息。

(三) 市场营销调研系统

市场营销调研系统也可称为专题调查系统，它的任务是系统地、客观地收集和传递有关市场营销活动的信息，提出与企业所面临的特定的营销问题有关的调研报告，以帮助管理者制定有效的营销决策。在营销环境动态变化的背景下，该系统可以随时为农产品生产经营者提供针对某个特定问题的非常规性决策服务。比如，进行市场需求调查、产品测试、销售预测、广告效果研究等。为完成这些任务，企业可以委托有关市场调查公司、大专院校、科研机构帮助设计和执行调研计划，也可以建立自己的营销调研队伍进行市场调研活动。

市场营销调研系统和市场营销信息系统在目标和定义上大同小异，研究程序和方法具有共性。斯坦顿（W. Stanton）将两者的区别列出，如表 4-1 所示。

表 4-1　市场调研系统与市场营销信息系统的区别

市场营销调研系统	市场营销信息系统
1. 着重处理外部信息	1. 处理内部及外部信息
2. 关心问题的解决	2. 关心问题的解决与预防
3. 零碎的、间歇的作业	3. 系统的、连续的作业
4. 不以计算机为基础的过程	4. 是以计算机为基础的过程
5. 市场营销信息系统的信息源之一	5. 包含市场营销研究及其他系统

（四）市场营销分析系统

市场营销分析系统是企业借助各种数理分析模型和信息处理技术来分析市场营销数据和问题，帮助营销管理人员分析复杂性营销问题的信息系统。完善的市场营销分析系统，通常由资料库、统计库和模型库三部分组成。

1. 资料库

有组织地收集企业内部和外部资料，市场营销管理人员可随时取得所需资料进行研究分析。内部资料包括销售、订货、存货、推销访问和财务信用资料等；外部资料包括政府资料、行业资料、市场研究资料等。

2. 统计库

统计库指一组随时可用于汇总分析的特定资料统计程序。其必要性在于：实施一个规模庞大的市场营销研究方案，不仅需要大量原始资料，而且需要统计库提供的平均数和标准差的测量，以便进行交叉分析。市场营销管理人员为测量各变数之间的关系，需要运用各种多变数分析技术，如回归、相关、判别、变异分析以及时间序列分析等。统计库分析结果将作为模型的重要投入资料。

3. 模型库

模型库是由高级市场营销管理人员运用科学方法，针对特定市场营销决策问题建立的，包括描述性模型和决策模型的一组数学模型。描述性模型主要用于分析实体分配、品牌转换、排队等候等市场营销问题；决策模型主要用于解决产品设计、厂址选择、销售区域优化、产品定价、广告媒体组合、市场营销组合决策等问题。

通过对市场营销信息系统四个子系统所研究的内容及这些子系统之间的关系分析，可以看出营销信息对营销决策具有重要的作用，具体体现在以下方面。

（1）搜寻与处理：搜寻与汇集各种市场信息资料，对所汇集的资料进行整理、分类、编辑与总结。

（2）分析：进行各种指标的计算、比较、综合。

（3）储存与检索：编制资料索引并加以储存，以便需要时查找。

（4）评价：分析评价输入的各种信息的精准性和有效性。

（5）传递：将各种经过处理的信息迅速准确地传递给有关人员，以便及时调整企业的经营决策。

第二节　农产品市场调查及其程序

市场调查是指运用科学的方法，系统地、有目的地去收集、整理和分析有关市场营销问题的信息，为市场预测和营销决策提供客观的、准确的基础性数据和资料，以帮助营销管理人员解决营销管理决策问题的活动。

一、农产品市场调查

（一）农产品市场调查的含义

市场营销调研是一种系统地进行信息设计、收集、分析和报告，用以解决企业某一营销问题的工作过程。所谓农产品市场调查，就是指通过系统地收集、记录与农产品市场营销有关的大量资料，加以科学的分析和研究，从中了解农产品生产经营者及企业产品的目前市场和潜在市场，并对农产品市场供求变化及其价格变动趋势进行预测，为农业经营者的经营决策提供科学依据。

（二）农产品市场调查的作用

市场调查是企业营销活动的出发点，是市场预测的基础，企业通过市场调查了解市场的发展规律，安排生产，减少原材料及各种资源浪费的情况，在企业营销的各个环节均起着不可或缺的作用。因此，任何一个企业在进行产品推广时，必须进行充分的市场调查，保障经营决策的正确性和及时性。市场调查在企业营销系统中具有以下重要作用。

1. 有利于制定科学的营销规划

市场调查可以帮助市场营销者评估市场潜力和市场份额，根据市场需求及其变化、市场规律和竞争格局、消费者意见与购买行为以及营销环境的基本特征，从而科学地制定和调整企业的市场营销规划。

2. 有利于优化市场营销组合

企业根据市场调查的结果，评价定价、产品、分销和促销行为的效果，分析研究产品的生命周期，开发新产品，制定产品生命周期各阶段的市场营销策略组合。如根据消费者对农产品及包装的偏好，改进现有产品，开发新用途，研究新产品的创意、开发和设计；测量消费者对产品价格变动的反映，分析竞争者的价格策略，确定合适的定价；综合运用各种营销手段，加强促销活动、广告宣传和售后服务，增进产品知名度和顾客满意度；尽量减少不必要的中间环节，节约储运费用，降低销售成本，提高竞争力。

3. 有利于开拓新市场

通过市场调查，企业可发现消费者潜在的需求，测量市场上现有产品及市场营销策略满足消费者需求的程度，从而不断开拓新的市场。市场营销环境的变化，往往会影响和改变消费者的购买动机和购买行为，给企业带来新的机会和挑战，企业可根据调研结果确定和调整发展方向，从而确保实现企业的经营目标。

二、农产品市场调查的内容

由于影响农产品经营管理的市场营销因素很多,所以市场调查的内容也非常广泛。凡是直接或间接影响农产品经营企业营销活动、与企业市场营销决策有关的因素都可能被纳入调查范围。

(一) 宏观环境发展状况

农产品经营企业是社会经济的细胞,是整个国民经济的组成部分。农产品品种、规格、质量和数量等各方面的要求是受整个社会总需求制约的。而社会总需求的动态与国家的宏观环境直接相关。对宏观环境因素的调研,包括对经济环境、自然环境、人口环境、政治法律环境、技术环境、社会文化环境等方面的调研。例如,不同的经济发展水平下消费者的收入对农产品消费者的需求结构和消费心理的影响程度。

(二) 农产品市场需求状况

农产品的市场需求是指在特定的地理区域、特定的时间、特定的营销环境中,特定的顾客愿意购买的总量,包括现实的需求量和潜在的需求量。因此,市场需求调查包括对消费者的消费心理、消费行为的特征进行调查分析,消费者不同,其需要的特点也不同,通过调研了解消费偏好及其变化,分析农产品消费动向和趋势;还包括对影响用户需要的各种因素进行调查,如购买力、购买动机等,从而掌握各个因素对农产品销售的影响程度。

(三) 农产品销售状况

对农产品销售状况的调查包括以下四方面的内容:

(1) 农产品经营企业现有产品所处的生命周期阶段及相应的产品策略,新产品开发情况,产品现阶段销售、成本、售后服务情况以及产品包装、品牌知名度等;

(2) 消费者对农产品可接受的价格水平、对产品价格变动的反应、新产品的定价方法及市场反应、定价策略的运用等;

(3) 农产品经营企业现有的销售力量是否适应需要、现有的销售渠道是否合理;

(4) 目前农产品经营企业采用的促销手段、广告销售效果、媒体选择、方案设计及相关促销方式。围绕以上内容进行调研,可以及时获取市场信息,对现有产品进行改良或加大开发新产品的力度等,选择合适的价格体系和渠道设计,充分利用高效的促销手段,从而更好地满足消费者的需求并能够在一定程度上引导消费者的消费。

(四) 竞争状况

农产品生产经营者与企业为了能够在竞争中做到知己知彼,并采取正确的竞争策略,就需要对市场竞争状况有充分的把握。在调研时需要了解行业竞争对手的数量、名称、经济实力、生产能力、产品特点、市场分布、销售策略、市场占有率及其竞争发展战略等。此外,要掌握在市场上自己拥有的农产品的竞争优势和劣势,发现竞争的焦点所在,才能准确地为提升产品竞争力赋能。

三、农产品市场调查的程序

市场调查是农产品经营者制订营销计划的前提和基础,应按照严格设计的程序与方案进行操作。农产品市场调查的过程,通常包括五个基本步骤:确定市场调查的目标与调查对象、制订具体的调查方案、收集市场资料和获取市场情报、整理和分析信息资料、提交调查报告与总结。

(一) 确定市场调查目标与调查对象

为保证市场调查的成功和有效，首先要明确市场调查的目的和要求，即要针对什么问题进行调查，界定一定的调查范围，确定调查的主体，明确调查的结果如何利用等，利用定性研究、专家访谈等方式将问题界定清晰，做到有的放矢，避免因盲目行动造成人力、物力、财力、时间等的浪费与损失。

市场调查的对象一般包括消费者、渠道企业、生产经营者等。在以消费者为调查对象时，要注意到产品的购买者与使用者可能不一致，或者产品主要针对某一细分市场等情形，这时调查对象应注意是否需要具有针对性，对消费群体进行筛选。

(二) 制订具体的调查方案

根据调查目标针对要调研的问题，设计调研计划，这是整个市场调研过程中最复杂的阶段，主要包括选择与安排调研项目、确定量表与调研方法、设计问卷、抽取样本、做好数据处理分析计划、确定参与调研人员以及估算调研费用等。这部分做得不好，容易造成收集的信息无效，或者缺少重要信息无法得出结论，或者量表失误无法深入分析以至于失去研究的意义等。此外，在制订调研计划时，要注意与目标对象做好对接，保证调研的效率。

(三) 收集市场资料及获取市场情报

本阶段是农产品市场调查的最重要的环节，整个市场调研质量如何，主要取决于这一阶段的工作。收集资料一般有两种基本途径：一是运用一定的调研方法，如通过询问、观察或表格调查，直接取得第一手资料；二是获取现成的资料，包括政府公布的统计资料，公开出版的期刊、报纸、书籍，研究机关的调查报告、研究报告以及经济年鉴手册等。通过调研取得的市场资料决定了后期分析的结果并影响着为解决问题企业将要采取的对策，因此在收集资料的时候一定要科学严谨，确保收集的资料的独立性和真实性。

(四) 整理和分析信息资料

本阶段主要是对调查中获取的资料进行比较、分类和分析，目的在于去伪存真，即剔除调研资料中不符合实际的或者偏差较大的资料，如不完整的答案，前后有矛盾的记录，调研人员的个人偏见等。资料整理后可以利用适当的分析方法进行数据分类、解读，为科学决策提供依据。

(五) 提交调查报告与总结

根据调查资料以及对资料的分析提出调查报告，是整个调查工作的最后一个阶段。调查报告应力求简明、准确、完整、客观，为科学决策提供依据，一般应包括以下几个基本内容：一是调查研究的目的性；二是调查资料的收集方法、抽样方法和代表性；三是调查研究的重要发现；四是调查的结论与建议。同时，调查报告还应注意时效性，即必须在规定的时间内提出，以免失去指导农产品市场营销的作用。

综上所述，农产品市场调查就是在农产品经营者遇到问题时，确定市场调查的必要性，定义问题，确立调查目标；随后根据目标，确定调查设计方案，确定信息的类型和来源，收集资料；根据划定的范围进行问卷设计，确定抽样方案及样本容量来有针对性地收集资料；将收集来的资料进行科学分析并在分析的基础上撰写调查报告，以供决策时参考。

市场调查实际上是一种严谨的、高知识含量的专业工作，它需要组织者、实施者、参与者都能以严谨的态度、缜密的思考来对待，因为调查数据和结论是决策的依据，对调查不负责任有可能导致重大损失。

四、农产品市场调查应注意的问题

为确保农产品市场调查能够顺利、高效、精准可靠地进行，在进行市场调查时应注意以下问题。

1. 调查对象与方法的选取

调查对象的选取是否得当直接影响调查资料的准确性。根据调查的目的及人力、财力、时间情况，要适当地确定调查对象和调查样本的多少。

在确定调查对象时，可以采用普查、典型调查和抽样调查。

（1）普查是对调查对象进行逐个调查，以取得全面、精确的资料，信息准确度高，但耗时长，人力、物力、财力花费大。

（2）典型调查是选取有代表性的样本进行调查，据以推论总体。只要样本代表性强，调查方法得当，典型调查可以收到事半功倍的效果。比如，要研究家庭农场在经营中存在哪些问题时就可以选择有代表性的家庭农场进行访谈来完成调研。

（3）抽样调查方式比较适合调查对象多、区域广，而人力、财力、时间又不允许进行普查时，依照同等可能性原则，在所调查对象的全部单位中抽取一部分作为样本，根据调查分析结果来推论全体。

2. 资料的收集、分析与调查结果的运用

市场调查技术的日益进步，为市场调查活动的开展创造了有利条件。在这些研究技术中，凝结着诸如经济学、统计学、社会心理学、计算机科学等学科的研究成果，市场调研人员要善于学习引进这些研究技术，并努力将其创造性地应用到市场营销调研实践中去。市场营销调研部门只有收集到充足的原始数据，才有可能得出正确的市场营销调研结果。

农产品经营者收集一手资料时一定要既有科学性又能灵活把控。设计问卷或者调查提纲时要注意围绕调查主题，既能较为广泛地收集到资料，又能在需要深入了解的问题上得到被调查者的回复。比如，在问询调查法中，口头问询时调查者不仅要认真听取被调查者的回答，还要观察其反应，及时发现新问题，以便能获取更深入更可靠的资料。在整理资料时要避免过度依赖二手资料，对于二手资料，要认真评估其质量，因为这种数据是在过去出于不同目的或在不同条件下收集来的，其实用性自然会受到限制。

在数据资料分析过程中，既有定性研究又有定量研究。定性研究具有探索性、诊断性和预测性等特点，它并不追求精确的结论，而只是了解问题之所在，摸清情况，得出感性认识。定量是依据统计数据，建立数学模型，并用数学模型针对数量特征、数量关系与数量变化去分析的一种方法，更为科学。在营销调研中，必须高度重视定量研究，以便使搜集到的信息和调研得出的结论能够充分反映市场需求与营销环境的客观现实。调查结果分析后要注意合理运用，避免以偏概全，同时还要注意调研的时效性。

第三节　农产品市场调查的方法

一、市场调查的分类

市场调查的分类标准有很多，可以按照调查的性质、方法、对象资料来源等进行分类。

（一）研究目的与性质分类

按照调查研究目的与性质，市场调查可以分为探测性研究、描述性研究、因果关系调研、预测性研究。

1. 探测性研究

探测性研究主要用于探询农产品生产经营者及企业所要研究的一般性质的问题。调查之初一般对所调研的问题或范围还不很清楚，不能确定到底要研究些什么问题，这时就需要运用探测性研究去进行非正式的初步调研，收集有关资料进行分析，发现问题并形成假设。探测性调研研究的问题和范围比较大，在研究方法上可以比较灵活，在调研过程中可根据情况随时进行调整。

探测性研究一般都不涉及结构式问卷，不涉及大样本和概率抽样。调研者只是希望寻找一些新的思路。一旦发现新的想法，调研者就有可能顺着新的方向重新探索，直至没有什么可能发现或又有了另一新的方向。因此，调查的重点可能随着新看法的发现而不断地改变，调研者的经验和创造力在探测性研究中起非常重要的作用。

2. 描述性研究

在已明确所要研究问题的内容与重点后，就可以利用描述性调研来进一步通过详细的调查和分析，对农产品市场营销活动的某一个方面进行客观的描述，对已经找出的问题作如实的反映和具体的回答。大多数的农产品市场营销调研都属于描述性调研。例如，市场潜力和市场占有率、产品的消费群结构、竞争对象的状况等，都可以通过描述性调研来描述，并通过分析反映情况和问题，从而寻求对策。

典型的描述性调研都是以有代表性的大样本为基础的。正式调研方案的设计规定选择信息来源的方法，以及从这些来源收集数据的方法。描述性调研的设计要求清楚地规定调查的6个要素(5W1H)：谁(Who)、什么(What)、何时(When)、何地(Where)、为什么(Why)、什么方式(How)。

3. 因果关系调研

因果关系调研是为了查明涉及农产品市场营销问题的不同要素之间的关系。企业市场营销活动存在许多引发性的关系，大多可以归纳为由变量表示的一些函数。这些变量包括企业自身可以控制的产品产量、价格、促销费用等，也包括企业无法完全控制的产品销售量、市场供求关系等。

因果关系调研在描述性调研的基础上进一步分析其问题发生的因果关系，了解哪些变量是起因(独立变量或自变量)，哪些变量是结果(因变量或响应)；确定起因变量与要预测的结果变量间相互关系的性质等。例如，畜禽饲料的销售量增加，会促进豆粕、玉米等原料的需求量增加。只有掌握了各种市场需求之间的联系，才能准确预测市场需求的发展变化趋势。

和描述性研究一样，因果关系研究也需要有方案和结构的设计。描述性研究虽然也可以确定变量间联系的紧密程度，但是并不能确定因果关系。要考察因果关系必须将有些可能影响结果的变量控制起来，这样，自变量对因变量的影响才能测量出来。研究因果关系的主要方法是实验法。

4．预测性研究

农产品市场营销所面临的最大的问题就是对市场需求的预测，这是农产品生产经营者及企业制订市场营销方案和市场营销决策的基础和前提。预测性调研就是企业为了推断和测量市场的未来变化而进行的研究，它对农产品生产经营者及企业的生存与发展具有重要的意义。

（二）调查分析方法分类

按调查分析的方法分类，市场调查可以分为定性调查和定量调查两大类，其中，定性调查方法有小组座谈会、深层访谈、观察法、德尔菲法、投影法、厅堂测试等；定量调查方法有电话调查、邮寄调查、拦截访问、定点访问、入户访问、计算机辅助电话调查、计算机辅助面访、互联网在线调查等。

定性调查在经营活动中常用来确定市场的发展态势与市场发展的性质，主要用于市场探索性分析。同时，定性调查还是市场调查和分析的前提和基础。没有正确的定性分析，就不可能为市场作出科学合理的描述，也不能建立起正确的理论假设，定量调查也就因此失去了理论指导。

定量分析在经营决策过程中是不可缺少的，没有定量分析就不可能做到心中有数，就不可能有正确的营销目标的制定。定量分析的重要性是不容置疑的，例如，在市场容量调查、市场占有率调查、销售量调查、经营效益调查等专项调查中，没有定量调查是不可想象的。

定性调查可以指明事物发展的方向及其趋势，但却不能表明事物发展的广度和深度；定性调查可以得到有关新事物的概念，但却无法得到事物规模的量的认识。定量调查恰好弥补了定性分析这一缺陷，它可以深入细致地研究事物内部的构成比例，研究事物规模大小，以及水平的高低。因此，定性调查和定量调查是互为补充的。

（三）资料收集方法分类

从市场调查所得到的资料看，大致可分为原始资料（Primary Information Data）（或称为一手资料）和二手资料（Secondary Data）两大类。原始资料是在市场直接获得，没有经过任何处理的大量个体资料；二手资料则是在调查中通过其他媒介组织而获得的，经过他人整理加工后反映某一类事物的资料数据。根据市场调查中主要资料的获得方式，市场调查可分为文案调查和实地调查两大类。

文案调查也叫作二手资料分析或二手数据分析，是通过收集已有的资料、数据、调查报告、已发表的文章等有关的二手信息，加以整理和分析的一种市场调查方法，经常在探索性调查研究阶段使用。实地调查与文案调查不同，必须在制订详细的调查方案的基础上，由调查员直接地向被访者收集第一手资料，再进行整理和分析，从而写出调查报告。

此外，市场调查还可以按照调查分析的问题分为消费者调研、行业调研、品牌调研、产品调研、广告调研、渠道调研、满意度调研等；按调研时间与频率分为一次性调研、定期调研、经常性调研、临时性调研；按照抽样方式分为普查、典型调查、抽样调查等。

二、文案调查

（一）文案调查的功能

文案调查是以收集、研究二手信息为主的市场调查，其主要功能如下。

（1）文案调查为市场研究提供重要参考依据

根据市场调查的实践经验，二手资料分析常被作为市场调查的首选方式。几乎所有的市场调查都始于收集现有资料，只有当现有资料不能为解决问题提供足够的依据时，才进行实地调查。因此，文案调查可以作为一种独立的调查方法加以采用。

（2）文案调查可为实地调查提供经验和决策支持

具体表现在：通过二手资料分析，可以初步了解调查对象的性质、范围、内容和重点等，并能提供实地调查无法或难以取得的市场环境等宏观资料，便于进一步开展和组织实地调查，取得良好的效果；二手资料分析所收集的资料还可以用来考证各种调查假设，即可通过对以往类似调查资料的研究来指导实地调查的设计，用二手资料与实地调查资料进行对比，鉴别和估算实地调查结果的准确性和可靠性；利用二手资料分析并经实地调查，可以用来推算所需掌握的数据资料；利用二手资料分析可以帮助探讨现象发生的各种原因并进行说明。

（3）文案调查可用于经常性市场研究

文案调查如果经调查人员精心策划，具有较强的机动性和灵活性，随时能根据经营管理的需要，收集、整理和分析各种市场信息，定期为决策者提供有关的市场调查报告。同时，文案调查不受时空控制，可获得实地调查无法取得的历史资料和整体市场环境信息。

（二）文案调查的资料来源

一般来讲，文案调查主要涵盖内部信息数据和外部信息数据两个基本调查资料来源。

1. 内部信息

内部信息数据是从被调查单位内部直接获取的与市场调查有关的信息数据资料。例如，农产品经营企业的销售量和顾客消费情况、营销活动、价格信息、分销商报告和反馈、顾客的反馈信息等。内部资料的形式可分成4类。

（1）业务资料，包括与业务经营活动有关的各种资料，如订货单、进货单、发货单、合同文本、发票、销售记录、业务员访问报告等。通过对这些资料的了解和分析，可以掌握本企业所生产和经营商品的供应情况，分地区、分用户的需求变化情况等；

（2）统计资料，主要包括各类统计报表，生产、销售、库存等各种数据资料，各类统计分析资料等；

（3）财务资料，是由财务部门提供的各种财务、会计核算和分析资料，包括生产成本、销售成本、各种商品价格及经营利润等；

（4）其他资料，如剪报、各种调研报告、经验总结、顾客意见和建议、同业卷宗及有关照片和录像等。

2. 外部信息

外部信息数据是可由外部环境来源或提供的。这些资料可能以出版物的形式存在，由计算机资料库或由专门的调查服务机构提供。主要从以下几个主要渠道加以收集。

（1）统计部门与各级各类政府主管部门公布的有关资料。国家统计局和各地方统计局都定期发布统计公报等信息，并定期出版各类统计年鉴，内容包括人口总数、国民收入、居民购买力水平、农产品市场信息等，这些均是很有权威和价值的信息。

（2）各种经济信息中心、专业信息咨询机构、专业调查机构、各行业协会和联合会提供的市场信息和有关行业情报。这些机构的信息系统资料齐全，信息灵敏度高，为了满足各类用户的需要，他们通常还提供资料的代购、咨询、检索和定向服务，是获取资料的重要来源。

（3）国内外有关的书籍、报刊所提供的文献资料，包括各种统计资料、广告资料、市场行情和各种预测资料等。

（4）有关生产和经营机构提供的商品目录、广告说明书、专利资料及商品价目表等。

（5）各地电台、电视台提供的有关市场信息。近年来全国各地的电台和电视台为适应市场经济形势发展的需要，都相继开设了农产品市场信息、经济博览等以传播经济、市场信息为主导的栏目、专题节目及各类广告。

（6）各种国际组织、外国使馆、商会所提供的国际市场信息。

（7）国内外各种博览会、展销会、交易会、订货会等促销会议以及专业性、学术性经验交流会上所发放的文件和材料。

（8）互联网与市场信息网络提供的信息。它具有最近的或最新的、信息量大、速度快、成本低等特点，已成为当前获取市场信息的重要手段。

三、实地调查

文案调查具有一定的局限性，二手资料是为其他目的而不是为目前要解决的问题收集的，因此，二手资料对当前问题的帮助在一些重要方面是有缺陷的。比如，资料的相关性和准确性都不够。收集二手资料的目的、性质和方法也不一定适合当前的情况，现实中正在发生变化的新情况、新问题难以得到及时的反映。

因此，为了得到高质量的信息数据资料，实地调查是非常必要的。实地调查是在周详严密的架构之下，由调查人员直接向被访问者搜集第一手资料的过程，是取得直接信息数据的重要手段。实地调查按照调查者与被调查者接触的方式，可分为询问法、观察法和实验法。

（一）询问法

询问调查法又称为访问法，一般是按照事先准备好的调查提纲或者调查表，通过口头、电话或书面方式，向被调查者了解情况、收集资料。主要包括个别询问法、集体询问法、深度询问法、常规询问法、当面询问法、通讯询问法、街头询问法、公众场合询问法、跟踪询问法、网络调查等。

1. 询问法优缺点

该方法成本较高，对调查人员的素质要求比较高，要求调查人员有较高的谈话技巧，善于启发和引导被调查者的思路。该调查方法常用于调查消费者的购买动机、消费倾向、产品质量等问题。调查人员在调查过程中需要随时调整询问内容和方法，实时查漏补缺，保证调查内容的客观性、真实性和完成程度。调查的执行能力会受到众多随机事件的干扰，将会严重影响调查结果的准确性，因此管理起来比较困难。

2. 询问法适用范围

（1）访问调查：消费者研究，如消费者的消费行为研究，消费者的生活形态研究，消费者满意度研究；媒介研究，如媒介接触行为研究，广告效果研究；产品研究，如对某产品的使用情况和态度的研究，对某产品的追踪研究，新产品的开发研究；市场容量研究，如对某类产品的目前市场容量和近期的市场潜量的估计；各竞争品牌的市场占有率研究。

（2）座谈会：集体座谈会和深度访问属于定性方法，通常围绕一个特定的主题取得有关定性资料，着重于问题的性质和未来趋势的把握。

（3）电话调查：热点问题或突发性问题的快速调查；关于某特定问题的消费者调查，如对某新产品的购买意向，某新推出广告的到达率，某新开播栏目的收视率等。

（4）网络调查：把问卷发到被访者的私人电子信箱（E-mail）里，被访者填写后再发回来；被访者在网上下载调查问卷，填写后可以通过任何一种方式把答案传输回来；网络调查系统，被访者直接填写网上问卷，数据则直接录入网站服务器。在线调查的速度优势和低成本优势是非常明显的。

（二）观察法

观察法是调查者在现场对被调查者的情况直接观察、记录，以取得市场信息资料的一种调查方法。它是描述性研究中一种重要的调查方法，在观察法中，一般不直接向被调查者提出问题要求回答，而是凭调查人员的直观感觉或是利用录音、照相、录像或其他器材，记录和考察被调查者的活动和现场实事，以获得必要的信息。

观察法的方法很多，一是现场观察法，如在节假日到商场蔬菜和水果摊位上观看消费者购买情况，了解消费者的购买数量和频率；二是实际痕迹观察法，例如，在商店内某些水果罐头产品货架上安装摄像机，记录顾客目光的移动过程，以观测顾客对水果罐头的各种品牌的感知；三是比较观察法，例如，果汁生产企业要了解何种包装的果汁对消费者最具有吸引力，可把需求比较大的玻璃瓶、塑料瓶和纸装盒的果汁放在同一市场内销售，以观察消费者的购买态度。

1. 观察法的优缺点

观察法的最大优点是它的直接性和可靠性，它可以比较客观地收集第一手资料，直接记录调查的实事和被调查者在现场的行为，调查结果更接近于实际。同时，观察法基本上是调查者的单方面活动，特别是非参与观察，它一般不依赖语言交流，不与被调查者进行人际交往。因此，它有利于对无法、无需或难以进行语言交流的市场现象进行调查，有利于排除语言交流或人际交往中可能发生的种种误会和干扰。另外，观察法简便、易行、灵活性强，也是它一直广受欢迎的重要原因。

虽可提供较为客观和正确的资料，但观察法只能反映客观实事的发生经过，而不能说明发生的原因和动机。同时，观察法常需要大量观察员到现场做长时间观察，调查时间较长，调查费用支出较大。因此，这种方法在实施时，常会受到时间、空间和经费的限制，它比较适用于小范围的微观市场调查。最后，观察法对调查人员的业务技术水平要求较高，如敏锐的观察力、良好的记忆力、必要的心理学、社会学知识及对现代化设备的操作技能等，一般人员难以胜任此项工作。

2. 观察法适用范围

在市场调查实践中，观察法的应用范围较广，主要有以下几个方面。

（1）在城市集贸市场调查中，对集贸市场上农副产品的上市量、成交量和成交价格等情况的观察；

（2）在商品库存调查中，对库存商品直接盘点计数，并对库存商品残次情况的观察；

（3）在消费者需求调查中，对消费者购物时对商品品种、规格、牌号、花色、包装、价格等要求进行观察；

（4）在商场经营环境调查中，对商品陈列、橱窗布置、所临街道的车流、客流量情况进行观察；

（5）此外，观察法还可用于产品质量调查、广告调查等领域。

（三）实验法

实验法是采用归纳法的逻辑，通过科学设计的实验收集数据，然后进行统计分析和假设检验，以达到实验样本对总体的推断。应当指出的是，前面所述的各种调查方法，只能进行探索性的研究和描述性的研究，对因果关系的研究是无能为力的。实验法是了解和研究因果关系的主要方法。

实验法的优点主要有：（1）可以探索不明确的因果关系。通过实验设计，控制一个或几个因子（自变量），尽可能排除外来因素的影响，可以有效地研究各个因子及因子间交互作用对所感兴趣的因变量的效应，并有可能通过适当的统计分析方法找到效应最佳的组合。而这些优点是询问法、观察法等其他方法所不能提供的。（2）实验的结论有较强的说服力。在实验单位、实验变量、实验设计、实验条件和实验环境都基本相同的情况下，不管是谁来进行实验，也不管是在何时何地进行实验，结果都会是大致相同的。由于实验是可重复的，因此具有较强的说服力。

实验法的缺点体现在费时、费用高、管理和控制困难等。（1）实验法一般持续的时间都比较长，特别是正式的随机化实验，要求进行事前和事后测量，当所考虑的自变量的个数以及外来变量的个数又比较多的时候，实验都可能持续比较长的时间。（2）实验法在技术上和分析上都有一定的难度，因此一般费用较高，特别是当要求实验组、控制组和多重测量都考虑时，费用又会大大提高。（3）实验法比较难于管理，特别是在现场的环境中，要考虑不影响日常工作，又要考虑取得零售商、批发商或其他人员的合作，还要考虑控制外来变量的影响，这些都是比较困难的。

【案例 4-1】

关于大蒜生产成本收益分析的调查

第一步，确定市场调查主题：大蒜的成本收益状况与大蒜在国际市场上的竞争力和蒜农收入密切相关。通过对大蒜生产的成本收益的成本构成比较、地区比较，展示我国大蒜生产成本收益的变动规律，分析我国大蒜生产的优势和劣势，为我国大蒜生产发展提供决策依据。因此确定此次市场调查的主题是大蒜生产成本收益分析。

第二步，市场调查方法：实地调查和问卷调查。由于大蒜未有公布的投入产出数据，在全国特色蔬菜试验站的支持和配合下，国家特色蔬菜产业技术体系通过全国26个试验站进行固定监测，调研2018年大蒜生产者的投入产出数据，本报告基于此调研数据进行测算。选择东北、西北、黄淮海、华东、西南五个主产区，包括山东省、河南省、河北省、四川省，涉及127个调查单元进行分析。

不同生产成本的核算方法和指标体系具有一定的差异，结合问卷调查，本研究主要采用现金收益、现金成本作为评价指标。其中物质与服务费用包括种子费、化肥费、农家肥费、机械作业费、固定资产折旧、销售费用等，人工成本包括家庭用工和雇工，土地成本包括土地流转租金与自营地折租。

1. 实地调查

为了得到高质量的信息数据资料，实地调查是非常必要的。实地调查是在周详严密的架构之下，由调查人员直接向被访问者搜集第一手资料的过程，是取得直接信息数据的重要手段。此次特色蔬菜成本收益调查采用询问法，到特色蔬菜主产区进行实地调查，一方面询问当地种植户，记录成本和收益；另一方面，去当地农业局、特色产业办等相关部门向农业部门的工作人员了解特色蔬菜成本及收益的知识，了解农业部门对特色蔬菜销售、种植所制定的制度以及相关政策和措施。

2. 问卷调查

设计问卷，对不同层次人群或组织进行调查，比如向普通农户、种植大户、家庭农场、合作社和公司发放调查问卷，就大蒜各个产区、各主产省、不同品种的种植面积、物质与费用、人工成本、土地成本、净收益、成本收益率等指标进行问卷调查。

资料来源：根据国家特色蔬菜产业技术体系产业经济研究室调研资料整理。

思考：实地调查和问卷调查之间的关系是什么？

第四节　农产品市场需求的测量与预测

市场需求测量和市场需求预测是两个相互关联的概念，目的都是为了发现和分析市场机会，研究和选择目标市场，制订和实施营销计划及方案并控制市场营销过程。需求测量着重估计现实市场潜量和企业可能的市场份额，这对发现和分析市场机会、研究和选择目标市场至关重要。而通过研究、分析和估计市场未来需求，进行市场预测，则是制订切实可行的市场营销计划和营销方案的前提。

一、农产品市场需求测量

企业不仅要对市场需求进行各种定性衡量，还必须从量的角度进行产品、区域、顾客需求的定量评估，进行市场需求和企业需求两个方面的测量和预测。市场需求和企业需求的测量都包括需求函数、预测和潜量等重要概念。

（一）市场需求

某个产品的市场需求是指一定的顾客在一定的地理区域、一定的时间、一定的营销环境和一定的营销方案下购买的总量。估计市场需求是评估营销机会的重要步骤，可以从以下几个方面来考察需求。

（1）产品。首先确定所要测量的产品类别及范围。

（2）总量。可用数量和金额的绝对数值来表述，也可用相对数值来表述。

（3）购买。指订购量、装运量、收货量、付款数量或消费数量。

（4）顾客群。要明确市场的顾客群、某一层次市场的顾客群、目标市场或某一细分市场的顾客群。

（5）地理区域。根据非常明确的地理界线测量一定的地理区域内的需求。企业根据具体情况，合理划分区域，测定各自的市场需求。

（6）时期。市场需求测量具有时间性，如月份、年度、5年、10年的市场需求。由于未来环境和营销条件变化的不确定性，预测时间越长，测量的准确性就越差。

（7）营销环境。测量市场需求必须确切掌握宏观环境中人口、经济、政治、法律、技术、文化诸因素的变化及其对需求的影响。

（8）营销努力（Marketing Efforts）。市场需求受产品改良、产品价格、促销和分销方式等一些可控制因素的影响，一般表现出某种程度的弹性。营销努力包括市场营销支出水平、营销组合、营销配置、营销效益等。

因此，市场需求也称为市场需求函数或市场反应函数。认识市场需求概念的关键在于市场需求不是一个固定数值，而是一个函数，即受到各种因素的影响。图4-2即反映市场需求与行业营销费用的函数关系。

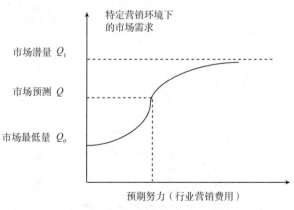

图4-2 行业营销费用与市场需求

在图 4-2 中，横轴表示在一个特定的营销环境下一定时间内的行业营销费用，纵轴表示受营销费用影响的市场需求的大小，曲线表示行业营销费用与市场需求之间估计的对应关系。

图 4-2 中，Q_0 点是指基本销售量或市场最低量，即没有任何需求刺激，不开展任何营销活动，不需要支出营销费用，市场对某种产品的需求仍然存在。随着行业营销费用的增加，刺激消费的力度加大，市场需求一般也随之增加，但报酬率由递增转入递减。当市场营销费用超过一定水平后，即使市场营销费用进一步增加，市场需求却不再随之增长，且达到极限值，称为市场潜量（图中的 Q_1 点）。由于市场环境变化深刻地影响着市场需求的规模、结构和时间等，所以也会深刻地影响着市场潜量。

市场最小量与市场潜量之间的距离表示需求的市场营销灵敏度，即表示行业市场营销对市场需求的影响力。市场有可扩张的和不可扩张的市场之分。受产业营销支出水平影响明显的为可扩张市场，如生鲜市场；不可扩张市场几乎不受市场营销水平影响，其需求不会因营销费用增长而大幅度增长，如食盐市场。需要指出的是，市场需求函数并不是随时间变化而变化的需求曲线，即它并不直接反映时间与市场需求的关系。市场需求曲线只表示当前市场营销力量与当前需求的关系。

（二）市场预测与市场潜量

行业市场营销费用可以有不同的水平，但是在一定的营销环境下，考虑到企业资源及发展目标，行业营销的费用水平又都必须是有计划的。同计划的营销费用相对应的市场需求就称为市场预测。因此，市场预测表示在一定的营销环境和营销费用下估计的市场需求。

市场预测估计的市场需求，并不是指最大的市场需求，最大的市场需求是指对应于最大的市场营销努力的市场需求，这时，进一步扩大市场营销费用也不会刺激产生更大的需求。市场潜量是指在一定的市场营销环境下，当行业市场营销费用逐渐提高时，市场需求达到的极限值。"在一定的营销环境下"这个限定语，说明需要考虑特定时期营销环境的状况。例如，对于某种产品来说，市场潜量在经济繁荣时期就比在萧条时期要高。这种关系可以表示成图 4-3 所示的情形。企业一般无法改变市场需求曲线的位置，因为这是由营销环境决定的，企业只能根据营销费用水平，确定市场预测在函数曲线上的位置。

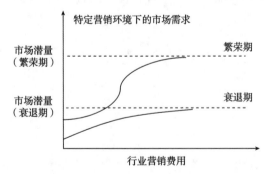

图 4-3　两种不同营销环境下的市场需求与行业营销费用

（三）企业需求

企业需求是指在市场需求总量中企业所占的需求份额，以公式表示为：

$$Q_i = S_i Q \tag{4-1}$$

式中：Q_i 为企业 i 的需求；S_i 为企业 i 的市场占有率，即企业在特定时间内，在特定市场上某产品销售额占总销售额的比例；Q 为市场总需求。

同市场需求一样，企业需求也是一个函数，称为企业需求函数或销售反应函数。根据上式，我们可以看出，它不仅受市场需求决定因素的影响，还要受任何影响企业市场占有率因素的影响。市场营销理论认为，各个竞争企业的市场占有率同其市场营销努力成正比。如下式所示：

$$S_i = \frac{M_i}{\sum M_i} \tag{4-2}$$

式中：M_i 为企业 i 的营销费用；$\sum M_i$ 为全行业的营销费用。

由于不同企业的营销费用支出所取得的效果不同，以 α_i 代表企业营销费用的效率，则企业 i 的市场占有率计算公式为：

$$S_i = \frac{\alpha_i M_i}{\sum \alpha_i M_i} \tag{4-3}$$

此外，如果营销费用分配于广告、促销、分销等方面，它们有不同的效率及弹性。如果考虑到营销费用的地区分配以及以往营销努力的递延效果和营销组合的协同效果等因素，则上述表达式还可以进一步完善。

（四）企业预测与企业潜量

企业需求表示不同水平的企业市场营销努力刺激产生的企业预计销售额。与计划水平的市场营销力量相对应的一定水平的销售额，称为企业销售预测。企业销售预测是根据企业确定的市场营销计划和假定的市场营销环境确定的，是由既定的营销费用计划产生的结果。与销售预测相关的还有两个概念：（1）销售定额，即公司为产品线、事业部和推销员确定的销售目标，是一种规范和激励销售队伍的管理手段，分配的销售定额之和一般应略高于销售预测；（2）销售预算，主要是为当前采购、生产和现金流做决策。销售预算一般略低于销售预测，以避免过高的风险。

企业潜量是当企业的市场营销力量相对于竞争者不断增加时，企业需求所达到的极限。很明显，企业需求的绝对极限是市场潜量。如果企业的市场占有率为 100%，即企业成为垄断者时，企业潜量就等于市场潜量。但在大多数情况下，企业销售量小于市场潜量。这是因为每个企业都有自己的忠诚购买者，他们一般不会转购其他企业的产品。

二、农产品市场需求预测要求

从商品经济的发展来看，随着市场不断地扩大，农产品生产者和消费者之间隔着一个流通过程，存在着时间上和空间上的矛盾，农产品营销人员必须清楚市场未来发展的趋势，了解顾客需求的变化，因此，市场预测是农产品营销人员必备的一项技巧。

市场预测的根本要求就是预测的准确性。预测愈接近实际，准确程度就愈高，预测的效果就愈好。然而，由于各种主客观原因，预测不可能百分之百正确。但是，为了提高预测的准确程度，应尽量减少预测的误差。为此，必须做到以下 6 点要求。

1. 确保原始资料的可靠性和完整性

资料的搜集必须真实、无误，同时要符合预测目标的要求。对所搜集到的资料要进行认真的审核，对不完整和不适用的资料要进行必要的推算和调整，以保证资料的准确性、系统性、完整性和可比性。对经过审核和整理的资料还要进行初步分析，观察资料结构的性质，作为选择适当预测方法的依据。

2. 正确确定预测项目的数目和预测时间

样本愈多，愈有代表性；时间越短，不能预料的因素就越少，误差就越小。但也不是预测项目数愈少和预测时间愈短愈好。这要根据预测目标和预测项目因素多少和难易程度来定，在人力、时间允许的范围内，尽量做到预测项目多，预测时间短。

3. 选择适当的预测方法

每一项预测，往往可以采用多种预测方法，但每一种方法预测的准确度是不一样的。为了减少预测误差，对预测方法要在使用前先行试验，精心挑选，以便使用最简便、最准确的预测方法。对于复杂的预测项目，最好同时使用几种预测方法进行综合性预测，或者定量方法和定性方法结合起来进行预测，使预测结果更符合实际。

4. 提出预测模型，确定预测权重

预测模型是对预测对象发展规律的近似模拟。在资料的搜集和处理阶段，应搜集到足够的可供建立模型的资料，并采用一定的方法加以处理，尽量使它们能够反映出预测对象未来发展的规律性，然后利用选定的预测技术确定或建立可用于预测的模型。根据近期影响大、远期影响小的法则，愈是接近预测期，对预测值的影响就愈大。因此，应在预测时给予较大的权数；相反，远离预测期，对预测值影响小，在预测时，则应给予较小权数。

5. 估计可能发生的误差

任何预测都会产生一定误差，原因可能在于建立的预测模型与产品实际需求规律不符合，历史统计资料不完整，或有虚假因素等，通过计算标准误差来调整预测结果，尽可能把误差减少到最低程度。

6. 进行预测期实际值的比较

市场预测毕竟只是对未来市场供需情况及变化趋势的一种估计和设想，由于市场需求变化的动态性和多变性，预测值同未来的实际值总是有差距的。通过对照、反馈修正预测结果，并对预测期发生的偶然因素给预测值带来的影响进行跟踪，纠正预测误差。

【案例 4-2】

荷兰 Nedato 合作社马铃薯价格预测

第一步，合作社确定预测目标为马铃薯当年市场价格。

在合作社中，农户所得的马铃薯价格是事先规定的，关于该价格的规定往往是在预测当年市场价格的基础上进行适当上浮或下调，产品的质量越高，保存的时间越长，则价格越高，合作社于年底统一支付农户，并基于交易额进行二次返利。

第二步，搜集、整理马铃薯价格相关资料。

资料是市场预测的基础，必须做好资料的搜集工作。首先，对马铃薯近年的价格、马铃薯种类和马铃薯产区进行监测,并对数据进行认真的审核,以保证价格数据的准确性、系统性、完整性和可比性。其次,对影响马铃薯价格的重要事件监测预警,对天气、从业者情况、相关政策及重大事件进行检测,还要进行初步分析,观察资料结构的性质,作为选择适当预测方法的依据。

第三步,选择马铃薯价格预测方法并提出预测模型。

根据马铃薯产品的特性选择合适的预测方法,并用趋势外推法确定反映发展趋势的公式;还可以利用类推法,根据以往马铃薯市场价格的特点进行预测。

第四步,得出马铃薯当年市场价格报告。

经过预测之后,把马铃薯历史和现状结合起来进行比较,既要进行定性分析,又要进行定量分析,尽可能利用统计图表及数学方法予以精确表述。要对预测的结果进行判断、评价,重点要进行预测误差分析,最后及时写出马铃薯当年市场价格预测结果报告。

资料来源:梁巧."股份公司+合作社"治理模式的探索:以荷兰Nedato土豆合作社为例[J].农业部管理干部学院学报,2013(2):21-25.

思考:如何进行农产品的价格预测?

三、农产品市场预测方法

农产品市场需求预测是在农产品市场调查的基础上,运用科学的理论和方法,对未来一定时期的市场需求量及影响需求的诸多因素进行分析研究,寻找市场需求发展变化的规律,为市场营销管理人员提供关于未来市场需求的预测性信息,并以此作为市场营销决策的依据。

(一)购买者意向调查法

市场总是由潜在购买者构成的,预测就是预估在给定条件下潜在购买者的可能行为,即要调查购买者。这种调查的结果是比较准确可靠的,因为只有购买者自己才知道将来会购买什么和购买多少。

当购买者的购买意向是明确清晰的,这种意向会转化为顾客购买行动,购买者愿意将其意向告诉调查者的情况下,购买者意向调查法比较有效。

用购买者意向调查法预测农产品的未来需要,其准确性比较低。因为消费者的购买动机或计划常因某些因素(如竞争者的市场营销活动等)的变化而变化,所以一般不能完全根据消费动机作长期预测,只适合短期预测。

表 4-2 购买者意向概率调查表

你是否会在电商平台上购买海外生鲜农产品					
0.00	0.20	0.40	0.60	0.80	1.00
不买	不太可能	有点可能	很有可能	非常可能	会买

(二)销售人员综合意见法

在不能直接与顾客见面时,企业可以通过听取销售人员的意见估计市场需求。销售人员包括基层的营业员、推销员及有关业务人员。销售人员综合意见法的主要优点是：

（1）销售人员最接近市场，经常接近购买者，对购买者意向以及竞争者的动向有较全面深刻的了解，熟悉所管辖地区的情况，能考虑到各种非定量因素的作用，比其他人有更充分的知识和更敏锐的洞察力，能够较快地做出反应。

（2）由于销售人员参与企业预测，因而他们对上级下达的销售配额有较大的信心完成。

（3）通过这种方法，也可以获得按产品、区域、顾客或销售人员划分的各种销售预测。

一般情况下，销售人员所做的需求预测必须经过进一步修正才能利用，这是因为：

（1）销售人员的判断总会有某些偏差，受其最近销售成败的影响，他们的判断可能会过于乐观或过于悲观，即常常走极端。

（2）销售人员可能对经济发展形势或企业的营销总体规划不了解。

（3）为使其下一年度的销售大大超过配额指标，以获得升迁或奖励的机会，销售人员可能会故意压低其预测数字。

（4）销售人员也可能对这种预测没有足够的知识、能力或兴趣。

尽管有这些不足之处，但是这种方法仍为人们所利用。因为各销售人员的过高或过低的预测可能会相互抵消，这样使总预测值仍比较理想。有时，有些销售人员预测的偏差可以预先识别并及时得到修正。

（三）集合意见法

集合意见法是将有关业务、销售、计划等相关人员集中起来，交换意见，共同讨论市场变化趋势，提出预测方案的一种方法。也就是说，为了避免依靠某一个人的经验进行预测而产生偏差，集合有关人员共同研究进行预测。如对销售量的预测，可组织业务人员、企划人员、管理人员、经销商、分销商、供应商及其他一些专家的意见共同分析研究市场情况，提供销售量的预测方案。

集合意见法优点是，在市场的各种因素变动剧烈时，能够考虑到各种非定量因素的作用，从而使预测结果更接近现实。合作社在预测时，可以将这种方法与其他定量预测方法配合使用，取长补短，以达到预测值的可靠性和准确性。这种方法与德尔菲法既有共同之点，也有不同之处。集合意见法是面对面讨论的办法，能够相互启发，互为补充，简便易行，没有繁复的计算过程。在缺少历史资料或对其他预测方法缺乏经验的情况下，是一种可行的办法。

使用该方法时，激进与保守的看法对预测值常有较大的差异。还应注意容易受市场形势的影响，比如，市场畅销、十分景气时容易盲目冒进，市场形势不好时容易保守。在出现最大值、中间值和最小值三种情况僵持不下时，可采取合理准则，将平均值或加权平均值作为预测值。

（四）德尔菲法

德尔菲法（Delphi Method），又称专家意见法，是由美国兰德公司在1950年代初创造的一种预测方法。德尔菲是古希腊的一座城市，因阿波罗神殿而驰名，在传说中，阿波罗有着高超的预测未来的能力，故德尔菲就成了预言的代名词。德尔菲法在市场调查和市场预测中有着广泛的应用。

德尔菲法是充分发挥专家们的知识、经验和判断力，并按规定的工作程序来进行的预测方法。其基本过程是：先由各个专家针对所预测事物的未来发展趋势独立提出自己的估计和假设，经企业分析人员（调查主持者）审查、修改、提出意见，再发回到各位专家手中，这时专家们根据综合的预测结果，参考他人意见修改自己的预测，即开始下一轮估计。如此往复，直到各专家对未来的预测基本一致为止。

德尔菲法整个预测过程是背靠背进行的，即任何专家之间都不发生直接联系，一切活动都由工作人员与专家单独打交道来进行，从而使预测具有很强的独立性和较高的准确性。此外，采用德尔菲法，在预测过程中要进行多次反馈征询意见，对各种不同意见加以修正、集思广益，有助于提高预测的全面性和可靠性。

德尔菲法也有一定的局限性，表现在：

（1）预测结果主要凭专家判断，缺乏客观标准，故这种方法主要适用于缺乏历史资料或未来不确定因素较多的场合。

（2）有的专家在得到组织者汇总后的反馈资料后，由于水平不高，或不了解别的专家所提供资料的依据，有可能做出趋近中位数或算术平均数的结论。

（3）由于反馈次数较多，反馈时间较长，有的专家可能因工作忙或其他原因而中途退出，影响预测的准确性。

（五）市场试验法

企业收集到的各种意见的价值，不管是购买者、销售人员的意见，还是专家的意见，都取决于获得各种意见的成本、意见可得性和可靠性。如果购买者对其购买并没有认真细致的计划，或其意向变化不定，或专家的意见也并不十分可靠，在这些情况下，就需要利用市场试验这种预测方法。

市场试验法又称为市场试销法，或者销售实验法。即指通过向某一特定的地区或对象，采用试销手段向该试验市场投放新产品或改进的产品，在新的分销途径中取得销售情况的资料，用其进行销售的预测。这是市场预测行之有效的方法之一。因为市场试销要求顾客和用户直接付款进行购买，所以能够真实地反映出市场需求情况，其结果比较准确。

（六）时间序列分析法

很多企业以过去的资料为基础，利用统计分析和数学分析预测未来需求。这种方法的根据是：

（1）过去的统计数据之间存在着一定关系，而且这种关系利用统计方法可以揭示出来。

（2）过去的销售状况对未来的销售趋势有决定性影响，销售额只是时间的函数。因此，企业可以利用这种方法预测未来的销售趋势。

时间序列分析法的主要特点是，以时间推移研究和预测市场需求趋势，不受其他外界因素的影响。不过，在遇到外界发生较大变化，如国家政策发生变化，或者遇到突发事件时，如2020年新冠肺炎疫情对农产品销售的影响，此时，根据过去已发生的数据进行预测往往会有比较大的偏差。经常使用的时间序列分析法有简单平均法、加权平均法、指数平滑法和季节指数法等。

产品销售的时间序列，可以分成4个组成部分。

（1）趋势。它是人口、资本积累、技术发展等方面共同作用的结果。利用过去有关的销售资料描绘出销售曲线就可以看出某种趋势来。

（2）周期。企业销售额往往呈现出某种波状运动，因为企业销售一般都受到宏观经济活动的影响，而宏观经济活动总呈现出某种周期性波动的特点。周期因素在中期预测中尤其重要。

（3）季节。季节一词指一年内销售量变动的形式，在这里可以指任何按小时、月份或季度周期发生的销售量变动形式。这个组成部分一般同气候条件、假日、商业习惯等有关。季节形式为预测短期销售提供了基础。

（4）不确定事件。不确定事件包括自然灾害、突发疫情、战争恐慌、流行风尚、恐怖袭击和其他一些干扰因素。这些因素属不正常因素，一般无法预测。应当从过去的数据中剔除这些因素的影响，考察较为正常的销售活动。

时间序列分析就是把过去的销售序列 Y 分解成为趋势（T）、周期（C）、季节（S）和不确定因素（E）等组成部分，通过对未来这几个因素综合考虑，进行销售预测。这些因素可构成线性模型，即：

$$Y = T + C + S + E \qquad (4-4)$$

也可构成乘数模型，即：

$$Y = T \times C \times S \times E \qquad (4-5)$$

还可以是混合模型，如：

$$Y = T \times (C + S + E) \qquad (4-6)$$

（七）统计分析法

统计分析法，是建立在大量实际数据的基础上，寻求随机性后面的统计规律性的一种方法。客观事物或经济活动中的许多因素是相互联系、相互制约的。也就是说，它们的变量之间客观上存在着一定的关系。通过对所占有的大量实际数据的分析，可以发现数据变化的规律性，找出其变量之间的关系，这种关系叫回归关系。有关回归关系的计算方法和理论，称为回归分析。

回归分析研究的内容是：从一组数据出发，确定变量间的定量关系，对这些关系式的可信程度进行统计检验；从影响着某一个量的许多变量中，判断哪些变量的影响是显著的，哪些是不显著的；利用所得的关系式对设计、生产和市场需求进行预测。

运用回归法进行定量预测，必须有以下三个条件。

（1）预测对象与影响因素之间必须存在因果依存关系，而且数据点在 20 个以上为好；

（2）过去和现在的数据规律分布，能够反映未来；

（3）数据的分布确有线性趋势，可采用线性解；如不是线性趋势，则可用非线性解。

回归分析法，根据其自变量的个数划分为一元线性回归法、多元线性回归法，根据回归曲线的形态分为线性（直线）回归、非线性（曲线）回归法等。具体方法可参考相关的书籍。

需要说明的是，需求预测是一项十分复杂的工作。农产品生产经营企业面临的市场环境是在不断变化的，由于这种变化，总市场需求和企业需求都是变化的、不稳定的。需求越不稳定，越需要精确的预测。这时准确地预测市场需求和企业需求就成为企业成功的关键，因为任何错误的预测都可能导致诸如农产品滞销、库存积压，从而使销售额下降以致中断等不良后果。

第四章 农产品市场调查与预测

市场预测专业性较强,需要有数理统计、预测技术、模型等方面扎实的知识为背景,所涉及的许多技术问题需要由专业的人员来解决,但农产品市场营销者也应熟悉主要的预测方法以及每种方法的主要长处和不足。

【归纳与提高】

面对复杂的营销环境,农产品生产经营者应该建立自己的营销信息系统,包括内部报告、营销情报、营销调研、营销决策支持等子系统。依靠营销信息系统,企业在营销中能够及时了解各种环境因素的变化,在竞争中能够做到知己知彼,正确决策。

市场营销决策需要详细、准确、及时的信息,市场调查就是运用科学的方法,有目的、有计划地收集、整理和分析有关市场营销的信息,提出建议,作为市场预测和营销决策的依据。农产品市场调查的程序包括:确定市场调研的目标、制订调研计划、收集市场资料和获取市场情报、整理和分析信息资料、提交调查报告。围绕市场调查方法,介绍了文案调查和实地调查两大类,并重点阐述了实地调查中的观察法、询问法、实验法。

市场需求的测量与预测,包括市场需求、企业需求和市场潜量的测定,并在市场调查的基础上,对未来的市场需求量及影响需求的因素进行分析研究和预测。购买者意向调查法、销售人员综合意见法、集合意见法、德尔菲法、时间序列分析、统计分析法等是常用的市场预测方法。

【复习思考题】

1. 当前市场上畅销的牛奶西瓜口感香甜可口、瓜脆多汁,但其价格也是普通西瓜的好几倍,消费者所持态度不一。假设你是一个牛奶西瓜的销售商,欲调查牛奶西瓜的市场需求量,你将选用哪些调研方法呢?
2. 在收集一手资料的时候应该注意哪些事项?
3. 2020年新冠肺炎引发的疫情对农产品的产销造成了非常大的影响,为了准确地了解某一主要蔬菜产区的生产和销售情况,请设计一份调查问卷,并针对当前产区面对的困难提出营销对策。

章节案例

中国生鲜农产品供应链研究报告

艾瑞咨询发布的《2020年中国生鲜农产品供应链研究报告》剖析了国内生鲜农产品市场流通现状与物流供应链模式,研究各区域的市场特征和供应链服务案例,并通过研究供应链现状分析行业未来发展的重要趋势,帮助生鲜供应链从业者和相关人士更清晰地了解行业规律,辨识未来模式的走向和市场演进趋势。

生鲜农产品供应链以蔬菜、水果、肉禽、水产蛋奶等生鲜食品为研究主体,针对市场渠道、物流(流通)、零售等供应链环节的特征和现状进行研究分析。

艾瑞咨询根据调研报告得出主要结论:结构性供给过剩将生鲜农产品推向买方市场,

市场需求在呼唤更优质的供应链运作体系。根据国务院2020年食物消费标准，生鲜总需求量将达到4.2亿吨，而2018年我国生鲜农产品年产量超过11.1亿吨，这意味着市场进入到结构化的供给过剩时期，开始转为以消费者为中心的买方市场，一切供应链环节需要围绕最终消费者来重新定标，供应链质量的价值进一步放大。

生鲜农产品目前形成了以批发市场为核心的产业链结构，生鲜电商的爆发或引领农超对接模式提速渗透，加快流通体系优化进程。大型超市、生鲜电商、生鲜超市、便利店等多种零售业态将给供应链整合带来更大的空间，物流管理和冷链布局将成为产品成本优化、产品质量控制、产品品牌建设等环节最重要的影响因素。

生鲜农产品物流体系发展迅速但仍处于供给不足的阶段，冷链物流体系化成为未来3~5年生鲜供应链的核心驱动力。商务部2015年统计表明，中国果蔬、肉类、水产品冷链流通率比重分别为22%、34%、41%，远不及发达国家95%以上的流通率。2019年，我国冷链物流规模达到3391亿，并保持15%以上的年增速，未来冷链物流的需求将进一步扩大。

物流企业将在生鲜供应链中发挥更大的市场职能，在渠道优化、市场营销、品牌建设等多个非传统物流环节中掌握更多的话语权。零售端控制产品标准，物流端掌握交付体验，利用触达客户的优势来建立非生产端的品牌形象或将成为未来生鲜品牌的一个可行路径。

针对新冠肺炎疫情对生鲜农产品供应链的影响，艾瑞咨询认为生鲜农产品属于需求弹性较小的商品，疫情爆发带来的并非需求增长，而是将线下消失的餐饮消费需求，分拆成生鲜原材料和半加工品的零散采购，使得大量的消费流量进入生鲜电商与商超便利，线上用户激增。疫情使用户重塑对社区和超市便利的认知，将进一步刺激零售整合与渠道融合，农超对接的模式将迎来更好的市场空间和用户土壤。同时生鲜产地的安全与可追溯属性也将被放大，加快链条参与者在产地的建设和物流投入。

资料来源：《2020年中国生鲜农产品供应链研究报告》[EB/OL].http：//report.iresearch.cn/report/202003/3545.shtml，2020-3-30/2020-6-10.

案例思考：

1. 艾瑞咨询通过研究咨询的手段帮助企业认知市场，智能决策，分析企业利用第三方咨询机构进行市场调查的优势和劣势。

2. 根据生鲜农产品供应链研究报告，分析我国生鲜农产品市场的需求和供给状况，提出生鲜农产品的市场潜量？

3. 京东冷链、顺丰冷运、盒马鲜生等生鲜行业解决方案供应商提供了哪些生鲜供应链解决方案？

参 考 文 献

蔡恒汉，杨福盛.市场营销学[M].南昌：江西高校出版社，2006.
陈殿元.种子营销[M].北京：中国农业出版社，2004.
邓德胜，李本辉，甘瑁琴.新市场营销学[M].长沙：湖南人民出版社，2005.
高孟立，吴俊杰.市场营销学[M].西安：西安电子科技大学出版社，2018.
郭国庆.市场营销学通论(第7版)[M].北京：中国人民大学出版社，2017.
郭国庆.营销管理[M].北京：首都经济贸易大学出版社，2008.

第四章　农产品市场调查与预测

何立居. 市场营销：理论与实务[M]. 北京：机械工业出版社，2004.
何振，胡建元，王春豪. 市场营销学[M]. 北京：中国水利水电出版社，2011.
李福学. 市场营销学(第2版)[M]. 武汉：武汉理工大学出版社，2008.
刘宏印，曹寅如. 农产品市场营销[M]. 北京：中国农业科学技术出版社，2011.
刘岚. 市场营销理论与实务[M]. 北京：北京理工大学出版社，2008.
彭建仿. 分销渠道管理学[M]. 广州：中山大学出版社，2015.
邱华. 管理经济学[M]. 哈尔滨：哈尔滨工程大学出版社，2007.
石晓华，贾刚民，职明星. 农产品市场营销[M]. 北京：中国农业科学技术出版社，2014.
王杜春. 市场营销学[M]. 北京：机械工业出版社，2012.
王吉方，陈雪梅. 市场营销[M]. 北京：机械工业出版社，2010.
王延荣. 市场营销学[M]. 郑州：河南人民出版社，2005.
吴健安. 市场营销学(第4版)[M]. 北京：高等教育出版社，2011.
伍翼程. 市场营销原理与实务[M]. 长沙：中南大学出版社，2004.
夏永林. 营销管理[M]. 西安：西安电子科技大学出版社，2013.
许军. 市场营销学[M]. 成都：西南交通大学出版社，2009.
杨国，高传光，丁立. 农产品市场营销策略[M]. 北京：中国农业科学技术出版社，2016.
姚小远，杭爱明. 市场调查原理与方法[M]. 上海：立信会计出版社，2009.
郑丹. 合作社营销学[M]. 北京：社会科学文献出版社，2009.

第五章　农产品消费者行为分析

知识与技能目标

1. 掌握农产品消费者需求定义、类型。
2. 掌握农产品消费者市场购买行为模式。
3. 理解农产品消费者购买行为的影响因素。
4. 了解农产品消费者市场发展趋势。
5. 具备对农产品消费者行为进行分析的能力。

情境导入

近年来，中国龙虾市场空前热闹，潜江龙虾、盱眙龙虾借助传统优势以大纵深战略抢占全国市场，而各地区小龙虾则纷纷借势而起，居地利形成坚守局面。霍邱借助"稻田养虾"的天然优势，突破"地名+品类"的命名方式，在全国率先推出"霍稻虾"区域公用品牌，并推出"霍邱稻田龙虾，就是6个0的龙虾"，将安全作为消费者识别该品牌的突破口。

小龙虾的安全性是消费者普遍关注的问题，霍邱龙虾抓住安全这一诉求点，全力打造霍邱稻田龙虾"6个0"的卖点支撑体系：

"稻田为家，谷稻为伴，0污染，干干净净地生！"

"虾稻轮作，全程自然长，0抗生素，0药残，0化肥，干干净净地长！"

"纯植物喂养，0添加，干干净净地吃！"

"头小身大壳薄，清香Q弹，0铅汞砷，干干净净地买！"

因为抓住销售者购买或食用小龙虾的关键点，霍邱稻田龙虾发展迅速，养殖面积从十万亩增加到四十余万亩，从全国第20位上升到第15位，安徽省第1位，增加产值8亿元，实现虾稻综合产值18亿元。2019年霍邱县被授予"中国生态稻虾第一县"。

资料来源：霍邱稻田龙虾区域公用品牌策划[EB/OL]. http://www.nongyecehua.com/design/show/44.html, 2019-10-20/2020-6-5.

思考：为什么"霍邱稻田龙虾，就是6个0的龙虾"能够引起消费者关注和购买？

第一节　农产品消费者市场与购买行为模式

一、农产品消费者需求

与一般产品的需求相类似，农产品需求是指农产品消费者对农产品有支付能力的愿望和要求。农产品需求是农产品市场运行的前提，且居于首要的地位，只有消费者对农产品产生需求，才能使农产品生产经营具有现实意义。有了农产品的需求，才能使农产品经营者的经营目标得以实现，农产品经营者的营销决策和营销方案才有其现实可行性。

（一）农产品消费者需求的特征

农产品消费者的需求既有普通产品市场需求的一般特征，也具有其特殊的要求和规律性，主要体现在以下几个方面。

1. 普遍性

作为一种基本生活资料，农产品为所有消费者所使用，几乎每个人、每一天都会产生对农产品的消费和购买行为，特别是粮食、油料、蔬菜等农产品，更是日常所必不可少。哪里有人居住，哪里就有对农产品消费的需求。因此，与工业及其他产品相比较，农产品的需求具有更强的普遍性。

2. 稳定性

作为消费者生活必需品的农产品，特别是粮食、油料、蔬菜等大宗农产品，每天都要食用，其需求弹性较小，无论价格高低、收入水平增减，基本的消费量都是稳定的，不会有较大的变化。此外，人的消费习惯一旦形成，也不会有太大的改变，因此，无论是某个地域还是某个特定消费者，在一定时期内对农产品的需求总体来讲是稳定的。

3. 零散性

农产品需求的零散性是指单个消费者购买农产品较为分散且单次购买量较少。造成农产品需求零散性的主要原因有：首先，农产品的消费者或购买者多是个人或家庭，食用农产品人数相对较少，农产品消耗量不大；其次，农产品比较容易腐坏，尤其鲜活农产品，不宜长期储藏；最后，随着现代农产品市场的日趋繁荣，农产品数量、品种供应丰富，消费者购买越来越方便，随时需要，随时购买。

4. 多样性

由于消费者的地域不同，生活习惯各异，收入水平和社会文化背景有一定的差异，导致农产品需求呈现多样性的特点，产生了各式各样的需求、欲望、偏好和习惯。有的偏重价格，要求物美价廉；有的重视健康、安全，偏重营养；有的偏重口味；有的重视外观。也就是说，总体来看，农产品消费需求呈现多样化的特点。为此，农产品供给也应该适应消费者需求多样化的特点，生产多样化的产品，来满足消费者多样化的需求。

5. 阶段性

从总体上看，农产品的需求弹性较小，对于粮食、蔬菜及油料等大宗农产品的需求一般比较稳定。然而，随着人们生活水平的提高，对于禽蛋、各种肉制品及牛奶等农产品的消费量开始逐步提高。在这一背景下，消费者对于大米、白面等粮食的消费呈现逐渐减少的趋势。最初，在农产品短缺的阶段，满足温饱问题就是对农产品的最主要需求，而随着经济的发展，人们不仅要吃饱，还要吃好，吃出营养，吃出健康；不仅要满足物质消费的需求，还要实现精神方面的享受。也就是说，在不同的发展阶段，农产品的需求结构会发生一定的改变，表现出明显的阶段性特点。

6. 可诱导性

农产品消费的可诱导性是指消费者需求并不是一成不变的，而是较易受外界因素的影响，是在某一外界因素影响下而产生购买欲望的特性。当消费者对某种农产品不熟悉、不了解的时候，往往不会产生需求，或在产生需求的情况下不知道购买哪种农产品得到的效应更好。在这种情况下，外在因素，如广告、促销宣传以及身边人的介绍等往往能引起其购买欲望，进而产生购买行为。在农产品营销策划中，众多商家往往利用这一特性，采用各种广告、商业推广、营养成分及价值品鉴会等活动，对消费者进行引导，便于消费者产生购买需求。例如，超市的导购员引导消费者品尝新口味的牛奶制品，一些消费者有可能对该产品产生好感，从而形成购买。

7. 季节性

对于普通消费者而言，农产品主要用于食用，而消费者口味一般随季节的变动而变化，从而形成了消费者对农产品需求的季节性特征。一般情况下，夏季由于天气炎热，对辣椒的消费较少，而冬天对辣椒的需求量则明显增多。由于农业生产具有明显的季节性的特点，且时令农产品新鲜、口感好，消费者更喜欢消费时令农产品。再者，四季更替，气候和温度不同，不同的季节对农产品的需求种类有一定的差异，例如，夏天对西瓜的需求会更高一些，冬天对辣椒的需求会更高一些。

8. 地区性

同一地域的消费者由于消费习惯基本相同，对农产品消费具有较大的相似性，而不同地区消费者的消费行为则表现出一定的差异性。不同地域所生产的农产品种类不同也会影响消费者的消费习惯，如南方地区多种植水稻，这会导致这些地区的消费者选择大米为主食；北方地区多种植小麦，这会导致这些地区的消费者选择面食为主食。为此，在农产品营销策略选择方面，应考虑不同的区域，选择适宜不同地区的营销方式。

【案例 5-1】

需求变化

在市场当中，产品价格有涨有跌，人们的消费需求也是不断变化的。把握好需求变动，调整自身策略，销售农产品才能够回避风险，减少损失。当今消费者对农产品需求的三个特点是：小型化、特产化和精致化。

1. 小型化

主要是指购买农产品的家庭呈现出小型化的趋势。这主要是由家庭规模的变化引起的，随着人口结构的变化，家庭人数相对以前来说有所减少，三口之家成为主流，日常买菜以少而精为主，因此，将水果蔬菜进行分拣、包装再出售的产品更受青睐。

2. 特产化

随着消费水平的提高，消费者对于食品的高品质和多样性需求日益旺盛。消费者对农产品的区域性要求十分苛刻，购买农产品讲究产地。特产化也体现了目前人们的消费需求从量的要求到质的要求的转变，要求吃得好，更要吃得健康，吃得安全。因此，绿色产品、无公害产品、有机产品以及各种功能性产品的受众市场越来越大。这就决定了农产品要走高质量、高品质的路线。

3. 精致化

精致化则是特产化的延伸，美观的外形、精美的包装将对品质优良的特色农产品起到锦上添花的作用。农产品的外形、颜色、味道，是消费者越来越看重的因素。精美的包装也能有效提高农产品的价格。

资料来源：了解消费者对农产品需求的三个特点［EB/OL］．https：//www.sohu.com/a/215317635_99944669，2018-1-8/2020-5-10.

思考：如何看待消费者对农产品需求的三个特点呢？

（二）农产品消费者需求的类型

消费者对于农产品的需求注重的不只是一个方面，而是涉及多个方面，也就是说农产品需求具有多样化。例如，消费者对于苹果的需求，不单单表现在对苹果营养这一基本功能上，还会关注苹果的品质、外形、颜色、大小等多个方面。总结农产品消费者需求的类型，主要有以下几种。

1. 对农产品功能的需求

作为食物主要来源的农产品，主要是发挥满足人类温饱的功能。因此，消费者购买农产品，首先考虑的是某种农产品具有的能够满足其温饱及能够给其身体带来基本营养价值的功能，即其有用性。这种有用性体现了农产品的最基本功能。而这种基本功能正是农产品生产和销售的前提条件，也是消费者的最基本需求。如消费者购买大米、白面，最主要的是因为这两种食品能够解除饥饿，并能满足身体对于基本能量的需求。而消费者购买水果、蔬菜，是因为果蔬产品能够提供人类所需要的维生素、矿物质等营养成分，起到增强体质的功能。为此，农产品是否具有其最基本的功能，是消费者需求和购买的前提。

2. 对农产品品质的需求

在农产品基本功能得到满足的基础上，消费者开始注重对农产品品质的需求。特别是随着消费者收入水平的不断提高，对高品质的农产品的消费数量呈不断上升的趋势。农产品的高品质一般体现在营养成分的含量、纯度、水分含量、口感以及健康安全等多个指标上。农产品生产经营者，只有随时关注消费者对农产品品质需求的变化趋势，注重从农产品生产、采收、运输、储藏到最终的销售等每个环节对农产品品质的要求，才能不断满足农产品消费者对高品质农产品的需求。拿人们几乎每天都消费的大米来说，随着人们对高品质大米的需求，一些优良品种逐步代替传统的老品种，无论从口感还是营养等方面都有了明显的改进。

3. 对农产品安全的需求

随着收入水平的不断提高，消费者的健康意识也越来越强，对食品安全的重视程度日益提高，消费者对农产品安全的需求成为一个流行的趋势，鲜活、绿色、健康、营养为人们所推崇。消费者在购买选择的过程中，会有意识地购买安全、可靠，不会对身体产生危害的农产品。为了满足消费者对农产品安全的需求，国家通过出台法律以及制定各种标准的方式对生产者进行规范，并对消费者进行引导。

4. 对农产品便利的需求

现代社会，人们的工作和生活节奏不断加快，便利性地购买和食用农产品成为消费者常见的需求。消费者希望在较近的场所，以最短的时间和最快的方式买到满意的农产品，以节约时间和精力，并实现新鲜消费。如近年来多地不断推出的超市便利店，通过将奶店、菜店等农产品零售店开到社区以及鲜活农产品配送上门服务等方式，创新销售模式，更好地方便了消费者，得到消费者的认可和欢迎。此外，农产品电商和物流配送业务的全面发展，使消费者足不出户便可以买到所需的农产品，节约了消费者的购买和搜寻时间。除购买便捷，食用过程方便也成为消费者关注的重要方面。如近些年来推出的薄皮核桃，用手轻轻一捏就能捏开，与传统核桃品种比较起来更方便食用。同样，以前消费者要消费鸡肉，需要自己宰杀，自己分割，非常麻烦。而现代商家推出的即时屠宰、即时分割的业务，使消费者摆脱了许多不必要的麻烦，满足了消费者追求便捷的需求。

5. 对农产品外在感观的需求

人们现在不仅关注农产品的基本功能，以及良好的品质和安全性，还要求其具有完美的外观形象，尤其是随着消费水平的不断提高以及审美观念的提高，人们更加注重农产品的外在表现。对于初级农产品而言，从其大小来看，要求其规整，既不能很大也不能太小；从其形状上来看，要符合该种农产品的基本形状，而不是形状各异；从着色来看，应该具有该种农产品基本的颜色。食用个头均匀、果形整齐、着色好的初级农产品能够给人一种美的享受。尤其是近年来推出的一些果菜新品种，如用于观赏兼食用的蛇瓜、樱桃西红柿、各种颜色的彩椒、袖珍西瓜、迷你黄瓜等，不但给人们带来了食用、营养、保健的价值，同时也实现了消费者对美感的需求，受到了众多消费者的青睐。对于加工农产品，不仅要求其内在品质的优良，而且希望具有完美的外观设计，即消费者对加工农产品的工艺设计、包装、造型、色彩、装潢以及整体风格都有较高的要求。

6. 对情感功能的需求

消费者既是自然人又是社会人，因此，有着强烈的情感需求，并希望通过人与人的沟通交往得到满足。这一点在农产品消费方面也有很明显的体现。消费者以购买和消费蕴含浓厚感情色彩的农产品为媒介，达到传递和沟通感情，从而获得情感上的补偿和依托的目的。如鲜花作为特殊的农产品，不同的品种能够传递不同的情感。经过生长阶段特殊处理的带字苹果，其中刻有福、禄、寿、平安、吉祥、生日快乐等字样，无论是消费者自己消费还是作为一种礼品，均能够给消费者带来心理情感上的满足。在设计农产品包装时，注重富有情感的语言和图案的元素，是满足消费者情感需求的重要途径。在农产品品牌名称的选择方面，设计赋有情感的农产品品牌名称，也能够引起消费者对该产品的关注和购买。例如，"好想你""状元蟹"等农产品品牌。

> **【案例 5-2】**
>
> 永不分梨酒
>
> 酒是生活中常见的一种饮品，不管是逢年过节，还是走亲送礼。在我国，酒已经形成了一种文化，酒是最古老的食物之一，形态也是多种多样。五粮液推出一款"永不分梨"酒，酒里面有一只很大的梨，只能喝酒而不能把梨拿出来，寓意着永不分离。五粮液"永不分梨"酒主要选用邯郸鸭梨，鸭梨在生长的时候，把瓶子套在梨上，让梨在瓶子里生长，等成熟的时候在一起取下来送去酒厂消毒生产灌装。
>
> 资料来源：根据网络资料整理。
>
> 思考：五粮液"永不分梨"酒主要是基于消费者哪种需求打造的？

7. 对农产品社会意义的需求

所谓农产品的社会意义，是指消费者要求农产品除具备其基本功能之外，还体现和象征一定的外在社会价值，购买或拥有某种农产品的消费者能够显示出自身某些社会特性，如地位、身份、尊严等，进而能够获得心理需求上的满足。这是因为，在农产品长期的购买和消费过程中，基于某种或某类农产品，消费者逐步达成共识，共同赋予了该农产品特定的社会意义。例如，人参、发菜等，由于数量稀少、采收及加工难度大，因此价格昂贵，不易购买，限制了普通消费者购买和食用，只有有地位、身份的消费群体才具有消费和拥有的条件，使得类似农产品成为某种社会身份、地位的象征物。消费者消费或用此类农产品作为礼物赠送亲人、朋友，正是为了证实自己或对方的社会地位或社会身份，体现了对社会象征性的需求。

8. 对良好服务的需求

消费者除了对上述农产品实体功能的需求之外，还需要通过购买和食用农产品获得较为完备的服务，这便是通常所说的对农产品良好服务的需求。优质、周到的服务可以让消费者获得被尊重、心里更轻松以及个人价值认定等多方面的心理满足。随着生活水平的不断提高，消费者对农产品的需求不论是数量还是质量、品种都逐步得到了满足，基本做到了可以随时随地购买到所需要的各类农产品。为此，追求农产品实体功能以外的服务功能，成为消费者在购买和使用农产品过程中的一种新的需求。服务是否完备也已经成为消费者购买农产品的主要依据之一，例如，鲜活农产品配送，提供送货到家服务，在购买农产品的同时附上营养菜谱等。

二、农产品消费者市场

（一）消费者市场的定义

消费者市场又称最终消费者市场、消费品市场或生活资料市场，是指个人或家庭为满足生活需求而购买或租用产品、服务的市场。农产品消费者市场是指购买对象为农产品或与其相关服务的市场，其范围相对消费者市场要小很多。

消费者市场是市场体系的基础，是起决定作用的市场。消费者市场是通向最终消费的市场，是实现企业利润的最终环节，是一切社会生产的终极目标，因此，其他的产业市场都是为消费者市场而存在的。对消费者市场的研究，是对整个市场研究的核心与基础。成功的市场营销者是那些能够有效地发展对消费者有价值的产品，并运用富有吸引力和说服力的方法将产品有效地呈现给消费者的企业和个人。

(二) 消费者市场的特点

1. 购买者多而分散

每个人、每个家庭都是消费者，相对于产业市场，消费者市场购买人数众多，而且由于消费者所处的地理位置不同，闲暇时间不一致，造成购买地点和时间的分散性。

2. 少量且重复购买

消费者购买是以个人和家庭为购买和消费单位的，由于受到消费人数、需要量、购买力、储藏空间、商品保质期等诸多因素的影响，消费者为了保证自身的消费需要，往往每次购买批量小，重复购买。

3. 购买的差异性大

因受消费者年龄、性别、职业、收入、文化程度、民族、宗教、消费习惯等方面的影响，其消费需求有很大的差异性，对商品的要求也各不相同，而且随着社会经济的发展，消费者的消费习惯、消费观念、消费心理不断发生变化，从而导致消费者购买差异性大。

4. 大多属于非专家购买

绝大多数消费者在购买商品时缺乏相应的专业知识，尤其是对某些技术性较强、操作比较复杂的商品，更是如此。而且在多数情况下，消费者很容易受广告宣传、商品包装以及其他促销方式的影响，从而产生冲动购买。

5. 购买的流动性大

由于购买力相对有限，消费者对所需要的某些产品会慎重选择，在市场经济比较发达的今天，商品和服务的选择余地越来越大，加之人口在地区间的流动，导致消费者的购买能力经常在不同产品、不同地区及不同企业之间流动。

6. 购买的周期性

从消费者对商品的需求来看，有些商品消费者需要常年购买、均衡消费，如食品、牛奶、蔬菜等生活必需品；有些商品消费者需要季节购买或节日购买，如粽子、月饼、元宵等；有些商品消费者需要等商品的使用价值基本消费完毕才重新购买，如喷雾器、农业机械等。由此可见，消费者购买有一定的周期性可循，从而使消费者市场呈现一定的周期性。

7. 购买的时代特征

消费者购买不仅受到消费者内在因素的影响和制约，还常常受到时代精神、社会风俗习惯的影响，从而产生一些新的需求。如消费者对健康关注程度越来越高，因此安全的食品成为消费者购买的主力，且越来越多的人参与健身活动；又如社会对知识的重视，对人才的需求量增加，从而使人们对书籍、文化用品的需求明显增加。这些显示出消费者购买的时代特征。

8. 购买的发展性

消费者购买是在不断变化的，随着社会的发展和人们消费水平、生活质量的提高，消费需求也在不断向前推进。过去只要能买到商品就行了，现在要追求名牌；过去不敢问津的高档商品，现在消费者众多；过去自己承担的劳务，现在由劳务从业人员承担等。这种新的需求不断产生，而且是永无止境的，从而使消费者购买具有发展性特点。

【案例5-3】

JU20新农计划

2016年，聚划算与全国216个农业科技示范基地、100个供港蔬菜基地、900多家具有出口资质的食品出口企业联动，将优质的创新农产品直供聚划算"食令"频道，推进地标产品和特色美食直供消费者餐桌。食令频道同步推出五款食令年卡，包括生鲜、肉禽、杂粮、零食和中产阶级年卡。以中产阶级年卡为例，售价899元的年卡中包含了浙江东海的野生红虾仁、福建的宁德大黄鱼、云南的野生松茸、海南台农芒果等，天南海北的美食让你一卡吃遍四季。未来，聚划算计划推出更多基于人群属性的年卡，如白领女性养生美食卡等主题卡，还会推出以地域、时间等为细分标准的各省季卡、半年卡等，以满足消费者更多元、更具层次性的消费需求。

资料来源：根据网络资料整理。

思考："JU20新农计划"究竟"新"在哪里呢？是否符合消费者市场特点？

三、农产品消费者购买行为模式

（一）消费者购买行为的类型

消费者购买行为又称消费者行为，是指消费者为满足其个人或家庭生活需要而发生的购买商品的决策或行动。消费者为获取、使用、处置消费物品或服务所采取的各种行动，都属于消费者行为。

根据购买活动中消费者的介入程度和所购产品品牌间的差异程度，可将消费者的购买行为分为以下四种类型：复杂的购买行为、寻求多样化的购买行为、减少失调的购买行为和习惯性的购买行为。这四种购买行为之间的比较如表5-1所示。

表5-1 消费者购买行为类型

品牌差异类型	高度介入	低度介入
品牌差异大	复杂的购买行为	寻求多样化的购买行为
品牌差异小	减少失调的购买行为	习惯性的购买行为

1. 复杂的购买行为

如果消费者属于高度参与，并且了解现有各品牌、品种和规格之间具有的显著差异，则会产生复杂的购买行为。复杂的购买行为指消费者购买决策过程完整，要经历大量的信息收集、全面的产品评估、慎重的购买决策和认真的购后评价等各个阶段。

对于复杂的购买行为，营销者应制定策略帮助购买者掌握产品知识，运用各种途径宣传本品牌的优点，影响消费者最终购买决定，简化购买决策过程。

2. 减少失调的购买行为

减少失调的购买行为是指消费者并不广泛收集产品信息，并不精心挑选品牌，购买决策过程迅速而简单,但是在购买以后会认为自己所买产品具有某些缺陷或其他同类产品有更多的优点,进而产生失调感,怀疑原先购买决策的正确性。

对于这类购买行为,营销者要提供完善的售后服务,通过各种途径经常提供有利于本企业的产品的信息,使顾客相信自己的购买决定是正确的。

3. 寻求多样化的购买行为

寻求多样化的购买行为是指消费者购买产品有很大的随意性,并不深入收集信息和评估比较就决定购买某一品牌,在消费时才加以评估,但是在下次购买时又转换其他品牌。转换的原因是厌倦原口味或想试试新口味,只是寻求产品的多样性而不一定有不满意之处。

对于寻求多样性的购买行为,市场领导者和挑战者的营销策略是不同的。市场领导者通过占有货架、避免脱销和提醒购买的广告来鼓励消费者形成习惯性购买行为。而挑战者则以较低的价格、折扣、赠券、免费赠送样品和强调试用新品牌的广告来鼓励消费者改变原习惯性购买行为。

4. 习惯性的购买行为

习惯性的购买行为是指消费者并未深入收集信息和评估品牌,只是习惯于购买自己熟悉的品牌,在购买后可能评价也可能不评价产品。

对于习惯性购买行为,企业可以通过用价格优惠、电视广告、独特包装、销售促进等方式鼓励消费者试用、购买和续购其产品。

(二) 消费者购买行为模式

消费者购买行为模式是指消费者为满足某种需要,在把购买动机转化为实际购买行为的过程中逐渐养成的不易改变(相对稳定)的购买形态。

为研究消费者购买行为,菲利普·科特勒建立了一个"刺激—反应模式"来说明营销环境刺激与消费者反应之间的关系,如图 5-1 所示。从这一模式中我们可以看到,具有一定潜在需要的消费者首先是受到企业营销活动的刺激和各种外部环境因素的影响而产生购买意向的,而不同特征的消费者对于外界的各种刺激和影响又会基于其特定的内在因素和决策方式做出不同的反应,从而形成不同的购买意向和购买行为。这就是消费者购买行为的一般规律。

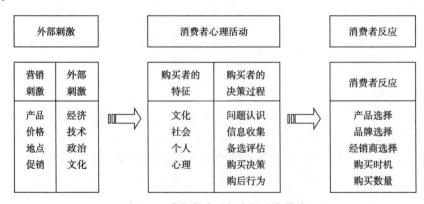

图 5-1 消费者购买行为的基本模式

1. 刺激

刺激是指各种企业不可控因素形成的宏观环境刺激，构成市场的"大气候"，制约需求和消费趋势，并对消费者"黑箱"发生显著影响。各种企业可控制因素即营销手段组成的刺激，受制于宏观环境；它们的变化和不同的组合形式，成为影响消费者"黑箱"具体、直接的"小环境"。

2. "黑箱"

消费者购买中的"黑箱"虽然难以一窥全貌，但包含至少两大方面的内容。

（1）消费者特征。文化、社会和个人因素等，影响消费者购买活动中对各种事物的认识、情绪和意志等心理活动，并制约其反应倾向。

（2）消费者购买决策过程。从认识需要开始，到购后使用、体验乃至消费完毕，消费者会有一系列的认识、判断和决定。其决策不仅受到购买心理的制约，而且受到外部刺激的"大气候"和"小环境"影响。

> **知识拓展**　黑箱理论，是指对特定的系统开展研究时，人们把系统作为一个看不透的黑色箱子，研究中不涉及系统内部的结构和相互关系，仅从其输入输出的特点了解该系统规律，用黑箱方法得到的对一个系统规律的认识。不通过分析生态系统内部结构和相互关系，而是根据生态系统整体物质和能量的输入和输出关系及其影响因子得到该生态系统的结构和功能的规律。

3. 反应

诸多因素的共同作用，使消费者最终做出一定反应，即决定如何满足需求。消费行为也就从此开始。从表面上看，消费者反应无非是对产品、品牌、经销商、购买时机和数量做出选择，其实是他们购买行为模式的具体表现。

（1）购买什么——购买对象，受制于具体需求，是满足欲望的实质内容。

（2）为何购买——购买目的，受制于消费者需要及对需要的认识。

（3）由谁购买——购买组织。消费者市场人多面广，每个人都是消费者但未必都是购买决定者。无论以家庭还是个人为基本消费单位，购买过程都是如此。

（4）何时购买——购买时机。消费者购买的时间问题，何时购买，购买频率如何等。

（5）何地购买——购买地点。消费者对购买地点的选择有其规律性，一般情况下习惯就近购买农产品。

（6）如何购买——购买方式，既包括购买类型，又包括付款方式。

第二节　影响农产品消费者购买行为的主要因素

消费者购买行为是指消费者为满足其个人或家庭生活而发生的购买商品的决策过程。消费者购买行为是复杂的，其购买行为的产生受到内在因素和外在因素的相互促进、相互影响。农业企业需要对消费者购买行为进行研究，掌握购买行为规律，从而制定有效的市场营销策略。

消费者购买行为深受社会、文化、个人和心理因素的影响,且每种因素对消费者购买行为的影响程度都有所不同。下面分别阐述这4个方面因素的具体内容及其对消费者购买行为的影响。

一、文化因素

文化是人类欲望和行为最基本的决定因素。文化是人们通过学习获得的、区别于其他群体行为特征的集合,包括价值观念、伦理道德、风俗习惯、宗教信仰、审美观、语言文字等。任何人都在一定的社会文化环境中生活,因而人们认识事物的方式、行为准则和价值观念影响着消费的欲望和购买行为。农产品生产、经营单位的市场活动一定要遵从相应的文化习俗,不能触犯禁忌。文化因素主要包括文化与亚文化、社会阶层等方面的内容。

(一)文化与亚文化

在每一种文化中,往往还存在着许多在一定范围内具有文化同性的群体,称为亚文化群,如国籍亚文化、种族亚文化、地域亚文化等。不同的民族亚文化群,有独特的风俗习惯和文化传统,这些不同的特点导致各民族之间在需求和购买行为等方面的差异性。例如,中国有"鲁菜、川菜、粤菜、淮扬菜、闽菜、浙菜、湘菜、徽菜"八大菜系,人的饮食习惯也大致分为"南甜、北咸、东辣、西酸",这些都是典型的亚文化。

(二)社会阶层

社会阶层是社会学家根据职业、收入来源、教育水平和居住区域对人们进行的一种社会分类,是按层次排列的、具有同质性和持久性的社会群体。同一阶层的人具有相类似的价值观、兴趣爱好和行为方式。例如,在大城市的高档小区里,名、优、新的水果、蔬菜和花卉可能有很多人消费;而在农村消费的是常见的水果和蔬菜。

二、社会因素

消费者的购买行为也经常受到一系列社会因素的影响。影响消费者购买行为的社会因素主要包括消费者的相关群体、家庭、角色与地位等。

(一)相关群体

相关群体又称参照群体,是指能够直接或间接影响消费者的消费态度、价值观念和购买行为的个人或集体。一个人的消费习惯、生活方式、对产品品牌的选择,都在不同程度上受相关群体的影响。相关群体对消费者购买行为的影响,主要表现为示范性、仿效性、一致性。

(二)家庭

家庭是社会组织的一个基本单位,是社会中最重要的消费品购买单位。大部分的消费行为是以家庭为单位进行的,是消费者的首要参照群体之一,对消费者购买行为有着重要的影响。在农产品消费上,家庭成员的饮食习惯和爱好直接影响购买者的行动。例如,家庭成员偏爱吃某种水果或蔬菜,则该家庭购买这种水果或蔬菜的数量就多一些。

三、个人因素

消费者购买决策也受个人特性的影响,特别是受其年龄、性别、职业与教育、生活方式、个性以及自我观念的影响。

(一) 年龄与性别

年龄与性别是消费者最为基本的个人因素。不同年龄层次和不同性别的消费者，客观上存在生理和心理上的差别。因此，所需要的商品和服务也不尽相同，对同一商品和服务的评价、选择的角度及价值观念等也会存在很大差异。例如，年轻人在鲜花上的消费要多于中老年人。不同年龄消费者的购买方式也存在差异，老年消费者在购买蔬菜、水果时，往往是考虑商品的价格因素，同一种商品反复地挑选，通常是在经过仔细的分析、比较后才进行；而年轻人购买时往往缺乏充分的考虑，只要商品质量和价格合理即购买。

(二) 职业与教育

职业与教育实际上是社会阶层因素在个人身上的集中反映。从事一定的职业以及受过不同程度教育的人，会产生明显的消费行为差异，这主要是受一种角色观念的影响。

(三) 生活方式

从经济学的角度看，一个人的生活方式表明他所选择的分配收入的方式以及对闲暇时间的安排，同时也反映出一个人在生活方面的兴趣、观念以及参加活动的方式。具有不同生活方式的消费者，对农产品有不同的需求。例如，生活经济型消费人群，愿意到集贸市场、早市等地购买蔬菜、水果；而追求生活方便型的消费人群往往到超市购买已经清洗过的净菜或经初加工的蔬菜；生活浪漫型的人群对鲜花的需求就多一些。

(四) 个性与自我观念

每个人都有与众不同的个性，即一个人所特有的心理特征，通常用性格术语来描绘，如外向或内向、乐观或悲观、自信或自卑、活泼或文静。与个性有关的因素还有自我观念，或称自我形象，即一个人认为自己是什么样的人，或认为在别人心中是什么样的人。

四、心理因素

心理因素是指消费者个人由于心理原因而影响其购买决策与购买行为。心理学认为，人的行为是由动机支配的，而动机由需要引起。消费者购买行为要受动机、知觉、学习以及信念和态度等生理因素的影响。

(一) 动机

动机是一种升华到足够强度的需要，它能够及时引导人们去探求满足需要的目标。动机的产生必须具备两个条件：一是具有一定强度的需要；二是具有满足需要的目标和诱因。消费者购买动机，就是推动消费者实现某种购买行为的愿望或念头，它反映了消费者对某种商品的需要。消费者购买农产品的动机可以分成以下两类。

(1) 生理性购买动机也称本能动机，就是消费者由于生理上的需要所引起的购买农产品的动机。

(2) 当社会经济、文化发展到一定水平时，激起人们购买行为的心理性动机占据重要位置。心理性购买动机比生理性购买动机更为多样。

(二) 知觉

按照心理学的说法，当客观事物作用于人的感觉器官时，人脑中就会产生反应。这种反应如果只属于事物的个别属性，称为感觉；如果是对事物各种属性的各个部分及其相互关系的综合反映，则称为知觉。知觉过程是一个有选择性的心理过程，它有3种机制：选择性注意、选择性扭曲、选择性保留。

（1）选择性注意。是指人们剔除他们面临的大部分信息的倾向。一个人每时每刻面对许多刺激物，即注意那些与自己主观需要有关的事物。例如，某消费者要买水果，所以他只注意看水果而不注意别的商品。因此，水果的广告会对他产生影响。

（2）选择性曲解。是指人们按照自己的想法来解释信息的倾向。消费者即使注意到刺激物，但未必如实反映客观事物，往往按照自己的先人之见来曲解事物。例如，某消费者主观认为苹果中"烟台苹果"的品质很好，其他地域的苹果都不行，这就是选择性曲解。

（3）选择性记忆。是指人们保留能支持他们的态度和信仰的信息的倾向。人们在生活中，往往容易记住那些与自己态度、信念一致的东西，而忘记与自己无关的东西。例如，某一消费者只记得"红富士"苹果的优点，因为他常常听到人们谈论它，而忘记了其他品种苹果的优点，这就是选择性记忆。

（三）学习

学习是指人们经过实践和经历而获得的，能够对行为产生相对永久性改变的过程。学习论者认为，消费者的学习是通过驱动力、刺激物、提示物（诱因）、反应和强化的相互影响而产生的。

（1）行为学习。行为学习是指由曾重复经历所产生的自动反应过程。消费者是通过驱动、提示、反应与强化四个步骤从重复经验中学习的。驱动可能表现为动机；提示是能被消费者感知到的刺激或标志；反应是消费者为满足驱动而采取的行为；强化是收益。

（2）认知学习。认知学习是指消费者从思考、推理和问题解决等非直接体验中进行的学习。认知学习是把两个或多个想法联系起来，或是根据简单观察到的他人行为结果来调整自己的行为。

（四）信念和态度

通过行动和学习，人们获得了信念和态度；反之，这些信念和态度又影响其购买行为。

信念是指人们对事物所持有的一种描述性的想法。消费者对企业所持有的信念对企业市场营销非常重要，因为这些信念会形成对企业的印象。所以，努力使消费者对企业建立一个良好的信念是十分重要的。

态度是指一个人对某事物所持有的认识、情感和行为倾向，它和信念是相互联系的，不同的信念可导致人们产生不同的态度。人们几乎对所有的事物都持有自己的态度，如对宗教、政治、音乐、服饰、食物等。态度造成人们对事物的喜欢或厌恶、疏远或亲近的倾向。企业可以通过消费者的行为，了解其对企业和产品的态度，因为人们往往依据自己对某一商品或某一企业所持有的态度来决定自己的购买决策。态度一旦形成，改变起来就较为困难，所以企业最好一开始就给消费者留下一个好印象，使消费者对自己的企业、产品、服务产生良好的态度。

第三节　农产品消费者购买决策过程

一、消费者购买决策

消费者购买决策是指消费者为了实现满足需求的目标，在购买过程中对是否购买商品或服务以及对影响购买决定的相关内容进行决策的一系列活动。

（一）消费者购买决策的特点

1. 消费者购买决策的目的性

消费者进行决策，就是要促进一个或若干个消费目标的实现，这本身就带有目的性。在决策过程中，围绕目标进行筹划、选择、安排，就是实现活动的目的性。

2. 消费者购买决策的过程性

消费者购买决策是指消费者在受到内、外部因素刺激，产生需求，形成购买动机，抉择和实施购买方案，购后经验又会反馈回去影响下一次的消费者购买决策，从而形成一个完整的循环过程。

3. 消费者购买决策主体的需求个性

由于购买商品行为是消费者主观需求、意愿的外在体现，受许多客观因素的影响。除集体消费之外，个体消费者的购买决策一般都是由消费者个人单独进行的。随着消费者支付水平的提高，购买行为中独立决策的特点将越来越明显。

4. 消费者购买决策的复杂性

消费者购买决策的复杂性包括决策过程的复杂性、决策内容的复杂性以及决策影响因素的复杂性三个方面。

（1）决策过程的复杂性。决策是人大脑复杂思维活动的产物。消费者在做决策时不仅要开展感觉、知觉、注意、记忆等一系列心理活动，还必须进行分析、推理、判断等一系列思维活动，并且要计算费用支出与可能带来的各种利益。因此，消费者的购买决策过程一般是比较复杂的。

（2）决策内容的复杂性。消费者通过分析，确定在何时、何地、以何种方式、何种价格购买何种品牌商品等一系列复杂的购买决策内容。

（3）决策影响因素的复杂性。消费者的购买决策受到多方面因素的影响和制约，具体包括消费者个人的性格、气质、兴趣、生活习惯与收入水平等主体相关因素；消费者所处的空间环境、社会文化环境和经济环境等各种刺激因素，如产品本身的属性、价格、企业的信誉和服务水平，以及各种促销形式等。这些因素之间存在着复杂的交互作用，它们会对消费者的决策内容、方式及结果有不确定的影响。

5. 消费者购买决策的情景性

由于影响决策的各种因素不是一成不变的，而是随着时间、地点、环境的变化不断发生变化。因此，对于同一个消费者的消费决策具有明显的情景性，其具体决策方式因所处情景不同而不同。由于不同消费者的收入水平、购买习惯、消费心理、家庭环境等影响因素存在着差异性，因此，不同的消费者对于同一种商品的购买决策也可能存在差异。

(二) 消费者购买决策内容与参与者

1. 消费者购买决策内容

消费者在购买产品或服务时，会遇到各种各样的决策问题，但主要的决策内容可以通过6W3H来分析，具体如表5-2所示。6W3H直接反映出消费者的购买行为，通过对其分析可以了解消费者购买行为的规律性及变化趋势，以便制定和实施相应的市场营销策略。

表5-2　消费者决策内容

6W3H	决策内容
Who	谁构成该市场？谁购买？谁参与购买？谁决定购买？谁使用所购产品？谁是购买的发起者？谁影响购买？
What	购买什么产品或服务？需要什么？需求和欲望是什么？对消费者最有价值的产品是什么？满足购买愿望的效用是什么？消费者追求的核心利益是什么？
Which	购买哪种产品？购买哪个厂家的产品？购买哪个品牌的产品？购买著名品牌还是非著名品牌的产品？在有多种替代品的产品中决定购买哪种？
Why	为何购买？为何喜欢？为何讨厌？为何不购买或不愿意购买？为何买这不买那？为何选择本企业产品，而不选择竞争者产品？为何选择竞争者产品，而不选择本企业产品？
When	何时购买？什么季节购买？何时需要？何时使用？曾经何时购买过？何时重复购买？何时换代购买？何时产生需求？何时需求发生变化？
Where	何地购买？在网上购买还是在实体店购买？在城市购买还是农村购买？在超市购买还是农贸市场购买？在大商场购买还是在小商店购买？
How	如何购买？如何决定购买行为？以什么方式购买？按什么程序购买？消费者对产品及其广告等如何反应？
How many	购买数量是多少？一定时期的购买次数是多少？人均购买量是多少？市场总购买量是多少？
How much	花多少钱买？花多少时间买？一定时期内购买频率是多少？

2. 消费者决策的参与者

在现实生活中，同一产品或服务的购买决策者、购买者、使用者可能是同一个人，也可能是不同的人。根据购买决策的参与者在购买活动中所起的作用，消费者购买决策的参与者形成发起者、影响者、决策者、购买者、使用者五种角色，具体如表5-3所示。需要注意的是，参与购买过程与使用过程的所有人都是消费者，即如果把产品的购买决策、实际购买和使用视为一个统一的过程，那么处于这一过程任一阶段的人，都可称为消费者。

表5-3　消费者角色类型

角色类型	角色描述
发起者	首先提出或有意购买某一产品或服务的人
影响者	其看法或建议对最终购买决策具有一定影响的人
决策者	在是否买、为何买、如何买、哪里买等方面做出部分或全部决定的人
购买者	实际购买产品或服务的人
使用者	实际消费或使用产品或服务的人

(三) 消费者购买决策的类型

1. 名义型决策(Nominal Decision Making)

名义型决策也称习惯型购买决策,指一个问题被认知后,经内部搜索(长期记忆),在消费者的头脑中浮现出一个偏爱的品牌,并选择和购买了该品牌。这是一种习惯性行为,很少或没有特意的思考。名义型决策往往发生在购买介入程度很低的情况下。名义型决策通常分为两种:品牌忠诚型决策和习惯型购买决策。

品牌忠诚型购买。消费者对某个品牌的产品产生忠诚和信赖后,就成为该品牌的忠诚顾客。这时说明消费者对产品的介入程度高,而对购买的介入程度低。消费者购买时可能会不加考虑就选择自己所喜爱的品牌,很少注意其他品牌,虽然有的品牌优于其所喜欢的品牌,这就属于品牌忠诚型购买。

习惯型购买。消费者会重复购买某一品牌的产品,但当其遇到更好的品牌,或别的品牌的产品正在打折时,也可能会选择其他品牌,这属于习惯型购买。

2. 有限型决策(Limited Decision Making)

有限型决策是指消费者对某一产品领域或该领域的各种品牌有了一定程度的了解,或者对产品和产品品牌的选择建立起了一些基本的评价标准,但还没有形成对某些特定品牌的偏好,因而还需要进一步搜集信息,以便在不同品牌之间做出较为理想和满意的选择。当消费者认为备选商品之间的差异不是很大、介入程度不是很高、解决需求问题的时间比较短时,消费者所面临的决策类型大多属于有限型决策。有限型决策包括内部信息搜集或有限的外部信息搜集,很少的备选方案,较少属性的简单决策规则,很少的购后评价和较低的购买介入程度。

3. 扩展型决策(Extended Decision Making)

扩展型决策是指消费者在广泛收集内、外部有关购买行为信息的基础上,形成对不同产品的初步认识,引发购买某种产品的意向并做出购买行动的决策。当对某类产品的具体品牌不熟悉,而且也未建立起相应的产品与品牌评价标准时,消费者面临的就是扩展型决策。扩展型决策是一种较为复杂的购买决策,其特点是消费者在购买过程中要进行大量的信息搜集,并对各种备选产品做深入的评价、比较,这又受消费者购买介入程度、备选产品或备选品牌的差异程度以及购买时间压力三方面因素的影响。

这三种购买决策主要存在四个方面的差别,一是购买决策中信息搜集的范围和数量存在的差别;二是决策速度存在差别;三是不同决策类型下,消费者重复选择同一品牌的概率不同;四是不同决策类型下,消费者心理过程存在差异,具体差异见表5-4。

表5-4 不同决策类型下消费者行为差异

决策类型	信息搜集范围与数量	决策速度	重复选择同一品牌的可能性	心理过程
名义型	很少	快	大	运用概念
有限型	一般	中等	中	获得概念
扩展型	广泛	慢	小	形成概念

二、消费者购买决策的过程

消费者购买决策是一个动态发展的过程,包括问题识别、收集信息、评价方案、购买决策以及购后行为五个阶段,如图 5-2 所示。这是一种典型的购买决策过程,适用于分析复杂的购买行为。

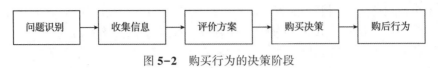

图 5-2 购买行为的决策阶段

(一) 问题识别

问题识别是指消费者意识到理想状态与实际状态存在差距,从而需要采取进一步行动。消费者在意识到某个问题后,是否采取行动取决于两个方面的因素:一是理想状态与感知的现实状态之间差距的大小或强度;二是该问题的相对重要性。凡是影响消费者的理想状态与实际状态的因素均会影响消费者对问题的认知,这些因素大致可分为两类,一类是可以或很大程度上由企业控制的营销因素,另一类是非营销或非可控因素,如时间、环境、个体差异等。

图 5-3 描绘了消费者对问题认知的过程。消费者所追求的生活方式和现在所处的情境决定了他的理想状态和现实状态。理想状态和现实状态是否存在差异、差异的性质及其大小决定了消费者对现实状态是否满意。在不满和超出预期的情况下,都可能引发问题认知,从而触发进一步的决策活动。

对于问题认知过程需要注意三点:首先,消费者的生活方式和现在所处的情境不仅决定了消费者的理想状态,也决定了他对实际状态的认识;其次,导致问题认知的是消费者对实际状态的感知,而并非客观的现实状态;最后,实际状态超过理想状态也会激发或导致问题认知。

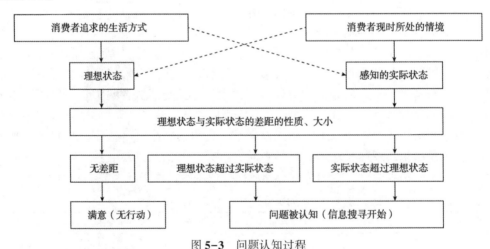

图 5-3 问题认知过程

(二) 收集信息

消费者一旦意识到某个需求问题的存在,并且感到有必要采取行动解决这一问题,那么,他就会开始搜集有关信息。消费者花多大力气搜集信息,搜集哪些信息,如何搜集信息,都对营销者十分重要。

消费者进行信息收集都是为做出购买决策而准备的,当搜集到信息经评价后能够帮助其做出决定，就会停止信息搜集，当不能帮助其做出决策时，还会继续收集信息，具体如图 5-4 所示。

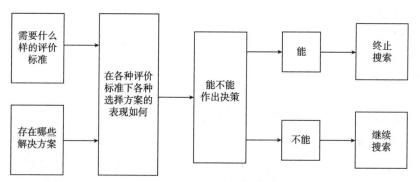

图 5-4　消费者信息搜集模式

消费者信息搜集的类型主要包括内部信息搜集与外部信息搜集，购买前信息搜集与即时性信息搜集。内部信息搜集是指消费者将过去储存在长时记忆中的有关产品、服务和购买信息提取出来，以解决当前面临的消费或购买问题，包括品牌信息、产品属性信息、评价信息、体验信息等。外部信息搜集是消费者从外部来源，如同事、朋友、商业传媒及其他信息渠道，获得与某一特定购买决策相关的数据和信息。购买前信息搜集是指消费者为解决某一特定购买问题而开展的信息搜寻活动；即时性信息搜集是指不针对特定购买需要或购买决策而进行的信息搜集活动。

消费者获取信息的来源或渠道很多，主要有记忆来源、个人来源、大众来源、商业来源和经验来源，如图 5-5 所示。

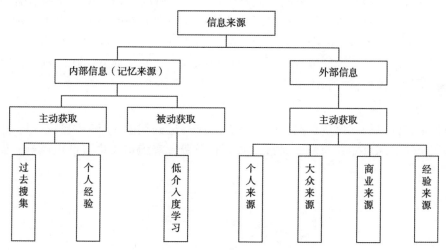

图 5-5　消费者的主要信息来源

（1）记忆来源。通过过去的信息搜寻活动、个人经验和低介入度学习所形成的记忆是大多数消费者最主要的信息来源。在很多情况下，消费者依靠储存在记忆中的信息就可以解决他所面临的购买问题。当然，储存在消费者长期记忆中的有关信息，在过去某一时点上也是从外部获得的。

（2）个人来源。个人来源包括家人、朋友、同事、邻居等，通常是最主要且最有效的信息来源。

（3）大众来源。大众来源包括大众媒体、政府机构、消费者组织等。大众媒体刊载的有关信息、报道及有关生活常识的介绍对某些产品的购买是非常有帮助的。

（4）商业来源。商业来源包括广告、店内信息、产品说明书、宣传手册、推销员等。

（5）经验来源。经验来源一般表示消费者处理过该产品、测试过该产品或使用过该产品。经验来源获得的信息最直接，也最为消费者所信赖。但是，受时间、知识等条件的约束，消费者很难完全或主要依赖经验来源获得信息。

（三）评价方案

消费者购买的选择过程，也是一个不断比较、逐步缩小目标范围的过程。评价方案涉及采用什么样的标准对备选品做出评价和运用何种决策规则从各备选品中做出选择，如图5-6所示。

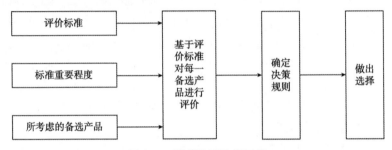

图 5-6 消费购买选择过程

评价标准或选择标准是用来判断彼此竞争的备选品牌的价值尺度，是消费者在选择备选品时所考虑的产品属性或特征。这些属性或特征与消费者在购买中所追求的利益、所付出的代价直接相关。评价标准会因人、因产品、因情境而异，不同的人在购买同一产品时因用途不同和需求不同，会导致其对产品的评价标准也不同。此外，在评价方案时应注意确定消费者采用的评价标准和决定评价标准的相对重要性。

（四）购买决策

经过评估选择以后，消费者对某些产品会形成一定的偏爱，产生购买意图，然而购买意图到购买决策之间可能介入两种因素，从而对消费者实施购买决策产生影响，如图5-7所示。

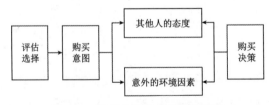

图 5-7 影响购买决策的两种因素

第一个因素是他人的态度。在购买者经过评估选择，形成自己的购买意图准备实施购买决策之前，他人的态度会强化或抑制、动摇他的购买行为。他人的否定态度越强烈，或持否定态度者与购买者的关系越密切,则修改购买意图的可能性就越大。

第二个因素是意外的环境因素。购买者是根据他预期的家庭收入、预期的价格以及从商品或服务中预期得到效用而形成自己的购买意图的,如果发生了意外情况,如失业、意外急需、涨价或得知该产品令人失望的信息,则很可能改变购买意图。

另外,消费者的风险感觉也是一个不可忽视的因素。从购买意图向购买决策过渡时,消费者在很大程度上还会受到其感觉风险大小的影响,从而使得他对购买决策进行修改、延期实施和摒弃。对风险感觉程度的大小,受购买金额的大小、产品性能的确定程度和购买者的自信心大小等因素的影响。为此,营销者应设法减少消费者承担的风险,促使消费者做出最后的购买决策并付诸行动。

(五) 购后行为

消费者购买之后的感受主要表现在:一是购后的满意程度;二是购后行为。

通常在消费者购买行为之后预测、衡量购后感受,有两种理论。

1. "预期满意"理论

消费者购买产品以后的满意程度取决于购买前期望得到实现的程度。如果感受到的产品效用达到或超过购前期望,就会感到满意,超出越多,满意感就越大;如果感受到的产品效用未达到购前期望,就会感到不满意,差距越大,不满意感就越大。

2. "认识差距"理论

消费者在购买和使用产品之后对商品的主观评价和商品的客观实际之间总会存在一定的差距,可分为正差距和负差距。正差距指消费者对产品的评价高于产品实际和生产者原先的预期,产生超常的满意感。负差距指消费者对产品的评价低于产品实际和生产者原先的预期,产生不满意感。根据这一观点,企业在做广告宣传时,要实事求是,符合产品的实际性能,这样才能真正赢得消费者的满意。

消费者的买后感受,最终将会通过行为反映出来。如果消费者满意,那么他重新购买的可能性就非常大,并且会影响到其他消费者。反之,产生不满意感的消费者不但不会再买这种产品或再来这家商店,而且会作反面宣传。因此,营销者赢得了一位消费者,就意味着赢得了许多消费者;而失去一个消费者,无异于失去很多消费者(图 5-8)。

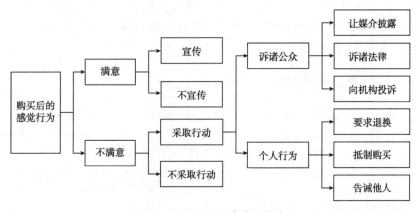

图 5-8 购买后的感觉和行为

由上述决策阶段可以看出,消费者决策是一个完整的过程。这一过程始于购买之前,结束于购买之后,只有从过程的角度加以分析,才能对消费者决策做出完整、准确的理解。需要指出的是,尽管所有决策的总体过程和具体内容极为相似,但在不同的消费决策下,其实际所进行的方式可能有很大的差异,并不是所有的决策过程都要经过上述5个步骤。不同的消费者决策可能会选择跳过、缩短、延长或反复进行某一个决策过程。分析消费者购买过程的5个步骤,主要是因为它概括了消费者购买决策过程的主要特征及其规律。营销者可根据不同阶段的不同问题,采取有针对性的措施,制订最佳的营销方案。

第四节　农产品消费者市场发展趋势

一、消费者越来越重视绿色消费

随着人们消费水平的提高以及绿色革命浪潮的推动,消费者的健康和环保意识越来越强。作为供人类直接食用的农产品,其安全程度直接关系到消费者的健康。近年来,由于在农产品生产过程中不合理使用农药、兽药以及添加剂等,导致消费者中毒乃至死亡的事件时有发生,如曾经出现的毒韭菜事件、三鹿奶粉事件、红心鸭蛋事件等。诸如此类事件的发生,让消费者逐渐开始关注和重视食品安全,具备一定条件和实力的消费者会选择购买安全食品。无公害、绿色和有机食品陆续推出后,消费者对安全食品的认知逐步深入,安全食品越来越得到消费者的青睐。此外,CSA农产品生产模式基于与消费者密切联系,消费者能够充分了解农产品生产的过程,也逐渐被消费者接受。

> **知识拓展**
>
> CSA 社区支持农业
>
> 社区支持农业(Community Supported Agriculture,CSA)的概念于20世纪70年代起源于瑞士,并在日本得到最初的发展。CSA中的"社区"不是单纯地理意义上的居民社区,而是一种社会学概念上的社区,它既容纳了地缘相近的个体,也吸纳了各式各样的组织和主体。CSA,是一种蕴含了人文关怀的新型农业生产和生活方式,是一群有着相近价值观和理想的人,为了安全的食品、健康的生活方式、农业的兴盛及社会和谐发展而共同努力的结果。CSA拉近了消费者和生产者的关系,缩短了农产品销售渠道,促进提升农业供应端质量。

二、消费者更喜欢消费品牌农产品

品牌农产品不仅体现生产及加工主体的实力,更是其优良品质和标准化程度的体现,为此,更多的消费者趋向于购买品牌农产品。例如,七河源大米、古船面粉、好想你红枣、高岗牌苹果、乐义牌蔬菜等品牌农产品,逐渐被消费者接受并认可。尤其是随着人们消费水平的提高,品牌农产品成为一种时尚和趋势,成为众多消费者日常生活中的一种必然选择。

三、消费的社会化程度逐步提高

收入水平的提高以及工作节奏的加快,改变了消费者的生活方式,也使消费者的饮食习惯发生了很大的变化。消费者越来越重视闲暇以及精神生活的享受，较为复杂和烦琐的传统的家庭自我制作饭食的消费习惯，逐步趋向于被社会化服务所代替。为了满足消费者的这一需求，各种方便食品应运而生，不断推向市场，如超市中各种成品、半成品、速冻食品以及净菜等较为省时、便于食用的食品受到消费者的追捧和青睐。

四、重视对营养、健康的追求

在温饱还未解决的时代，一方面农产品短缺，另一方面收入水平低。当时，满足温饱是最主要的需求，至于营养，根本就谈不上，也就不会有这方面的需求。随着收入的增长以及农产品的日益丰富，温饱问题已经得到解决，人们对于农产品的需求开始向着注重质量、增进健康方向发展。对粮食等主食的需求量减少，而对动物性食品以及果蔬食品的需求量不断增加，趋向于食用维生素含量多、蛋白含量高以及高热量、低糖、低脂肪、低胆固醇的食品。羊肉、牛肉、海产品以及无污染、绿色的果蔬产品等类似低脂肪、高蛋白、营养丰富的产品消费量越来越大。这种需求趋势的变化要求必须调整农业生产结构，改变农业的生产方式。

五、国际及地区需求的差异将逐渐缩小

随着信息化速度的不断加快以及现代物流业的迅猛发展，区域间交流、沟通越来越便捷和频繁，不同地区间的文化不断相互交融，也带来了农产品需求品种的不断融合。原来地域性消费差异较大，现今差异在逐渐缩小，如南方虽然仍以大米消费为主，但也有一些人开始对面食形成消费习惯；南方的大闸蟹以及海菜、湘菜等都已经摆上了北方人的餐桌，出现了众多的消费群体。随着改革开放的不断深入，各个国家特色的农产品也被越来越多中国消费者所消费，比如，美国的车厘子、新西兰的奇异果、泰国的榴莲、菲律宾的火龙果、越南的荔枝等。

六、个性化和多层次化需求逐步显现

随着收入水平的提高和商品种类的日益丰富，消费者更强调对于产品口味、外观、特殊功能及心理满足等方面的偏好，表现为明显的个性化需求。同时，对营养保健品、老年食品、儿童食品、休闲娱乐食品、节日庆典食品、交往寓意食品等食品的消费呈现增长势头，食品消费日趋多层次化。

> **知识拓展**
>
> 自 2005 年以来，麦肯锡针对中国城市消费者行为发布了一系列调查报告。2019 年，根据中国 44 座城市的 5400 名消费者访谈调查，麦肯锡对中国消费者画像的五大关键消费趋势进行了分析。
>
> 趋势一：中低线城市消费新生代成为增长新引擎。经济增速放缓和生活成本上涨并没有影响他们的购买热情，他们对消费支出增长的贡献超乎寻常。
>
> 趋势二：多数消费者出现消费升级，在升级的同时有的更关注品质，有的更关注性价比等。整体上看，中国消费者依然不断追求更高的生活水平，但受各种因素影响，不同消费群体表现出更加多样化和差异化的需求。

知识拓展

趋势三：健康生活理念持续升温。绝大多数受访消费者都表示正在追求更健康的生活方式，健康生活理念对消费者行为的影响在增加，消费品企业可以通过定义健康理念更好地迎合这一趋势。

趋势四：旅游消费更注重体验。消费者正抛弃"千人一面"的大型旅行团，转而选择"小而美"的团队游和自助游。

趋势五：本土高端品牌崛起。中国消费者对国产品牌认可度提高，希望本土品牌也能提供称心如意、高品质的商品。

资料来源：《麦肯锡2020年中国消费者调查报告》[EB/OL]．https：//www. mckinsey. com. cn/insights/consumers/，2019-12-19/2020-6-4．

【归纳与提高】

农产品需求是指农产品消费者对农产品有支付能力的愿望和要求。农产品需求在农产品市场运行中属于前提和首要的地位。消费者对于农产品的需求注重的不只是一个方面，而是涉及多个方面，也就是说农产品需求具有多样化。

消费者市场是指个人或家庭为满足生活需求而购买或租用产品、服务的市场。农产品消费者市场是指购买对象为农产品或与其相关服务的市场，其范围相对消费者市场要小很多。消费者市场是市场体系的基础，是起决定作用的市场。

消费者购买行为是指消费者为满足其个人或家庭生活需要而发生的购买商品的决策或行动。消费者为获取、使用、处置消费物品或服务所采取的各种行动，都属于消费者行为。根据购买活动中消费者的介入程度和所购产品品牌间的差异程度，可将消费者的购买行为分为以下四种类型：复杂的购买行为、寻求多样化的购买行为、减少失调的购买行为和习惯性的购买行为。

消费者购买行为模式是指消费者为满足某种需要，在把购买动机转化为实际购买行为的过程中逐渐养成的不易改变(相对稳定)的购买形态。为研究消费者购买行为，菲利普·科特勒建立了一个"刺激—反应模式"来说明营销环境刺激与消费者反应之间的关系。

消费者购买行为是指消费者为满足其个人或家庭生活而发生的购买商品的决策过程。消费者购买行为深受社会、文化、个人和心理因素的影响，且每种因素对消费者购买行为的影响程度都有所不同。

消费者购买决策是指消费者为了实现满足需求的目标，在购买过程中对是否购买商品或服务以及对影响购买决定的相关内容进行决策的一系列活动。消费者购买决策的类型包括名义型决策、有限型决策、扩展型决策。

消费者购买决策是一个动态发展的过程，包括问题识别、收集信息、评价方案、购买决策以及购后行为五个阶段。

【复习思考题】

1. 什么是农产品消费者需求？有哪些特征？
2. 什么是农产品消费者市场？有哪些特点？

3. 消费者购买行为模式是什么？
4. 影响农产品消费者购买行为的因素主要有哪些？
5. 消费者决策过程是什么？
6. 农产品消费者市场发展趋势有哪些？

章节案例

从农产品的消费升级看新零售的本质

随着消费不断升级，中产阶层的崛起，一方面市场上出现越来越多的优质农产品，另一方面，新的消费群体需要符号意义和精神价值。他们的消费习惯也发生着改变，追求私人定制和高性价比。"80后""90后""00后"所谓的新世代消费群体将成为未来消费市场的主导力量。这类群体有四大特点：年轻化、个性化、去品牌化、理性化。在消费上体现为喜欢私人定制和注重高性价比，喜欢货比三家，也愿意分享购物体验。这类群体更喜欢有"温度"的产品，更加注重与产品之间的情感"连接"，高性价比意味着追求产品的物美价廉。

消费结构升级和消费习惯改变，对新消费提出两大需求：一是要有线下的消费场景，提供体验式消费和定制化服务。二是产品高性价比，品质卓越、价格合理、服务高效。

未来线上和线下的边界越来越模糊，就整个零售业来说，竞争不再来源于线上和线下的模式，而要回归零售的本质：谁能更高效更优质地服务消费者。互联网不会改变零售的本质，最终评价一种零售模式好不好，绕不开两个标准：一个是成本效率，另一个是购物体验。

新零售就是以用户体验为中心，借助互联网技术最大化交易效率和生产效率，具体来看有四大特征。

首先，线上线下同款同价。消费者最开始选择电商消费的主要原因，不外乎零售店的体验不好，且价格昂贵。未来农业的新零售，必须是同款产品线上线下同价。

其次，终端提供叠加式体验，促生新业态。未来流量入口将没有线上与线下之分，而终端则是重要的体验场景，消费者不管你是线上还是线下，他只想能够高效愉悦地买到所需要的优质产品。智能终端将取代旧式的货架、货柜，延展店铺时空，构建丰富多样的全新消费场景，以新型门店与卖场全面升级顾客体验，这样的终端将成为一种新业态。

再次，消费场景碎片化。消费者的消费渠道日渐碎片化，消费习惯走向个性化，零售从原来的规模驱动走向标准化驱动，走向以个性化、灵活和定制为驱动。随着社区消费趋势铺展开来，社区化将成为零售行业未来发展的重要方向。

最后，实现全渠道融通。传统零售面临着渠道分散、客户体验不一、成本上升、利润空间压缩等多个困局。新零售将从单向销售转向双向互动，从线上或线下转向线上线下融合。因此新零售要建立"全渠道"的联合方式，以实体门店、电子商务、大数据云平台、移动互联网为核心，通过融合线上线下，实现商品、会员、交易、营销等数据的共融互通，为顾客提供跨渠道、无缝化体验。

资料来源：根据市场周刊资料整理

思考：如何看待新世代消费群体的新的消费习惯？未来对农产品的消费将向哪个方向发展？

参 考 文 献

蔡维琼，张亮，祁峰. 消费者行为学[M]. 长春：吉林大学出版社，2014.
曹旭平. 消费者行为学（第2版）[M]. 北京：清华大学出版社，2017.
费明胜，杨伊侬. 消费者行为学（第2版）[M]. 北京：人民邮电出版社，2017.
符国群. 消费者行为学[M]. 北京：高等教育出版社，2010.
侯雁. 市场营销学[M]. 长沙：中南大学出版社，2011.
李崇光，赵宪军，周发明. 农产品营销学（第3版）[M]. 北京：高等教育出版社，2016.
李晓颖，黄晓东. 市场营销实务[M]. 北京：中国水利水电出版社，2014.
凌利，孔建华，白林. 市场营销学[M]. 北京：化学工业出版社，2016.
刘树，马英. 消费者行为分析[M]. 北京：北京大学出版社，2013.
石晓华，贾刚民，职明星. 农产品市场营销[M]. 北京：中国农业科学技术出版社，2014.
孙玺. 市场营销学（第2版）[M]. 北京：科学出版社，2016.
王海云，柏静，谢巍. 市场营销学[M]. 北京：经济管理出版社，2014.
王圣元，王小波，沈毅. 市场营销学[M]. 南京：东南大学出版社，2014.
王晓玉. 消费者行为学[M]. 上海：上海财经大学出版社，2014.
吴健安，钟育赣，胡其辉. 市场营销学（第6版）[M]. 北京：清华大学出版社，2018.
武铮铮. 实用市场营销学[M]. 南京：东南大学出版社，2010.
许军. 市场营销学[M]. 成都：西南交通大学出版社，2009.
杨国，高传光，丁立. 农产品市场营销策略[M]. 北京：中国农业科学技术出版社，2016.
张松柏，赵铁军. 现代市场营销学[M]. 北京：经济日报出版社，2015.
张香兰. 消费者行为学（第2版）[M]. 北京：清华大学出版社，2017.
张中科. 消费者行为学[M]. 北京：中国人民大学出版社，2011.
赵慧敏，李晖. 消费心理学[M]. 天津：天津大学出版社，2013.

第三篇　营销策略

第六章 农产品市场细分、目标市场决策和市场定位

 知识与技能目标

1. 掌握市场细分、目标市场、市场定位的定义。
2. 掌握市场细分的方法及步骤。
3. 掌握目标市场战略与选择。
4. 掌握市场定位的方法及步骤。
5. 具备目标市场战略的分析能力。
6. 能够对农产品进行合理的市场细分、目标市场选择以及市场定位。

情境导入

农夫山泉橙子取名 17.5°橙,是因为它的甜酸比平均值大致为 17.5°,甜得可口,酸得怡人,是公认的"黄金甜酸比"。橙子不同于西瓜,并非越甜越好。美国农业部 USDA 分级标准将 A 类橙汁的糖酸比范围界定为 12.5~20.5,而 17.5 度恰如其分。充足的雨水和阳光,恰到好处的昼夜温差,罕见的稀土红壤,江西赣南是脐橙生长良乡,也是 17.5°的根本保障。17.5°橙的果园有严格的管理措施,专人负责,认真落实每一个管理细节,为每一颗果子做到真正溯源,是 17.5°橙的品质保证。坚持不催熟,不打蜡,自然熟后采摘,保证每一颗橙子的黄金糖酸比例。

资料来源:农夫山泉官网[EB/OL]. https://www.nongfuspring.com/,2020-5-10/2020-6-6.

思考:农夫山泉 17.5°橙的市场定位策略是什么?

市场细分(Segmenting)、目标市场(Targeting)和市场定位(Positioning)构成了目标市场战略(STP 战略)的全过程,STP 战略是现代市场营销战略的核心。其战略实施步骤见图 6-1。第一步,市场细分,根据购买者对产品或营销组合的不同需要,将市场分为若干

第六章 农产品市场细分、目标市场决策和市场定位

不同的顾客群体,并勾勒出细分市场的轮廓。第二步,确定目标市场,选择要进入的一个或多个细分市场。第三步,市场定位,建立在市场上传播该产品的关键特征与利益。企业通过 STP 战略来规划并准确地选择目标市场,为制定和实施针对目标市场需求的营销组合策略提供基础和依据。

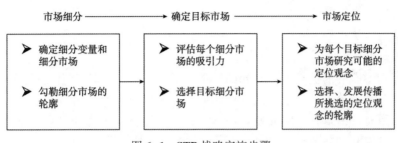

图 6-1 STP 战略实施步骤

第一节 市场细分

市场细分(Segmenting)的概念是美国市场学家温德尔·史密斯(Wendell R. Smith)于 20 世纪 50 年代中期提出来的。市场细分是对现代营销认识的深化。企业一切活动要以市场为中心,但由于各种原因消费者和用户的需求总是不尽一致。市场细分承认这种差异的客观性、合理性,通过区分需求的差异,更深刻地认识具体的市场,并为企业选择目标市场、进行定位提供依据。

一、市场细分的概述

(一)市场细分的定义

市场细分是指营销者通过市场调研,依据消费者的需要和欲望、购买行为和购买习惯等方面的差异,把某一产品的市场整体划分为若干消费者群的市场分类过程。每一个消费者群就是一个细分市场,每一个细分市场都是具有类似需求倾向的消费者构成的群体。

农产品市场细分是指根据农产品总体市场中不同的购买者在需求特点、购买行为和购买习惯等方面的差异,把农产品总体市场划分为若干个不同类型的子市场的过程。农产品市场细分不以人们的主观意志为转移,而是有其客观基础和依据。农产品市场细分的客观基础是同一农产品消费需求的多样性,即农产品市场细分以消费者的需要、动机及购买习惯等多元性为依据。随着农产品的极大丰富性及消费行为的多样化,消费者对农产品的需求、欲望、购买行为以及对企业营销策略的反应等表现出巨大的差异性,这种差异性使农产品市场细分成为可能。

(二)市场细分的模式

同质偏好是指所有消费者有大致相同偏好的市场,市场显示出并不存在惯常的细分市场。这些商品的所有现存品牌将会是类同的,并且都处在偏好的中心。

按照顾客对产品不同属性的重视程度划分,会形成以下三种模式的细分市场(图 6-2)。

1. 同质偏好

同质偏好指所有消费者具备大致相同的偏好，这种市场不存在自然形成的细分市场，顾客对产品不同属性的重视程度大致相同，现有产品品牌基本相似，且集中在偏好的中央。

2. 分散偏好

分散偏好即所有消费者的偏好极大，各不相同。如果市场上同时存在着几个品牌，则这些品牌可能定位于市场上各个空间，分别突出自己的差异性，来满足消费者的不同偏好。

3. 集群偏好

集群偏好指不同的消费群体有不同的消费偏好，但同一群体的消费偏好大体相同。这种市场也称为自然细分市场。进入该市场的第一家企业可以有三种选择：一是定位于偏好中心，来迎合所有的消费者，即无差异性营销；二是定位于最大的细分市场，即集中性营销；三是同时开发几种品牌，分别定位于不同的细分市场，即差异性营销。

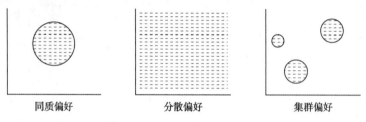

图 6-2　市场细分的模式

二、市场细分的依据

市场细分的基础是顾客需求的差异性，所以凡是使顾客需求产生差异的因素都可以作为市场细分的标准。由于各类市场的特点不同，因此市场细分的条件也有所不同。

（一）消费者市场的细分依据

消费者市场的细分标准可以概括为地理因素、人口统计因素、心理因素和行为因素四个方面，每个方面又包括一系列的细分变量。

1. 按地理因素细分

按地理因素细分，就是按消费者所在的地理位置、地理环境等变数来细分市场。因为处在不同地理环境下的消费者，对于同一类产品往往会有不同的需要与偏好，例如，对大米的选购，南方居民以大米为主食，故购买大米相对较多，而北方居民以馒头为主食，故购买面粉相对较多。因此，对消费品市场进行地理细分是非常必要的。

（1）地理位置。可以按照行政区划来进行细分，如在我国，可以划分为东北、华北、西北、西南、华东和华南几个地区；也可以按照地理区域来进行细分，如划分为省、自治区、市、县等，或内地、沿海、城市、农村等。在不同地区，消费者的需求显然存在较大差异。

（2）城镇大小。可划分为大城市、中等城市、小城市和乡镇。处在不同规模城镇的消费者，在消费结构方面存在较大差异。

（3）地形和气候。按地形可划分为平原、丘陵、山区、沙漠地带等；按气候可划分为热带、亚热带、温带、寒带等。防暑降温、御寒保暖之类的消费品就可按不同气候带来划分。如在平原地区,地势相对平坦,大型农机器具的市场需求很大;而在山区,大型农机器具操作不便,故就没有多少需求。

2. 按人口统计因素细分

按人口统计因素细分,就是按年龄、性别、职业、收入、家庭人口、家庭生命周期、民族、宗教、国籍等变数,将市场划分为不同的群体。由于人口变数比其他变数更容易测量,且适用范围比较广,因而人口变数一直是细分消费者市场的重要依据。

(1)年龄。不同年龄段的消费者,由于生理、性格、爱好、经济状况的不同,对消费品的需求往往存在很大的差异。因此,可按年龄将市场划分为许多各具特色的消费者群,如儿童市场、青年市场、中年市场、老年市场等。奶制品经常采用年龄变数来细分市场,例如,蒙牛面向中老年人群推出高端功能乳品品牌"焕轻牛奶";面向儿童推出的儿童营养奶品牌"未来星",面向18~35岁活力时尚的年轻人推出的常温乳酸菌饮品品牌"go畅"等。

(2)性别。按性别可将市场划分为男性市场和女性市场。不少商品在用途上有明显的性别特征。在农产品的选择上,女性更多地关注产品的价格问题和质量问题,而且更倾向于自己煮食;而男性则更关注食用的便利性问题,方便便捷是其购买农产品的首选。

(3)收入。收入的变化将直接影响消费者的需求欲望和支出模式。根据平均收入水平的高低,可将消费者划分为高收入、次高收入、中等收入、次低收入、低收入五个群体。收入高的消费者比收入低的消费者更喜欢购买更高价的产品,如有机农产品、进口农产品等;收入高的消费者一般喜欢产地直供农产品,收入低的消费者则通常在菜市场购买农产品。

(4)民族。世界上大部分国家都拥有多种民族,我国更是一个多民族的大家庭,除汉族外,还有55个少数民族。这些民族都各有自己的传统习俗、生活方式,从而呈现出各种不同的商品需求,如我国西北少数民族饮茶很多、回族不吃猪肉等。只有按民族这一细分变数将市场进一步细分,才能满足各族人民的不同需求,并进一步扩大企业的产品市场。

(5)职业。不同职业的消费者,由于知识水平、工作条件和生活方式等不同,其消费需求存在很大的差异。

(6)教育状况。受教育程度不同的消费者,在志趣、生活方式、文化素养、价值观念等方面都会有所不同,因而会影响他们的购买种类、购买行为、购买习惯。

(7)家庭人口。据此可分为单身家庭(1人)、单亲家庭(2~3人)、小家庭(4~6人)、大家庭(6人以上)。家庭人口数量不同,在住宅大小、家具、家用电器乃至日常消费品的包装大小等方面都会出现需求差异。

3. 按心理因素细分

按心理因素细分,就是将消费者按其生活方式、性格、购买动机等变数细分成不同的群体。

(1)生活方式。越来越多的企业重视按人们的生活方式来细分市场。生活方式是人们对工作、消费、娱乐的特定习惯和模式,不同的生活方式会产生不同的需求偏好,如传统型、新潮型、节俭型、奢侈型等。

(2)性格。消费者的性格对产品的消费倾向有很大的关系。性格可以用外向与内向、乐观与悲观、自信、顺从、保守、急进、热情、老成等词句来描述。性格外向、容易感情冲动的消费者往往好表现自己,因而他们喜欢购买能表现自己个性的产品;性格内向的消费者则喜欢大众化,往往购买比较平常的产品;富于创造性和冒险心理的消费者,则对新奇、刺激性强的商品特别感兴趣。

(3)购买动机。即按消费者追求的利益来进行细分。消费者对所购产品追求的利益主要有求实、求廉、求新、求美、求名、求安等,这些都可作为细分的变量。例如,有人购买有机食品是为了求安;而有人购买有机食品是为了求名等。因此,企业可对市场按利益变数进行细分,确定目标市场。

4. 按行为因素细分

按行为因素细分,就是按照消费者购买或使用某种商品的时间、购买数量、购买频率、购买习惯等变数来细分市场。

(1)购买时间。许多产品的消费具有时间性,粽子的消费主要在端午节期间,月饼的消费主要在中秋节期间等。因此,企业可以根据消费者产生需要、购买或使用产品的时间进行市场细分,并在适当的时候加大促销力度,采取优惠价格,以促进产品的销售。

【案例 6-1】

端午节是中华民族最重要的传统节日之一,也是首个入选世界非物质文化遗产的中国节日。然而受多种因素的影响,许多传统的东西渐渐被遗忘,要过好传统节日,就要多些传统与现代相结合的过节方式,特别是跨界融合的方式,将吸引更多年轻人走进传统节日并爱上传统节日,唤起更多人的传统文化记忆。

2019年5月26日,小罐茶"粽式下午茶"线下品鉴活动在北京三里屯梧桐Plus成功举办。该活动由小罐茶和五芳斋联合打造,以"心意局·潮端午"为主题,以茶会友,以粽传情。众多消费者、行业主流媒体、美食博主到场参与,在现场品鉴小罐茶和五芳斋粽子,感受时尚、潮流、新颖的"粽式下午茶"。

小罐茶与五芳斋联手推出的端午节特别献礼:"匠心有约·经典版"端午茶粽定制礼盒。将传统与经典联合,以匠心敬献中国味。定制礼盒中包含五茶五粽,均为茶粽最佳CP组合,确保每一款都是经典味道,每一味都令人回味无穷。

资料来源:小罐茶打造潮范端午,茶粽CP心意满满[EB/OL].http://js.ifeng.com/a/20190606/7490815_0.shtml,2019-6-6/2020-6-6.

思考:农产品如何根据特殊时间节点进行营销?

(2)购买数量。据此可分为大量用户、中量用户和少量用户。大量用户人数不一定多,但消费量大,许多企业以此为目标,反其道而行之也可取得成功。

(3)购买频率。据此可分为经常购买、一般购买、不常购买。如比较稀有的水果,消费者购买的频率相对较低,常食用的水果则购买频率相对较高,如橘子、苹果、香蕉等。

(4)购买习惯。据此可将消费者划分为坚定品牌忠诚者、多品牌忠诚者、转移的忠诚者、无品牌忠诚者等。有的消费者忠诚于某些产品,有的消费者忠诚于某些服务,有的消费者忠诚于某一个机构、某一项事业等。为此,企业必须辨别忠诚顾客及其特征,以便更好地满足他们的需求,必要时给忠诚顾客以某种形式的回报或鼓励,如给予一定的折扣。

【案例6-2】

盘锦认臻生态农业发展有限公司(大洼认养农业总部基地)通过认养方式经营以盘锦"蟹田大米"为代表的系列农产品。从春种到秋收，全程拖管式管家服务，蟹稻共生、生态种植，低温低氧仓储，月月按需打磨，全年免费配送，满足了全国消费者对放心、安全农产品的需求，实现了绿色农品从田间到餐桌"0"环节有效直供。

大洼认养农业总部基地以水稻认养为主，针对不同类型的认养客户，采用了集团认养(餐饮连锁、企业食堂、中央厨房等)、个人认养、大宗业务(即商超、社区、电商等)等分类直供法，其直供大米主要有认臻一目惚、蟹田大米、臻香、稻花香、丰锦、秋田小町六种。同时，认养基地还带动全区14个乡镇、街道开展了更为丰富多样的认养内容，果蔬、家禽、鱼塘等特色认养更全面地满足了不同消费者的需求。此外，认养基地还积极促进农业与二、三产业的深度结合，发展认养农业的同时带动多产业发展，适时创造"认养+N"发展思路，推出了"认养+旅游""认养+科教""认养+养老""认养+饮食""认养+智慧社区"等模式。

资料来源：盘锦认臻生态农业发展有限公司官网[EB/OL]. http：//www.dwryny.14com/index.html，2018-6-8/2020-6-6.

思考：认臻认养是如何细分客户的？又是如何对其产品进行定位的？

(二) 生产者市场的细分依据

很多用来细分消费者市场的标准同样也可用于细分生产者市场。例如，根据地理、追求的利益和使用率等变量加以细分。但是，由于生产者与消费者在购买动机与行为上存在差别，所以，除了运用前述消费者市场细分标准外，还可用一些新的标准来细分生产者市场。

1. 用户规模

在生产者市场中，有的用户购买量很大，而另外一些用户的购买量则很小。企业应当根据用户规模大小来细分市场，并根据用户或客户的规模不同，制订不同的营销组合方案。例如，对于大客户，宜于直接联系、直接供应，在价格、信用等方面给予更多优惠；而对众多的小客户，则宜于让产品进入商业渠道，由批发商或零售商去组织供应。

2. 产品的最终用途

产品的最终用途不同也是生产者市场细分的标准之一。企业购买农产品时，一般都是供再加工之用，对所购农产品通常都有特定的要求。如大豆属于比较重要的农作物之一，在经过加工处理之后，可以将其制作成豆芽、豆浆、豆腐、豆腐干、豆腐丝等，还可以加工制成大豆蛋白粉、大豆浓缩蛋白，可以将其添加到冷饮、食品、肉制品的加工中。发酵大豆制品有豆豉、腐乳、豆酱等，大豆油脂系列产品有豆奶粉、酸豆奶等。

3. 工业者购买状况

工业者购买的主要方式包括直接重购、修正重购及新任务购买。不同的购买方式的采购程度、决策过程等不相同，因而可将整体市场细分为不同的小市场群。

(三) 市场细分应注意的问题

不管是从消费者市场还是生产者市场，在按照具体的细分标准和变量进行市场细分时，为了保证市场细分的有效性，应该注意下面几个问题。

1. 动态性

细分的标准和变数不是固定不变的，如收入水平、城市大小、交通条件、年龄等，都会随着时间的推移而变化。因此，应树立动态观念，适时进行调整。

2. 适用性

市场细分的因素有很多，各企业的实际情况又各异，不同的企业在细分市场时采用的细分变数和标准不一定相同，究竟选择哪种变量，应视具体情况加以确定，切忌生搬硬套和盲目模仿。

3. 组合性

要注意细分变数的综合运用。在实际营销活动中，一个理想的目标市场是有层次或交错地运用上述各种因素的组合来确定的。如有机食品的经营者将 40 岁以上的城市精英家庭确定为目标市场，就运用了四个变量：年龄、地理区域、行为方式、收入。

三、市场细分的条件以及方法

(一) 市场细分的条件

1. 可衡量性

可衡量性是指用来细分市场的标准和变数及细分后的市场是可以识别和衡量的，即有明显的区别，有合理的范围。如果某些细分变数或购买者的需求和特点很难衡量，细分市场后无法界定，难以描述，那么市场细分就失去了意义。

2. 可进入性

可进入性是指企业能够进入所选定的市场部分，能进行有效的促销和分销，实际上就是考虑营销活动的可行性。一是企业能够通过一定的广告媒体把产品的信息传递到该市场众多的消费者中去，二是产品能通过一定的销售渠道抵达该市场。

3. 可盈利性

可盈利性是指细分市场的规模要大到能够使企业足够获利的程度，使企业值得为它设计一套营销规划方案，以便顺利地实现其营销目标，并且有可拓展的潜力，以保证按计划能获得理想的经济效益和社会服务效益。

4. 差异性

差异性是指细分市场在观念上能被区别，并对不同的营销组合因素和方案有不同的反应。同样是养鸡，京东提出跑步鸡的概念，从追求鸡本身的健康出发，去追求消费者饮食安全，和其他追求食品安全的养鸡概念有着独特的差异性。

5. 相对稳定性

相对稳定性是指细分后的市场有相对应的稳定时间。细分后的市场能否在一定时间内保持相对稳定，直接关系到企业生产以及营销的稳定性。特别是农业企业，因为农业本身投资周期长、见效慢，更容易造成经营困难，严重影响企业的经营效益。

（二）市场细分的方法

根据细分程度的不同，可以采用单一变量因素细分，也可以采用多个变量因素组合或系列变量因素进行市场细分，这就形成了不同的市场细分方法。

（1）单一变量因素法。选用一个变量因素进行市场细分，这个因素应当对购买者需求影响最大。如图6-3所示，按照收入进行细分，可以将市场细分为1、2、3三个市场，按照年龄进行细分，可以将市场细分为a、b两个市场。

（2）多个变量因素组合法。一般采用两个以上的因素同时从多个角度进行市场细分。如图6-3所示，按照收入和年龄进行市场细分，可以将市场分为1a、1b、2b、3a、3b五个市场。

（3）系列变量因素法。也用两个以上因素，但根据一定顺序逐次细分市场。细分过程也是比较、选择目标市场的过程，下一阶段的细分在上一阶段选定的细分市场里进行。

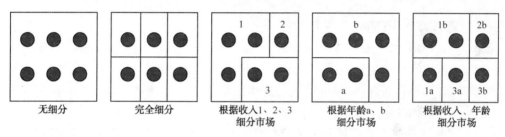

图 6-3 市场细分方法示意图

第二节 目标市场决策

一、目标市场的定义

在营销活动中，任何一个组织都必须选定目标市场。因为，对一个商业组织来说并非所有的市场机会都具有同等的吸引力，或者说，并不是每一个细分市场都是组织所愿意进入和能够进入的。同时，组织受其人、财、物等资源的限制使之无法提供市场内所有消费者所需要的商品或服务，因此，为了保持效率，组织的营销活动必须限定在一定范围内。

目标市场是指企业在市场细分的基础上，经过评价、分析所选中的并致力于开发的细分市场，即企业的主要服务市场。

在市场细分基础上，正确选择目标市场，是关系目标市场战略成败的关键环节。首先，选择正确的目标市场，可以使企业集中资源和精力，实施更有效的营销策略，扩大产品市场占有率，取得更大的成就；其次，在选定目标市场的基础上，通过深入研究目标市场需求状况，有利于企业竞争力的增强，从而形成强有力的市场竞争力；最后，选择目标市场可以帮助企业寻找到能充分发挥自己能力的市场，以达到大量销售产品，取得良好经济效益的目的。

二、市场覆盖模式

市场经过细分、评估后，可能得出许多可供进军的细分市场，这时企业就要进一步做出市场细分的决策，即决定向哪个市场或多少个市场进军，也就是做出市场覆盖宽度的决策。一般来说，有5种基本的市场覆盖模式，如图6-4所示。

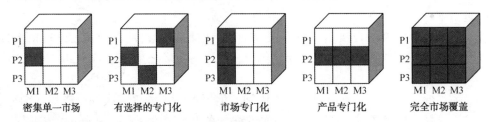

图 6-4 市场覆盖模式

（一）密集单一市场

密集单一市场是企业选择一个细分市场，集中力量为之服务。这是大部分中小型企业应当采用的策略。密集单一营销使企业深刻了解该细分市场的需求特点，采用针对的产品、价格、渠道和促销策略，从而获得强有力的市场地位和良好的信誉，但同时隐含较大的经营风险。

（二）有选择的专门化

有选择的专门化是企业选择几个细分市场，每一个对企业的目标和资源利用都有一定的吸引力。但各细分市场彼此之间很少或根本没有任何联系。这种策略能分散企业经营风险，即使其中某个细分市场失去了吸引力，企业还能在其他细分市场盈利。

（三）市场专门化

市场专门化是企业专门服务于某一特定顾客群，尽力满足他们的各种需求。企业专门为这个顾客群服务，能建立良好的信誉。但一旦这个顾客群的需求潜量和特点发生突然变化，企业要承担较大风险。

【案例6-3】

孕产妇市场选择

浙江省嘉兴市天蓬畜禽养殖专业合作社创始人高磊燕创造了一个把互联网、时尚和传统农业三者有机结合起来的新品牌"月子皇后"。"月子皇后"主要针对的是孕产妇市场，为孕产妇提供优质的"月子鸡"和"月子鸡蛋"。这些鸡不吃普通饲料，只吃玉米、谷子、小麦等五谷杂粮。所有的鸡至少饲养半年才能出售，有些甚至需要一年。此外，高磊燕还在农场外围种了6亩桃树，只用鸡粪浇灌，打造了一个小型的自然生态循环。这样的饲养方式看着非常健康科学，但饲料成本就会比饲养普通鸡至少高出50%，因此，高磊燕农场的月子鸡和月子鸡蛋都是"天价"产品——1只鸡卖398元、15只鸡蛋卖198元。"月子皇后"以月子鸡、月子鸡蛋为主要产品，与多个农场共建生态循环农业种养殖基地，借助互联网的力量进行品牌宣传，建设营销中心和电商平台做产品展示，并签署订购、销售协议。

资料来源：根据浙江在线网资料摘编

思考：该合作社市场覆盖模式是哪一种类型？为什么要采取该类型？

(四) 产品专门化

产品专门化是企业集中生产一种产品,并向所有顾客销售这种产品。例如,褚橙只向市场销售橙子这一种产品,面对不同的消费者提供不同的包装类型。企业容易以该专门化产品树立很高的信誉,但一旦出现其他品牌的替代品或消费者流行的偏好转移,企业将面临巨大的威胁。

(五) 完全市场覆盖

完全市场覆盖是企业力图用各种产品满足各种顾客群体的需求,即以所有的细分市场作为目标市场,例如,蒙牛、伊利等大企业为不同年龄层次的顾客提供各种档次和功能的牛奶制品。一般只有实力强大的大企业才能采用这种策略。企业需要决定,如何进入以及进入多少个细分市场。

三、目标市场战略与选择

(一) 目标市场战略

根据所选择的细分市场数目和范围,目标市场选择策略可以分为无差异目标市场策略、差异性目标市场策略和集中性目标市场策略三种方式。

1. 无差异目标市场营销策略

无差异目标市场策略是指不考虑各细分市场的差异性,将它们视为一个统一的整体市场,认为所有客户对农产品有共同的需求。采用无差异目标市场策略无视各细分市场客户群体的特殊需求,在此情况下,营销人员可以设计单一营销组合直接面对整个市场,去迎合整个市场最大范围的客户的需求,凭借大规模的广告宣传和促销,吸引尽可能多的客户。

图 6-5 无差异目标市场营销策略

无差异营销的理论基础是成本的经济性。生产单一产品,可以减少生产与储运成本;无差异的广告宣传和其他促销活动可以节省促销费用;不搞市场细分,可以减少企业在市场调研、产品开发、制订各种营销组合方案等方面的营销投入。这种策略对于需求广泛、市场同质性高且能大量生产、大量销售的产品比较合适。

2. 差异性目标市场营销策略

差异性目标市场营销策略是将整体市场划分为若干细分市场,针对每一细分市场制订一套独立的营销方案。比如,蒙牛、伊利等乳企针对不同性别、不同收入水平、不同年龄段的消费者推出不同品牌、不同价格的产品,并采用不同的广告主题来宣传这些产品。

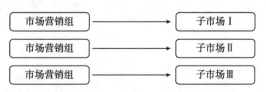

图 6-6 差异性目标市场营销策略

差异性营销策略的优点是:小批量、多品种,生产机动灵活、针对性强,使消费者需求更好地得到满足,由此促进产品销售。另外,由于企业是在多个细分市场上经营,一定程度上可以减少经营风险;一旦企业在几个细分市场上获得成功,有助于提高企业的形象及提高市场占有率。

差异性营销策略的不足之处主要体现在两个方面:一是增加营销成本。由于产品品种多,管理和存货成本将增加;由于企业必须针对不同的细分市场发展独立的营销计划,会增加企业在市场调研、促销和渠道管理等方面的营销成本。二是可能使企业的资源配置不能有效集中,顾此失彼,甚至在企业内部出现彼此争夺资源的现象,使拳头产品难以形成优势。

3. 集中性目标市场营销策略

实行差异性营销策略和无差异营销策略,企业均是以整体市场作为营销目标,试图满足所有消费者在某一方面的需要。集中性营销策略则是集中力量进入一个或少数几个细分市场,实行专业化生产和销售。实行这一策略,企业不是追求在一个大市场角逐,而是力求在一个或几个子市场占有较大份额。

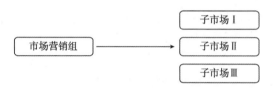

图 6-7 集中性目标市场营销策略

集中性营销策略的指导思想是:与其四处出击收效甚微,不如突破一点取得成功。这一策略特别适合于资源力量有限的中小企业。中小企业由于受财力、技术等方面因素制约,在整体市场可能无力与大企业抗衡,但如果集中资源优势在大企业尚未顾及或尚未建立绝对优势的某个或某几个细分市场进行竞争,成功可能性更大。

集中性营销策略的局限性体现在两个方面:一是市场区域相对较小,企业发展受到限制。二是潜伏着较大的经营风险,一旦目标市场突然发生变化,如消费者倾向发生转移;或强大竞争对手的进入;或新的更有吸引力的替代品的出现,都可能使企业因没有回旋余地而陷入困境。

(二)选择目标市场战略

企业采取哪一种策略还需综合考虑企业实力、产品特性、市场需求、市场竞争者等因素(表6-1)。

1. 企业实力

人、物、财力及信息等资源不足、实力有限,一般不宜把整体市场作为目标市场,如中小企业多用集中性市场战略。实力雄厚的大企业,差异化市场战略与无差异市场战略均可根据需要选用。

2. 产品特性

同质性产品本身差异小,如大米、小麦、玉米等,一般适合于无差异市场战略。产品设计变化较多的如传统手工艺品、食品等,宜考虑差异化市场战略或集中性市场战略。

3. 市场需求

倘若购买者爱好相似,每一时期购买数量相近,对营销刺激的反应也大致相同,可采用无差异市场战略。反之，应考虑差异化市场战略或集中性市场战略。

4. 产品生命周期

通常在产品处于导入期和成长期时，可采用无差异目标市场策略，以探测市场与潜在顾客的需求。当产品进入成熟期或衰退期时，可采用差异性目标市场策略，以开拓新的市场，或采取集中性目标市场策略，以维持和延长产品的生命周期。

5. 市场竞争者

竞争者积极进行市场细分、实施差异化市场战略，本企业采用无差异市场战略一般难以奏效。应通过更有效的市场细分寻找机会，采用差异化市场战略或集中性市场战略。对手选用无差异市场战略，本企业实施差异化市场战略，通常可有所得。面对强大的竞争者，也可考虑集中性市场战略。

表 6-1 目标市场选择应考虑的因素

考虑因素	无差异市场策略	集中性市场策略	差异性市场策略
产品特性	同质性	异质性	异质性
市场需求	差异性小	差异性大	差异性大
市场竞争者	少	多	多
企业实力	强	弱	强
产品生命周期	导入期、成长期	成熟期、衰退期	成熟期、衰退期

第三节　市场定位

一、市场定位的定义

企业要为自己或产品、品牌树立某种特色，塑造预定形象，并争取顾客认同。这种勾画形象和提供的价值，使目标市场全面理解、认识本企业有别于竞争者的行为，即定位（Positioning）。市场定位，就是针对竞争者现有产品在市场上所处的位置，根据消费者或用户对该产品某一属性或特征的重视程度，为产品设计和塑造一定的个性或形象，并通过一系列营销努力把这种个性或形象强有力地传达给顾客，从而适当确定该产品在市场上的位置。

> **知识拓展**　艾尔·里斯（Al Reis）和杰克·特劳特（Jack Trout）于19世纪70年代初在《产业营销》（Industrial Marketing）和《广告时代》（Advertising Age）上发表了一系列的文章，介绍和阐述了"定位"（Positing）观念。这种观念自从提出后，被不断加以修正和发展，时至今日已经成为一种最为基本的广告创意方法。

市场定位是一种顾客心理定位。市场定位的出发点是竞争，是一种帮助企业确认竞争地位、寻找竞争策略的方法。通过定位，企业不仅可以进一步明确竞争对手和竞争目标，也可以发现竞争双方各自的优势与劣势。

在进行市场定位时，要注意：一方面，市场定位是在目标顾客心目中确定自己的位置。因此，市场定位时一定要研究顾客需求、顾客心理；所强调的产品或服务的特色一定是顾客需要的、顾客重视的属性；不符合顾客需要的所谓特色，不会受到顾客欢迎，也不会在顾客心目中树立起形象、确定好位置。另一方面，市场定位是相对于竞争者而言的，是相对于竞争者产品或服务的特色。因此，市场定位时一定要了解竞争对手，尤其是品牌竞争者、行业竞争者的产品或服务，找出自己的优势或特色，使自己跟竞争对手相区别。

二、市场定位的方法

（一）功效定位

功效定位是指通过突出产品适应消费者需求的某些独特功效来确定其市场位置的定位方法。在不同的产品类别中，企业可以发展的独特功效也大不相同。究竟以哪种功效定位，关键要看哪种功效能真正适应消费者的购买心理。独特功效优势在科学技术迅猛发展的今天是很难保持很久的。要保证功效定位的成功，企业就必须密切关注市场，不断选择并培育独特的功效优势。例如，云南大益茶业集团在其宣传推广中一直传递着一个重要概念，就是"茶有益，茶有大益"，这既是产品功能定位，又蕴藏着茶叶的"健康文化"。

（二）利益定位

利益定位是指品牌提供的利益点是其他品牌无法提供或者没有诉求过的，是独一无二的。运用利益定位，在同类产品品牌众多、竞争激烈的情形下，可以突出品牌的特点和优势，让消费者按自身偏好和对某一品牌利益的重视程度，更迅捷地选择商品。实力雄厚的名牌企业可以利用利益定位在同一类产品中推出众多品牌，覆盖多个细化市场，提高其总体市场的占有率。

在进行利益定位时应注意，首先，利益的诉求点必须是独一无二的，绝无仅有的，至少是其他企业无法提供的，或者没有提及过的；其次，利益的诉求出发点必须是消费者，也就是说，所谓利益的卖点必须是消费者最关心的、最感兴趣的、最需要的、最迫切的，而不是企业自身的一厢情愿；最后，利益的诉求点要集中，指示明确，不要因复杂而分散了注意力，失去关注焦点。

（三）属性定位

属性定位是指当消费者或用户购买产品时会影响其购买决策的一些相关产品的特性与功能，例如，价格、品质、豪华、新潮及功能等。

产品属性包括内在、外在、表现和抽象四项内容。

（1）内在属性是指产品的物理组成，包括原材料、制造和形态等方面的内容，原材料、制造和形态指的是产品的组成部分、制造工艺和制造过程、产品的大小和形状等内容。

（2）外在属性是指不是产品物理组成部分，且可以在不使用的情况下进行评估的属性，包括品牌、包装、服务和价格等内容。品牌是指产品或公司的名称和标志等。包装是指包裹产品的器物。服务是指为顾客购买和使用产品所提供的相关服务，如送货、安装、培训、维修等。价格是顾客购买产品时支付的货币数。

（3）表现属性是指产品发挥作用的方式，只有通过使用才能对其进行评估。

（4）抽象属性是指将多种属性包含的信息集合在了某一种属性当中，包括加权多种属性、用户意向属性和使用情境属性。加权的多种属性是指将外观质量、可靠性、耐用性等多种属性通过加权的方法合并为一个属性。用户想象属性是指用户对某一产品或品牌的想象包含了多种属性。使用情境属性是指顾客对某种产品和服务的使用条件有自己的看法。

（四）质量定位

质量定位是指在开发、生产一个产品时，产品的质量要控制在一个什么样的档次上。消费者对于市场上产品质量的要求是怎样、消费者对质量的认识水平、市场上同类产品的质量标准等应该成为企业质量定位的重要考核因素。

质量是产品的主要衡量标准，质量的好坏直接影响到企业产品在市场上的竞争力。因此，企业在研发、生产产品时，应该根据市场需求的实际状况确定产品的质量水平。

企业在进行产品定位时还需要注意：一方面，质量的衡量标准是很难量化的，即使通过某些质量标准，如 ISO 质量体系认证，只能说明你的产品质量比其他企业高，但在市场上，尤其消费者的认同并不一定与这些标准相符合，消费者对质量的认识往往有其个人的因素；另一方面，市场上并不一定都需要高质量的产品，在许多区域市场，尤其是发展中国家市场，消费者往往更青睐于质量在一定档次上，但价格更便宜的产品。

（五）价格定位

价格定位是指依据产品的价格特征，把产品价格确定在某一区域，在顾客心智中建立一种价格类别的形象，通过顾客对价格所留下的深刻印象，使产品在顾客的心目中占据一个较显著的位置。价格定位一般有四种类型。

（1）高价定位，即把不低于竞争者产品质量水平的产品价格定在竞争者产品价格之上。这种定位一般都是借助良好的品牌优势、质量优势和售后服务优势。

（2）低价定位，即把产品价格定得远远低于竞争者价格。这种定位的产品质量和售后服务并非都不如竞争者，有的可能比竞争者更好。之所以能采用低价，是由于该企业要么具有绝对的低成本优势，要么是企业形象好、产品销量大，要么是出于抑制竞争对手、树立品牌形象等战略性考虑。

（3）市场平均价格定位，即把价格定在市场同类产品的平均水平上。

（4）固定价格定位，这是一种不折、不扣、不减价、明码实价的定位法。可以消除顾客对价格的不信任感受，免去顾客的"砍价"之苦。一般而言，这种定位要求产品或企业具有相当的信誉做基础。

价格定位并不是一成不变的，在不同的营销环境下，在产品生命周期的不同阶段上，在企业发展的不同历史阶段，价格定位可以灵活变化。现代市场上的价格大战实质上就是企业之间价格定位策略的较量。

（六）产品形象定位

产品形象定位是指将一个产品品牌的特点综合起来，使其象征某类人物或事物，让消费者接受这种象征性并使品牌在消费者心目中树立一个永不磨灭的形象的定位方法。人们愿意对事物加以联想，那些恰当的、有意义的联想会轻易进入人们的心智。产品形象定位法正是利用联想规律，将枯燥、平淡的品牌特性附着在一个适当的形象上，传递给消费者并使这一形象深深印在消费者心中，达到定位目的。

(七）竞争对抗定位

竞争对抗定位是指一个有竞争实力但知名度不高、在市场上尚未取得一个稳定地位的产品，与一个已在市场上建立起领导者地位的产品直接对抗，以吸引消费者的关注，从而在市场上取得有利位置的定位方法。

这种方法的实质不是通过直接对抗一举打败竞争者来跃居领导者地位，而是通过与市场领导品牌直接对抗，吸引消费者的关注，用比单纯依靠本产品自身力量更短的时间在消费者心目中占领一个较为有利的位置。竞争对抗定位法需要企业的巨大财力支持，而且风险很大，所以企业使用时一定要谨慎。

(八）比附定位

比附定位是指通过与竞争品牌的比较来确定自身市场地位的一种定位策略。其实质是一种借势定位或反应式定位。借竞争者之势，衬托自身的品牌形象。在比附定位中，参照对象的选择是一个重要问题。一般来说，只有与知名度、美誉度高的品牌作比较，才能借势抬高自己的身价。

比附定位的形式主要有甘居第二、攀龙附凤以及进入高级俱乐部三种形式。甘居第二就是明确承认同类产品中另有最负盛名的品牌，自己只不过是第二而已。这种策略会使人们对公司产生一种谦虚诚恳的印象，相信公司所说是真实可靠的，同时迎合了人们同情弱者的心理，这样消费者对这个品牌的印象会更深刻。攀龙附凤就是首先承认同类产品中的著名品牌，本品牌虽自愧不如，但在某一地区或在某一方面还可以与这些最受消费者欢迎和信赖的品牌并驾齐驱，平分秋色。内蒙古宁城老窖打出的广告语"宁城老窖——塞外茅台"，就属于这一策略。进入高级俱乐部是企业利用模糊的概念，借助群体的声望，把自己归入高级俱乐部式的品牌群体中，强调自己是这一群体的一员，从而提高自己的形象和地位。

比附定位与竞争对抗定位有共同之处，即两者都是借助领导者或市场地位优越的竞争对手的信誉引起消费者对本企业产品的关注。比附定位策略有利于品牌的迅速成长，更适应品牌成长初期。

(九）市场空当定位

市场空当定位法是品牌定位的一种，即寻找众多消费者所重视的，但尚未被开发的市场空间。任何企业的产品都不可能占领同类产品的全部市场，也不可能拥有同类产品的所有竞争优势。市场中机会无限，善于寻找和发现市场空当，是品牌定位成功的一种重要选择。

市场空当定位有时间空当、年龄空当、性别空当、包装空当等形式。

(1) 时间空当：农产品的"反季节销售"就是利用时间空当的典型例子。这些季节性产品，占领季节是很重要的，但人们都有一种求异心理在淡季进行品牌宣传，往往能取得出其不意的效果。

(2) 年龄空当：年龄是人口细分的一个重要变量，品牌经营者不应当捕获所有年龄阶段的消费者，而应寻找合适的年龄层，它既可以是该产品最具竞争优势的，也可以是被同类产品品牌所忽视的或还未发现的年龄层。

(3) 性别空当：现代社会，男女地位日益平等，其性别角色的区分在许多行业已不再那么严格，男性中有女性的模仿，女性中有男性的追求。对某些产品来说，奠定一种性别形象有利于稳定顾客群。常规的做法是加强品牌形象定位，强调其性别特点，如男性茶，采取十种食材合理配比，主打男性养生健康理念。

(4) 包装空当：每个人的消费习惯不同，有人喜欢小包装，方便携带，可以经常更新；而有人喜欢大包装，一次购买长期使用。利用使用量上的空当，有时能取得意想不到的效果。

此外需要注意的是，企业需要避免四种主要的市场定位错误：第一种是定位过低，即根本没有真正为企业定好位；第二种是定位过高，即传递给购买者的公司形象太窄；第三种是定位混乱，给购买者一个混乱的企业形象；第四种是定位怀疑，顾客很难相信该品牌在产品特色、价格或制造商方面的有关宣传，对定位真实性产生怀疑。

【案例6-4】

盐池属于全国仅有的两块漠境——草原碱化土和底层盐化盐渍地带之一，以盐池为中心的盐渍土壤，可产生去除造成羊肉膻味的葵酸的草场。

大羊为美(宁夏)信息科技有限公司立足于以高品质的消费者需求为中心，赋能"大羊为美"品牌，全面挖掘盐池滩羊的独有价值，秉承"足月慢生长"的产品理念，遵循羊的生长周期，甄选自然足养且体重不超过35斤的滩羯羊为主打产品。

盐渍地带，核心产区，6大优势造就大羊为美的优良品质。一是气候难得：冬长夏短，春迟秋早，日照充足，蒸发强烈。二是碱水难得：盐湖环绕，天然弱碱水，均衡肉质营养。三是饲料难得：盐州草原，175种优质牧草，115种中药材。四是羊种难得：毛股天然卷曲，肉质不膻不腻，盐池独有。五是育养难得：一年一胎，一胎一只，精心呵护。六是产量难得：仅为内蒙古产量的百分之一，供不应求。

资料来源：大羊为美官网[EB/OL]. http://www.dayangweimei.com/，2019-6-10/2020-5-20。

思考：大羊为美是如何进行产品定位的？其产品哪些特点能够支持其定位？

三、市场定位的步骤

定位的主要任务是通过集中若干竞争优势，使企业在目标市场与竞争者区别开来。定位一般包括以下步骤：

1. 分析目标市场的现状，确认潜在的竞争优势

这一步骤的中心任务是要回答以下三个问题：一是竞争对手产品定位如何？二是目标市场上顾客欲望满足程度如何以及确实还需要什么？三是针对竞争者的市场定位和潜在顾客的真正需求要求企业应该做什么以及能够做什么？要回答这三个问题，企业营销人员必须通过一切调研手段，系统地设计、搜索、分析并报告有关上述问题的资料和研究结果。通过回答上述三个问题，企业就可以从中把握和确定自己的潜在竞争优势在哪里。

2. 准确选择竞争优势，对目标市场初步定位

竞争优势表明企业能够胜过竞争对手的能力。这种能力既可以是现有的，也可以是潜在的。选择竞争优势实际上就是一个企业与竞争者各方面相比较的过程。比较的指标应是一个完整的体系,只有这样,才能准确地选择相对竞争优势。通常的方法是分析、比较企业与竞争者在经营管理、技术开发、采购、生产、市场营销、财务和产品七个方面究竟哪些是强项,哪些是弱项。借此选出最适合本企业的优势项目,以初步确定企业在目标市场上所处的位置(表6-2)。

表6-2 目标市场评价指标

指标类别	具体指标
经营管理方面	领导能力、决策水平、计划能力、组织能力、个人应变能力
技术开发方面	技术资源、技术手段、技术人员能力、资金实力
采购方面	采购方法、存储及运输系统、供应商合作、采购人员能力
生产方面	生产能力、技术装备、生产过程控制、职工素质
市场营销方面	销售能力、分销网络、市场研究、服务与销售战略、广告、营销人员能力
财务方面	资金来源、资本成本、支付能力、现金流量、财务制度
产品方面	产品特色、价格、质量、品牌、包装、市场占有率、信誉、服务

3. 显示独特的竞争优势和重新定位

这一步骤的主要任务是企业要通过一系列的宣传促销活动,将其独特的竞争优势准确传播给潜在顾客,并在顾客心目中留下深刻印象。为此,企业首先应使目标顾客了解、知道、熟悉、认同、喜欢和偏爱本企业的市场定位,在顾客心目中建立与该定位相一致的形象。其次,企业通过各种努力强化目标顾客形象,促进目标顾客的理解,稳定目标顾客的态度和加深目标顾客的感情来巩固与市场相一致的形象。最后,企业应注意目标顾客对其市场定位理解出现的偏差或由于企业市场定位宣传上的失误而造成的目标顾客模糊、混乱和误会,及时纠正与市场定位不一致的形象。企业的产品在市场上定位即使很恰当,但在下列情况下,还应考虑重新定位:

(1)竞争者推出的新产品定位于本企业产品附近,侵占了本企业产品的部分市场,使本企业产品的市场占有率下降。

(2)消费者的需求或偏好发生了变化,使本企业产品销售量骤减。

【归纳与提高】

市场细分(Segmenting)、目标市场(Targeting)和市场定位(Positioning)构成了目标市场战略(STP战略)的全过程,STP战略是现代市场营销战略的核心。

市场细分是指营销者通过市场调研,依据消费者的需要和欲望、购买行为和购买习惯等方面的差异,把某一产品的市场整体划分为若干消费者群的市场分类过程。每一个消费者群就是一个细分市场,每一个细分市场都是具有类似需求倾向的消费者构成的群体。

按照顾客对产品不同属性的重视程度划分,会形成同质偏好、分散偏好、集群偏好三种模式的细分市场。

市场细分的基础是顾客需求的差异性,所以凡是使顾客需求产生差异的因素都可以作为市场细分的标准。由于各类市场的特点不同,因此市场细分的条件也有所不同。市场细分的方法有单一变量因素法、多个变量因素组合法、系列变量因素法。

第六章 农产品市场细分、目标市场决策和市场定位

目标市场是指企业在市场细分的基础上,经过评价、分析所选中的并致力于开发的细分市场,即企业的主要服务市场。在市场细分基础上,正确选择目标市场,是关系目标市场战略成败的关键环节。首先,选择正确的目标市场,可以使企业集中资源和精力,实施更有效的营销策略,扩大产品市场占有率,取得更大的成就;其次,在选定目标市场的基础上,通过深入研究目标市场需求状况,有利于企业竞争力的增强,从而形成强有力的市场竞争力;最后,选择目标市场可以帮助企业寻找到能充分发挥自己能力的市场,以达到大量销售产品,取得良好经济效益的目的。

根据所选择的细分市场数目和范围,目标市场选择策略可以分为无差异目标市场策略、差异性目标市场策略和集中性目标市场策略三种方式。

市场定位是一种顾客心理定位。市场定位的出发点是竞争,是一种帮助企业确认竞争地位、寻找竞争策略的方法。通过定位,企业不仅可以进一步明确竞争对手和竞争目标,也可以发现竞争双方各自的优势与劣势。

【复习思考题】

1. 什么是市场细分?为什么需要市场细分?
2. 市场细分的基础或依据是什么,具体有哪些?
3. 如何使用各种市场细分方法?
4. 目标市场战略的类型与特点是什么?
5. 目标市场与定位的区别是什么?
6. 试举例说明农产品如何进行市场定位。

章节案例

玉田县"玉田包尖白菜"种植历史悠久,据说当年慈禧太后吃了玉田包尖白菜后赞不绝口,将其封为"御菜",要连年进贡,于是便有了"慈玉"的美誉。为了沿袭"慈玉"白菜的品质,同时也为了打造产品的差异化,黑猫王农民专业合作社注册了"慈玉"品牌。玉田包尖白菜以"慈玉"为品牌,既是对当地文化的一种传承,又是让"慈玉"白菜更好地走向市场的一种方式。

玉田气候温和,四季分明,土地肥沃,水质优良。特别是矿泉水资源丰富,地下奥陶水系、雾迷山水系两条优质矿泉水水脉贯穿全境。"慈玉"牌玉田包尖白菜,就是诞生在这样一个得天独厚的环境里。

1. 创新种植方法

种植方法的创新是提升产品品质,保证产品质量的基础,为了提升大白菜的身价,黑猫王农民专业合作社致力于种植方法的创新。

首先,改良土壤,种纯种玉田包尖白菜。从 2012 年开始,合作社选取了 300 亩土地建设精品蔬菜园,对土地进行了为期 3 年的绿色无公害改造,同时在选种上进行提纯复壮,确保种下的都是纯种玉田包尖白菜。

其次，改进种植技术，采用"木酢农法"种植法。合作社将生产果汁的果渣与家畜粪混合发酵，制成酵素有机肥，为白菜施肥。

再次，高科技驱虫，杜绝使用农药。合作社统一用灭虫灯、诱虫剂、粘虫板等进行物理驱虫。这些方法不仅实现了绿色手段治虫，同时还确保了白菜的品质，而这也是玉田的包尖白菜卖上好价钱的前提。

最后，浇灌"矿泉水"。"水"是万物之源。玉田白菜的生长过程自然也离不开水，合作社浇灌所用的水源来自奥陶水系，而奥陶水系属于天然矿泉水线，里面含有锶等多种微量元素。用"矿泉水"进行浇灌，保证了玉田的包尖白菜的品质。

2. 注重多重营养价值，符合消费升级趋势

当前，随着人们收入水平的提高，消费升级现象愈演愈烈，人们对于农产品的品质、营养价值更加在意。

玉田白菜的品质绝对是消费者的首选，可是只有高品质，没有太高的营养价值，似乎也会影响消费者的购买欲。为了解决这一难题，合作社通过专家指导，利用生物转化方法在白菜的自然生长过程中将富硒营养液导入到白菜体内从而长成硒含量高的白菜。这一难题的解决让玉田包尖白菜成为高营养价值蔬菜，既符合当前消费者的需求，也迎合了消费升级这个大势。

3. 打破传统，创新销售模式

从一开始，合作社就将产品的销售定位在了中高端市场。为了推销包尖白菜，合作社的理事长张金齐广泛参加全国各种展会，进入高档社区、馆所，现场吆喝，并邀请人们免费品尝。就这样，玉田包尖白菜的名气一步步被打响，最终受到京津两地单位团体、高校采购的青睐。目前，部分精品玉田包尖白菜已经开始打入香港百佳超市的销售网络。

所谓人靠衣装，马靠鞍，要想亮丽、够吸引人，都需要很好的包装。农产品也一样。玉田的包尖白菜本身的定位就是中高端市场，这就不同于菜市场的大白菜，在包装上也需要花费一定的心思。从2017年开始，合作社开始用礼盒包装来出售包尖白菜。一个礼盒装5到6颗白菜，12公斤左右，60块钱一盒，这一包装形式很受消费者的青睐。

从滞销到低价出售再到按个卖，玉田"慈玉"包尖白菜已成为白菜中的精品，得到了消费者的认可。目前它正以最快的速度走向更多的中高端收入家庭的餐桌。

资料来源：根据网络资料整理。

思考：玉田"慈玉"包尖白菜为什么要定位中高端？为了让消费者认可和接受，其又是如何提升产品品质和进行产品销售的？

参 考 文 献

陈君，刘永宏，谢和书. 市场营销策划[M]. 北京：北京理工大学出版社，2012.

丑文亚. 服务营销[M]. 北京：北京理工大学出版社，2009.

高炳华. 营销管理案例分析[M]. 武汉：湖北人民出版社，2014.

高放. 企业产品定位及实施策略[J]. 企业改革与管理，2011(12)：69-70.

高凤荣. 市场营销基础与实务(第2版) [M]. 北京：机械工业出版社，2012.

龚艳萍. 营销管理[M]. 武汉：武汉理工大学出版社，2012.

郝娜，袁菲. 市场营销学[M]. 成都：电子科技大学出版社，2017.

第六章 农产品市场细分、目标市场决策和市场定位

何静文，戴卫东. 市场营销学[M]. 北京：北京大学出版社，2014.
黄浩，钟大辉. 市场营销学[M]. 成都：西南财经大学出版社，2009.
季辉. 市场营销(第2版)[M]. 北京：科学出版社，2010.
贾利军，王港，赵薇. 市场营销学(第2版)[M]. 上海：华东师范大学出版社，2017.
李帮义，张捷. 市场营销管理[M]. 北京：科学出版社，2011.
刘鑫. 定位决定成败[M]. 北京：中国纺织出版社，2007.
刘永宏. 农业企业营销管理：基于品牌营销视角[M]. 成都：西南交通大学出版社，2013.
陆克斌. 市场营销[M]. 北京：人民邮电出版社，2015.
陆少俐. 市场营销学[M]. 北京：中国经济出版社，2010.
马静，王永娟，郑应友. 市场营销学[M]. 西安：西安电子科技大学出版社，2017.
申纲领. 市场营销学[M]. 北京：电子工业出版社，2009.
孙艳丽. 市场营销[M]. 哈尔滨：哈尔滨工业大学出版社，2011.
汪腾. 农产品市场营销[M]. 成都：西南交通大学出版社，2011.
王德胜. 市场营销学[M]. 北京：经济科学出版社，2011.
吴健安，钟育赣，胡其辉. 市场营销学[M]. 北京：清华大学出版社，2015.
詹跃勇，曹源. 食品市场营销[M]. 北京：中国科学技术出版社，2013.
张俊. 市场营销：原理、方法与案例[M]. 北京：人民邮电出版社，2016.
张黎明，陈雪阳. 市场营销学(第2版)[M]. 成都：四川大学出版社，2012.
张念萍. 旅游市场营销[M]. 北京：中国旅游出版社，2017.
赵保国，彭继红. 公司运营与管理[M]. 北京：北京邮电大学出版社，2008.
郑丹. 合作社营销学[M]. 北京：社会科学文献出版社，2009.
周修亭，孙恒有. 市场营销学[M]. 郑州：郑州大学出版社，2009.
朱京燕. 农产品营销实务[M]. 北京：中国农业大学出版社，2013.

第七章　农产品产品策略

知识与技能目标

1. 理解农产品的整体概念及"三品一标"的含义。
2. 掌握农产品组合策略。
3. 掌握农产品生命周期理论。
4. 了解农产品新产品开发策略。
5. 能够对农产品进行产品生命周期分析。

情境导入

四角西瓜,又称正方体西瓜,昂贵罕见的西瓜品种,形同骰子,为日本香川县善通寺市的著名特产,一般市场价在 1 万至 1 万 5000 千日元左右(约 800 至 1200 元人民币)。四角西瓜以其特殊的外形受到来自日本各地的追捧,而其高难度的栽培方法和管理模式更增加了它的珍贵性。

四角西瓜,早在 30 年前就已经开始着手研发,最初想法是希望可以更方便地收纳于冰箱中。做法是将一品种为"缟王"的西瓜在长到直径约 10 厘米的时候,将其装入立体正方形的强化玻璃容器内加以塑形,约 3 周后直至它长成为边长 18 至 19 厘米的立体正方形"骰子西瓜"。成型后的西瓜一般约 6 千克重,主要用于观赏或赠礼用,根据实际环境可作为装饰品保持 1 至 4 个月,主要销往加拿大、中国等国家。由于在完全成熟前就收获,并不能保证其甜度,所以不建议用来食用。据有关资料显示,日本仅有八户农家在培育。

资料来源:根据网络资料整理。

思考:日本的四角西瓜为什么会被追捧?

第一节 农产品的概念

一、农产品整体概念

农产品营销中的农产品概念和传统意义上的农产品概念有很大的不同。传统意义上的农产品是农业中生产的物品,仅指有形的实物,如高粱、稻子、花生、玉米、小麦以及各个地区土特产等。国家规定初级农产品是指农业活动中获得的植物、动物及其产品,不包括经过加工的各类产品。而农产品营销中的产品是指能够提供给市场被人们使用和消费并满足人们某种需要的任何东西,包括有形物品、服务、人员、组织、观念或它们的组合。农产品的整体概念包含农产品的核心产品、形式产品和附加产品三个层次。

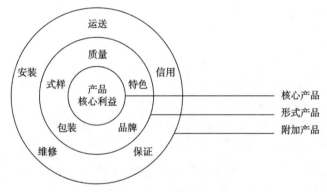

图 7-1 产品整体概念的三个层次

(一) 核心产品

农产品核心产品是指消费者购买某种农产品时所追求的效用,是消费者真正要买的东西,或者说是某种农产品给消费者带来的核心利益。它是产品整体概念中最基本的、最主要的部分。消费者购买某种农产品,并不是为了占有或获得农产品本身,而是为了获得能满足某种需要的效用或利益。比如,消费者购买鸡蛋是为了从中获得蛋白质;购买果蔬是为了从中获取维生素。顾客买的是营养而不是产品本身。因此,市场营销人员的根本任务在于向顾客推销农产品的实际效用。

(二) 形式产品

农产品形式产品也称为农产品的有形产品,是农产品核心产品的实现形式,即向市场提供的农产品实体的外观。农产品的外观指农产品出现于市场时的形象,它由五个标志组成,即质量、特征、形态、商标和包装。农产品的基本效用必须通过某种具体的形式才能实现,但形式只有在完善地反映其实质时才是有意义的。如五彩辣椒的出现,打破了人们传统认识上的红、绿色彩,价格高但销售很好。再如,方形冬瓜、樱桃小番茄等都是在产品外观上有所创造,深受消费者的喜爱。因此,产品的基本效用必须通过形式产品的有效体现,才能更好地满足顾客需要,同时,形式产品的外在表现形式是消费者选购商品的直观依据，营销人员决不应该忽视对形式产品的构造。

（三）附加产品

农产品附加产品也被称为农产品延伸产品或利益产品，指消费者在取得农产品或使用农产品过程中所能获得的形式产品以外的利益，即顾客需要的产品延伸部分与更广泛的服务。它包括提供产品信贷，免费送货，保证售后服务，农产品知识介绍，种子栽培技术指导等。附加产品概念来源于对市场需要的深入认识。消费者购买某种农产品，是为了满足某种需要，因而他们购买时希望能得到和满足所需要的与农产品有关的一切服务。例如，当消费者购买了从未买过的农产品，除了农产品本身外，更想知道这些农产品应该如何加工、烹调、食用、功效等方面的指导。

综上所述，农产品整体概念是由核心产品、形式产品、附加产品三个层次的有机结合而形成的，这三个层次是不可分割和紧密相连的。其中，核心产品是基础、是本质；核心产品必须转变为形式产品才能得到实现；在提供形式产品的同时还要提供更广泛的服务和附加利益，形成附加产品。

【案例 7-1】

俞三男状元蟹

"1只状元蟹，23年不变坚守，23次脱壳蜕变，18个月时光沉淀"，这是对俞三男状元蟹的基本阐述。"1只状元蟹"，既是对其最基本的解释，更包含了状元蟹的品牌故事。状元蟹养殖者俞三男是阳澄湖大闸蟹唯一的一个养蟹状元，当年阳澄湖大闸蟹协会给他颁了一个养蟹状元证书，有这个背书，足以说明状元蟹的优良品质。"23年不变坚守"，是说俞三男养殖大闸蟹已经有23年之久，时间的沉淀更能造就大闸蟹的与众不同。在苏州当地流传着这样一句话，"要是在俞三男家还吃不到好蟹，那就真没有好的大闸蟹了"，这既是对俞三男的肯定，更是对他养殖的大闸蟹的肯定。"23次脱壳蜕变，18个月时光沉淀"，是对状元蟹生长过程的介绍。一只纯正的阳澄湖状元蟹的成长史需要经过漫长的过程：首先，需要阳澄湖强壮公蟹和长江流域粉红色母蟹交配产卵；其次，需要充足养分，螺蛳、小鱼片、玉米、水草等荤素搭配；再次，在半夜至黎明时蜕壳，而每蜕壳一次就长大一圈；最后，历经两年成长，才能成就其优良品质。状元蟹蟹肉细腻雪白，当地渔民地道吃法是原味清水煮蟹，无需任何调料。

每年九月，各地高考状元都会进京，各大高校暗自较劲哪家抢到的状元最多，而此时也是媒体采访状元的高峰期。俞三男状元蟹2015—2017年连续三年开"状元蟹宴"，进行相似点的链接，取得了很好的宣传效果。

资料来源：根据网络资料整理。

思考：俞三男状元蟹的产品整体概念是什么？

二、农产品的"三品一标"

无公害农产品、绿色食品、有机农产品和农产品地理标志统称为"三品一标"，具体如图7-2所示。"三品一标"是政府主导的安全优质农产品公共品牌，是当前和今后一个时期农产品生产消费的主导产品。"三品一标"虽有其各自产生的背景和发展基础,但都是农业发展进入新阶段的战略选择,是传统农业向现代农业转变的重要标志。

图 7-2　"三品一标"产品专用标识

(一) 无公害农产品

无公害农产品是指使用安全的投入品,按照规定的技术规范生产,产地环境、产品质量符合国家强制性标准并使用特有标志的安全农产品。无公害农产品的定位是保障消费安全、满足公众需求。无公害农产品认证是政府行为,采取逐级行政推动,认证不收费。

根据《无公害农产品管理办法》,无公害农产品由产地认定和产品认证两个环节组成。产地认定由省级农业行政主管部门组织实施,产品认证由农业部农产品质量安全中心组织实施。

(二) 绿色食品

绿色食品是指产自优良生态环境、按照绿色食品标准生产、实行全程质量控制并获得绿色食品标志使用权的安全、优质食用农产品及相关产品。绿色食品是我国对无污染、安全、优质食品的总称,是按照《绿色食品标志管理办法》规定的程序获得绿色食品标志使用权的安全、优质食用农产品及相关产品。绿色食品按产品级别分,可以划分为初级产品、初加工产品、深加工产品;按产品类别分,可以划分为农林产品及其加工品、畜禽类、水产类、饮品类和其他产品。绿色食品标准分为两个技术等级,即 AA 级绿色食品标准和 A 级绿色食品标准。AA 级绿色产品标识为白底绿标,A 级绿色产品标识为绿底白标。

1. AA 标准

AA 级绿色食品标准要求生产地的环境质量符合《绿色食品产地环境质量标准》,生产过程中不使用化学合成的农药、肥料、食品添加剂、饲料添加剂、兽药及有害于环境和人体健康的生产资料,而是通过使用有机肥、种植绿肥、作物轮作、生物或物理方法等技术,培肥土壤、控制病虫草害,保护或提高产品品质,从而保证产品质量符合绿色食品产品标准要求。

2. A级标准

A级绿色食品标准要求产地的环境质量符合《绿色食品产地环境质量标准》，生产过程中严格按绿色食品生产资料使用准则和生产操作规程要求，限量使用限定的化学合成生产资料，并积极采用生物方法，保证产品质量符合绿色食品产品标准要求。

（三）有机食品

有机食品是指来自有机农业生产体系，根据有机农业生产要求和相应标准生产加工，并且通过合法的、独立的有机食品认证机构认证的农副产品及其加工品。有机食品在生产和加工过程中必须严格遵循有机食品生产、采集、加工、包装、贮藏、运输标准，禁止使用化学合成的农药、化肥、激素、抗生素、食品添加剂等，禁止使用基因工程技术及该技术的产物及其衍生物。生产和加工过程中必须建立严格的质量管理体系、生产过程控制体系和追踪体系；必须通过合法的有机食品认证机构的认证。

有机食品主要包括一般的有机农产品（有机杂粮、有机水果、有机蔬菜等）、有机茶产品、有机食用菌产品、有机畜禽产品、有机水产品、有机蜂产品、有机奶粉、采集的野生产品以及以上述产品为原料的加工产品。国内市场销售的有机食品主要是蔬菜、大米、茶叶、蜂蜜、羊奶粉、有机杂粮、有机水果、有机蔬菜等。

（四）地理标志产品

地理标志产品是指产自特定地域，所具有的质量、信誉或其他特性本质上取决于该产地的自然因素和人文因素，经审核批准以地理名称进行命名的产品。地理标志产品包括：来自本地区的种植、养殖产品和原材料全部来自本地区或部分来自其他地区，并在本地区按照特定工艺生产和加工的产品。

地理标志产品的特征有：首先，地理标志产品强调的是在特定的地理条件下，经过特殊加工工艺，其产品质量和信誉本质上取决于地理特征的产品，它具有特指性、唯一性；其次，地理标志产品是以产品的地理、人文特征为基准，并经过专门法律制度和程序认可命名；最后，地理标志产品保护主要是为了维护生产者、消费者的权益，通过特殊制度安排保证产品质量信誉并防止假冒，从而保护具有民族文化遗产属性的精品，提高其无形资产价值含量，增强市场竞争力。

> **知识拓展**
>
> 无公害农产品标志及含义：无公害农产品标志图案由麦穗、对勾和无公害农产品字样组成，麦穗代表农产品，对勾表示合格，金色寓意成熟和丰收，绿色象征环保和安全。
>
> 绿色食品标志及含义：绿色食品标志图形由三部分构成，即上方的太阳、下方的叶片和蓓蕾。标志图形为正圆形，意为保护、安全。整个图形表达明媚阳光下的和谐生机，提醒人们保护环境，创造自然界新的和谐。
>
> 有机食品标志及含义：有机食品标志采用人手和叶片为创意元素。其一是一只手向上持着一片绿叶，寓意人类对自然和生命的渴望；其二是两只手一上一下握在一起，将绿叶拟人化为自然的手，寓意人类的生存离不开大自然的呵护，人与自然需要和谐美好的生存关系。

知识拓展

地理标志产品专用标志及含义：2019年10月16日，国家知识产权局发布地理标志专用标志官方标志。地理标志专用标志以经纬线地球为基底，表现了地理标志作为全球通行的一种知识产权类别和地理标志助推中国产品"走出去"的美好愿景，以长城及山峦剪影为前景，兼顾地理与人文的双重意向，代表着中国地理标志卓越品质与可靠性，透明镂空的设计增强了标志在不同产品包装背景下的融合度与适应性。稻穗源于中国，是中国最具代表性农产品之一，象征着丰收。中文为"中华人民共和国地理标志"，英文为"GEOGRAPHICAL INDICATION OF P. R. CHINA"，均采用华文宋体。GI为国际通用的"Geographical Indication"缩写名称，采用华文黑体。

第二节 农产品组合策略

一、产品组合及相关概念

在学习产品组合之前，需先弄清产品项目和产品线的概念。产品项目（Product Item）是指按产品目录中列出的每一个明确的产品单位，产品在型号、品种、尺寸、价格、外观等方面的不同就是不同产品项目。产品项目是衡量产品组合各种变量的一个基本单位，指产品线内的不同品种及同一品种的不同品牌。产品线（Product Line）是指一组密切相关的产品项目。它可从多角度加以理解：满足同类需求的产品项目，如不同等级的苹果；互补产品项目，如电脑的硬件、软件等；卖给相同顾客群体的产品项目，如追求有机食品的消费者群体等。产品线可视经营管理、市场竞争、服务顾客等具体要求来划分。

产品组合（Product Mix），是指企业提供给市场的全部产品线和产品项目的组合或结构，即企业所经营的全部农产品业务范围。产品组合包括4个衡量变量，即宽度、长度、深度和关联性。

（1）产品组合的宽度是指产品组合中所拥有的产品线数目。如表7-1所示，产品组合的宽度为4，包含生鲜鸡肉、调理生品、调理熟食、出口熟食4条产品线。产品组合的深度，指产品项目中每一品牌所含不同花色、规格、质量产品数目的多少，如表7-1所示，生鲜鸡肉产品线的深度为6，包含鸡心、鸡翅、鸡爪、鸡腿、翅根、全翅6个产品。产品组合的长度，是指产品组合中产品项目的总数，如表7-1所示，产品组合的长度为19，即所有产品项目总和，6+5+3+5=19。

（2）产品组合的关联性是指各条产品线在最终用途、生产条件、分销渠道或其他方面相互关联的程度。例如，青岛九联集团拥有的生鲜鸡肉、调理生品、调理熟食、出口熟食4条产品线都与鸡有关，这说明其产品组合具有较强的相关性。相反，实行多元化特别是非相关多元化经营的企业，其产品组合的相关性则可能较小或无相关性。

根据产品组合的4个衡量变量，企业可以采取4种方法发展业务。

1. 加大产品组合的宽度，扩展企业的经营领域，实行多样化经营，分散企业投资风险。
2. 增加产品组合的长度，使产品线丰满充裕，成为更全面的产品线公司。

3. 加强产品组合的深度，占领同类产品的更多细分市场，满足更广泛的市场需求，增强行业竞争力。

4. 加强产品组合的一致性，使企业在某特定市场领域内加强竞争和赢得良好的信誉。产品组合决策就是企业根据市场需求、竞争形势和企业自身能力对产品组合的宽度、长度、深度和相关性方面做出的决策。

表7-1 青岛九联集团产品组合

	产品线宽度				
产品线长度	生鲜鸡肉	调理生品	调理熟食	出口熟食	产品线深度
	鸡心	奥尔良腿排	藤椒烤鸡	小胸天妇罗	
	鸡翅	台式鸡排	香酥鸡块	LW辣味腿排	
	鸡爪	鸡米花	盐焗烤鸡	鸡皮饺子	
	鸡腿	川香鸡柳		电烤大胸	
	翅根	盐酥鸡		翅根胸	
	全翅				

资料来源：青岛九联集团官方网站资料整理 http://www.qdjiulian.com/。

二、产品组合的优化和调整

产品线是产品组合的基础，产品组合的广度、深度、关联性都决定了产品线的状况。因此，实现产品组合的最佳化，离不开产品线决策。其决策内容包括产品线的延伸、填充与缩减。

（一）产品线的延伸

产品线延伸是针对产品的档次而言，在原有档次的基础上向上、向下或双向延伸，都是产品线的延伸。

1. 产品线向上延伸策略

企业原来生产中、低档或低档产品，如新推出高档或中档的同类产品，这就是产品线向上延伸策略。

企业采取产品线向上延伸策略具有很多优点：可获得更丰厚的利润；可作为正面进攻的竞争手段；可提高企业的形象；可完善产品线，满足不同层次消费者的需要。

企业采取产品线向上延伸策略的条件：企业原有的信誉比较高；企业具有向上延伸的足够能力；实际存在对较高档次的需求；能应付竞争对手的反击。

2. 产品线向下延伸策略

企业在原来生产高档或中档产品的基础上，再生产中档或低档的同类产品。

企业采用这一策略可反击竞争对手的进攻，弥补高档产品减销的空缺；可防止竞争对手乘虚而入。但它可能给人以"走下坡路"的不良印象，也可能刺激竞争对手进行反击，还可能形成内部竞争的局面。

3. 产品线双向延伸策略

原来生产中档产品的企业同时扩大生产高档和低档的同类产品。

采用这种策略的企业主要是为了取得同类产品的市场地位，扩大经营，增强企业的竞争能力，但应注意：只有在原有中档产品已取得市场优势，而且有足够资源和能力时，才可进行双向延伸，否则还是单向延伸较为稳妥。

（二）产品线的填充

产品延伸是产品档次的扩展，经营范围的伸长，因此是一种战略性决策。产品填充是针对产品项目而言，在原有档次的范围内增加的产品项目，它是一种战术性决策。

这一决策的目标是多方面的：通过扩大经营，增加利润；满足消费者差异化的需求；防止竞争对手乘虚而入；利用过剩的生产能力等。进行决策时要注意的是：必须根据实际存在的差异化需求来增加产品项目，以动态的观点来认识产品线填充；必须使新的产品项目有足够的销量。

（三）产品线的缩减

产品线的缩减是指企业根据市场变化的实际情况，适当减少一部分产品项目。在以下情况下，企业应考虑适当减少产品项目：已进入衰退期的亏损的产品项目；无力兼顾现有产品项目时，放弃无发展前途的产品项目；当市场出现疲软时，删减一部分次要产品项目。

【案例7-2】

褚橙取得成功后，褚氏农业又在云南省保山市龙陵县田坡村创建橙子种植基地，并将该基地产的橙子命名为云冠橙。因为种植地不同，所以两款橙子的上市时间并不一致，褚橙上市时间早一些，每年11月初采果；而云冠橙比褚橙晚上市一个月左右，每年12月中旬开始采果。两者因为采用同样的种植技术和种植品种，在品质上几乎没有差别，但是云冠橙的性价比相对褚橙更高一些。此外，褚氏农业还推出褚橙新选业务，在其新选天猫旗舰店推出佳农的菲律宾进口即食贵族凤梨和厄瓜多尔进口甜糯蕉。

资料来源：根据网络资料整理。

思考：褚氏农业在褚橙之后推出云冠橙品牌和褚橙新选是否属于产品线的优化组合？

三、农产品组合决策

农产品优化组合是农业企业市场营销活动的主体。以满足市场需求为中心，应根据不同消费者的需求差异，通过提供优质农产品来满足市场的需求。从现代市场需求来看，消费者购买农产品，不仅要求农产品质量水平、外观特色、品牌名称以及附加服务得到满足，而且农产品的消费已从解决温饱问题的必需食品转变为满足人们营养均衡、绿色、健康的基础食品。所以，农产品的实物形态必须进行农产品组合来满足消费者的需求。

（一）农产品组合的目的与策略

1. 明确农产品组合的目的性

农产品组合是农产品品种的组合与量的比例关系。消费者购买的差异性构成了农产品组合的差异。农产品组合是由不同的农产品项目构成的。现代农业企业都拥有多个农产品项目，因此，必须明确农产品组合中各个农产品项目在销售增长方面的潜力和发展趋势，以确定企业资金的运用方向。根据市场环境和资源条件的变动,做出调整农产品最大利润的最佳组合决策。农业企业在进行农产品组合时应遵循两个原则:一是要有利于促进市场销售;二是要有利于增加企业的目标总利润。

2. 农产品组合策略

多系列全面型农产品组合策略是指农业企业向整个市场提供所需要的一切农产品。现代农业企业在市场经济的影响下,要从单一农产品的生产逐渐向多系列全面生产农产品的方向发展,满足整个市场的需求。

市场专业型农产品组合策略是指向某个专业市场提供所需要的各种农产品。例如,针对中国出现的绿色乡村游,向消费者提供相应的一切农产品,包括农家住宿、地方饮食特色、园艺观赏、民情民俗特色文化、民族纪念品等。这种农产品组合不需考虑各农产品之间的关联程度。

特殊专业型农产品组合策略是指农业企业凭借自身拥有的特殊生产条件,提供能满足某些特殊需要的农产品,是农业企业生产经营某些具有特定需求的特殊农产品项目。这样的组合有助于农业企业专长的发挥,有助于树立农产品的形象。

(二) 农产品组合在农业中的重要性

1. 农产品组合有利于农产品生产的标准化

由于农产品生产受自然条件影响、市场信息的制约,对各种农产品的绿色质量标准无从把握,在农产品组合生产过程中缺乏技术支撑,科技含量低。缺乏农药残留监测,不能实现农产品生产标准化,无法形成农产品品牌。实行农产品优化组合,能促使农企按照标准化生产的规范及要求实施严格的科学管理,走产业化、标准化之路。农产品的生产组合可根据区域自然环境优势对农产品进行市场定位、产品设计、建立品牌,提高农产品的附加值,实现农产品的交换价值。

2. 农产品组合有利于农产品结构调整

目前,农产品结构不合理主要表现在大众农产品多、名特优农产品少、初级农产品多、加工农产品少,农业企业生产出来的农产品不能满足消费者的需求,大量农产品不能通过交换实现其价值。实行农产品优化组合,能促使农企以市场为导向,以消费者为中心,以终端消费来逆向决定农产品的种植品种、种植区域、种植规模,最终从根本上解决农产品组合结构不合理的问题。

3. 农产品组合有利于农业新技术和农产品新品种的推广

通过农产品优化组合可提高农业企业的组织化程度,有利于培养和提高农业企业的各种先进理念,有利于农业新技术和农产品新品种的推广。

4. 农产品组合有利于开拓营销渠道

由于农产品受区域市场的局限,流通不畅,抗御市场与自然风险和市场开拓的能力差。只有实行农产品优化组合,才能促使农企不断开拓营销渠道,使农产品顺利进入市场,增强市场反应能力,走出区域市场的局限。

第三节　产品生命周期理论

一、产品生命周期阶段

产品在市场上的销售情况及其获利能力，会随时间的推移而变化。这种变化的规律就同人和其他生物的生命一样，从诞生、成长到成熟，最终将走向衰亡。产品生命周期是指一种产品在市场上出现、发展到最后被淘汰的过程，它是产品的一种更新换代的经济现象。

产品生命周期特指产品的市场寿命、经济寿命，而不是产品的自然生命或使用寿命。产品经过研究开发、试销，然后进入市场，其市场生命周期就开始了。产品被消费者拒绝或淘汰，退出市场，则标志着产品生命周期的结束。

产品生命周期一般可分为4个阶段，即导入期、成长期、成熟期和衰退期，如图7-3所示。需要注意的是，图中产品生命周期仅是一条理论曲线，每个产品的实际的生命周期曲线则完全不同。把产品生命周期划分成不同阶段，一方面反映了产品在不同时期中存在着不同的特点，另一方面说明了不同阶段应该采用不同的营销策略，这是研究产品生命周期的意义。某一产品在不同市场中所处的生命周期阶段往往不同，它在A市场处于成熟期，而在B市场可能正处于导入期。

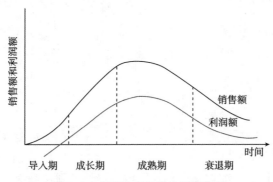

图7-3　典型的产品生命周期阶段

（一）导入期

处于导入期的产品销量小且销售额增长缓慢，产品利润低甚至亏损；完全创新的产品和含有高新技术的换代新产品在导入期的竞争者较少甚至没有竞争者。上市的新产品不一定都能走完所有的生命周期阶段，还存在夭折的风险。由于市场预测的失误、新产品本身的缺陷、上市时机选择不当、宣传推广不力、成本核算偏差以及中间商不给予配合等，都可能使新产品上市后即被市场淘汰。

（二）成长期

当产品在导入期的销售取得成功以后，便进入成长期。成长期产品的销售额迅速上升，是产品生命周期中销售增长率最高的阶段。这是因为早期消费者喜欢这种产品，产生重复购买行为；保守的顾客受其影响也开始购买，促使销售额不断增长。另外，产品利润也迅速增长。销售额的增加降低了单位产品成本,也减少了促销费用的分摊,这时已不再分摊或少量分摊新产品的研制费用。此外,产品被消费者接受且销量显著增加吸引了竞争者,使他们看到了大规模生产和盈利的机会。因此,竞争者日渐增多是这一时期的主要特点。

(三) 成熟期

经过成长期以后,市场需求趋向饱和,潜在的顾客已经很少,销售额增长缓慢直至转而下降,标志着产品进入了成熟期。成熟期产品的销售额大,达到整个产品生命周期的最高峰。成熟期的产品销售增长率有一个变化过程:缓慢增长,只有少量滞后的顾客在这时进入市场;销售增长率接近或等于零,这时市场处于饱和状态;缓慢下降,一部分消费者开始转向购买替代新产品。但这个时期产品利润最高,是产品对企业贡献最大的时期,这与当时的销售量相关,也与销售量的变化过程一致。成熟期存在行业内生产过剩的威胁,迫使整个企业都采用最有效的竞争手段来维持市场占有率,导致最激烈的市场竞争。

(四) 衰退期

随着科学技术的发展,新产品或新的替代品出现,将使顾客的消费习惯发生改变,转向其他产品,从而使原来产品的销售额和利润额迅速下降,于是产品进入了衰退期。处于衰退期的产品销售额明显下降或急剧下降,主要原因是出现了更新的产品、消费者对这种产品已不感兴趣或过度竞争所致。该时期的主要特征是伴随销售额的下降,利润也在下降或出现亏损;该产品行业的竞争者或立即退出市场,或缓慢退出市场。

二、产品生命周期策略

(一) 导入期市场营销策略

建立新产品的初级需求,努力提高新产品的知名度,乃是导入期的策略重点。具体的营销策略是:

(1) 控制投资规模,待销量有明显增加时才逐步扩大投资;单一品种或品牌进入市场,等新产品被接受后才不断多样化和差异化;广泛收集顾客使用产品后的信息,尽快修正新产品的缺陷,保证新产品的质量。所有这些,都可避免新产品可能夭折的风险。

(2) 广告宣传的重点应放在知悉产品的存在和产品的利益、用途上,以便建立初级需求。这一阶段可采用多种多样的促销方式、手段,尽快使新产品能被潜在顾客接受。

(3) 导入期产品的上市范围要根据企业条件和潜在市场对新产品的需求程度等具体情况而定;可全面铺开,推向市场;可先向区域市场推出,然后逐步扩大。

在产品导入期,一般可由价格、促销、地点等因素组合成各种不同的市场营销策略。若以新产品的定价与促销力度进行组合,可形成四种策略选择。

(1) 快速高价策略,即以高价推出新产品,并以大规模的促销活动配合。

(2) 缓慢高价策略,即以高价推出新产品,但以低水平的促销活动相配合。

(3) 快速低价策略,即以低价推出新产品,并配合以大规模的促销活动。

(4) 缓慢低价策略,即以低价和低水平的促销推出新产品。

(二) 成长期市场营销策略

一项新产品顺利进入成长期,说明这是一个成功的新产品,它已摆脱了夭折的风险。但必须看到,这并不等于创新产品的企业能成功地利用这一产品长期获利。这是因为,众多竞争者完全可以采用"迟走半步"的竞争策略,既不用研制新产品投入,又可针对新产品的缺陷、不足,加以大幅度的改进,最终把创新产品的企业挤出市场。为此,成长期产品的策略重点应放在创立名牌、提高购买倾向上,促使顾客在出现竞争性产品时更倾向创新企业的产品。具体策略是:

(1) 改进产品质量,赋予产品新的特性,改进款式,修正缺陷,使整体产品优于同类产品。

(2) 进入新的细分市场,发展销售网点,扩大销售。

(3) 在出现众多竞争对手的情况下,树立起本企业及其产品的良好形象。要重点宣传品牌商标,提高品牌的知名度与美誉度,促使潜在顾客购买。

(4) 原来采用高价进入市场的产品,在这一阶段要根据竞争形势的要求降低价格,争夺低收入、对价格敏感的潜在顾客。

(三) 成熟期市场营销策略

处于成熟期的产品销售量增长缓慢,逐步达到最高峰然后缓慢下降,该产品的利润也从最高点开始下降;市场竞争非常激烈,各种品牌、各种款式的同类产品不断出现。成熟期的营销策略重点应放在延长市场生命周期、提高竞争力上,通过获得竞争优势,维持大量销售,从该产品中获得尽可能多的利润。具体可用以下策略。

(1) 改进市场,即尽量在使用者的人数和用量上采用不同的策略。

(2) 改进产品,它与改进市场相辅相成,改进产品将更有效地改进市场。企业可从三个方面改进产品:一是提高质量,使本企业品牌的产品更可靠、更经济、更耐用、更安全等;二是增加特性,使本企业品牌的产品具有其他同类产品所没有的新特性;三是更新款式,包括采用新的包装、造型、花色、外观设计等,增加产品的美感。

(3) 改进营销组合,以适应激烈的市场竞争形势。产品进入成熟期后,必须重新设计营销因素组合方案,对产品因素及非产品因素(价格、渠道、促销)加以整合。总体而言,这一时期应采用竞争性价格策略,适当扩大分销渠道,增加促销费用等。

(四) 衰退期市场营销策略

衰退期的产品销售量急剧下降,企业从这种产品中获得的利润很低甚至为零,大量的竞争者退出市场,消费者的消费习惯已发生转变等。这一阶段营销策略的重点是掌握时机,退出市场。具体策略是:

(1) 集中策略,即把资源集中使用在最有利的细分市场、最有效的销售渠道和最易销售的品种、款式上。概言之,缩短战线,以最有利的市场赢得尽可能多的利润。

(2) 维持策略,即保持原有的细分市场和营销组合策略,把销售维持在一个低水平上。待到适当时机,便停止该产品的经营,退出市场。

(3) 榨取策略,即大幅度降低销售费用,如广告费用削减为零、大幅度精简推销人员等,虽然销售量有可能迅速下降,但是可以增加眼前利润。

(4) 放弃战略,如果企业决定停止经营衰退期的产品,应在立即停产还是逐步停产问题上慎重决策,并应处理好善后事宜,使企业有秩序地转向新产品经营。

第四节 新产品开发策略

一、新产品的概念与分类

从营销的角度来考察,新产品是一个广义的概念,既指绝对新产品,又指相对新产品;生产者变动整体产品任何一个部分所推出的产品,都可理解为一种新产品。对新产品的理解可以从企业、市场和技术三个角度进行,对于企业而言,只要是企业自己第一次生产或销售的产品都可以叫新产品;对于某个市场而言,只有以前没有出现的产品才叫新产品;对于技术而言,新产品是指采用新技术、新设计、新构思研制、生产的全新产品,或在结构、材质、工艺等某一方面比原有产品有明显改进,从而显著提高了产品性能或扩大了使用功能的产品。新产品可分为四种类型。

1. 完全创新产品,指采用新原理、新技术和新材料研制出来的市场上从未有过的产品。如 2012 年荷兰马斯特里赫特大学生物学教授马克·波斯特(Mark Post)利用动物干细胞制造出全球第一个人造肉饼,就属于完全创新产品。市场之前从未有过利用动物干细胞制造的人造肉,研究人员用糖、氨基酸、油脂、矿物质和多种营养物质"喂养"干细胞,让它不断"长大",最终造出人造肉这款全新产品。

2. 换代新产品,指采用新材料、新元件、新技术,使原有的产品的性能有飞跃性提高的产品。例如,现在胶州大白菜优良的品质就是不断更新换代的结果,研究人员将原胶州大叶、二叶、小叶及城阳青品种进行提存复壮,新研制出优质、高产和高抗三大病害的"胶白系列"品种。

3. 改革新产品,指从不同侧面对原有产品进行改革创新而创造的产品。如采用新设计、新材料改变原有产品的品质、降低成本,但产品用途不变;采用新式样、新包装、新商标改变原有产品的外观而不改变其用途;把原有产品与其他产品或原材料加以组合,使其增加新功能;采用新设计、新结构、新零件增加其新用途。如现在很多农产品都通过改变包装形式,将论斤卖的农产品改为论个卖、论颗卖、论盒卖等。

4. 仿制新产品,指企业未有但市场已有而模仿制造的产品。从市场竞争和企业经营上看,在新产品的发展中,部分仿制和全面仿制是不可避免的。仿制产品,能缩短产品开发的时间,降低设计成本,同时又能保证被市场所接受。如有些苹果企业在苹果滞销时,会引进榨汁生产线,生产苹果汁、苹果醋等,以解决苹果滞销问题。

【案例 7-3】

2019 年 10 月,金字火腿推出国内首款人造肉饼,预售价为 118 元/2 盒,每盒 220 克,包含两片肉饼。4 片 118 元,国内首款人造肉饼的售价,是猪肉价格的 6 倍,牛肉价格的 4 倍。在电商平台上,100 克真肉饼的价格集中在 10~20 元。金字火腿预售的人造肉饼价格相较真肉饼贵了几乎一倍。

据金字火腿介绍，此次推出的植物肉产品，所有成分来自植物，主要原料是从大豆、豌豆、小麦等植物中提取的植物蛋白。营养组分、口感和风味接近真肉。人造肉饼配料表显示，每100g肉饼含有蛋白质11.7g；而某品牌真牛肉饼的配料表显示，每100g肉饼含有蛋白质19.5g，对比来看，人造肉饼蛋白质含量远远低于真牛肉饼。

资料来源：国内首款人造肉饼上市！[EB/OL]．https：//www．sohu．com/a/348062194_192870，2019-10-19/2020-6-3．

金字火腿推出的新产品属于哪种类型？为什么定价这么高？

二、新产品开发的程序

从企业发展的角度来看，企业可通过增加原有产品产量和发展新产品这两条途径来谋求自下而上的发展。前者在短期内是有效的，但长期来看，产量越多则风险越大。因为产品具有自己的生命周期，在成熟期及衰退期里，增加产量会导致产品积压；同时，当原有产品进入衰退期时，企业也随之走向衰退。企业若不发展新产品，则无法生存，不断创新才是企业生存与发展的唯一途径。

新产品开发过程由6个阶段构成，即新产品构思、构思筛选、观念产品策划与分析、新产品试制、新产品试销、正式上市，如图7-4所示。

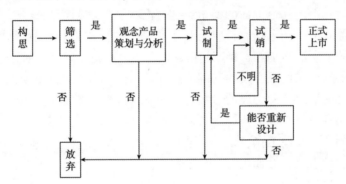

图7-4 新产品开发程序

（一）新产品构思

构思不是凭空瞎想，而是有创造性的思维活动。新产品构思实际上包括了两方面的思维活动：一是根据得到的各种信息，发挥人的想象力，提出初步设想的线索；二是考虑到市场需要什么样的产品及其发展趋势，提出具体的产品设想方案。可以说，产品构思是把信息与人的创造力结合起来的结果。

新产品构思，可以来源于企业内外的各个方面，顾客则是其中一个重要的来源。据美国6家大公司调查，成功的新产品设想，有60%到80%来自用户的建议。一种新产品的设想，可以提出许多的方案，但一个好的构思，必须同时兼备两条。

（1）构思要非常奇特，创造性的思维就需要有点异想天开。富有想象力的构思，才会形成具有生命力的新产品。

（2）构思要尽可能接近于可行，包括技术和经济上的可行性。根本不能实现的设想，只能是一种空想。

(二) 构思筛选

从各种新产品设想的方案中，挑选出一部分有价值的方案进行分析、论证，这一过程就叫筛选。筛选阶段的目的不是接受或拒绝这一设想，而是在于说明这一设想是否与企业目标的表述相一致，是否具有足够的实现性和合理性以保证有必要进行可行性分析。构思筛选时一般要考虑两个因素：一是该创意是否与企业的战略目标相适应，表现为利润目标、销售目标、销售增长目标、形象目标等几个方面；二是企业有无足够的能力开发这种创意。这些能力表现为资金能力、技术能力、人力资源、销售能力等。

筛选时要根据一定的标准对各种产品的设想方案逐项进行审核。审核的程序可以是严密组织和详细规定的，也可以是相当随机的。筛选是新产品设想方案实现的第一关。国外有一家著名的咨询公司指出，一般企业只有25%的设想方案可以通过筛选阶段，大约只有7%的设想方案在经过筛选后形成了新产品，并获得成功。

(三) 观念产品策划与分析

经过筛选保留下来的产品构思，还要进一步发展成为产品概念。在这里，首先应当明确产品构思、产品概念和产品形象之间的区别。所谓产品构思，是指企业从自身角度考虑向市场提供的可能的产品的构想；所谓产品概念，是指企业从消费者角度对这种创意所作的详尽描述；而产品形象，则是消费者对某种现实产品或潜在产品所形成的特定形象。企业必须根据消费者在上述几个方面的要求，把产品构思发展为产品概念。确定最佳产品概念，进行产品和品牌的市场定位后，应当对产品概念进行试验。所谓产品概念试验，就是用文字、图画描述或者用实物等，将产品概念展示于一群目标顾客面前，观察他们的反应。

在已经选定的新产品设想方案的基础上，还需进行营业分析，即确定产品开发的各项经济指标、技术性能以及各种必要的参数。它包括产品开发的投资规模、利润分析及市场目标，产品设计的各项技术规范与原则要求，产品开发的方式和实施方案，等等。这是制订新产品开发计划的决策性工作，是关系全局的工作，需要企业的领导者与各有关方面的专业技术人员、管理人员通力合作，共同完成。

(四) 新产品试制

新产品试制包括新产品设计和新产品试制两个环节。

1. 新产品设计

新产品设计是从技术手段上把新产品设想变成现实的一个重要的阶段，是实现社会或用户对产品的特定性能要求的创造性劳动。新产品的设计，直接影响到产品的质量、功能、成本、效益，影响到产品的竞争力。产品的成功与否、质量好坏，很大程度上取决于产品的设计工作。设计要有明确的目的，要为用户考虑，要从掌握竞争优势来考虑。产品设计的科学性与科学的设计方法是分不开的，企业应重视采用现代化的设计方法，如价值工程、可靠性设计、优化设计、计算机辅助设计、正交设计等。

2. 新产品试制

新产品试制是按照一定的技术模式来实现产品的具体化或样品化的过程，包括新产品试制的工艺准备、样品试制和小批试制等几方面的工作。新产品试制是为实现产品大批量投产的一种准备或实验性的工作,因而无论是工艺准备还是技术设施、生产组织,都要考虑实行大批量生产的可能性,同时,新产品试制也是对设计方案可行性的检验,一定要避免设计是一回事,而试制出来的产品又是另一回事。不然,就会与新产品开发的目标背道而驰,导致最终的失败。新产品试制出来以后,还需从技术性、经济性上对产品进行全面的试验、检测和鉴定。

(五)新产品试销

试销实际上是在限定的市场范围内,对新产品的一次市场实验。通过试销,可以实地检查新产品正式投放市场以后,消费者是否愿意购买,制定在市场变化的条件下,新产品进入市场应该采取的决策或措施。试销对新产品开发的作用是很明显的:首先,可以比较可靠地测试或掌握新产品销路的各种数据资料,从而对新产品的经营目标做出适当的修正;其次,可以根据不同地区进行不同销售因素组合的比较,根据市场变化趋势,选择最佳的组合模式或销售策略;最后,可以根据新产品的市场"试购率"和"再购率",对新产品正式投产的批量和发展规模做出进一步的决策。

(六)正式上市

正式上市包括新产品的正式批量投产和销售工作。在决定产品正式投产以前,除了要对实现投产的生产技术条件、资源条件进行充分准备以外,还必须对新产品投放市场的时间、地区、销售渠道、销售对象、销售策略以及销售服务进行全面规划和准备。这些是实现新产品正式上市的必要条件,不具备这些必要的条件,正式上市就不可能实现,新产品的开发就难以获得最后的成功。

三、新产品采用过程

新产品采用过程是指消费者个人由接受创新产品到成为重复购买者的各个心理阶段。美国著名学者埃弗雷特·罗杰斯(E. M. Rogers)在其1962年出版的《创新扩散》一书中,把采用过程看作创新决策过程,包括认识阶段、说服阶段、决策阶段、实施阶段、证实阶段五个阶段。

> **知识拓展** 埃弗雷特·罗杰斯,又译E. M. 罗杰斯,是新墨西哥大学传播学与新闻学系教授与系主任,于2004年10月逝世,生前居住在新墨西哥州阿尔伯克基。罗杰斯的"创新扩散"理论是研究一项创新如何扩散,如何被人们采纳的经典理论。在新事物层出不穷的今天,有些创新能够长存,有些却早早夭折。解释这个现象的最好理论便是"创新扩散"。在各种学科中,创新扩散都被学者们广泛研究,具有极高的学术价值。

(一)认识阶段

在认识阶段,消费者要受个人因素、社会因素和沟通行为因素的影响。他们逐步认识到创新产品,并学会使用这种产品,掌握其新的功能。

(二)说服阶段

消费者一旦产生喜爱和占有该种产品的愿望,决策行为就进入了说服阶段。在说服阶段消费者常常亲自操作新产品,以避免购买风险。不过即使如此,也并不能促使消费者立

即购买,除非营销部门能让消费者充分认识到新产品的特性。包括:

(1) 相对优越性,即创新产品被认为比原有产品好。

(2) 适用性,即创新产品与消费者行为及观念的吻合程度。

(3) 复杂性,即在新产品设计、整体结构、使用维修和保养方法等方面与目标市场的认知程度相接近,尽可能设计出简单易懂、方便使用的产品。

(4) 可试性,即创新产品在一定条件下可以试用。

(5) 明确性,指创新产品在使用时,是否容易被人们观察和描述,是否容易被说明和示范。

(三) 决策阶段

通过对产品特性的分析和认识,消费者开始决策,即采用还是拒绝采用该种创新产品。不管是采用还是拒绝采用都会出现两种可能,采用时,在使用之后感觉效果不错,继续使用下去,或使用之后发现效果不好而不再使用;拒绝采用时,以后改变了态度,接受了该创新产品,或继续拒绝采用该创新产品。

(四) 实施阶段

当消费者开始使用创新产品,就进入了实施阶段。决策阶段消费者只是心里盘算究竟是使用该产品还是仅仅试用一下,并没有完全确定。实施阶段,消费者就考虑"我怎样使用该产品"和"我如何解决操作难题"。这时,企业营销人员要积极主动地向消费者介绍和示范,并提出自己的建议。

(五) 证实阶段

人类行为的一个显著特征是,人们做出某项重要决策之后,总是要寻找额外的信息证明自己决策的明智和果断。消费者购买决策也不例外。消费者往往会告诉朋友自己采用创新产品的好处,倘若无法说明采用决策是正确的,那么就可能中断采用。

四、新产品扩散过程

新产品扩散是指新产品上市后随着时间的推移,不断地被越来越多的消费者所采用的过程。也就是说,新产品上市后逐渐扩张到其潜在市场的各个部分。扩散与采用的区别,仅仅在于看问题的角度不同。采用过程是从微观角度,考察消费者个人由接受创新产品到成为重复购买者的各个心理阶段;扩散过程则是从宏观角度,分析创新产品如何在市场上传播并被市场所采用的更为广泛的问题。

(一) 新产品采用者的类型

在新产品的市场扩散过程中,由于受性格、文化背景、受教育程度和社会地位等因素的影响,不同消费者对新产品接受的快慢不同。罗杰斯根据这种差异,把采用者划分成5种类型,即创新采用者、早期采用者、早期大众、晚期大众和落后采用者,如图7-5所示。从新产品上市算起,采用者的采用时间大体服从正态分布,约68%的采用者(早期大众和晚期大众)落入平均采用时间加减一个标准差的区域内,其他采用者情况以此类推。尽管这种划分并非精确,但对于研究扩散过程有重要意义。

1. 创新采用者

该类采用者处于距离平均采用时间两个标准差以左的区域,占全部潜在采用者的

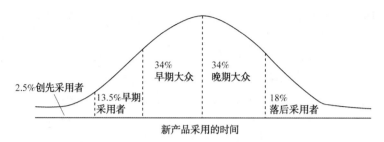

图 7-5　新产品采用者类型

2.5%。任何新产品都是由少数创新采用者率先使用的。因此，他们具备如下特征。

（1）极富冒险精神。

（2）收入水平、社会地位和受教育程度较高。

（3）一般是年轻人，交际广泛且信息灵通。

市场营销人员在向市场推出新产品时，应把促销手段和传播工具集中于创新采用者。如果他们采用效果较好，就会大肆宣传，影响到后面的使用者。不过，找出创新采用者并非易事，因为很多创新采用者在某些方面倾向于创新，而在别的方面可能是落后采用者。

2. 早期采用者

早期采用者是第二类采用创新的群体，占全部潜在采用者的13.5%。他们大多是某个群体中具有很高威信的人，受到周围朋友的拥护和爱戴。正因如此，他们常常去收集有关新产品的各种信息资料，成为某些领域里的舆论领袖。这类采用者多在产品的导入期和成长期采用新产品，并对后面的采用者影响较大，所以，他们对创新扩散有着决定性影响。

3. 早期大众

这类采用者的采用时间较平均采用时间要早，占全部潜在采用者的34%。其特征是：

（1）深思熟虑，态度谨慎。

（2）决策时间较长。

（3）受过一定教育。

（4）有较好的工作环境和固定收入。

（5）对舆论领袖的消费行为有较强的模仿心理。

他们虽然也希望在一般人之前接受新产品，但却是在经过早期采用者认可后才购买，从而成为赶时髦者。由于该类采用者同晚期大众占全部潜在采用者的64%，因而研究其消费心理和消费习惯对于加速创新产品扩散有着重要意义。

4. 晚期大众

这类采用者的采用时间较平均采用时间稍晚，占全部潜在采用者的34%。其基本特征是多疑。他们的信息多来自周围的同事或朋友，很少借助宣传媒体收集所需要的信息，其受教育程度和收入状况相对较低。所以他们不主动采用或接受新产品，直到多数人都采用且反映良好时才行动。显然，对这类采用者进行市场扩散是极为困难的。

5. 落后采用者

这类采用者是采用创新的落伍者，占全部潜在采用者的16%。他们思想保守，社会地位和收入水平最低，拘泥于传统的消费行为模式，在产品进入成熟期后期乃至进入衰退期时才会采用。但他们在社会经济地位、个人因素和沟通行为等方面的差异，为新产品扩散提供了重要依据，对企业市场营销沟通具有指导意义。

（二）新产品扩散过程管理

新产品扩散过程管理是指企业通过采取措施，使新产品扩散过程符合既定营销目标的一系列活动。企业之所以能对扩散过程进行管理，是因为扩散过程除了受到外部不可控制因素（如竞争者行为、消费者行为、经济形势等）的影响，还要受到企业营销活动（如产品质量、人员推销、广告水平、价格策略等）的制约。

新产品扩散管理的主要目标，包括导入期销售额迅速起飞，成长期销售额快速增长，成熟期产品渗透最大化，以及尽可能维持一定水平的销售额，等等。然而新产品扩散的实际过程却不是这样。根据产品生命周期曲线，典型的产品扩散模式通常是导入期的销售额增长缓慢，成长期的增长率也较低，而且产品进入成熟期不长一段时间销售额就开始下降。为了使产品扩散过程达到其管理目标，要求市场营销管理部门采取以下措施和策略。

（1）实现迅速起飞。需要派出销售队伍，主动加强推销；开展广告攻势使目标市场很快熟悉创新产品；开展促销活动，鼓励消费者试用新产品。

（2）实现快速增长。需要保证产品质量，促进口头沟通；继续加强广告攻势影响后期采用者；推销人员向中间商提供各种支持；创造性地运用促销手段使消费者重复购买实现渗透最大化；继续采用快速增长的各种策略；更新产品设计和广告策略，以适应后期采用者的需要。

（3）要想长时间维持一定水平的销售额。需要使处于衰退期的产品继续满足市场需要；扩展分销渠道；加强广告推销。

（三）舆论领袖和口头传播对扩散的影响

扩散过程就是创新产品不断被更多消费者所采用的过程。对于企业而言，总是希望产品扩散越快越好，消费者接受得越快越好。因此缩短消费者由不熟悉新产品到采用新产品所花费的时间，就成为企业营销目标之一。前面对采用和扩散过程的分析，不同程度地解决了这个问题。这里再从信息沟通角度进行研究。

1. 信息沟通与新产品扩散

在新产品扩散过程中，有关信息和影响是怎样从营销人员传递到目标市场的呢？最初，人们认为信息和影响是借助于媒体的力量直接传递到消费者，这就是一级流动过程，即从媒体到消费者。后来研究者发现，信息流动并非经过一级，而是两级。他们认为，新产品常常是从媒体传递到能够非正式地影响别人的态度，或者一定程度上改变别人行为的舆论领袖，再从舆论领袖流向追随者；追随者受舆论领袖的影响，远远超过媒体的影响。在这里，媒体是主要的信息源，追随者是信息受众，而舆论领袖则对受众接受信息有着重要作用，他们凭借自身的威信和所处位置加速了信息的流动。

2. 舆论领袖的作用

在新产品扩散过程中，舆论领袖具有以下作用。

（1）告知他人（追随者）有关新产品的信息。

（2）提供建议以减轻别人的购买风险。

（3）向购买者提供积极的反馈或证实其决策。

所以，舆论领袖是一个告知者、说服者和证实者。不过，舆论领袖只是一个或几个消费领域的领袖。仅仅在这一个或几个领域能施加自身影响，离开这些领域，他们就不再是领袖，也就没有影响了。

3. 舆论领袖与其追随者

每一个社会阶层都有舆论领袖。大多数情况下，信息是在一个阶层内水平流动，而不是在阶层之间垂直流动。舆论领袖同其追随者有着显著不同的特征。

（1）舆论领袖交际广泛，同媒体和各种交易中间商联系紧密。

（2）舆论领袖能够容易被接触，并有机会、有能力影响他人。

（3）具有高于其追随者的社会经济地位，但不能高出太多，否则二者难以沟通。

（4）乐于创新，尤其当整个社会倡导革新时。

【归纳与提高】

产品是市场营销组合中最重要、最基本的因素，是指人们通过购买而获得的，能够满足某种需求和欲望的物品的总和，既包括具有物质形态的产品实体，又包括非物质形态的利益。产品整体概念包含核心产品、形式产品、附加产品3个层次。

产品组合是指某一企业所生产或销售的全部产品大类、产品项目的组合。产品组合有一定的宽度、长度、深度和关联性。企业在调整和优化产品组合时，依据情况的不同，可选择扩大产品组合、缩减产品组合及产品延伸策略。

产品的生命周期是指产品从研制成功投入市场开始，经过导入期、成长期、成熟期和衰退期，最终被市场淘汰的过程。在产品生命周期的不同阶段企业可选择的策略各异。

新产品开发过程由6个阶段构成，即新产品构思、构思筛选、观念产品策划与分析、新产品试制、新产品试销、正式上市。新产品采用过程是指消费者个人由接受创新产品到成为重复购买者的各个心理阶段，包括认识阶段、说服阶段、决策阶段、实施阶段、证实阶段5个阶段。

新产品扩散是指新产品上市后随着时间的推移，不断地被越来越多的消费者所采用的过程。也就是说，新产品上市后逐渐扩张到其潜在市场的各个部分。扩散与采用的区别，仅仅在于看问题的角度不同。采用过程是从微观角度，考察消费者个人由接受创新产品到成为重复购买者的各个心理阶段；扩散过程则是从宏观角度，分析创新产品如何在市场上传播并被市场所采用的更为广泛的问题。

【复习思考题】

1. 什么是产品整体概念？
2. 产品组合的含义是什么？企业如何根据产品组合的4种尺度发展业务？
3. 产品生命周期理论对企业市场营销有何重要启示？
4. 根据产品成熟期的市场特点，企业有哪些营销策略可选择？
5. 新产品开发的程序是怎样的？开发的途径有哪几种？

章节案例

农夫山泉17.5°阿克苏苹果

2016年,农夫山泉首次在行业内打出了17.5°橙子的概念,尽管售价不菲,但凭借良好的品牌影响力和产品概念,在电商平台仅一星期就卖出了30万吨。而继橙子之后,农夫山泉又推出了全新的17.5°新疆阿克苏苹果礼盒,誓要将种植业进行到底。

农夫山泉宣传的17.5°究竟是啥?是指水果的糖酸比。农民山泉借此通知消费者,水果并非越甜越好,酸酸甜甜才是真实的味道。而且依据美国农业部USDA的分级标准,A类橙子糖酸比应介于12.5~20.5,平均值为17.5,这也是橙子糖度和酸度的黄金份额。

1. 17.5°阿克苏苹果的优势

原产地种植:新疆地区昼夜温差大,土壤肥沃,一直是全国最好的水果产区之一。农夫山泉在阿克苏原产地进行种植,并为果园拟定严厉的办理办法,坚持不催熟,不打蜡,完熟采摘,确保了苹果的黄金糖酸份额。农夫山泉17.5°苹果的品牌价值观是打造高端农产品,营造极致的消费体验,这体现在其苛刻的筛选分类标准,要求苹果直径为85~89mm,果肉细腻松脆,水分充足,汁多无残渣,香甜可口。

全程可追溯:农夫山泉17.5°苹果除了口感好、标准高之外,还可进行二维码溯源,消费者扫码即可获知苹果的原产地、生长过程、生产环境等信息,提高品牌信任度,让消费者能够放心购买。

精美的包装:17.5°苹果包装设计极富有农夫山泉特色,清新文艺插画突出当地地域文化及风情,让消费者联想到新疆的地域资源优势,充分感受到17.5°苹果的新鲜自然,与其他同类产品的品牌包装形成巨大反差。

优秀的品牌文化:农夫山泉17.5°苹果讲述农夫人十年如一日,在低头培育蔬果的精神,这种贴近生活的纯朴故事更容易引发情感共鸣,打动消费者。

卖水的农夫山泉为什么这么热衷卖水果?而且还抓住一个17.5°不停复制?17.5°其实是在制定标准。不是国内标准,而是美国标准,这是农夫山泉做产品非常高明的地方,农夫山泉从同质化中找到差异化,成为标准的制定者。这样创造好水果口感的数字标准。

2. 17.5°苹果是这么宣传的:

9年慢慢摸索,方才面市;

2008年,农夫山泉就在新疆建立了苹果科研团队;

2014年,开始投苹果项目,建立了一座现代化加工厂;

至今农夫山泉已拥有2000亩示范果园,并在当地农户推广种植4000余亩;

橙子,我们等了11年光阴,苹果等了9年光阴;

我们在用做水的精神做好农业……

资料来源:农夫山泉官网[EB/OL]. https://www.nongfuspring.com/,2019-10-11/2020-6-6。

思考:农夫山泉为什么要一直强调17.5°?17.5°阿克苏苹果有很好的市场前景的原因是什么?

参 考 文 献

陈维良,肖永平. 现代市场营销[M]. 南昌:江西高校出版社,2010.
陈苡. 市场营销学[M]. 广州:暨南大学出版社,2015.
郭国庆,陈凯. 市场营销学[M]. 北京:中国人民大学出版社,2015.
贾春娟,张芬莲,庞孟阁. 农产品质量安全管理与检测[M]. 北京:中国农业科学技术出版社,2019.
雷亮,苏云. 市场营销学:理论、实践与创新[M]. 兰州:兰州大学出版社,2012.
李崇光,赵宪军,周发明. 农产品营销学(第3版)[M]. 北京:高等教育出版社,2016.
李进恩,汪全报,万似保. 市场营销实务[M]. 南京:南京大学出版社,2014.
李星,王世法. 市场营销[M]. 合肥:中国科学技术大学出版社,2012.
刘磊. 管理学原理[M]. 北京:电子工业出版社,2012.
吕一林,岳俊芳. 市场营销学(第2版)[M]. 北京:科学出版社,2011.
罗明. 县域电子商务[M]. 北京:清华大学出版社,2017.
吴健安,钟育赣,胡其辉. 市场营销学(第6版)[M]. 北京:清华大学出版社,2018.
许建民. 营销策划[M]. 北京:北京大学出版社,2015.
余雄,王祥. 市场营销学:理论及案例[M]. 昆明:云南大学出版社,2018.
张广霞. 现代企业管理与案例分析[M]. 西安:西北工业大学出版社,2010.
张振刚,郭锐. 市场营销原理与实务[M]. 太原:北岳文艺出版社,2011.
赵雪萍. 农产品营销[M]. 石家庄:河北科学技术出版社,2016.
朱世龙. 食品安全科普知识100问[M]. 北京:北京科学技术出版社,2016.

第八章　农产品定价策略

 知识与技能目标

1. 深入了解定价的基本知识。
2. 了解定价策略在营销组合中的地位和作用。
3. 掌握市场营销中定价的理论依据,深刻认识制约定价的各种因素。
4. 合理制定企业的定价目标,在日益剧烈的市场竞争中灵活运用基本的定价策略和方法。

情境导入

近年来,诸多农产品价格下跌。农产品市场一头连着生产者,一头连着消费者,既事关生产者收入多寡,又事关消费者承受能力。由于农作物的生长周期,当前的农产品价格只能影响下一个收获周期的农产品供给。这样,农产品价格对供给调节具有明显的滞后性,从而带来农产品价格的周期性波动。

通过供给侧结构性改革调整农产品供需结构,实现产品优质优价是破解价格剧烈波动的关键所在。在结构调整上,河北省张家口市一些做法值得借鉴。为避免无序生产、同质竞争,张家口市划分了坝上无公害错季菜、坝下丘陵区无公害错季菜、河川区无公害设施菜、无公害特菜4个蔬菜优势产业带,同时推广不同生产方式,蔬菜质优价高,供不应求,甚至远销韩国、日本、马来西亚等国。这样的农产品,不管市场如何波动,都会稳坐钓鱼台。

资料来源:李慧. 如何应对农产品价格下跌?[N]. 光明日报,2017-07-05.

思考:农产品价格制定受哪些因素影响?如何应对农产品价格波动?

价格是营销组合中最重要的因素之一。价格作为产品内在价值的货币表现形式,直接关系到产品能否为消费者接受、市场占有率的高低、需求量的变化和利润的多少,是整个营销管理的核心。

第一节　影响农产品定价的主要因素

为农产品制定一个既能为消费者所接受,又符合经营者利益的价格,不是一件容易的事。只有站在整体的角度,考虑各方面因素,才能制定出具有一定市场竞争力,为各方所接受的价格。

一、成本

(一) 产品成本

产品成本是指生产经营者为某产品所投入和耗费的费用总和。它是构成产品价格与价值的主要组成部分,所以产品成本是价格制定的下限,除非处于非常恶劣的价格竞争或其他特殊情况下,一般定价是不会跌破成本的。只有清楚地了解产品成本结构,才能科学合理地制定价格。产品成本包括生产成本、储运成本、销售成本、机会成本、关税及相关税收、金融风险成本等。

(二) 单位成本

单位成本也叫平均成本,它等于单位固定成本(Fixed Cost)加单位变动成本(Variable Cost),也等于总成本除以总产量。从短期看,随着产量的增加,单位成本有下降的趋势,因为虽然单位变动成本是稳定的,但单位固定成本会随产量的增加而下降。公式如下:

单位成本=单位固定成本+单位变动成本=总成本/总产量

(三) 边际成本

边际成本是指增加一个单位产量后所增加的那部分成本,如日产某件产品,总成本是200元,再增加一件产品总成本增加到210元,则此时的边际成本就是10元(210-200)。在生产能力得到充分利用的情况下,运用边际成本进行生产决策有重要意义。如一个饲料加工厂其生产能力尚未充分利用,若有新订单,只要对方订货价大于边际成本,就可以接单生产,获取边际利润。

(四) 机会成本

一般来说,经营者所拥有的某种资源可以有很多种用途。机会成本是指将某种资源用于生产某种产品以后,所放弃的该资源用于生产其他产品可能取得的最大收益。例如,农户家中有1000平方米土地,可以用来种植玉米或其他作物,也可以流转土地用于规模经营,假如流转土地可以多赚取1万元,那么这块地自用种植的机会成本就是1万元。也就是说,某一资源,用于一种产品的生产,就要放弃另一种产品的生产,这个代价就是机会成本。在进行决策时,所选择项目的利润应当大于机会成本。

二、市场供给与需求

市场供求是引起产品价格变化的外在主要因素。一般认为,价格与供给量成正比关系,价格越高,供给量越大;反之,价格越低,供给量越小。价格与需求量成反比关系,价格越低,需求量越大;价格越高,需求量越小。农产品市场供求与价格的关系同样遵循一般产品市场的规律,当市场供大于求时,农产品价格趋于下降;当市场供不应求时,农产品价格就自然会上升。这在蔬菜、水果等产品上表现得尤为明显。

市场机制像一只无形的手,推动价格、供给量和需求量在均衡点波动,如图8-1所示。横轴为产品数量,纵轴为产品价格,供给量与需求量相等时产品达到均衡价格。

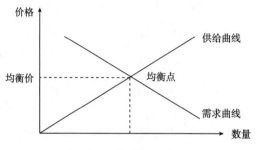

图 8-1 供求均衡价格

价格变化和由此产生的需求量变化的程度叫作需求的价格弹性,简称需求弹性。需求量受价格变化影响大的,叫作需求价格弹性大,又称为富有弹性;反之则叫作需求价格弹性小,或称为缺乏弹性。产品需求价格弹性的大小,可以通过价格弹性系数来表示(式8-1),即:

弹性系数 E = 需求量变化的百分比/价格变化的百分比

$$E = \frac{\Delta Q/Q}{\Delta P/P} \tag{8-1}$$

需求弹性系数非常有用,它能告诉我们市场需求量对价格变化的敏感程度,是制定和调整价格的重要依据。需求弹性系数一般有以下几种情况。

一是需求弹性系数等于0,表示不管价格如何变化,需求量都不会发生任何变化。如贵重药材,因为其稀缺性和不可替代的治疗作用,如果人生了病,无论价格多高也要买,如果没有病,降价也没人要。此类产品的价格一般都定得比较高。

二是需求弹性系数等于1,表示价格变化百分比是多少,需求量变化的百分比也是多少。这类产品价格无论如何变化都不会影响盈利,比较稳定。

三是需求弹性系数小于1[图8-2(a)],表示需求量对价格的变化比较迟钝,提高价格对需求量影响不是很大,如生活必需品,人们不会因为降价而增加消费,也不会因为提价而减少消费。此类产品缺乏弹性,适宜采取稳定价格或提价措施增加收入。

四是需求弹性系数大于1[图8-2(b)],表示价格变化对需求量的影响较大。价格发生较小的变化,就会引起需求量较大的变化。这类产品主要是高档消费品。价格提高,人们就减少消费;价格降低,人们就增加消费。此类产品富有弹性,适宜采取降价措施扩大销售,增加利润。

需要注意的是,前两种情况在现实生活中极少见到,常见的是后两种情况。

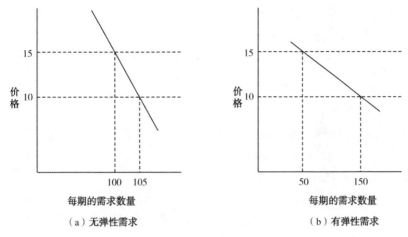

图 8-2　需求价格弹性

【案例 8-1】

潜江小龙虾价格波动

潜江小龙虾平均收购价格从 2015 年的 20.47 元/斤下跌至 2019 年的 11.94 元/斤，跌幅达 41.67%。小龙虾市场行情的下滑对虾农的生产利润率也造成了影响：2015 年养殖小龙虾的平均利润率为 109.21%，2017 年为 129.19%，2019 年则跌至 71.24%，甚至有部分虾农出现亏损。

从养殖端来看，近年来互联网迅速发展，小龙虾及其加工品迅速走红，越来越多的农户加入到小龙虾的养殖队伍中。有关部门统计显示，自 2003 年起，我国小龙虾总产量整体呈逐年增加趋势。2019 年养殖规模比 2018 年扩大了 30%。从需求端来看，小龙虾行业 2013 年进入全国性市场扩张，但小龙虾市场需求还有更多的潜力未被挖掘。在小龙虾产品大量上市的情况下，市场难以消化，供过于求导致小龙虾价格的低迷。近年来小龙虾的供给量不断扩大，且一年当中小龙虾上市时间、出货时间过于集中，而市场需求难以消化，使得小龙虾市场年均价格持续走低，秋冬季节价格也在较低状态。

资料来源：杨健，陈彦博，舒怡娴. 区域公共品牌特色农产品价格波动现象调研及策略研究——以潜江小龙虾为例[J]. 现代营销(下旬刊)，2020(04)：111-112。

思考：小龙虾价格波动的主要原因是什么？

三、目标投资收益率

在正常情况下，每一个生产经营者都会追求一定的利润目标。这些目标通常是以投资收益率或资产收益率来评估的，产品生产经营者可供选择的利润目标一般有 3 种：一是长期利润目标。此时生产经营者虽然制定正常的行业价格，但却生产优质的产品，将来可渗透进入竞争者市场中。二是最大当期利润目标。指根据已知的需求和成本情况，制定一个在当季或当年可获得最大利润的价格。三是固定利润目标。农产品经营者在投资前制定一个具体的利润目称,以保证获得固定的投资收益。

四、竞争者的产品和价格

一般根据竞争状况分为完全竞争、不完全竞争、寡头垄断、纯粹垄断市场。

1. 完全竞争市场

指该市场有许多经营者生产和销售同种产品,每个经营者占的市场份额都较小,自己的行为对价格不会产生影响。要想获得高利润,就不能采用高价格,只能通过提高自己的劳动生产率,降低成本以增加利润率。

2. 不完全竞争市场

有许多经营者生产各种有差异的产品,由于各个产品都有一定的特色,因而在市场中只要占有部分市场份额就可以使经营者对产品的市场价格有影响,此时经营者可以恰当运用提高价格的方法寻求较高利润。

3. 寡头垄断市场

由少数经营者共同占用某种产品的大部分销售量。一个经营者的调价行为都会对其他经营者产生影响,为避免过度竞争的损失,他们往往达成某种协议,谁也不轻易降价或涨价,因而价格较稳定。

4. 纯粹垄断市场

指市场上只有一个经营者生产和销售某种产品,经营者对该产品拥有绝对的定价权,可以定高价,但会损害消费者的利益,国家一般都会采用限价等方式予以控制。

农产品市场属于不完全竞争市场,竞争者可能针对本企业价格调价,也可能不调价而调整营销组合其他变量争夺消费者。

五、消费者感知价值

消费者对产品所持有的认知价值,对他们所能接受的价格有重大影响。当他们对产品的认知价值较高时,就能接受一个较高的价格;相反,价格高时,他们会拒绝接受。一个产品的认知价值的建立需要经营者做好营销工作。只有建立良好的产品形象,才能提升消费者对产品的认知价值,如青岛久和园畜禽养殖专业合作社生产的黄粉虫鸡蛋,蛋白质含量、微量元素、维生素等含量均超过普通鸡蛋,填补市场空白,上市后深受广大消费者喜爱,成为消费者崇尚的绿色健康食品,价格是当地普通鸡蛋的近4倍。

六、政府干预行为

有时候政府会对市场价格进行干预,农产品生产经营者对产品定价时,要充分考虑国家政策,在国家政策范围内活动。一是如果是国内薄弱产业或是关系到国家安全的产业,政府为了促进其发展,往往会制定支持价格,这是一个比均衡价格高的价格。一般政府会对农产品价格进行干预,以保证农民的利益不受损害。例如,为了刺激农民种粮的积极性、增加种粮农民收入,国家已经连续几年提高粮食收储价格。二是如果是政府限制发展的商品或产业,为了限制其生产和消费,政府会制定限制价格,该价格低于均衡价格,企业产品价格最高不能超过限制价格。

> **知识拓展**
>
> 《中华人民共和国价格法》第十八条 下列商品和服务价格，政府在必要时可以实行政府指导价或者政府定价：
> 1. 与国民经济发展和人民生活关系重大的极少数商品价格；
> 2. 资源稀缺的少数商品价格；
> 3. 自然垄断经营的商品价格；
> 4. 重要的公用事业价格；
> 5. 重要的公益性服务价格。

第二节 农产品定价的目标和程序

一、定价目标

由于受到资源的约束，生产经营者的规模和经营者所采用的管理方法的差异，企业可能从不同的角度选择自己的定价目标，不同行业的企业有不同的定价目标，同一行业的不同企业可能有不同的定价目标，同一企业在不同的时期、不同的市场条件下也可能有不同的定价目标。企业应根据自身的性质和特点，权衡各种定价目标的利弊而加以取舍。企业的定价目标主要有以下几个方面。

(一) 以利润为定价目标

利润是农业企业从事经营活动的主要目标，也是企业生存和发展的源泉，在市场营销中不少农业企业就直接以获取利润作为制定价格的目标。

1. 以获取投资收益为定价目标

所谓投资收益定价目标，是指企业以获取一定的投资收益为定价基点，按总成本加合理利润作为商品销售价格的一种定价目标。投资收益率计算公式如下：

$$投资收益率 = 投资收益/投资成本 \times 100\%$$

投资收益率一般必须高于同期银行利息率。以投资收益为定价目标时，还必须考虑商品的质量与功能、产品生命周期、消费者的需求价格弹性以及市场竞争的状况等。适度的投资收益率，使企业能获得长期稳定的收益。一般采用投资收益定价目标的企业，应具备较强的实力。

2. 以获取最大利润为定价目标

获取最大利润是市场经济中农业企业从事经营活动的最高期望。但获取最大利润不一定就是给单位产品制定最高的价格，优势单位产品的低价，也可通过扩大市场占有率，争取规模经济效益，使企业在一定时期内获得最大的利润。农业企业在追求最大利润时，一般都必须遵循边际收益等于边际成本的原则。市场营销中以获取最大利润为定价目标，是指企业综合分析市场竞争、产品专利、消费需求量、各种费用开支等后，以总收入减去总成本的差额最大化为定价基点，确定单位商品价格，争取最大利润。

3. 以获取合理利润为定价目标

它是指企业在激烈的市场竞争压力下，为了保全自己，减少风险，以及限于力量不足，只能在补偿正常情况下的社会平均成本的基础上，加上适度利润作为商品价格，称为合理利润定价目标。按照这一定价目标，不仅价格适中，消费者愿意接受，还能避免不必要的竞争，有利于获得长期利润，并且符合政府的价格指导方针。这是一种兼顾企业利益和社会利益的定价目标。

（二）以提高市场占有率为定价目标

指农业企业通过定价取得控制市场的地位，提高市场占有率。提高市场占有率，维持一定的销售额，是企业得以生存的基础，利润率具有不确定性。但是研究表明，市场占有率与利润率之间存在着很高的内在关联度。市场营销战略影响利润系统（Profit Impact of Market Strategy，PIMS）的分析指出：当市场占有率在10%以下时，投资收益率（Rate of Return on Investment，ROI）大约为8%；市场占有率在10%~20%时，投资收益率为40%以上；市场占有率在20%~30%时，投资收益率约为22%；市场占有率在30%~40%时，投资收益率约为24%；市场占有率在40%以上时，投资收益率约为29%。因此，以赢得最高市场占有率为定价目标具有获取长期利润的可能性。在市场对价格高度敏感，生产和分销的单位成本会随生产经验积累下降，低价能给潜在竞争者造成壁垒等条件下，企业可以考虑以低价实现市场占有率的提高。

（三）以维持企业生存为定价目标

如果企业产能、产量过剩，或面临激烈竞争，则会把维持生存作为主要目标。为了确保继续运营和存货出售，企业必须制定较低价格，并希望市场是价格敏感型的。农产品生产经营组织通过大规模的价格折扣来保持组织活力。只要其销售收入能够弥补可变成本和部分固定成本，企业生存便可得以维持。

（四）以对付竞争者为定价目标

大多数农业企业对于竞争者价格十分敏感，在分析企业的产品竞争能力和市场竞争位置后，以对付竞争者作为企业的定价目标。当农业企业具有较强的实力，在该行业中居于价格领导（Price Leader）地位时，其定价目标主要是对付竞争者或阻止竞争对手，首先变动价格。具有一定竞争力量，居于市场竞争的挑战者位置时，定价目标是攻击竞争对手，侵蚀竞争对手的市场占有率，价格定得相对低一些。而市场竞争力较弱的中小企业，在竞争中为防止竞争对手的报复，一般不首先变动价格，主要跟随市场领导价格。

（五）以争取产品质量领先为定价目标

企业以质量领先作为定价目标，在生产和市场营销过程中始终贯彻产品质量最优化的指导思想。这就要求用高价弥补高质量和研发的高成本。

二、定价程序

在选择了合适的定价目标后，要综合考虑各种因素，对农产品市场需求、成本、市场竞争状况进行测定，最后运用科学的方法确定产品价格。

1. 测定市场需求状况

供不应求的产品，定价可以稍高些；供需正常者，定价可以稍低些，以吸引需求，提高市场占有率。测定市场需求，首先要进行深入细致的市场调查，正确估计价格变动对销售量的影响程度，从而为后续定价的顺利进行提供依据。

2. 预计产品成本构成

在农产品的价格构成中，成本所占比重最大，是定价的基础。要根据成本类型，全面分析不同生产条件下生产成本变化情况，估算不同营销组合下的农产品成本，以此作为定价的重要依据。

3. 分析竞争者的产品与价格

预测竞争者的反应，对竞争者产品与价格的分析，可通过了解消费者对其产品与价格的态度来实现。并重点调查分析市场上同一产品竞争者可能做出的反应，以及替代产品的生产等情况。

4. 确定预期市场占有率

在定价之前，必须通过调查研究，确定本企业产品的市场占有率，并根据自己的实力大小，选择价格策略。

产品的成本是价格的最低限，消费者的需求和竞争者的价格决定着产品的上限，然后，参考市场环境中的其他因素，如国家的政策法规、消费者心理的影响等，选择合适的定价方法，确定出最终价格。

第三节　农产品定价的一般方法

定价方法是农产品生产经营者在特定的定价目标指导下，对农产品价格进行计算的具体方法。综合考虑价格与成本、价格与需求的关系，以及竞争者对价格决策影响等因素，定价的方法主要有成本导向定价法、需求导向定价法和竞争导向定价法。

一、成本导向定价法

这是以产品成本为定价基础，加上生产经营者的目标利润来确定产品价格的定价方法。产品成本是农产品生产经营过程中所产生的耗费，是价格制定的下限，客观上要求通过产品的销售得到补偿。这是营销者最常用、最基本的定价方法。具体包括以下几种。

（一）成本加成定价法

这是在单位成本之上加一定百分比的加成制定销售价格，加成率即预期利润占产品成本的百分比，是最基本的定价方法。计算方法是：

$$P = C \times (1 + R) \tag{8-2}$$

式中：P 为单位产品售价，C 为单位产品成本，R 为成本加成率。

如某养猪场每饲养一只猪的单位成本为 350 元，预期利润率为 30%。如用成本加成法定价，则每头猪的销售价格为 350×(1+30%) = 455 元。这种定价方法的最大优点是简单易行，因此在定价中被广泛使用。其不足之处是只从卖方利益出发进行定价，忽视了市场需求的变化和市场竞争因素的影响。该方法特别适合经营易腐农产品和小商品的零售商使用。

（二）售价加成定价法

与成本加成定价的方法类似，零售企业往往以售价为基础进行加成定价。售价加成率的衡量方法有两种：一是用零售价格来衡量，即加成率=加成(毛利)/售价；二是用进货成本来衡量，即加成率=加成(毛利)/进货成本，成本的不确定性一般比需求小，基于单位成本制定价格，可以简化企业定价程序。计算方法是：

$$P = \frac{C}{1-R} \tag{8-3}$$

式中：P 为单位产品售价，C 为单位产品成本，R 为售价加成率。

上例如用售价加成法定价，则每头猪的销售价格为 350/(1-30%)=500 元。

(三) 边际成本定价法

边际成本定价法主要是分析企业是否有增量利润，即增量收入减去增量成本。与成本加成法不同之处是此种方法以增量成本(或变动成本)为定价基础，主要考虑变动成本回收后尽量补偿固定成本，只要增量收入大于增量成本(或价格高于变动成本)，这个价格就是可以接受的。

在企业经营中，增量分析定价法适用于市场不景气、企业以维持生存为目标制定低价策略；以及企业生产相互替代或互补的几种产品，综合考虑几种产品的综合效益等情形。

(四) 目标利润定价法

或称为目标收益定价法、投资收益率定价法。这种方法是根据经营者制定的目标利润来确定产品的价格。采用这种方法，首先要估计产品成本和可能达到的销售量，然后计算保证实现目标利润所应达到的价格水平。计算方法是：

单位产品价格=产品总成本(1+目标利润率)/预计销售量

这种定价方法的优点是可以保证实现既定的利润目标，但是由于利用的是预计销售量来确定价格，而价格是影响销售量的重要因素，所以，采用此方法计算出来的价格，不一定能保证预计销售量的实现，需求价格弹性较大的产品更是如此。因此，采用此方法的营销者必须要有较强的计划能力。测算好销售价格与预期销售量之间的关系，并做好保本分析。

二、需求导向定价法

这种方法不是根据产品的成本来定价，而是根据消费者对产品价值的认识和需求程度来定价。这种定价方法常用的有 3 种方式。

(一) 感知价值定价法

感知价值定价法(Perceived-value Pricing)以消费者对产品价值的感受和理解程度作为定价的依据。各种产品在消费者心目中一般都有特定位置，消费者在选购某一产品时，常会将其与其他同类产品相比较，通过权衡相对价值的高低来决定是否购买。这就要求营销者在定价时，首先要搞好产品的市场定位，突出产品特色，并通过各种营销手段，加深消费者对产品的印象，使消费者感到购买这种产品能获得更多的相对利益，从而提高他们接受价格的程度。

这一方法的核心是消费者对产品的认知价值，即寻求消费者在观念上的认同。消费者比较全面地感知价值，包括商品效用价值、服务价值、人员价值、形象价值等方面。采用这一方法的关键是正确地估计消费者的认知价值，如果估计过高，就会导致定价过高；反之,就会影响生产经营者的收益。

(二) 反向定价法

也称倒推定价法,是指企业依据消费者能够接受的最终销售价格,计算自己从事经营的成本和利润后,逆向推算出产品的批发价和零售价。这种定价方法不以实际成本为主要依据,而是以市场需求为定价出发点,力求使价格为消费者所接受。分销渠道中的批发商和零售商多采取这种定价方法。计算方法是:

产品价格=市场可接受的零售价格×(1-批零差率)×(1-进销差率)

例如,若消费者对某品牌的土鸡蛋可接受的价格为180元/箱,若零售商要求的毛利率为25%,批发商要求的毛利率为10%,则该箱土鸡蛋的售价为:

零售商价格=消费者可接受价格×(1-25%)=180×0.75=135(元)

批发商价格=零售商可接受价格×(1-10%)=135×0.9=121.5(元)

(三) 需求差异定价法

这种定价方法以销售对象、销售地点、销售时间、产品式样等发生变化所产生的需求差异为定价依据,对于同一产品,根据不同的需求制定不同的价格。根据需求差异来定价,主要有四种情况:

1. 根据顾客差异定价

同一产品,面向不同的顾客群体时,实行不同的价格。如供应超市的蔬菜和供应农贸市场的蔬菜价格不同。

2. 根据产品式样差异定价

同一产品,因外观式样不同,实行不同的价格。如方形的西瓜比圆形的西瓜价格高,进行了包装的水果比散卖的水果价格高。

3. 根据地点差异定价

如农产品在产地市场出售价格就低,而在消费地市场出售价格就高。

4. 根据时间差异定价

同一产品,在不同的时间,实行不同的价格。如同一种蔬菜,在不同的季节,甚至在一天中的不同时间段,价格差别很大。

采用这种定价方法,要具备一定的前提条件,首先要搞好市场细分,各细分市场的需求差异比较明显;其次是要防止转手倒卖;再次,实行差异定价要有充足的理由,避免引起顾客的反感;最后,不能因实行差异定价增加过大的开支,否则得不偿失。

三、竞争导向定价法

竞争导向定价法(Competition-orientated Pricing)是根据竞争者的价格来定价。生产经营者视自己产品的质量和需求状况,或采用与主要竞争者相同的价格,或高于、低于主要竞争者的价格。其特点是只考虑竞争者价格的高低,而不考虑产品成本和市场需求的变化。

这两种方法主要有两种定价方式:

(一) 随行就市定价法

随行就市定价法(Going-rate Pricing)又称通行价格定价法,即按照目前市场上的价格水平来定价。随行就市定价意味着充分利用本行业的智慧，方法简单易行，因此，这种方法在实践中相当普遍。其理论依据是：在竞争激烈的市场上，产品价格是由无数个买主与卖主共同作用的结果，单个生产经营者实际上没有多少定价权，只能按照行业的现行价格来定价，如粮食、油料等初级农产品。随行就市是对市场各方都有好处，都能接受的价格。

随行就市定价法适应于质量差异不大、竞争激烈的产品，或者成本不易测算、市场需求和竞争者反应难以预料的产品。其优点：一是容易被消费者所接受，因为通行价格往往被人们认为是"合理价格"；二是可以使自己获得平均利润；三是可以避免挑起激烈的价格战，造成两败俱伤。

（二）密封投标定价法

密封投标定价法（Sealed-bid Pricing）是采购机构刊登广告或发函说明拟购品种、规格、数量等的具体要求，邀请供应商在规定的期限内投标。采购机构在规定日期开标，一般选择报价最低、最有利的供应商成交，签订采购合同。供货企业如果想做这笔业务，就要在规定期限内填写标单，填明可供商品名称、品种、规格、价格、数量、交货日期等，密封送达招标人。投标价格根据对竞争者报价的估计制定，而不是按供货企业自己的成本费用，目的在于赢得合同，所以一般低于对手报价。

然而，企业不能将报价定得过低，以免使经营状况恶化。确切地讲，不能将报价定得低于边际成本，但是，报价远远高出边际成本，虽然潜在利润可能增加，又会减少赢得合同的机会。

【案例8-2】

社区拼团定价

在面对拼团产品定价过程中，制定社区团购中优秀的定价模式，既能够提高收入，又能够满足用户对于该类产品的热情。

产品自身在市场上是价格的决定性因素，那么产品自身的质量以及对口人群的消费特点都是影响拼团定价的主要因素。因此，拼团类产品在定价之前，首先要明确自身的产品特点，以此为基础来进行进一步的定价研究。

对于某类产品，大家可以关注在整个市场营销过程中，该类产品基本价格变动和趋势，某些产品在市场营销过程中的价格是稳定不变的。另一些需要时机和时效性的产品，在特定的时间点会受到更多人的喜欢，并且价格也会自然而然地被提高。拼团类产品应该根据其自身的特点和真正适合的时机来确定其价格。特殊的季节与特殊的时机，同样可以提高此类产品的具体卖点。

社区团购营销过程中能够真正地对接和管理一批真实粉丝，而这些粉丝也大多源自周边社区。聆听粉丝群体的具体需求也是产品定价的依据。

资料来源：启博软件. 优秀的社区团购拼团产品定价模式，怎样制定？[EB/OL]. https：//www.sohu.com/a/341940255_100119796，2019-09-19/2020-06-10.

思考：怎么定价能够实现社区拼团订单量的增长？

第四节　农产品定价的策略

前述定价方法是依据成本、需求、竞争等因素决定产品基础价格的方法。农产品定价还需要在定价目标的指导下，根据农产品特征和市场条件，综合考虑影响价格的各种不同因素，运用灵活多变的定价策略，修正或调整产品的基础价格。常用的定价策略有以下几种。

一、新产品定价策略

新产品定价是营销策略中的一个十分重要的问题，它不仅关系到新产品能否顺利进入市场和占领市场，而且还会影响到可能出现的竞争者数量。常见的新产品定价策略主要有三种。

(一) 撇脂定价策略

撇脂定价策略(Skimming Pricing Strategy)又称高价厚利策略，撇脂的意思是从牛奶表面逐层撇取奶脂，撇脂定价就是将新上市的产品价格定得较高，使单位价格中含有较高的利润，以便在短期内获得尽可能多的投资回报。采用这种策略时，价格高到什么程度不以成本为标准，主要看是否能够满足顾客的炫耀心理，是否能显示出产品的高品质、高附加值。这一策略的实施往往配合强大的宣传攻势，将产品推向市场，使消费者尽快认识新产品，在短时间内形成强烈的需求欲望和购买动机。当然采用高价策略，产品需要有支持高价的特性。比如，高价农产品可以包装成礼品，突出显示消费者的地位和财富。

从实践来看，采取撇脂定价策略的企业一般具备以下条件。

(1) 市场有足够的购买者，需求缺乏弹性，市场需求不会因为高价而大量减少；

(2) 竞争者少，行业或市场进入壁垒高；

(3) 产品具有较高的竞争壁垒，如专利保护的产品或技术诀窍；

(4) 消费者将高价产品看作优质产品和完善服务的象征。高价产品意味着高档次的形象，产品本身具备高品质、高档次和优质服务。

(二) 渗透定价策略

渗透定价策略(Penetration Pricing Strategy)又称薄利多销策略。它与撇脂定价策略正好相反，即把新上市产品的价格定得较低，以利于为市场所接受，迅速打开市场，并且稳定地占领市场。因此，它谋求的是长期稳定的利润。农产品的同一个品种具有较大的同质性，因此经营者往往采取低价来吸引众多消费者。

从实践来看，采取渗透定价策略的企业一般具备以下条件：需求对价格极为敏感，低价可以刺激市场迅速增长；企业生产成本和经营费用会随着生产经营经验的增加而下降；低价不会引起实际和潜在的过度竞争。

这种策略在农产品市场应用中主要有以下3种方式。

(1) 高质中价定位。一般农产品差别不是很大，价格太高消费者会嫌贵，价格太低消费者会产生怀疑心理，因此这种定价方法比较保险。农产品经营者提供优质的产品和服务，但价格却定在中等水平上，把农产品价格保持在同行业平均价格水平上，以价格的优势吸引众多的消费者，使消费者感到中等的价格获得高品质消费。

（2）中质低价定位。指农产品经营者以较低的价格，向消费者提供符合一般标准的产品和服务，使顾客以较低的价格，获得信得过的产品。这一目标市场的顾客群对价格敏感，但又不希望质量过于低劣。

（3）低质低价定位。产品没有质量优势，唯一有的是价格优势。这一策略主要迎合一些低收入阶层。

撇脂定价与渗透定价的优缺点比较详见表8-1。

表8-1 撇脂定价与渗透定价优缺点比较

策略	优点	缺点
撇脂定价策略 Skimming Pricing	利用顾客求新求异心理开拓市场 短时间内获取较多利润 利于品牌的建立 有降价的空间 鼓舞士气	抑制需求 易诱发竞争 新产品未建立起声誉时，难以打开市场
渗透定价策略 Penetration Pricing	迎合消费者求实求廉的心理打入市场，扩大销售 有效阻止竞争者进入 有利于获取较高的市场占有率	投资回收期较长、见效慢、价格变化余地小 如不能迅速占领市场，可能遭受损失 消费者认知质量低 后续产品难以定高价

（三）满意定价策略

满意定价策略又称温和定价策略。该策略就是为新产品制定一个适中的价格，使顾客比较满意，生产者又能获得适当的利润。因此，它是一种普遍使用、简单易行的定价策略。

满意定价策略适合于产销比较稳定的产品。它既可以避免撇脂定价因价格过高带来的风险，又可以避免渗透定价因价格过低造成的收益减少。其缺点是有可能造成高不成、低不就的尴尬状况，对消费者缺少吸引力，难以在短期内打开销路。

二、折扣定价策略

折扣定价策略是企业为了鼓励顾客及早付清货款、大量购买、淡季购买，酌情降低其基本价格，这种价格调整叫作价格折扣。

（一）价格折扣的主要类型

价格折扣有五种类型。

（1）现金折扣（Cash Discount）。这是企业给那些当场或提前付清货款的顾客的一种减价。采用这种方式，可以促使顾客提前付款，从而加速资金周转，实行现金折扣的关键是要合理确定折扣率，折扣率大小一般根据提前付款期的利息和经营者利用资金所能创造的效益来确定。如顾客在30天内必须付清货款，如果10天内付清货款，则给予2%的折扣。

（2）数量折扣（Quantity Discount）。数量（金额）折扣指卖主为了鼓励顾客多购买，达到一定数量（金额）时给予某种程度的折扣。实行现金折扣的关键是要合理确定折扣率，折扣率大小一般根据提前付款期的利息和经营者利用资金所能创造的效益来确定。其形式有累进折扣和非累进折扣两种。累进折扣是指买方在一定时期内，累计购买达到一定数量或金额时，按其总量大小给予不同的折扣，购买越多，折扣比例越高，目的在于使买者成为可信赖的长期顾客，适用于不宜一次大量购买的易腐易烂产品以及日常生活用品。非累进折扣是指当一次购货达到卖主要求的数量或金额时，给予的折扣优待。这可以鼓励顾客一次性大量购买，也可以降低企业生产、销售、储运等环节的成本费用。如农场主为了鼓励顾客多购买，达到一定数量（或金额）时给予某种程度的折扣，顾客购买某种水果100斤以下，每斤10元；购买100斤以上，每斤9元。

（3）功能折扣（Functional Discount）。这种折扣又称为交易折扣，是根据各类中间商在市场营销中功能的不同，给予不同的折扣。交易折扣的多少要根据中间商所承担的营销功能的多少而确定（如推销、储存、服务等）。一般来说，批发商折扣较多，零售商折扣较小。

（4）季节折扣（Seasonal Discount）。这种折扣是企业给那些购买过季商品或服务的顾客一种减价，使企业的生产和销售在一年四季保持相对稳定。

（5）价格折让（Allowance）。价格折让有以旧换新和促销折让等。如经销商同意参加制造商的促销活动，则制造商卖给经销商的产品可以打折扣，这叫作促销折让。

（二）影响折扣策略的主要因素

（1）行业竞争者的实力。市场中同行业竞争对手的实力强弱会威胁到折扣的成效，一旦竞相折价，要么两败俱伤，要么被迫退出竞争市场。

（2）折扣的成本均衡性。销售中的折价并不是简单地遵循单位价格随订购数量的上升而下降这一规律。对生产厂家来说有两种情况是例外的：一是订单量大，很难看出连续订购的必然性，企业扩大再生产后，一旦下季度或来年订单陡减，投资难以收回；二是订单达不到企业的生产标准，企业生产运转与分批送货的总成本有可能无法用增加的订单补偿。

（3）市场总体价格水平下降。由于折扣策略有较稳定的长期性，当消费者利用折扣超需购买后，再进行转手出售，跨区域倒卖等现象就会扰乱市场，导致市场总体价格水平下降。

（4）应考虑企业流动资金的成本、金融市场汇率的变化、消费者对折扣的疑虑等因素。

三、地区定价策略

地区定价策略，就是当把产品卖给不同地区（包括当地和外地不同地区）的顾客时，决定是否实行地区差价。地区定价策略的关键是如何灵活对待装运、保险等费用，是否将这些费用包含在价格中。因为在农产品定价中运费和保险费是一项很重要的因素，特别是运费和保险费成本比例较大时更应该重视。具体方法如下。

（一）原产地定价

原产地定价一般也叫FOB（Free on Board）原产地定价，指顾客（买方）在产地按出厂价购买产品，企业（卖方）负责将产品运至顾客指定的运输工具上，运送费用和保险费全部由顾客（买方）承担。这种定价方法对卖方来说是最简单和容易的，对各地区的买主都是适用的。这样定价可能造成距离较远的顾客（买方）不愿购买企业产品。

(二) 统一交货定价

企业对于卖给不同地区顾客的某种产品，都按照相同的厂价加相同的运费（按平均运费计算）定价。这种策略类似于邮政服务，又称为邮资定价。该策略适用于重量轻、运费低廉，并占变动成本比重较小的产品。

(三) 分区定价

企业把全国（或某些地区）分为若干价格区，对于卖给不同价格区顾客的某种产品，分别制定不同的地区价格。距离较远的价格区定价高，距离较近的价格区定价低，在各个价格区范围内实行统一价格。分区定价的主要问题在于处在两个相邻价格区边界的顾客，距离邻近却需要按照高低不同的价格购买同一种产品。

(四) 基点定价

指企业选定某些城市作为基点，然后按一定的厂价加从基点城市到顾客所在地的运费来定价，而不论产品实际从哪个城市起运。企业为了提高灵活性，开拓较远区域市场，可以选定多个基点城市，按照距离顾客最近的基点计算运费，也有利于形成竞争壁垒。基点定价适用于以下情形：产品运费成本所占比重较大；企业产品市场范围大，许多地方有生产基地；产品的需求价格弹性较小。

(五) 运费免收定价

企业负担全部或部分运费。采取此种定价策略，企业主要考虑随着市场扩大，销量增加，平均成本会相应降低，足以抵偿运费开支。采用运费免收定价可使企业加深市场渗透，提高市场竞争能力。

四、心理定价策略

(一) 声望定价

声望定价（Prestige Pricing）是指企业利用消费者崇尚知名品牌或名店的声望所产生的品质消费心理制定商品价格，整数定价或高端定价能够提高商品身价，满足顾客高消费心理。质量不易辨别或信息不透明的产品适宜采用此法。根据消费者自尊心理的需要，对于作为送礼用途的特色农产品价格要适当高一些，采取整数定价。因为价格太低，消费者会认为拿不出手，但价格太高，消费者会认为不值得，将寻找其他礼品替代。例如，一盒人参礼品如果定价为59元，就不如定价60元为好。因为顾客心里感觉59元只是50多元，没有超过60元，心理上得不到满足，不易引起购买动机。如美国新奇士橙，至今已有120余年的品牌历史，以黑标晚熟脐橙（Late Season）作为卖点，定价129元12个，黑标代表更长的生长周期，黑色寓意高品质，鲜果品质达到优质级别。

(二) 尾数定价

尾数定价（Odd Pricing）是利用消费者对数字的不同认知心理，尽可能在价格数字上不进位，保留零头。农产品的消费者往往认为尾数价格是经过精密计算的，因而产生一种真实感、信任感、便宜感。如500克鸡蛋标价5.90元，比标价6.00元更能吸引顾客。对于大众化、没有经过加工的一般农产品，尤其是自家消费的农产品，消费者一般存在实惠心理，500克蔬菜定价0.9元，远比定价1元要吸引人，所以这类农产品定价最好不要超过整数，

1.8元、1.9元比定价2元要好卖得多。对于粗加工农产品，消费者存在"一分价钱一分货"心理，也适宜采取尾数定价方式。

（三）招徕定价

招徕定价是零售商利用部分顾客求廉心理，特意将几种商品的价格定得较低以吸引顾客。一些门店或网上商铺随机推出降价商品，如每天、每时推出一两种降价商品或特价商品，以吸引顾客经常光顾，同时也选购其他正常价格商品。这种方法一般以低价商品吸引客流，以高价商品获得利润。

（四）习惯定价

在一定的时期内，一些日常消费的农产品，如蔬菜、水果、食品等的价格已经被消费者所熟悉，在消费者的心理上已形成习惯价格，对于这类产品的价格，一般不宜提价，其价格稍做变动，就会影响销售。如果生产成本大幅度提高，经营者可以采用降低费用，或者变相提价，如适当地降低质量、减少分量的办法来迎合消费者的习惯心理，也可以改变包装设计后重新定价。

五、差别定价策略

所谓差别定价（Discriminatory Pricing），也叫价格歧视，是指企业按照两种或两种以上不反映成本费用的比例差异的价格销售某种产品或服务。

（一）差别定价的主要形式

（1）顾客差别定价（Customer-segment Pricing）。即企业按照不同的价格把同一种产品或服务卖给不同的顾客。如农产品经销商按照价目表价格把某种农产品卖给顾客A，同时按照较低价格把同一种农产品卖给顾客B。这种价格歧视表明，顾客的需求强度和对商品的感知有所不同。

（2）产品形式差别定价（Product-form Pricing）。企业对不同型号或形式的产品分别制定不同的价格，但是，不同型号或形式的产品价格之间的差额和成本费用之间的差额并不成比例。如把同为红富士品种的苹果按照大小分成不同的等级，每个等级确定一个价格；出售猪肉时，根据不同部位确定不同的价格。

（3）产品形象差别定价（Image Pricing）。有些企业根据不同的形象，给同一种产品定出两个不同的价格。把农产品包装好作为礼品赠送越来越成为一种时尚，绿壳鸡蛋、散养柴鸡、彩色甘薯、有机蔬菜配上乡土气息浓郁的包装正走俏礼品市场。正如一枝枝鲜花，单独销售可能不太值钱，但是，把它装进透明好看的花瓶里，视觉上会给人带来愉悦的享受，因此，鲜花伴随着花瓶一起出售，价位就会稍微偏高，顾客购买欲望也愈加强烈。因此把特色鲜明、老少皆宜的农产品（食品）作为礼品销售，制定的价格可以与时尚礼品相提并论。

（4）产品地点差别定价（Location Pricing）。企业对处在不同位置的产品或服务分别制定不同的价格，即使这些产品或服务的成本费用没有任何差异。如乡村旅游设置的小剧场项目，虽然不同座位的成本费用都一样，但是不同座位的票价有所不同，这是因为消费者对剧场的不同座位的偏好和满足有所不同。

（5）销售时间差别定价（Time Pricing）。企业对不同季节、不同时期甚至不同钟点的产品或服务分别制定不同的价格。如丹东99草莓在11月刚上市时价格为3斤118元左右，到

4、5 月份价格则定为 3 斤 79 元。又如，在日本一些大的超市里鲜鸡蛋早上和晚上的价格不同。

(二) 差别定价的适用条件

(1) 市场必须可以细分，而且各个细分市场必须表现出不同的需求程度。

(2) 以较低价格购买的顾客，没有可能以较高价格将产品倒卖给其他人。

(3) 竞争者没有可能在企业以较高价格销售产品的市场上以低价竞销。

(4) 细分市场和控制市场的成本费用不能超过因实行价格歧视而得到的额外收入，也就是不能得不偿失。

(5) 价格歧视不会引起顾客反感、放弃购买，从而影响销售。

(6) 采取的价格歧视形式不能违法。

六、产品组合定价策略

当产品只是产品组合的一部分时，必须对定价方法进行调整。企业要研究出一系列价格，使整个产品组合的利润最大化。由于各种产品之间存在需求和成本的联系，而且会带来不同程度的竞争，所以定价十分困难。

(一) 产品大类定价

采取产品大类定价(Product-line Pricing)策略，是因为通常企业开发出来的是产品大类，而不是单一产品。企业生产的系列产品存在需求和成本的内在关联性时，为了充分发挥这种内在关联性的积极效应，需要采用产品大类定价策略。在定价时首先确定某种产品的最低价格，它在产品大类中充当领袖价格，以吸引消费者购买产品大类中的其他产品；其次，确定产品大类中某种产品的最高价格，它在产品大类中充当品牌质量和收回投资的角色；最后，产品大类中的其他产品也分别依据其在产品大类中的角色不同而制定不同的价格。

产品大类定价应充分考虑成本差额、消费者认知差异和竞争者的价格，避免某产品滞销。产品大类价格差距小，有利于高档次产品的销售；产品大类价格差距大，有利于低档次产品的销售。如农场经营三种价格档次的水果礼品套餐：100 元、150 元、250 元。顾客会从三个价格点上，联想到低、中、高三种质量水平。即使三种价格同时提高，顾客可能仍然会按自己偏爱的价格点购买。营销管理的任务就是确立认知质量差别，使价格差别合理化。

(二) 选择品定价

许多企业提供主产品的同时，会附带一些可供选择的产品或服务，如购买植保无人机，可以订购专用检修工具、动力电池、锂电平衡充、喷洒装置等。但是对于选择品的定价，企业必须确定价格中应当包括哪些产品，有哪些产品可作为选择对象。如农家乐餐厅定价，顾客除了饭菜也会购买一些农特产，饭菜定价相对较低，农特产价格较高，食品收入可以弥补食品成本，农特产可带来利润；也可以将农特产价格定得较低，农家乐餐饮定价较高，以吸引热衷于农家乐餐饮体验的消费者。

(三) 补充产品定价

补充产品或称为连带产品定价(Complementary Product Pricing)。有些产品需要附属或补充品配合才能使用。许多企业喜欢为主产品制定较低价格，给附属品制定较高价格。主产品消费对连带产品消费产生乘数效应，主产品定低价扮演引诱品，连带产品定高价充当俘虏品。

（四）分部定价

服务性企业经常收取一笔固定费用，再加上可变的使用费。例如，乡村旅游游乐园一般先收门票费，喂小动物、玩卡丁车就要再交费。服务性公司面临着和补充品定价同样的问题，即收多少基本服务费和可变使用费。固定成本较低，可以推动人们购买服务，利润从使用费中获取。

（五）副产品定价

在生产加工肉类产品的过程中，经常产生副产品。如果副产品价值低、处置费用昂贵，就会影响主产品定价——其价格必须能弥补副产品处置费用。如果副产品能够发挥用处，可按其价值定价。副产品如果能带来收入，则有助于企业在应对竞争时制定较低价格。

（六）产品系列定价

也有企业经常打包出售一组产品或服务，如乡村旅游经营者提供的系列活动方案。这就是产品系列定价，也称配套（捆绑）产品定价，目标是以较低的整体价格刺激购买，或促销消费者本来不太可能购买的商品，充分利用整体运营的成本经济性，同时努力提高利润净贡献。

在实践中，价格捆绑可有以下形式。

（1）纯粹的捆绑。指只能一次买下所有东西，不能分开购买。如我家菜园"三口之家"优质农产品套餐体验，单月品尝价格988元，服务周期4周，配送频次每周1次，食材配送清单包括有机蔬菜、新鲜菌菇、葱姜蒜、草本鸡蛋、当归鸡、厥麻猪肉、生态面粉、高原菜籽油、黑土稻花香大米等。

（2）混合捆绑。即只对一系列产品或服务的组合给出一个价格。顾客可选择捆绑购买，也可选择分开购买。通常，产品系列的捆绑价格低于单独购买其中每一产品的费用总和。因为顾客原本可能不打算购买所有产品，但这一组合的价格有较大降幅，也有可能推动购买。消费者全价购买一种产品，则对其购买另一产品时给予折扣。例如，顾客购买第一只鸡80元，购买第二只鸡打6折。

当然，有些顾客可能不需要整个系列产品。假设一家生鲜配送企业免费提供送货上门服务，某一顾客就可能要求免去送货服务，以获取较低价格。有时顾客要求将系列产品拆开，在这种情况下如果企业节约的成本大于向顾客提供其所需商品的价格损失，则利润就会上升。比如，供应商不提供送货上门可节省50元，向顾客提供的价格的减少额为30元，则利润增加20元。

【案例8-3】

众筹预售定价

据测算，我国农产品传统线下流通模式从田间到消费者通常需要经过4~6个环节，每增加一个环节相应增加变质损耗、物流费用、管理费用和税赋分摊，致使产品到市场终端的价格往往数倍于生产出厂价格。同时，由于生产者与消费者信息不对称，产销脱节导致价格大起大落，加之绿色生产与绿色消费缺乏相互支撑，生产流通易逆向选择发生"劣币逐良币"现象，导致农产品质量安全问题突出。根据交易成本理论和供应链管理理论，解决我国农产品产销脱节、流通环节多和质量安全问题，必须压缩流通及交易环节，降低交易费用，减少信息不对称及监督成本。互联网最大的优势是去层级化和信息对称,是解决目前我国农产品生产流通和市场销售诸多问题的强有力工具。随着电子商务逐步向生鲜农产品拓展,尤其是近年来兴起的 F2F(Farm to Family)从田间直达家庭的生鲜农产品、C2B(Consumer to Business)众筹预售,可为缩减我国生鲜农产品生产流通及市场交易环节,打造透明供应链保障农产品质量安全发挥积极作用。

生鲜农产品众筹预售是实物回报型众筹(Crowd Funding)在生鲜农产品生产流通中的应用,它指规模化农业生产组织作为产品发起方,通过众筹平台发起生鲜项目,聚合碎片化的网络消费者组团预购,生产者按照预购订单以销定产,生鲜品产出后通过一次物流直接配送给预购消费者。F2F 是基于互联网的新型订单农业、团购预售和社区支持农业模式的集成创新,是一种从田园直达家园的新生活方式。它通过互联网、社交网络和二维码对传统线下生鲜品产业链流程再造,让农业生产流通阳光透明,做到产地直供和全程可质量追溯,让消费者深度参与农耕体验,进而消费者和生产者不再只是单纯的买卖关系,而是共同捍卫食品安全的生产消费者(Prosumer),因而日益受到广大消费者和农业经营者追捧。

与传统开放式多级分销模式相比,生鲜农产品通过农场直达家庭的众筹可缩减流通环节、降低物流费用、减少质量安全风险,大幅度降低市场终端价格,可让消费者获得更多顾客让渡价值,并在阶梯价格吸引下"滚雪球"式地为生产者聚集批量订单进行定制化按需生产,降低农业经营风险并增加规模报酬。

资料来源:邵腾伟,吕秀梅. 基于 F2F 的生鲜农产品 C2B 众筹预售定价[J]. 中国管理科学,2016,24(11):146-152.

思考:农产品众筹应如何定价?和其他方式定价有什么不同?

第五节 农产品价格调整及价格变动反应

农产品生产经营者处在一个不断变化的环境中,为了生存和发展,有时候需要主动降价或提价,有时候又需要对竞争者的变价做出适当的反应。同时任何价格变化无疑将会影响到购买者、竞争者、分销商和供应商,也会引起政府的注意。因此农产品生产经营者在调整价格时也必须考虑顾客和竞争者的反应。

一、农产品价格调整

市场上农产品价格的变化无外乎两种情况,一是农产品价格提升,二是农产品价格下降。针对这两种情况的发生,生产经营者应该怎样选择定价方法呢?

(一)农产品降价

1. 农产品降价的原因

农产品降价的主要原因有以下几方面。

(1) 生产能力过剩，但又不能通过产品改进和加强销售工作等来扩大销售，在这种情况下，生产者只能考虑降低价格。

(2) 竞争压力迫使生产者通过降价来扩大市场占有率。

(3) 企业产品成本比其他竞争者低，可以通过降低价格来掌握市场或提高市场占有率，从而扩大生产和销售量。

2. 农产品降价的方式

由于各经营者所处的地位、环境以及导致降价的原因不同，其选择降价的方式也不一样，主要有直接降价和间接降价两种。

(1) 直接降价。是指产品在所处环境影响下必须降价时，生产经营者直接降低产品价格。如农贸市场泡水的叶菜，若当天收场时不能卖掉，留到次日就会烂掉，所以一般菜农都会降价销售。

(2) 间接降价。产品具有降价的空间，但市场上竞争并不激烈，在这种情况下，可采取的间接降价手段：①增加额外费用支出，如免费送货上门服务等；②馈赠物品，如购买鱼、肉赠送生姜或大蒜等；③改进产品性能，提高产品质量；④增加各种折扣比例等。

3. 农产品降价需要注意的问题

(1) 很多小规模经营者经常通过降价来参与竞争，希望通过降价增加产品的销售量，从而提高经营者的利润水平。在多数情况下，这是一个错误。因为价格不是决定顾客需求的唯一因素，有时降价的结果不但没有增加经营者的利润，反而影响了经营者的形象。

(2) 经营者对产品定价，必须与希望建立的经营者形象保持一致。价格有时会影响消费者的购买欲望，但通常情况是顾客把产品的价格和他们对质量的认识联系起来，即低价格意味着低质量，造成的结果是高质量产品加上低价格等于低质量。

(3) 低价格可以增加销售量，但不能保证增加盈利。如果为产品定了低价格，则可以通过以下途径增加销售量：一是通过产品质量、品牌、包装等促销组合支持产品质量；二是解释清楚低价的原因不是低质；三是提高服务质量，达到顾客的期望值。

（二）农产品提价

一方面提价会引起消费者、中间商和推销人员的不满，从而引起消费需求的减少；另一方面，不提价，经营者可能难以为继。一个成功的提价可以使生产经营者的利润大大增加。所以，也要根据情况考虑合适的提价策略。

1. 农产品提价的原因

(1) 应付成本上涨，这是生产经营者对产品提价的最主要的原因。

(2) 产品供不应求，消费者哄抬物价，生产经营者趁机提高产品价格，以缓解市场压力。

(3) 通货膨胀，货币贬值，使产品价格低于其价值，生产经营者就不得不涨价，以弥补贬值造成的损失。

(4) 产品功能增加，竞争力增强，因而可以提高价格。

(5) 在市场竞争环境中，由于消费者专业知识不足，往往以价格高低作为产品好坏的依据，此时维持高价可以提高竞争力。

2. 农产品提价的方式

（1）公开真实成本，然后提价。在价格上涨的同时，通过各种途径，将成本上涨情况如实告诉消费者，使价格得到消费者的认可。

（2）提高产品质量，从而提高产品价格。为减少涨价给消费者带来的压力，生产经营者通过提高产品质量，使顾客感觉花较多的钱买到的是货真价实的产品，并使用广告和其他促销手段强调高质量的产品形象，如绿色食品、有机食品的价格通常维持在一个较高的价位。

（3）附送赠品或优惠。在获得一定利润情况下，涨价时可随产品赠送一点小礼物，以减少涨价给消费者带来的困扰与不安。

（4）增加产品分量，即涨价后适当增加自己产品供应分量，使消费者感到虽然涨价，但产品分量也增加了。

（5）取消价格折扣或低利产品，在产品大类中增加价格较高的项目。

（6）在合同上规定调整条款，规定在一定时期内（一般到交货时间为止）可按某种价格指数来调整价格。

（7）采取不包括某些商品和服务定价策略。企业决定原有产品价格不动，但提供的某些服务要计价，如取消免费送货服务，需支付服务费，这样一来，原来提供的产品价格实际上提高了。

3. 农产品提价的时机

适时提价的时机主要有以下 7 个方面：

（1）产品在市场中处于优势地位时，经营者可以适时提高产品的市场价格。

（2）竞争对手产品提价时，经营者可以随之提价。

（3）产品需求缺乏弹性，需求量对价格反应迟钝。即市场需求与价格之间的关系不十分密切，价格提高不会引起消费者购买数量的减少时，经营者可以适时提高商品价格。

（4）市场结构分析。在完全竞争市场中，经营者只能被动地接受价格；在垄断市场上，提价会引起政府干预；在垄断竞争市场上，如果产品需求弹性小，则提价有利，此时经营者可以适时提高商品价格；在寡头垄断市场上，提价会引起市场占有率下降。

（5）经济形势分析。通货膨胀时期要提价，一方面通过提价弥补因货币贬值给经营者造成的损失，另一方面，通货膨胀引起物价上涨，从而刺激需求，经营者可以抓住时机提高产品价格。

（6）成本结构分析。原材料和劳动力费用增加，引起成本的上升。

（7）国家价格政策的影响。

二、顾客对农产品价格变动的反应

无论提价还是降价，这种行动必然影响购买者对产品的认知和选择。

（一）顾客对农产品降价的反应

顾客对农产品降价会产生如下印象。

（1）农产品将马上因质量低劣或品质不佳而被淘汰。

（2）生产经营者遇到财务困难，经营不善。

(3) 价格还要进一步降下来。
(4) 产品成本降低了。
(5) 产品的质量下降了。

(二) 顾客对农产品提价的反应

顾客对农产品提价会产生如下印象。
(1) 很多人购买这种农产品，我也应该尽快购买，以防价格继续上涨。
(2) 提价意味着产品质量的改进。
(3) 企业将高价作为一种策略，以树立名牌形象。
(4) 卖主想尽量取得更多利润。
(5) 各种商品价格都在上涨，提价很正常。

一般来说，购买者对于价值高低不同的产品价格的反应有所不同。对于价值高、经常买的产品价格变动敏感，对于价值低、不经常买的产品，即使单位价格较高也不大注意。农产品是消费者经常性、连续性消费的产品，因此，消费价格敏感度较高。此外，购买者虽然关心产品价格变动，但更关心取得、使用产品的总费用。

三、竞争者对农产品价格变动的反应

农产品经营者考虑改变价格时，不仅要考虑购买者的反应，也必须考虑竞争对手的反应。当企业数量很少，产品的同质性强，购买者具有辨识力的时候，竞争者的反应就显得尤为重要。

(一) 了解竞争者反应的主要途径

企业在考虑改变价格时，不仅要重视购买者的反应，而且必须关注竞争对手的反应。一个行业企业很少，产品同质性强，购买者颇具辨别力与知识，竞争者的反应就越发显得重要。

企业估计竞争者的可能反应，至少可以通过两种方法：内部资料和统计分析。如通过雇佣竞争者以前的员工获得竞争的决策程序及反应模式，还可以由金融机构、咨询机构、供应商、代理商、顾客了解竞争者的情报。

企业可从以下两方面来估计、预测竞争者对本企业价格变动的可能反应。
(1) 假设竞争对手采取老一套的办法对付本企业价格变动。在这种情况下，竞争对手的反应是能够预测的。
(2) 假设竞争对手把本企业每一次价格变动都看作新挑战，并根据当时的利益做出反应。在这种情况下，就必须断定当时竞争对手的利益是什么。企业必须调查研究竞争对手的财务状况，近来的销售和产能情况，顾客忠诚情况及企业目标等。如果竞争者的目标是提高市场占有率，就可能随本企业的价格变动而调整价格；如果竞争者的目标是最大利润，就会采取其他对策，如增加广告预算，加强广告促销或者提高产品质量等。总之，在实施价格变动时，必须善于利用企业内部和外部信息来源，观测竞争对手的思路。

实际情况是复杂的，因为竞争者对本企业降价可能有种种理解，如可能认为企业想伺机侵占市场阵地；或企业经营不善，力图扩大销售；还可能认为企业想使整个行业价格下降，刺激整个市场需求。

上面假设的是企业只面临一个大的竞争者。如果面对若干个竞争者，还要估计每个竞争者的可能反应。如果所有竞争者反应大体相同，就可集中力量分析典型的竞争者，因为其应可以代表其他竞争者的反应。如果各个竞争者规模、市场占有率及政策等重要因素有所不同，他们的反应也会有所不同，就必须分别对各个竞争者进行分析；如果某些竞争者随本企业价格变动而变价，那么其他竞争者就有可能也会这样。

（二）竞争者反应的主要类型

（1）相向式反应。你提价，他涨价；你降价，他也降价。这样一致的行为，对企业影响不太大，不会导致严重后果。只要企业坚持合理的营销策略，不会失掉市场和减少市场份额。

（2）逆向式反应。你提价，他降价，或维持原价不变；你降价，他提价或维持原价不变。这种相互冲突的行为影响很严重，竞争者的目的也十分清楚，就是乘机争夺市场。对此企业要进行调查分析，首先摸清竞争者的具体目的，其次要估计竞争者的实力，最后还要了解市场的竞争格局。

（3）交叉式反应。众多竞争者对企业调价反应不一，有相向的也有逆向的，还有不变的，情况错综复杂。企业在不得不进行价格调整时，应注意提高产品质量，加强广告宣传，保持分销渠道畅通等。

四、农产品经营者对竞争者变价的反应

在现代市场经济条件下，企业经常会面临竞争者变价的挑战。如何对竞争者的变价做出及时、正确的反应，是企业定价策略的一项重要内容。

（一）不同市场环境下的企业反应

在同质产品市场上，如果竞争者降价，企业必须随之降价，否则顾客就会转而购买竞争者的产品。如果某一个企业提价，且提价对整个行业有利，其他企业也会随之提价；但是如果有企业不跟随提价，那么最先发动提价的企业和其他企业就有可能不得不取消提价。在异质产品市场上，企业对竞争者变价的反应有更多选择余地。因为在这种市场上，顾客选择卖主不仅考虑价格因素，而且考虑质量、服务、性能、外观、可靠性等，因而对于较小的价格差异可能并不在意。

面对竞争者的变价，企业必须认真研究以下问题。

（1）为什么竞争者要变价？

（2）竞争者是暂时变价，还是打算永久变价？

（3）对竞争者的变价行为置之不理，对本企业的市场占有率和利润会有何影响？

（4）其他企业是否也会做出反应？

（5）竞争者和其他企业对本企业的每个可能的反应，又会有什么样的反应？

（二）市场主导者的反应

在市场上，居于主导地位的企业经常遇到一些较小企业的进攻。这些企业的产品可与市场主导者的相媲美，往往通过进攻性的降价争夺主导者的市场阵地。在这种情况下，市场主导者有以下策略可供选择。

（1）维持价格不变。因为市场主导者认为，如果降价，会减少利润和收入；维持价格

不变,尽管对市场占有率有一定影响,以后还能恢复市场阵地。当然,维持价格不变的同时要改进产品质量、提高服务水平、加强促销沟通等,运用非价格手段反击竞争者。许多企业的经营实践证明,这种策略比简单的降价和低利经营合算。

(2)降价。市场主导者采取这种策略是因为:降价可使销售量和产量增加,从而使成本费用下降;市场对价格敏感,不降价会使市场占有率下降太多;市场占有率下降以后就很难恢复。但是,降价以后企业仍应尽力保持质量和服务水平。

(3)提价。提价的同时致力于提高产品质量,或推出新品牌,以与竞争对手争夺市场。

(三)企业应变需要考虑的因素

受到竞争对手进攻的企业必须考虑以下因素。

(1)产品在其生命周期中所处的阶段以及在企业产品投资组合中的重要程度。
(2)竞争者的意图和资源。
(3)市场对价格和价值的敏感性。
(4)成本费用随销量和产量的变化而变化的情况。

面对竞争者的变价,企业不可能花很多时间分析应采取的对策。事实上,竞争者很可能花了大量时间准备变价,本企业必须在几天甚至数小时内明确、果断地做出反应。缩短价格反应决策时间的唯一途径,就是预料竞争者可能的价格变动,并事先准备适当对策。

【归纳与提高】

影响定价的因素包括定价目标、成本、需求、竞争者的价格水平以及政府的政策法规等。企业定价目标主要有维持生存、当期利润最大化、市场占有率最大化、产品质量最优化。定价过程要采取的步骤是:选择定价目标、测定需求的价格弹性、估算成本、分析竞争对手的产品与价格、选择适当的定价方法、选定最后价格。

农产品经营者定价有三种导向,即成本导向(成本加成定价法、增量分析定价法和目标定价法)、需求导向(感知价值定价法、反向定价法和需求差异定价法)以及竞争导向(随行就市定价法和投标定价法)。企业定价策略包括折扣定价策略、地区定价策略、心理定价策略、差别定价策略、新产品定价策略以及产品组合定价策略。价格折扣有五种类型:现金折扣、数量折扣、功能折扣、季节折扣、价格折让。地区性定价包括 FOB 原产地定价、统一交货定价、分区定价、基点定价和运费免收定价。心理定价包括声望定价、尾数定价、招徕定价。差别定价的主要形式有顾客差别定价、产品形式差别定价、产品地点差别定价和销售时间差别定价。新产品定价包括撇脂定价和渗透定价。产品组合定价包括产品大类定价、选择品定价、补充品定价、分部定价、副产品定价、产品系列定价。

农产品经营者处在不断变化的环境中,有时候需要主动降价或提价,有时候又需要对竞争者的变价做出适当反应。

【复习思考题】

1. 现阶段,影响农产品定价的最主要因素是什么?
2. 定价策略如何与其他的营销组合策略协调配合?
3. 果蔬生鲜类农产品线上、线下定价策略有哪些?

4. 当竞争对手采取降价措施后，农产品经营者该如何反应？

章节案例

丹麦农业合作社赢得定价权的经验

1844 年，英国成立了第一个以交易额进行分配的合作社"罗奇代尔公平先锋社"，受此启发，耶灵乳品加工厂和生猪屠宰厂相继在丹麦诞生。随后，"腌肉、火腿、腊肠等加工制造以及鸡蛋、牲畜、饲料、肥料、种子等农产品加工经销合作社"也在丹麦生机勃勃地发展起来。在此基础上，"农村消费、信用、人寿保险、建筑以及电气等领域的合作组织也不断涌现"。至 20 世纪 20 年代，丹麦已经无人、无事不合作，成为一个赫赫有名的"合作社王国"。

丹麦是一个世界上重要的农产品生产国——不到3%的农业劳动人口以相对稳定的农产品价格向 1500 万人口提供食物，素有"欧洲食橱"之美誉，丹麦农业的辉煌成就与合作社的发展密不可分。合作社的高度组织化稳定了农产品价格，反过来，稳定的农产品价格造就了丹麦合作社的欣欣向荣。据丹麦农理会统计，在 1980—1996 年，丹麦一般物价指数上涨 65%，居民消费农产品价格只上浮约 2%。2013 年，扣除通胀因素，丹麦食品价格较 30 年前低约 8%。与 20 世纪 80 年代相比，丹麦的农业更具活力，消耗更少，产出更多，但农产品价格稳定，并未过快上涨或下跌，原因就在于农产品定价权牢牢掌握在合作社手里。丹麦农业合作社赢得定价权的经验如下：

1. 数量少，规模大，实力强，是赢得定价权的基础

经过 100 多年的发展，丹麦合作社在竞争中优胜劣汰，合并集中，数量不断减少，但市场份额大幅提高。以乳品合作社为例，1992 年为 28 家，经过合并重组，2008 年数量减少到 12 家，目前仅剩 4 家，但规模庞大，其中，以 Arla Foods 为最。Arla Foods 成立于 1863 年，是"欧洲最大、历史最悠久的乳品企业，也是全球最大的有机乳品供应商"，产量占丹麦乳制品市场的 92%以上。Arla Foods 在全球拥有 2 万多名员工、超过 200 名研发专家，2011 年营业收入为 550 亿丹麦克朗（1 丹麦克朗约合 1.13 元人民币，2011），在全球乳业排名第五位，到 2012 年为 631 亿丹麦克朗，跃居全球第二，2013 年为 736 亿丹麦克朗。合作社营业收入连年攀高，对于丹麦市场甚至欧洲市场处于绝对垄断地位，提高了合作社的话语权，丹麦当地市场的乳制品价格一直稳如磐石。

2. 供产加销一体化管理，是农民掌握定价权的根本条件

（1）供产加销一体化管理，减少了利益冲突。丹麦的农场归农场主私有，一个农场主可以同时参加多个合作社，合作社的经营领域主要集中在流通，且"以单一项目的专业合作社为主"，实行专业化运作、产业化经营。从研发到销售的每一环节，合作社都实现专业化，延长产业链，为社员提供系列化服务。农工商一体化产业链的形成，使农产品收购、加工、储运、销售系统通过合作社控制在农民手中，中间商无插足之地，减少了利益冲突，增强其市场竞争力，农民获得较大的利益。

（2）供产加销一体化管理可以控制生产规模，保护农民利益。以 Arla Foods 合作社为

例，社员必须连续3个月把自己全部牛奶交付给Arla Foods合作社，才能被确认社员身份，合作社的义务是收购社员生产的产品并负责加工、销售，但坚持市场定价，不为社员承担价格风险。在生产规模方面，Arla Foods合作社根据生态环境状况和销售水平，适度地控制着规模，每一个农场都遵循养殖数量限制和欧盟生产配额限制。根据规定，欧盟对超额生产的牛奶征收超级税（Super-tariff），每升征收2.65丹麦克朗。产供加销一体化提高了组织效率，农民利益得到保护。

（3）供产加销一体化管理可以进行标准化生产，打造优势品牌。私人农场的生产通过合作社的供产加销一体化管理，与加工业、销售业结成了紧密的纽带，农民能够控制"从农田到餐桌"的整个食品链，实现了产品质量控制。如Arla Foods建立了Arla garden质量管理体系，实现从餐桌追溯到农场的全产业链管理，对"奶牛牲舍建设、饲料选择、挤奶时间、牧场环境、牛奶储存与运输等种种细节的要求近乎苛刻"。畜牧业生产是丹麦农业的重要组成部分，家庭农场生产模式是其生产的一个显著特点。在收购牧场原奶时，Arla Foods将收购价与其质量挂钩，根据质量检验结果实行浮动价格。若达不到质量标准，该农场主将可能被禁止向乳品加工企业提供牛奶；情况严重者，则被开除出"阿拉牧场"。标准化的生产，扩大了品牌影响力，从而保证了价格自主权。

3. 合作社的性质规定不变，是农民拥有话语权的保障

丹麦合作社是真正意义上的合作社，严格遵循合作社"成员民主控制""资本报酬有限"和"按惠顾额返还盈余"3大基本原则。社员"必须是那些从合作社购买或者向合作社销售自己产品的农民"，且社员资格不能买卖；对于社员的投资，合作社并不分红，而是支付一定额度的利息；盈利或亏损的分配直接与社员对合作社的交易量挂钩。在丹麦乳制品和屠宰场合作社中，社员必须无条件将自己的产品提交给合作社，合作社必须收购并负责销售最终产品，社员得到的价格是"由市场供求关系决定的价格"，在全国范围内相同。"民办、民有、民受益"，丹麦合作社有效防治了资本与农民争利现象，社员权益得到保障，确保社员利益不被"强势集团抢占且边缘化"。

4. 强烈的合作意识是赢得定价权的前提

丹麦农业合作社运动成功的重要条件之一就是丹麦民校（Folk high school），它是由格伦德维戈（N. F. S. Grundtvig）倡导兴办的，主要面向成人，也吸纳农民的子女入校。在6个月或1年的学期里，学校不仅传授理论知识，还讨论历史和社会问题，积极发言、讨论参与民主决策，增进学员精神生活，开阔农民的视野，培养了农民的合作意识和合作能力。在农民与农民之间，以及农业与政府部门之间，他们非常善于就农业、农民问题进行合作。只要社员和合作社有直接利益关系，如拥有自己的农场"并从事和该合作社相关的生产活动，或者使用的生产资料属于合作社的"，都可以成为合作社的社员。这种强烈的合作意识，提高了垄断程度，增强了农民话语权。

5. 高素质的农民是获取农民价格自主权的根本

在丹麦，农民必须接受高等教育。只有在"接受3年的农学院基本教育和1年左右的实习"，通过考试，取得绿色证书（每年大约有900人获得绿色证书）之后，农民才有耕种、经营管理农场的资格。根据法律规定，子女不得无偿继承上一辈的家庭农场，"绿色证书"是购买30公顷以上农场的通行证。此外，农民还须与时俱进，不断更新自己的知识，渠道之

一就是"一周农校课程",由专家讲授,每年有 6000~7000 名农民参加这种课程。渠道之二是丹麦农业信息与教育研究所,开设的培训课程(如管理学和经济学)主要针对农业企业或公司的雇员。该研究所每年组织"700 多次课程班,年均培训人数可达 16000 多人次,而丹麦的农民总数只有 78000 人"。渠道之三是农民间的互相学习,交流各自在生产实践中得出的经验。高素质的农民提升了农业劳动生产率,推进了农业生产组织化、集约化,为获得定价权奠定了良好基础。

资料来源:彭青秀. 借鉴丹麦农业合作社经验提升中国农民农产品定价权[J]. 世界农业,2015(11):188-191.

思考:合作社如何提高产品定价权?

参 考 文 献

郭国庆,陈凯. 市场营销学[M]. 北京:中国人民大学出版社,2015.
郭国庆. 市场营销学[M]. 武汉:武汉大学出版社,2004.
郭国庆. 市场营销学通论[M]. 北京:中国人民大学出版社,2007.
蒋国萍,徐艟,兰洪元. 市场营销学[M]. 成都:电子科技大学出版社,2003.
孙淑卿,孙华玲. 农产品市场营销[M]. 济南:山东人民出版社,2006.
陶益清,安玉发. 市场营销[M]. 北京:中国农业出版社,2002.
陶益清. 农产品市场营销基本知识[M]. 北京:中国农业出版社,2007.
汪腾. 农产品市场营销[M]. 成都:西南交通大学出版社,2011.
吴健安,聂元昆,郭国庆,等. 市场营销学(第 2 版)[M]. 北京:高等教育出版社,2017.
吴健安. 营销管理[M]. 北京:高等教育出版社,2004.
吴宪和,任毅沁. 市场营销学[M]. 大连:东北财经大学出版社,2007.
吴学江,万秀云,关琼. 农产品市场营销实务[M]. 北京:中国农业科学技术出版社,2014.
徐瑞平. 市场营销学[M]. 银川:宁夏人民出版社,1994.
杨国,高传光,丁立. 农产品市场营销策略[M]. 北京:中国农业科学技术出版社,2016.
詹跃勇,曹源. 食品市场营销[M]. 北京:中国科学技术出版社,2013.
张光辉. 农产品市场营销实用技能[M]. 广州:中山大学出版社,2012.

第九章 农产品分销策略

 知识与技能目标

1. 了解分销渠道的职能和类型。
2. 理解分销渠道的设计与管理。
3. 掌握农产品批发商的特点和主要类型。
4. 掌握农产品零售商的分销特点。

情境导入

一直以来,农产品的销售及流通主要还是依靠农产品批发市场的形式,实现农户的"小生产"与社会的"大市场"衔接。但由于区域性的限制,存在着许多的问题,主要体现在交易方式、库存成本、基础设施、法律法规以及食品安全等方面。譬如,农产品的市场批发,仍然没有突破地域范围,以面对面现货交易为主;即时的价格对于未来的销售走势分析也并没有准确的预测意义。另外,农产品市场批发仍然处在混乱的状态,出现了不正当竞争、价格操纵、市场垄断、乱收费等现象,因而需要有组织的、严格的监管控制环境来发展高效、价格合理的市场交易。在大众对于新产品、新体验的需求背景下,批发市场提供的产品品种的传统性、单一性,也使其渐渐地失去过去的优势市场地位。在新形势下,消费者的需求转向"便捷、创新、优质、多样化、真实的体验",对农产品分销渠道模式的变革提出了更高要求。

思考:新形势下,农产品分销渠道应如何变革?

在市场经济条件下,生产者和消费者之间存在时间、地点、数量、品种、信息、价格和所有权等多方面的差异和矛盾。企业生产的产品只有通过一定的分销渠道,才能在适当的时间和地点,以相对合理的价格和供应方式提供给消费者或用户,从而化解生产者和消费者间的矛盾，实现企业的市场营销目标。

第一节　农产品分销渠道的职能与类型

一、农产品分销渠道的含义与职能

在市场营销理论中，分销渠道和市场营销渠道两个术语一般不加区分地交替使用。

所谓分销渠道(Distribution Channel)，是指产品(服务)从生产者向消费者(用户)转移所经过的路径，这种路径通常是由交换过程中的一整套相互依存的组织所构成的。在市场经济中，产品价值是通过交换过程实现的。这个交换过程一般会形成一系列相互衔接的购销活动和购销组织，分销渠道就是这种购销组织系列的载体。其成员包括产品或服务从生产者向消费者转移过程中，取得这种产品或服务的所有权或帮助所有权转移的所有企业和个人。因此，分销渠道包括经销中间商、代理中间商以及处于渠道起点和终点的生产者、中间商和最终消费者或用户，但不包括供应商和辅助商。

所谓市场营销渠道(Marketing Channel)，是指配合起来生产、分销和消费某一生产者的产品和服务的所有组织和个人。也就是说，市场营销渠道包括某种产品供产销过程中的所有有关企业和个人，如供应商、生产商、经销中间商、代理中间商、辅助商以及最终消费者或用户等。

(一) 农产品分销渠道

农产品分销渠道(也称销售渠道)，是指农产品从生产者向消费者或用户转移过程中所经过的各个中间环节，即具有交易职能的中间商所连接起来的通道。分销渠道起点是生产者，终点是消费者或用户，连接两端的纽带就是各个中间环节，包括各种批发商、零售商、商业中介机构(交易所、经纪人等)等商业中间人。

由于农产品批发商、零售商、代理商和经纪人大量存在，各种商品的分销渠道可以大不相同。不过只要是从生产者到最终用户或消费者之间，任何一组与商品交易活动有关的并相互依存、相互关联的营销中间机构均可称为一条分销渠道。如果农产品分销渠道不畅通，消费者的需求就不能得到及时的满足，农产品经营者的运营就不能正常进行，农产品的价值就不能实现。

农产品分销渠道有如下几层具体含义。

1. 渠道的起点和终点分别是农产品生产者与消费者。渠道包括了农产品从生产者到消费者的完整流通过程。

2. 渠道的主要成员是那些取得或帮助农产品所有权转移的中间商，包括取得商品所有权的商人中间商，也包括不拥有所有权的代理中间商。

3. 除了初级农产品外，农产品通常需要加工后进入市场消费环节，农产品加工商也是分销渠道成员。

4. 农产品在流通过程中，通常是对商流、物流、现金流、信息流、促销流的整合。

知识拓展

什么是流通中的"四流"

商流是指商品流通中发生的价值形态的变化和所有权转移；物流是指商品实体从供给者向需求者的实际运动；现金流是商品流通中资金的反向流动；信息流是商品流通时信息的交换和流动。

（二）农产品分销渠道的职能

分销渠道对产品从生产者转移到消费者所必须完成的工作加以组织，其目的在于消除产品（或服务）与使用者之间的分离。农产品分销渠道的主要职能有以下几种。

（1）调研。收集和传递有关顾客、行情、竞争者及其他市场营销环境信息。

（2）寻求。解决买者与卖者"双寻"过程中的矛盾，既要为农产品寻找潜在顾客，也要为不同细分市场客户提供其方便寻找的营销服务。

（3）分类。协调农产品经营种类与消费者需求之间的矛盾，按买方要求整理农产品供应品。如按农产品相关性分类组合，改变包装大小、分级分等。

（4）促销。向市场传递与农产品相关的各类信息，与顾客充分沟通并吸引顾客。

（5）洽谈。供销双方达成农产品价格和其他条件的协议，实现所有权或持有权转移。

（6）订货。分销渠道成员向农产品生产者进行有购买意图的沟通行为。

（7）物流。组织农产品的运输和储存，保证正常供货。

（8）财务。融资、收付货款，将信用延至消费者。

（9）风险承担。在执行分销任务过程中承担相关风险。

（10）服务。渠道提供的附加服务支持，如信用、交货等。

为完成农产品分销，上述功能必须全部执行，不可或缺。在特定的市场环境下，需要衡量由谁来执行这些功能成本更低、效率更高。生产者可以承担全部功能，也可以将其中一部分甚至全部功能转给中间商执行，由此形成效益不同、形态各异的渠道类型。

（三）农产品分销渠道的业务流程

渠道流程是描述各成员的活动或业务的概念。在现实中，这些流程的效率及其整合程度决定着分销渠道的效率和效益。

实物流亦称物流，其主要部分是农产品运输和储存；所有权流亦称商流，是指农产品所有权或持有权从一个渠道成员转到另一成员手中的流转过程；促销流是渠道成员的促销活动流程；洽谈流贯穿于整个渠道，农产品实体和所有权在各成员间转移，通常都要进行一次或多次洽谈；融资流是渠道成员之间融通资金的过程；风险流是分销渠道成员之间分担或转移风险的流程；订货流指渠道成员定期或不定期向供货机构发出的订货决定流程；支付流是指货款在渠道各成员间的流动；市场信息流是各成员相互传递信息的流程，它发生在渠道的每一环节。上述渠道流程包括前向流程、后向流程和双向流程。一般来说，分销渠道的物流、商流、促销流属于前向流程；订货流、支付流为后向流程；而洽谈流、融资流、市场信息流则是双向流程。

二、农产品分销渠道的层次与宽度

（一）农产品分销渠道的层次

分销渠道可根据渠道层次的数目来分类。在产品从生产者转移到消费者的过程中，任何一个对产品拥有所有权或负有推销责任的机构,就叫作一个渠道层次。

农产品按流通(购销)环节的多少,可以划分为直接渠道和间接渠道。根据中间机构层次的数目可以定义渠道长度,农产品从生产者转移到消费者手中要经历的环节和层次,即农产品流通所经过的中间环节越多,则渠道越长,反之渠道越短。通常将零阶渠道称为直接渠道,一阶渠道定义为短渠道,二、三阶及以上渠道定义为长渠道(图9-1)。

1. 直接渠道

直接渠道又称零阶渠道,指没有中间商参与,农产品生产者直接售给消费者(用户)的渠道类型。如农产品生产者通过微信群、微店或短视频等形式直接将农产品销售给消费者的情况。

2. 间接渠道

间接渠道指有一级或多级中间商参与,农产品经由一个或多个商业环节售给消费者(用户)的渠道类型。大多数农产品生产者缺乏直接组织市场销售的财力和经验,采用间接渠道,通过专业化职能的中间商分销农产品,既能有效利用中间商开拓目标市场的效率,又能集中资源聚焦所经营的核心业务。因为农产品批发商、零售商在销售网络、渠道关系、运营经验、专业水准和规模经济方面具有显著优势,费用总水平通常会低于生产者自营销售,可以获得更高利润。另外,农产品经销中间商能更好地协调生产者提供的产品与消费者需求的产品组合之间的匹配度,包括产品包装、分级分等、时间地点差异等带来的一系列矛盾,这是生产者难以承担的。

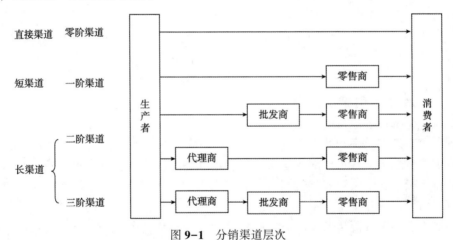

图 9-1 分销渠道层次

(二) 农产品分销渠道的宽度

渠道宽度是指渠道的每个层次(或某个地区)使用同种类型中间商数目的多少,它与分销策略密切相关。若生产者选择较多的同类型中间商(如多家批发商或多家零售商)经销农产品,则这种产品的分销渠道称为宽渠道;反之,则为窄渠道。图9-2为某食品制造商的分销渠道系统,其一级批发商A、B各自负责某些市场,每一分销层都有若干分销商参与,有其各自任务,是一个较宽的分销渠道模式。

分销策略按照同一环节的中间商或分销点的多少,分为3种类型。

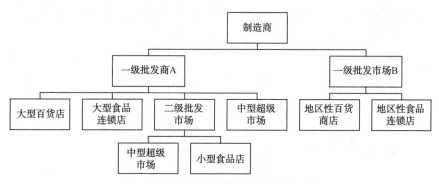

图 9-2 某食品制造商的分销渠道系统

1. 密集分销

密集型分销渠道(Intensive Distribution)也称广泛分销，或者是高宽度分销渠道。这是最宽的销售渠道，它是指生产者运用尽可能多的中间商分销其产品，使渠道尽可能加宽，以扩大商品在市场的销售面，方便消费者能够随时购买。大部分的农产品，适于这种分销形式。农产品按其特点基本上可以分为鲜活农产品和一般农产品两类。鲜活农产品因其自然属性的要求，渠道应尽量短而宽。短是尽量减少中间环节，宽是利用多个销售点或销售场所。鲜活农产品只有选择既短又宽的分销渠道才能保证产品的鲜活性，减少损失。

2. 选择分销

选择分销渠道(Selective Distribution)也称中宽度渠道，是指生产者在某一地区有条件地选择少数几个有支付能力、销售经验、产品知识及销售知识的中间商分销其产品。选择分销有选择地使用理想的中间商，使生产者与其密切配合，并使中间商按自己的要求进行营销活动，以树立产品的形象，培养忠诚的购买者，促进农产品的销售。选择性分销渠道适用于消费者在价格、质量、花色、味道等方面进行比较和选择后才决定购买的产品。

3. 独家分销

独家分销(Exclusive Distribution)又称为专营性分销渠道，是指生产者在某一地区选定一家中间商分销其产品，实行独家经营。在这种情况下，双方一般都签订合同，规定双方的销售权限、利润分配比例、销售费用和广告宣传费用的分担比例等。生产者在合同规定的区域内，不能再找其他的中间商经销自己的产品，也不允许选定的中间商经销其他生产商生产的同类产品。

独家分销是最窄的分销渠道。采用独家分销这种策略，生产者能在中间商的销售价格、促销活动、信用和各种服务方面有较强的控制力，从事独家分销的生产商还期望通过这种形式取得经销商强有力的销售支持。独家分销的不足之处主要是由于缺乏竞争会导致经销商力量减弱，而且对消费者来说，可能因为销售网络稀疏，使消费者在购买地点的选择上感到不方便而影响到消费者的购买，使生产者受到损失。对农产品来说，品牌化的农产品更适宜采取独家分销方式，例如，2019年，褚橙在本来生活网进行独家预售，预售用户将率先吃到头茬褚橙。这已经是本来生活网连续第8年成为褚橙全国总经销商，每年的销量已占据褚橙总量的三分之一。

渠道长度与渠道宽度的选择主要受使用顾客多少、购买频率、商品价格、技术含量、服务要求等因素的影响，如图9-3所示。这部分内容在下一节分销渠道策略选择中展开阐述。

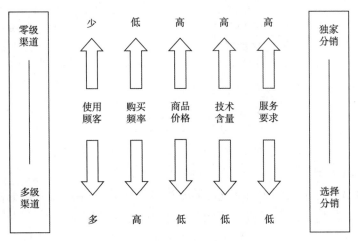

图 9-3　影响渠道类型选择的主要因素

第二节　分销渠道策略选择与管理

有效的渠道设计，应以确定农产品经营所要达到的市场为起点。市场选择和渠道选择是相互依存的，精准的市场定位加上有利的销售渠道，才能让农产品经营者获得利润。

一、影响分销渠道设计的因素

分销渠道设计的中心环节是确定到达目标市场的最佳途径。农产品生产经营者在选择分销渠道时，必须对以下几方面的因素进行系统的分析和判断，才能做出合理的选择。

（一）产品特性

1. 产品价格

一般来说，产品单价越高，越应注意减少流通环节，否则会造成销售价格的提高，从而影响销路，这对生产者和消费者都不利。而单价较低、市场较广的产品，则通常采用多环节的间接分销渠道。

2. 产品的体积和重量

产品的体积大小和轻重，直接影响运输和储存等销售费用。过重的或体积大的产品，应尽可能选择最短的分销渠道。小而轻且数量大的产品，则可考虑采取间接分销渠道。

3. 产品的自然属性

一般来讲，凡是自然属性比较稳定的农产品，可以考虑使用中间商或相对较长的渠道。凡是易腐烂变质、易损耗的农产品，尽可能地采取直接的渠道或较短的渠道，例如，牛奶、蔬菜、瓜果、新鲜海产品等鲜活农产品必须采取"短而宽"的销售渠道，以求尽快把产品送到消费者手中，以减少这些农产品在流通过程中的损耗。

4. 产品的加工程度

没有精加工处理的鲜活农产品，应采取直接销售渠道，经过一定加工处理的产品，例如，经过冷冻、保鲜、防腐、防水等处理的农产品，可以考虑使用中间商。

5. 新产品

为尽快地把新产品投入市场，扩大销路，生产企业一般应重视组织自己的推销队伍，直接与消费者见面，推介新产品和收集用户意见。如能取得中间商的良好合作，也可考虑采用间接销售形式。

（二）市场因素

1. 市场的规模与分布

消费者数量的多少，决定市场规模的大小。市场规模大，就需要中间商提供服务，采用间接销售。市场规模小，则可以由生产者直接供应消费者。某些商品消费地区分布比较集中，则适合直接销售；反之，适合间接销售。对于本地消费者，因分布较为分散，通过间接销售比较合适。

2. 消费者的购买习惯

对于那些购买次数频繁，消费者希望随时随地购买的农产品，可选择通过批发商和为数众多的中小零售商，将产品专卖给广大的消费者，以方便购买。有些农产品，有的消费者喜欢到生产者那里购买商品，有的消费者喜欢到零售商店购买，对于这样的农产品，生产企业既应直接销售，也应间接销售，以满足不同消费者的需求，同时也增加了产品的销售量。

（三）中间商的特性

设计分销渠道时，必须考虑执行不同任务的市场营销中间机构的优缺点。中间商在执行运输、广告宣传、储存及接纳顾客等职能方面，以及在信用条件、人员培训和送货频率等方面都有不同的特点和要求。

（四）竞争特性

生产者的渠道设计还受到竞争者所使用的渠道的影响，因为农产品生产者希望在竞争者相同或相近的经销场所与竞争者的产品抗衡。例如，食品生产者希望其品牌和竞争品牌一起销售。而有些情况下，企业会极力避免使用竞争者使用的分销渠道。如褚橙没有选择淘宝网等竞争者使用较多的平台，而是独家授权本来生活网经销产品。

（五）企业特性

1. 总体规模

企业总体规模的大小决定了其市场范围、客户规模及强制中间商合作的能力。

2. 资金能力

如果企业本身资金雄厚，盈利水平高，产品又畅销，通常可以自由选择分销渠道，甚至有能力建立自己的销售网点。采取直接渠道，实行产销合一的经营方式。企业资金薄弱，无力支付市场调查、广告、推销人员、销售网络设施、产品运输等方面的费用，则只能依赖中间商进行销售和提供服务，选择间接分销渠道。

3. 销售能力

生产企业在销售力量、储存能力和销售经验等方面具备较好条件的，则应选择直接分销渠道。反之，则必须借助中间商，选择间接分销渠道。另外，企业如能和中间商进行良好的合作，或对中间商能进行有效的控制，则可选择间接分销渠道。若中间商不能很好地合作或不可靠，将影响产品的市场开拓和经济效益，则不如进行直接销售。

4. 可能提供的服务水平

中间商通常希望生产企业尽可能多地提供广告、展览、培训等服务项目，为销售产品创造条件。若生产企业无意或无力满足这些方面的要求，就难以达成协议，迫使生产企业自行销售。反之，提供的服务水平高，中间商乐于销售该产品，生产企业则选择间接分销渠道。

5. 产品组合

企业的产品组合宽度越大，与顾客直接交易的能力越大；产品组合的深度越大，使用独家销售或选择性代理商就越有利；产品组合的关联性越强，越应使用性质相同或相似的渠道。

6. 营销政策

农产品经营者如果对消费者提供快速交货的服务政策，就会影响到对中间商职能执行能力、存货水平以及所采用的物流系统的要求。

(六) 政策环境因素

主要是指政府的政策、法令和法律对分销渠道选择的影响。企业选择分销渠道必须符合国家有关政策和法令的规定。例如，我国实行烟草专卖，生产烟草的厂家，必须在国家规定的系统内选择销售渠道。另外，如税收政策、价格政策、出口法、商品检验规定等，也都影响分销途径的选择。

二、分销渠道的设计

分销渠道设计需要在理想渠道与可用渠道之间进行抉择。生产者的渠道系统必须因时因地灵活变通。一般来讲，有效的渠道系统，必须经过分析顾客需要的服务产出水平、确定渠道目标与限制、明确各主要渠道备选方案、评估各种可能的渠道交替方案等步骤。

(一) 分析顾客需要的服务产出水平

设计渠道的第一步，是了解在目标市场上消费者购买了什么商品，在什么地方购买，为何购买，何时买和如何买。营销人员必须了解目标消费者需要的服务产出水平，即人们购买产品时期望得到的服务类型和服务水平。

农产品分销渠道可以为目标消费者提供的服务产出水平，如批量大小、等候时间、空间便利性、产品丰富度等。

(二) 确定渠道目标与限制

每一个生产者都必须在顾客、产品、中间商、竞争者、企业政策和环境等所形成的限制条件下，确定其渠道目标。所谓渠道目标，是指企业预期达到的顾客服务水平(何时、何地、如何对目标顾客提供产品或实现服务)以及中间商应执行的职能等。

（三）明确各种渠道备选方案

在确定了渠道目标与限制后，渠道设计的下一步工作是明确各主要渠道的交替方案。渠道的交替方案主要涉及以下4个基本要素。

（1）中间商的基本类型。首先必须明确可以完成其渠道工作的各种中间商类型。农产品生产者在选择产品销售渠道时常常面临若干个可行的交替方案。

（2）每一分销层次所使用的中间商数目。根据企业追求的市场覆盖范围选择密集分销、选择分销和独家分销等不同分销形式。

（3）各中间商的特定市场营销任务。农产品生产经营者必须解决如何将产品转移到目标市场这一问题。当渠道问题被视为"市场营销工作"时，可以通过营销工作的组合来看有多少交替方案。其中，有些渠道类型因其不经济或不稳定，也应剔除，必须对渠道选择方案进行仔细评估。

（4）生产者与中间商的交易条件以及相互责任。

（四）评估各种可能的渠道交替方案

每一种渠道备选方案，都是产品送达最终顾客的可能路线。生产者所要解决的问题，就是从那些似乎很合理但又相互排斥的备选方案中，选择一种最能满足企业长期目标的方案。因此，生产者必须对各种可能的渠道备选方案进行评估。评估标准有三个，即经济性、控制性和适应性。

1. 经济性标准

三项标准中，经济性标准最为重要。因为企业是追求利润的，可用许多企业经常遇到的一个决策问题来说明，即应使用自己的销售人员，还是使用销售代理商。假设某农产品企业希望其销售的药芹在某一地区取得大批零售商的支持，现有两种方案可供选择：一是向该地区派出10名企业销售人员，除了付给基本工资外，还根据销售业绩付给佣金；二是利用该地区的销售代理商，假设该代理商已和零售店建立密切联系，并可派出30名销售人员（销售人员的报酬按佣金制支付）。两种方案可能导致不同的销售收入和成本。判别一个方案好坏的标准，不应只是其能否获得较高销售额或导致较低成本费用，而是能否取得最大利润。

2. 控制性标准

使用代理商，无疑会增加控制的问题。代理商是一个独立的企业，所关心的是自己如何取得最大利润。它可能不愿与相邻地区同一委托人的代理商合作；可能只注重访问那些与其推销产品有关的顾客，而忽略对委托企业来说很重要的顾客。代理商的推销员可能无心了解与委托企业产品相关的生产技术标准等细节，也很难正确并认真对待委托企业的促销资料。

3. 适应性标准

评估各种渠道备选方案时，还要考虑自身是否具有适应环境变化的能力。每个渠道方案都会有规定期限，某一制造商决定利用销售代理商推销产品时，可能要签订5年合同。这段时间内，即使采用其他销售方式会更有效，制造商也不得任意取消销售代理商。所以涉及长期承诺的渠道方案，只有在经济性和控制性方面都很优越的条件下才可予以考虑。

三、分销渠道的管理

在选定分销渠道方案后,企业还需要完成一系列管理工作,包括对各类中间商的具体选择、激励、评估,以及根据情况变化调整渠道方案和协调渠道成员间的矛盾。

(一) 选择渠道成员

为选定的渠道招募合适的中间商,这些中间商就成为企业产品分销渠道的成员。一般来说,那些知名度高、享有盛誉、产品利润大的生产者,可以毫不费力地选择到合适的中间商。而那些知名度较低,或其产品利润不大的生产者,则必须费尽心机,才能找到合适的中间商。同时中间商也在选择生产商,尤其是强大的或有影响力的零售商,比如大型商超,农产品进入超市终端会有着严苛的质量标准与审核条件,商超在这一"双向选择"过程中具有较强的主动性,因此,农产品生产经营者为了获得高质量的渠道成员,必须让渠道成员能够相信经销其产品是有一定优势的。

生产者挑选中间商时应注意以下基本条件:

(1) 选择的中间商,其服务对象是否与企业的目标市场相一致。一般来说,选择的中间商一定要与本企业产品的销路一致,这是基本条件。

(2) 地理位置是否有利。零售商应位于顾客流量大的地段并有相对稳定的客户,批发商应有较好的交通位置及仓储条件。

(3) 市场覆盖面有多大。市场覆盖面是指某种商品通过一定的分销渠道能够达到的最大销售区域范围。这个销售区域范围越大,则该商品能够接近的潜在消费者越多,购买该商品的顾客数量越大。

(4) 中间商经营的商品大类中,是否有相互促进的产品或竞争产品。生产商通常尽可能避免选取直接经营竞争对手产品的中间商,而选择那些经营兼容性产品的中间商。经营互补性产品的中间商一般也被看好。

(5) 信用及财务状况。核查中间商的财务状况、信誉高低、营业历史的长短及经验是否丰富,这也是一个必要环节。中间商应该有良好的财务情况、有一定的资金实力和承担风险能力,能按时付款。

(6) 拥有的业务设施(如交通运输设施、仓储条件和设施、样品陈列设备等)情况如何。

(7) 销售能力和售后服务能力的强弱。中间商所拥有的销售网络是否能有效地把企业的产品送到潜在的消费者面前,是否有较强的售后服务能力。尤其是在网络销售时,电商平台的销量与客户关系管理能力是重要的参考指标。

(8) 管理能力和信息反馈能力的强弱。中间商销售管理是否规范、高效,信息反馈是否及时、完整、准确,关系着中间商营销的成败,而这些都与生产企业的发展休戚相关。

(二) 激励渠道成员

美国哈佛大学的心理学家威廉·詹姆士在《行为管理学》一书中指出,合同关系仅仅能使人的潜力发挥20%~30%,而如果受到充分激励,其潜力可发挥至80%~90%,这是因为激励活动可以调动人的积极性。所以,激励渠道成员是渠道管理中不可或缺的一环。

生产者不仅要选择中间商,而且还要激励中间商,尽可能地调动中间商的积极性,使之尽力为生产者服务。但是由于中间商是独立的经济实体,与生产者所处的地位不同,考虑问题的角度也不同，必然会产生矛盾。生产者要善于了解中间商的需要，不断监督、指导与鼓励中间商积极合作。生产者不仅利用中间商销售产品，而且把产品销售给中间商。这使得激励中间商这一工作不仅十分必要，而且十分复杂。生产者必须尽量避免激励过分与激励不足两种情况。当生产者给予中间商的优惠条件超过其取得合作所需提供的条件时，就会出现激励过分的情况，其结果是销售量提高而利润量下降；当生产者给予中间商的条件过于苛刻，以至不能激励中间商的努力时，则会出现激励不足的情况，其结果是销售量降低，利润减少。因此，生产者必须确定应如何激励中间商。

激励中间商的形式多种多样，但大体可以分为两种：直接激励和间接激励。

1. 直接激励

直接激励指的是通过给予中间商物质、金钱的奖励来激发中间商的积极性，从而实现企业销售目标。直接激励主要有以下几种形式。

（1）返利政策。在制定返利政策时一定要考虑到如下因素。

一是返利的标准。一定要分清品种、数量、等级、返利额度。制定返利政策时，参考竞争对手的情况，考虑现实性，防止抛售、串货等。

二是返利的形式。注明现价返，还是以货物返，或是二者结合；也需注明货物返能否作为下月任务数。

三是返利的时间。是月返、季返还是年返，应根据产品特性、货物流转周期而定。要在返利兑现的时间内完成返利的结算。

四是返利的附属条件。为了能使返利这种形式促进销售，而不会引起窜货等行为，需要加上一些附属条件，比如严禁跨区域销售、严禁擅自降价、严禁拖欠货款等，一经发现，取消返利。

现实中会遇到这种情况，返利标准制定得比较宽松，失去返利刺激销售的效果，或者返利太大造成价格下滑或窜货等。因而在执行中，一是在政策的制定上就要考虑周全；二是执行起来要严格。

（2）价格折扣。价格折扣包括以下几种形式：数量折扣；等级折扣；现金折扣；季节折扣。

（3）开展促销活动。一般而言，生产者促销措施会很受中间商的欢迎。促销费用一般可由制造商负担，亦可要求中间商合理分担。生产者还应经常派人前往一些主要的中间商那里，协助安排商品陈列，举办产品展览和操作表演，训练推销人员，或根据中间商的推销业绩给予相应的激励。

针对中间商的促销政策，既可以激发其积极性，又保证了各层销售商的利润，因而可以做到促进销售而不扰乱整个市场的价格体系。相反，依赖直接让利于消费者的促销，则造成中间商无利可图而缺乏动力，最终竞相降价，可能把零售价格打乱。

2. 间接激励

间接激励是指通过帮助中间商获得更好的管理、销售的方法，从而提高销售绩效。在市场机制日益成熟的今天，直接激励的作用在不断削弱。

间接激励通常的做法有以下几种形式。

（1）提供帮助。企业帮助中间商建立进销存报表，做安全库存数和先进先出库存管理。

进销存报表的建立，可以帮助中间商了解某一周期的实际销售数量和利润；安全库存数的建立，可以帮助中间商合理安排进货；先进先出的库存管理，可以减少即期品（即将过期的商品）的出现。

（2）管理终端。企业帮助零售商进行零售终端管理。终端管理的内容包括铺货和商品陈列等。通过定期拜访，帮助零售商整理货架，设计商品陈列形式。

（3）管理客户。企业帮助中间商管理其客户网来加强中间商的销售管理工作。帮助中间商建立客户档案，包括客户的店名、地址、电话，并根据客户的销售量将他们分成等级，并据此告诉中间商对待不同等级的客户应采用不同的支持方式从而更好地服务于不同性质的客户，提高客户的忠诚度。

（4）建立伙伴关系。从长远看，企业应该实施伙伴关系管理，也就是生产商和中间商结成合作伙伴，双方共同规划销售目标、存货水平、营业场地、商品陈列、员工培训、广告宣传等，以达到通过共同扩大销售取得更多利益的目的，风险共担，利益共享。近年来，分销渠道的作用逐渐增强，渠道合作、中间商合作、商业合伙、战略联盟日益普遍。合作关系或战略联盟表述了一种在制造商和其渠道成员间的持续的相互支持关系，包括努力提供一个高效团队、网络或渠道伙伴联盟。

此外，生产者还可借助某些权力来赢得中间商的合作，具体包括以下几个方面。

（1）强制力，是生产者对不合作的中间商（如对顾客服务差、未实现销售目标、窜货等）威胁撤回某种资源或中止关系而形成的权利。中间商对生产者的依赖性越强，这种权利的效果越明显。

（2）奖赏力，指生产者给执行了某种职能的中间商额外酬劳而形成的权利。奖赏力的负面效应是，中间商为生产者服务往往不是出于职业的信念，而是因为有额外报酬。每当生产者要求中间商执行某种职能时，中间商往往要求更高的报酬。

（3）法定力，是生产者要求中间商履行双方合同而执行某些职能的权利。

（4）专长力，指生产者因拥有某种专业知识而对中间商构成的控制力。生产者可借助复杂精密的系统控制中间商，也可提供专业知识培训或系统升级服务，由此形成专长力。如果中间商得不到这些专业服务，其经营很难成功。而一旦将专业知识给了中间商，这种专长力又会削弱。

（5）感召力，是中间商对生产者深怀敬意，并希望与之长期合作而形成的。中间商基于对生产者的认可，愿意与之建立长期稳定的合作关系，并且心甘情愿地按生产者的要求行事。

一般情况下，生产者都注重运用感召力、专长力、法定力和奖赏力，尽量避免使用强制力。这样，往往能收到理想的效果。

（三）评估渠道成员

生产者还必须定期评估中间商的绩效，及时掌握情况，发现问题，及时采取相应措施，以提高渠道的营销效率。如果某一渠道成员绩效过分低于既定标准，需找出原因，同时还应考虑补救方法。当放弃或更换中间商会产生更坏的结果时，生产者只能容忍；当不至于出现更坏结果时，应要求工作欠佳的中间商于一定时期改进，否则就取消它的资格。

1. 契约约束与销售配额

一开始就与中间商签订有关绩效标准与奖惩条件，可避免种种不快。契约中应明确经销商的责任，如销售强度、绩效与覆盖率、平均存货水平、送货时间、次品与遗失品的处理方法、对企业促销与训练方案的合作程度、中间商必须提供的顾客服务等。

除了针对绩效责任签订契约，还应定期发布销售配额，以确定目前的预期绩效。生产者可在一定时期列出各中间商的销售额，并依销售额大小排出先后名次。这样可使后进中间商为了荣誉奋力上进，也可促使先进的中间商努力保持荣誉，百尺竿头更进一步。

需要注意的是，排名时不但要看中间商销售水平的绝对值，而且要考虑它们各自面临的不同环境，以及生产者的产品大类在各中间商全部产品组合中的相对重要程度。

2. 测量中间商绩效

测量中间商绩效，主要有以下两种方法。

（1）将每一中间商的销售绩效与上期绩效比较，并以整个群体的升降百分比作为标准。对低于该群体平均水平的中间商，加强评估与激励措施。还要对后进中间商的环境因素加以调查，看是否存在客观原因，如当地经济衰退、某些顾客不可避免流失、主力推销员退休或"跳槽"等，其中哪些因素可在下期弥补。一般来说，制造商不宜因这些而对经销商采取惩罚。

（2）将各中间商的绩效与该地区基于销售潜量分析所设立的配额相比较。即在销售期过后，根据中间商的实际销售额与其潜在销售额的比率，将各中间商按先后名次进行排列。这样企业的调整与激励措施就可以集中用于那些未达既定销售比率的中间商。

（四）渠道改进安排

渠道系统要定期改进，以适应市场动态。当消费者购买方式变化、市场扩大、新竞争者兴起、创新的分销战略出现以及产品进入生命周期下一阶段，便有必要对渠道进行改进。另外，现有的渠道结构通常不可能总在既定的成本下带来最高效的产出，随着渠道成本的递增，也需要对渠道结构加以调整。渠道的调整主要有以下3种方式。

1. 增减渠道成员

增减渠道成员就是对现有销售渠道里的中间商进行增、减变动。做这种调整，企业要分析增加或减少某个中间商，会对产品分销、企业利润带来什么影响，影响的程度如何。如企业决定在某一目标市场增加一家批发商，不仅要考虑这么做会给企业带来的直接收益（销售量增加），而且还要考虑这种变动对其他中间商的影响等问题。

2. 增减销售渠道

当在同一渠道增减个别成员也无法解决问题时，企业可以考虑增减销售渠道。这么做需要对可能带来的直接、间接反应及效益做广泛的分析。有时候，撤销一条原有的效率不高的渠道，比开辟一条新的渠道难度更大。

3. 变动分销系统

这是对企业原有的整个分销体系、制度做通盘调整，是企业调整渠道当中动作最大、波及面积最广也是最困难的一种。例如，变间接销售为直接销售。这类调整难度很大，因为它不是在原有的渠道基础上的修补、完善，而是改变企业的整个分销政策。它会带来市场营销组合有关因素的一系列变动。在"互联网+"大背景下，线上线下相结合的渠道方式成为新的发展趋势，农产品经营者也需要对原有的分销系统做出新的调整和安排。

（五）分销渠道冲突化解

渠道成员之间的合作程度、协调程度如何，将直接影响到整个渠道的分销效率和效益。

1. 渠道冲突的表现形式

渠道冲突是指当分销渠道中的一方成员将另一方成员视为对手，且对其进行伤害或在损害该成员的基础上获得稀缺资源的情景。我们必须对渠道冲突加以重视，防止渠道关系恶化，甚至是整个渠道体系的崩溃。渠道冲突的类型可以分为3种：水平渠道冲突、垂直渠道冲突和多渠道冲突。

（1）水平渠道冲突。水平渠道冲突是指某渠道内同一层次中的成员之间的冲突。如同级批发商或同级零售商之间的冲突，表现形式为跨区域销售、压价销售、不按规定提供售后服务或提供促销等。

（2）垂直渠道冲突。垂直渠道冲突是指同一条渠道中不同层次之间的冲突。如制造商与分销商之间、总代理与批发商之间、批发商与零售商之间的冲突，表现形式为信贷条件的不同、进货价格的差异、提供服务（如广告支持）的差异等。

（3）多渠道冲突。多渠道冲突（也称为交叉冲突）是指两条或两条以上渠道之间的成员发生的冲突。当制造商在同一市场或区域建立两条或两条以上的渠道时，就会产生此类冲突。如直接渠道与间接渠道形式中成员之间的冲突，代理分销与经销分销形式中渠道成员之间的冲突。表现形式为销售网络紊乱，区域划分不清，价格不同等。原来可口可乐的销售渠道不是零售，后来开始采用售货机，终端销售机实际上就是一个细分渠道，一开始零售商非常不乐意，因为这个终端销售机好像也是最终面向消费者，但可口可乐解决了类似的冲突问题。因为看似是定位在相同的用户，但还是有办法再进行细分。

2. 渠道冲突的起因

渠道成员之间的冲突的起因很多，大致可以归纳为以下几点。

（1）角色失称。当一个渠道成员的行为超出另一个渠道成员对其行为角色的期望范围时，角色失称就会发生。有些情况下，角色失称也发生在当一个渠道成员不能确定哪些行为是可以接受的时候。为了避免角色失称，渠道成员需要了解其他成员的具体期望是什么，他需承担什么责任，以及他的行为绩效如何被对方所评价。

（2）感知偏差。它指的是渠道成员如何对他所处的形势进行解释，或如何对不同的刺激作出反应。例如，一个零售商如果认为50%的毛利率是合理的水平，那么他就可能认为制造商规定的40%的加成率太低。渠道成员应通过加强相互间的理解来减轻甚至消除这种感知差异。

（3）决策主导权分歧，即一个渠道成员认为其他渠道成员的行为侵害了自己的决策权。例如，零售商或生产商是否有权制定最终零售价格，制造商是否有权对分销商的存货水平作出要求。

（4）目标不相容，即成员间的目标是不相容的。例如，新希望牛奶公司希望为它的新品酸奶获得额外的展示货架空间以提高市场份额，而分销商则关心这种新产品是否会创造更多利润，通常情况下这两者是相互矛盾的。目标不相容还可以在分销商和制造商"如何使利润最大化"的分歧上体现出来。分销商为使利润最大化通常希望提高毛利率，加快存货周转速度，降低成本并获得较高的制造商津贴，而制造商为了提高销量通常倾向于降低零售毛利率、增加分销商库存，提高促销费用并减少津贴。

（5）沟通困难，也就是信息在渠道成员间的传递缓慢或不准确。为了克服沟通困难，许多大的零售商都要求他们的供应商就订单、发票以及装运通知单等方面与其进行充分的交流。实际上，沟通困难也是造成感知偏差的原因之一。

（6）资源缺乏。争夺稀缺的资源是渠道冲突产生的一个重要原因。例如，对客户资源的争夺使许多实施多重分销策略的企业与分销商产生摩擦。

3. 化解渠道冲突的对策

渠道冲突的存在是一个客观事实，不能消灭，不能根除，只能通过分析，区别对待。并非所有的冲突都会降低渠道效率。低水平的渠道冲突可能对分销效率无任何影响，中等水平的渠道冲突有可能会提高渠道的分销效率，而只有高水平的渠道冲突才会降低渠道的分销效率。适当冲突的存在会增强渠道成员的忧患意识，刺激渠道成员的创新。

（1）销售促进激励。要减少渠道成员的冲突，有时成员组织的领导者不得不对其政策、计划进行折中，对以前的游戏规则进行修改，这些折中和修改，是为了对成员的激励，以物质利益刺激他们求大同，存小异，大事化小，小事化了。如价格折扣、数量折扣、付款信贷、按业绩的奖罚制度、分销商成员的培训、成员的会议旅游等。

（2）进行协商谈判。协商谈判是为实现解决冲突的目标进行的讨论沟通。成功的、富有艺术的协商谈判能够将原本可能中断的渠道关系引向新的成功之路。协商谈判是分销渠道管理之中常有之事。有效的谈判技巧是非常有用的，首先它是渠道成员自我保护和提高自己地位的手段。如果掌握了这一技巧，在面临冲突解决问题时保持良好关系的可能性就会大大增加，甚至许多对手也会因一次成功的谈判而成为长久的合作伙伴。

（3）清理渠道成员。对于不遵守游戏规则、屡犯不改的渠道成员，有可能是当初对其考察不慎，该成员的人格、资信、规模与经营方式都未达到成员的资格和标准。此时就应该重新审查，将不合格的成员清除出联盟。如对那些肆意跨地区销售、打压价格进行恶性竞争的分销商，或长时间未实现规定销售目标的分销商，都可以采取清理的方法。

（4）发挥行业组织的作用。农产品行业协会一般以农产品市场为支撑，为从事农产品流通营销大户、中介服务组织等农民经纪人（农户、合作组织、企业等）搭建一个相互联系沟通、磋商合作、交流经验、洽谈贸易的平台。通过农产品行业协会，可以加强渠道成员之间的业务沟通，如通过商会、工商联合会，组织专题研讨会，对商贸工作中的一些热点问题广泛交换意见，促进各方做好工作。

（5）使用法律手段。法律手段是指渠道系统中存在冲突时，一方成员按照合同或协议的规定要求另一方成员行使既定行为的法律仲裁手段。比如在特许经营体系中，特许经营商认为特许总部不断新添的加盟商侵蚀了他们的利益，违反了加盟合同中的地理区域限定，这时就很可能要采用法律手段来解决这一问题。

法律手段应当是解决冲突的最后选择。因为一旦采用了法律手段，另一方可能会完全遵守诉讼方的意愿而改变自己的行为，但是会对诉讼方产生不满，这样的结果是双方的冲突可能会增加而非减少。从长远看来，双方可能会不断卷入法律纠纷而使渠道关系继续恶化。

第三节　农产品分销体系和运行模式

农产品分销体系不仅涉及分销渠道选择，还必须正确选择中间商。因此，需要掌握各类中间商(主要是批发商和零售商)的特点与作用，了解现代农产品分销方式的新发展。

一、农产品批发商

(一) 农产品批发与批发商

农产品批发是指一切将农产品销售给为转卖他人或商业用途而进行购买行为的个人或组织的营销活动。农产品批发商是指把农产品销售给那些为转卖而购买的中间商，例如，把农产品卖给批发商、零售商用于转卖；把农产品卖给制造商用于工业生产；把农产品卖给农场主用于农业生产；把农产品卖给商业用户(旅馆、饭店、食堂等)、公共机关用户(学校、医院、监狱等)、政府机构等。

批发商处于商品流通的起点或中间环节，交易对象是生产企业和零售商。一方面，批发商向生产企业收购商品；另一方面，它又向零售商业批销商品，并且是按批发价格经营大宗商品。批发商是商品流通的大动脉，是关键性的环节。批发商所进行的收购、销售、运输、储存以及整理、加工、包装、服务等营销活动，不仅保证了生产者再生产的顺利开展，而且保证了零售商和其他用户的商品货源；既调节与缩短了供求之间的距离和时间，又节约了社会劳动，加快了全社会的资金周转。它是连接农产品生产企业和商业零售企业的枢纽，是调节农产品供求的蓄水池，是沟通农产品产需的重要桥梁，对促进农业生产，提高经济效益，满足市场需求，稳定市场具有重要作用。

(二) 农产品批发商的类型

由于各类批发商的职能、经营方式、、经营范围和规模都不同，因此，批发商种类比较复杂。按农产品产销地划分，可分为产地批发商、销地批发商。按营销产品的用途，可分为生产资料批发商、消费资料批发商；按活动区域划分，可分为全国性批发商、区域性批发商和地方性批发商；按经营的农产品种类划分，可分为综合批发商和专业批发商；按经营场所划分，可分为批发市场批发商、店铺批发商和卡车批发商；按是否拥有商品的所有权及其功能发挥程度，可分为商人批发商、经纪人和代理商、生产商和零售商的批发机构、其他批发商等。下面重点介绍这几种批发商。

1. 商人批发商

商人批发商，指的是自己进货，取得商品所有权后再批发出售的商业企业或者个人。商人批发商是批发商中的最重要的类型。商人批发商按其职能和提供的服务是否完全，可以分为完全服务批发商(执行全部批发职能)和有限服务批发商(执行部分批发职能)两种类型。

(1) 完全服务批发商。完全服务批发商执行批发商业的全部职能，它们提供的服务除了从事商品买卖活动外，还承担商品的储存、运输、拼配、分装、送货、提供信贷和协助管理等。其中包括批发中间商和工业分销商两种。批发中间商主要是向零售商销售，提供广泛的服务；而工业分销商则是向制造商而不是向零售商销售产品。完全服务批发商，既可以为农产品生产者提供大量的销售服务，也可以为众多的零售商以及以农产品为原材料的制造商提供大量购买服务。例如，提供农产品收购、整理、分级、储存和送货等系列服务。

（2）有限服务批发商。这类批发商是只执行一部分服务职能的批发商。这类经销农产品的批发商又可细分为现购自运批发商、直送批发商、货架批发商等。现购自运批发商特点是不赊账、不送货，客户自备运输工具将商品运回，当面钱货两清；直送批发商不设仓库，不提供仓储服务，主要经营不方便运输的大宗商品，如木材、粮食等；货架批发商在超市或商场设有自己的货架，展销其经营的产品，并以赊销的方式向零售商供货。

2. 代理批发商

代理批发商是指从事购买或销售或者二者兼备的洽商工作，但不取得商品所有权的批发商类型。与商人批发商不同的是，他们对其经营的产品没有所有权，所提供的服务比有限服务批发商还少，其主要职能在于促成产品的交易，借此赚取佣金作为报酬。代理批发商主要有以下几种形式。

（1）商品经纪人。经纪人指不实际控制商品，也不参与融资或承担风险，其主要作用是为买卖双方牵线搭桥，协助谈判，促成买主和卖主的成交。农产品经纪人是指从事农产品收购、储运、销售以及销售代理、信息传递、服务等中介活动而获取佣金或利润的经纪组织和个人。随着农产品流通体制改革的深入，农产品流通渠道日益多样化，农产品经纪人成为解决农村小生产和大市场矛盾的一支重要力量。

（2）制造商的代理商。制造商的代理商是指在签订合同的基础上为生产商销售商品的代理商。制造商的代理商既可以负责代理销售生产商的全部产品，也可以只代理某一部分产品。双方一般要签订合同，明确双方的权限、代理区域、定价政策、佣金比例、订单处理程序、送货保证和其他各种保证。另外，生产商欲扩大市场而未建立分销店或建点不合适也可利用代理商以节省成本。

（3）销售代理商。销售代理商是指在签订合同的基础上，为委托人销售某些特定商品或全部商品的代理商，相当于生产商的销售部门。销售代理商与制造商代理商相比较，在代理产品的范围、销售地区、价格条件等方面有较大权限，并可兼营代理多个生产厂家的产品。

（4）佣金商。佣金商又称为代办行或商行，是指在一定时期内，为委托人运送、保管、代销产品，收取佣金的代理商。他们对委托的产品有较大的经营权，可不经委托人同意，以自己的名义销售产品，可以多家代理，代理时间可长可短。佣金商代理生产商销售产品后，扣除佣金和费用，将余款交给生产商。以农产品营销为例，佣金商用卡车将农产品运送到中心市场，以比较高的价钱出售，然后减去佣金和各项开支，将余款交给生产者。

3. 生产商和零售商的批发机构

它不是独立批发商，而是卖方或买方自己进行的批发业务。它有以下两种主要形式。

（1）生产商销售部和销售办事处。大的生产商一般都有自己的销售部门，并在城市设立办事处。销售部持有自己的存货，销售办事处不持有存货，是企业驻外的业务代办机构。生产商自己设立分销部和办事处，有利于掌握当地市场动态和加强促销活动。

（2）采购办事处。许多零售商在大城市设立采购办事处，这些办事处的作用与经纪人或代理人相似，但却是买方的组成部分。

4. 其他类型批发商

（1）农产品采购商。农产品采购商从广大农民处收购农产品，然后集零为整，运销给食品加工厂、面包生产商和各类所需用户。农产品采购商通过整车运费和地区差价获得好处，从中赚取利润。

（2）拍卖行。拍卖行是为买主和卖主提供交易场所和各种服务项目。以公开拍卖方式决定市场价格，组织买卖成交，并从中收取规定的手续费和佣金。一些大宗商品，例如，烟草、果蔬、茶叶，牲畜等农产品就可以通过拍卖行进行拍卖。

【案例9-1】

湖北仙女镇柑橘专业合作社理事长周代年，他主理的柑橘合作社，一年卖出5万吨，销售过亿。产品生产和销售方面的创新体现在：一是生产的标准化，从生产源头采用量化和统一标准，规定本地果农采摘时间，确保橘子水分、甜度等，把收购的橘子分类挑选、清洗打蜡、定量包装、分级出售，从而实现生产、加工、品牌一体化。在长期的销售过程中，周代年了解到本地柑橘销售时间长的特点，决定打时间差，抓住云南柑橘售卖尾期的有利时机，弥补市场空缺，大力销售本地柑橘。二是市场研究与选择。在跑市场过程中，周代年了解到乌鲁木齐等地青睐大橘子，东北市场钟情小橘子，于是，他即时更新销售模式，采用分地区特色、按市场需求销售。同时，以线下渠道为主要突破口。周代年组织社员远赴东北市场，一方面摸清市场供需状况，另一方面维护老客户、发展新客户，争取更多合作机会。经过不懈努力，枝江柑橘逐渐进入沈阳、长春、哈尔滨、齐齐哈尔、肇东等东北10多个市场，并在上述80%的销售地点设立了自己的直销站点。

资料来源：农业行业观察.1年卖个1亿的农产品经纪人是这样炼成的[EB/OL]. http://www.360doc.com/content/20/0705/22/70764662_922485700.shtml，2017-11-04/2020-06-07.

思考：农产品销售主体都有哪些？在分销模式上可以如何进行创新？

（三）农产品批发市场

农产品批发市场是指为农产品集中批发交易提供场所的有形市场。农产品批发市场是现代市场经济条件下农产品流通的重要途径，依托其商品集散、价格形成、信息传输三大基本功能，在促进农业生产规模化、标准化、产业化和农产品大市场、大流通格局的形成，引导农民面向市场，调整优化农业结构，实现增产增收和保障城乡居民的"菜篮子"供应，促进社会稳定等方面，发挥着不可替代的作用。

按交易商品的种类范围，农产品批发市场分为综合型批发市场和专业型批发市场两种。综合型批发市场，日常交易的农产品在三大类以上，如北京新发地农副产品批发市场、深圳布吉农产品批发市场；专业型批发市场，日常交易的农产品在两类以下(含两类)，如粮油批发市场、果菜批发市场、副食品批发市场等,还有只交易一个品类的,如蔬菜批发市场、水产批发市场、水果批发市场、花卉批发市场、调味品批发市场、食用菌批发市场、中草药材批发市场、活禽批发市场、活畜批发市场、观赏鱼批发市场、禽蛋批发市场、种子批发市场等。如山东寿光蔬菜批发市场、山东章丘刁镇蔬菜批发市场等。

按农产品市场的城乡区位分布,农产品批发市场可分为产地农产品批发市场、销地农产品批发市场和集散地农产品批发市场三种类型。产地农产品批发市场是建在靠近农产品产地的、以一种或多种农产品为交易对象的批发市场;销地农产品批发市场是建在城市近郊甚至市区、以多种农产品为交易对象的批发市场;集散地农产品批发市场是建在农产品产地和销地之间的便于农产品集散的地方、以一种或多种农产品为交易对象的批发市场。

按农产品批发环节关系,农产品批发市场分为一级批发市场、二级批发市场和三级批发市场。一级批发市场,是直接从产地收购农产品、向中间批发商或代理商销售的批发市场;二级批发市场,其批发商从一级批发市场采购农产品,再销给中间商或零售商;三级批发市场,其批发商从二级批发市场采购农产品,再销给零售商,这类批发市场多从事进口农产品批发。

【案例 9-2】

惠农网——农产品批发交易网络市场

惠农网,由湖南惠农科技有限公司开发运营,是国内领先的农业 B2B 产业互联网平台。目前,惠农网平台囊括水果、蔬菜、畜禽肉蛋、水产、农副加工、粮油米面、农资农机、种子种苗、苗木花草、中药材十大类目,涵盖 2 万多个常规农产品品种。惠农网 APP 平台功能报告 B2B 在线交易、惠农行情、农技学堂、农友圈、惠农优选、惠农代卖等模块。其中,惠农优选是惠农网旗下的现货采购和一件代发精品交易平台,依照商家优、产品优、服务优的"三优"原则,从惠农网的海量资源中严选产地供应商和农产品,为全国上百万微商、中小电商、社区团购、商超、批发商提供诚信货源、交易保障和无忧售后。惠农代卖是惠农网推出的一项立足于市场的产地服务。市场团队通过考察、走访挑选出实力代卖商;根据农产品情况和全国各市场行情,向产地供应商推荐合适的销售市场;并在交易过程中提供进场接货、监督销售、跟踪回款等服务,帮助产地供应商快速销售农产品,实现无忧代卖。

资料来源:惠农网 https://www.cnhnb.com/chanyedai/joinguide.htm。

思考:网络交易平台为传统的农产品批发市场带来了哪些机遇与挑战?

二、农产品零售商

(一)农产品零售及零售商

农产品零售是指将农产品销售给最终消费者用于生活消费的经济活动。任何从事这类活动的不论由谁经营、归谁所有,也不论以哪一种方式,在什么地方销售商品或劳务。只要是用于最终消费,都属于零售范畴。

凡是以经营零售业为主要收入来源的组织和个人均属于零售商。零售商首先是经营者（中间商）的一种类型，该经营者的基本业务范围必须是零售活动。因此，对一些批零兼营的商业机构来说，只有其销售量主要来自零售活动的商业单位，才能称之为零售商。

(二) 农产品零售的行业特征

1. 终端服务

终端服务即农产品零售面对的是最终消费者、消费者每次购买量少，而且要求商品的档次、品种齐全，购买方便。因此，农产品零售商经营的特点，一般是少批量、多品种、勤进货和现场促销。

2. 业态多元

为满足不同消费者群体的需要，零售业的经营方式呈多元化发展特点。有专营商店、农贸市场、超级市场、便利店、连锁店、摊贩等各具特色的多种业态，以及中小电商、微商、社区团购等多种业态的创新。

3. 竞争激烈

与其他行业相比，零售业者之间的竞争显得更为直接、激烈，手段也更具多样性。如为了吸引消费者购买，对线下商店的位置、营业时间，线上平台的店铺设计、商品结构、服务项目、广告宣传、促销手段的各种因素进行综合策划，实行差异化经营。

(三) 农产品零售商类型

零售商的类型比较复杂，这里仅按销售方式介绍零售商的几种类型。

1. 超级市场

超级市场是一种消费者自我服务、敞开式的自选售货的零售企业。超级市场起源于20世纪30年代，但在第二次世界大战后才在美国迅速发展起来，随后被推广到世界各地。超级市场的零售方式是以自我服务、薄利多销、出门一次结算付款为特征。另外，营业面积较大，并提供多种服务，如免费送货、免费班车等。随着市场竞争的加剧和绿色农业的发展，许多农副产品进入超级市场参与竞争。经营的农产品品种主要是蔬菜、果品、鱼肉禽蛋类产品、各类食品等。

2. 专业商店

指的是专业化程度较高的零售商店，这种商店专门经营某一类或几类农产品。各类农产品的品种较为齐全。例如，粮油商店、水产品商店、水果专卖店、蔬菜商店，等等。专业商店一般经营面积较小，雇员少，经营费用低。目前，我国大中城市的农副产品多采用这种形式。

3. 便利商店

便利商店是设在居民区附近的小型商店和农村的杂货店，其经营特点是营业时间长，销售品种范围有限、周转率高的农副产品。消费者主要利用便利店进行"补充"式采购。由于便利商店可以在购买场所、购买时间、商品品种上为顾客提供方便，从而成为人们生活中不可缺少的一种购买形式。

4. 农贸市场

农贸市场一般也是设在居民区附近。其经营特点是，营业时间长，零售商多是摊贩，有固定摊贩和流动摊贩，农副产品种类多而复杂，价格相对于商店销售来将要便宜。城市居民每天需要的蔬菜、水果、水产品、畜产品、禽蛋类产品大多有农贸市场供应。

5. 网络零售商

网络零售商是指以互联网为媒介进行农产品交易活动的经营者，通过互联网进行的信息的组织和传递，实现农产品的转移或服务的消费。网络零售商可以节省开设店铺所需的前期投资，如店面建设、装潢及其他配套设施的花费。网络零售企业还可以避开传统零售渠道中间环节的诸多问题，降低流通费用和交易费用。目前，线上销售的农产品已经拓展到全品类，包括菌菇、叶菜、樱桃等对新鲜度要求较高的蔬菜和水果，甚至鲜活的水产品。

三、农产品营销中介组织

除了上述农产品营销的中间商外，发展一头连着市场，一头连着农户的农产品营销中介组织，对推动农业产业化，提高农业经济效益，改善农产品流通环境，开通农副产品运输通道，搞活农产品流通，拓宽农民增收领域，有力地促进农业和农村经济的发展，以及扩大农产品的出口，组织更多的优质农产品进入国际市场具有重要意义。

（一）农产品市场协会

中国农产品市场协会（Chinese Agri-products Marketing Association，英文缩写 CHAMA），是 2002 年 6 月经中华人民共和国民政部批准成立的全国性社会团体法人。协会现有会员单位 945 个，都是具有全国或区域性影响的大型农产品批发市场。协会业务范围包括行业管理、信息交流、咨询服务、业务培训、国际合作、专业展览、产销推介、品牌促进等。

> **知识拓展**　2020 年新冠病毒疫情期间，按照农业农村部市场与信息化司部署，中国农产品市场协会积极响应，开展了滞销卖难信息征集工作。同时在中国农产品市场与品牌网（www.chama.org.cn）及中国农产品市场协会微信公众号推出"抗疫助农产销对接公益服务平台"，全天候自助填报农产品滞销卖难信息。

（二）农民专业合作社

农民专业合作社以农村家庭承包经营为基础，以其成员为主要服务对象，提供农业生产资料的购买，农产品的销售、加工、运输、储藏，以及与农业生产经营有关的技术、信息等服务。在农产品市场营销中，合作社组织分散的农户根据市场需求变化进行生产、加工和销售，引领和改变农户的经营模式，提升农产品竞争力，直接促进农民增收致富。同时，合作社在开拓市场中充当了市场与农户以及相关生产者之间的中介，为其传递信息，帮助生产者顺利进入市场提供有利条件，及时调整适应市场需求的经济生产行为，规避市场风险。

（三）流通运销组织

流通运销组织是指农产品从生产者转移到消费者的过程中，参与农产品流通的各类组织，包括专门从事农产品流通活动的各类专职流通组织、从事农产品加工的流通导向型组织和为农产品流通提供服务的各种中介组织。农产品市场的繁荣，转移了一大批农业劳动力进入流通领域，形成了由运销专业户、农民经纪人、中介流通组织、农产品加工企业、城镇职业零售商贩以及季节性、临时性的农民运销队伍组成的市场流通大军。主要承担农产品收集、检验、分级与标准化、包装,以及与此相关的市场信息、资金供应、信用、保险等服务功能。

(四) 农业信息服务组织

农业信息服务组织,在促进农产品供需衔接,解决农产品卖难问题,引导农民生产市场前景好、附加值高的农产品,引进先进的农业技术,传播农业科技知识,加速科研成果转化,以及向农民提供产前、产中、产后的系列化信息服务中发挥着巨大的作用。如吾谷网,站在大农业的角度着力打造整合政府、涉农行业、涉农企业的现代农业信息服务平台,为涉农人群提供政策要闻解读、市场信息资讯、品牌农业传播、专业人才供求、创富项目推介、农业技术推广等核心服务。

四、农产品分销模式

(一) 线下直接分销

这种模式叫零层渠道,也称直接分销渠道,是指农产品由生产者向消费者或用户转移过程中不经过任何中间环节,直接由生产者供应给消费者或用户。这是一种最简便、最短的渠道。如农产品生产者在市场上摆摊、上门推销、电话订货等形式,将其生产的粮食、蔬菜、果品、水产品、禽蛋等农产品销售给直接消费者。这种模式的优势在于减少了流通环节,降低了交易成本,产品价格相对低,缺点表现在规模小、集中度低、附加值不高。

(二) 线下间接分销

1. 生产者—零售商—消费者

这种模式也称一层渠道,分层渠道含有一层中间环节,生产者直接向大中型零售店、大型超市供货,零售商再把商品转移给消费者。例如,农超对接模式("Farming - Supermarket" Docking),超市与农户签订合同,规范生产种类和规格,农户的生产则按照合约进行,由超市企业向农民购买产品后处理、包装并且交付给零售商或自己直接销售。其相关优势较为明显,可以很好的促进订单农业和系列农产品生产、加工、销售链条的建立。但面对分散的生产商,难以控制各项流动要素,物流效率难以进一步提高,物流过程中的成本也很高。

2. 生产者—批发商—零售商—消费者

这种模式也称二层渠道,分销渠道有两层中间环节。这种模式多为小型企业和小型零售商所采用。农产品生产者将其产品出售给批发商,由批发商再转售给零售商,最后由零售商销售给最终消费者。这是一种传统的分销模式,农产品由产地批发商收购,然后再转手批发给零售商,或者转手批发给销地,批发商做二次批发。这种方法极大地扩大了物流过程的半径,但由于存在多个中间商,中间环节数量较多,商品价格逐步增加。留给农民的利润空间相对较小,消费者最终需要支付更高的价格以应对中间环节所产生的成本。

> **知识拓展**
>
> 层数更多的分销渠道,相对来讲比较少见,因为这意味着有更多的中间环节参与农产品的销售活动。从生产者的观点来看,渠道的层级越多,越难以协调和控制,并可能导致流通过程中加价过高。由于大部分的农产品具有生鲜和不宜长时间储存的性质,所以应该减少不必要的中间环节,缩短分销渠道。

> **知识拓展**
>
> 农业企业分销渠道的选择,既要保证农产品及时到达目标市场,又要求分销渠道有高的销售效率,少的销售费用,以取得最佳经济效益。一般来说,分销渠道越短,生产者承担的任务就越多,信息传递就越快,销售越及时,就能越有效地控制渠道。反之,销售渠道越长,各中间商承担的任务就越少,信息传递就越慢,流通时间越长,生产者对渠道的控制就越弱。

(三) 网络分销

农产品网络分销,是指农产品经营者借助互联网技术直接销售农产品,或是在生产商和消费者之间建立电子商务平台(简称电子中间商),基于该网络平台开展的分销行为。农产品生产者可以通过微信朋友圈、微店、微博、短视频直播带货等形式直接将农产品销售给消费者。也可以借助电商平台的品牌影响力进行分销,电商平台能够为买卖双方提供交易信息,并在互联网技术的助力下能够实现交易效率的提高和交易行为的专业化,带来规模经济。网络分销能够通过技术进步、模式创新、加强管理等方式提高农产品从农场到餐桌的效率,降低这个过程中的成本。2019年,全国农产品网络零售额达到了3975亿元,同比增长27%。随着在线零售、实体零售逐渐呈现一种无边界化的现象,甚至与物流呈现融合的态势,农产品网络零售业迎来进一步发展。线上生鲜销售的发展经历了从粮食、以海产为主的冻品到全品类拓展的过程。特别是2020年受新冠病毒疫情影响,很多缺少网购经验的用户转移到了线上,同时也有很多平时在超市、菜市场买农产品的中老人开始通过手机在电商平台上买农产品。本书第十一章将结合农产品电商发展趋势重点介绍农产品网络营销对策。

> **知识拓展**
>
> 2020年6月12日,京东大数据研究院发布了《数字经济助农——电商农产品销售报告》,报告发现:全国农产品网络零售额以年均高于30%的增速连年增长,持续跑赢全网零售额增速。特别是在2020年第一季度,受疫情影响,全国网络零售额出现负增长,但农产品线上销售额的增速达到31%,比2019年还高4个百分点。物流能力拉动农产品品类拓展,冻品、粮油线上销售额占比下降,新鲜农产品份额提升。产地是中国农产品最受消费者认可的品牌标签。近3年,广西沃柑、四川丑橘、云南蓝莓、甘肃花牛苹果成交额增长均超过了10倍。

第四节 农产品物流与管理

在经济全球化的影响及国家相关政策支持下,我国农产品物流也得到了快速发展。近年来,农产品储藏保鲜技术迅速发展,农产品冷链物流发展环境和条件不断改善,农产品冷链物流得到较快发展。

一、农产品物流的概念

农产品物流是指为了满足消费者需求、实现农产品价值而进行的农产品物质实体及相关信息从经营者到消费者之间的物理性流动,包括农产品收购、运输、储存、配送、装卸搬运、包装、流通加工、信息处理等一系列环节，并在这一过程中实现农产品的价值增值。

农产品物流与农业物流、农产品流通、农产品储运等概念既有区别也有联系。

1. 农产品物流与农业物流

农业物流是指从农业生产资料的采购、农业生产的组织到农产品加工、运输、分销等一系列活动的过程中所形成的物质流动。而农产品物流主要是指农产品生产、收购、运输、储存、配送、装卸搬运、包装、流通加工、信息处理等活动，因此，农业物流包含了农产品物流。并且，农产品物流是农业物流的重要组成部分。

2. 农产品物流与农产品流通

农产品流通是指农产品从生产领域向消费领域中转移商品的价值、使用价值及相关信息三部分组成的运行过程，包括商流、物流、信息流和资金流。农产品流通首先从商流开始，通过经营者与消费者之间农产品所有权的转移来实现价值效用。物流与资金流伴随商流而发生，物流完成农产品实体让渡过程中时间与空间的转移；资金流则完成付款、转账等形式的资金转移。

农产品流通是商流、物流、资金流和信息流的集合体，是一个综合性的系统，缺少其中任何一项都不能构成流通。因此，可以看出农产品物流是农产品营销的必不可少的重要一环。物流包括运输、储存、配送、包装、装卸搬运、流通加工及信息处理等活动，贮存、运输仅仅是物流活动的构成要素之一。

3. 农产品物流与农产品储运

传统的储存与运输是两个相互独立的环节，各自追求自身的最优。而现代农产品物流是一个系统工程，经营运作的目标是系统最优，局部最优并不是系统的最大产出，重要的是通过协调提升短板。虽然储存和运输是物流的主要功能，占据大部分的成本比例，但不能简单地将农产品物流等同于农产品运输，农产品储运只是农产品物流系统中的重要部分。

二、农产品物流的功能与管理

(一) 农产品仓储

仓储可以分为"仓"与"储"，"仓"即仓库，指存放物品的场所、建筑物或大型容器、洞穴等特定场所。"储"表示收存、保管以备使用。仓与储合起来指利用仓库对物资进行储存和保管。

农产品仓储的定义是利用仓库对农产品进行保存及对其数量、质量进行管理控制的活动。

1. 农产品仓储的意义

农产品的仓储是由农产品在生产与消费之间的客观矛盾决定的，由于这些矛盾的存在，农产品在流通过程中大多都需经历仓储的阶段，仓储环节在调和矛盾中体现出了它的重要意义。

（1）空间效用。通过仓储克服农产品生产与消费地理上的分离。农产品的生产主要在农村区域，而消费农产品的居民遍及整体市场。农产品仓储通过选择靠近人们生活区的位置建立仓库，可以拉近农产品产地与市场的距离。

（2）时间效用。由于自然条件、作物生长规律等因素的制约，农产品生产具有季节性，而人们的需求是常年的、持续的。为使农产品满足消费者的需求，农产品生产经营者利用仓库储存农产品进行调节，以确保农产品生产淡季也可以满足人们日常需求。

（3）调节供需矛盾。生产与消费方式上的差别主要表现在品种与数量方面。随着社会分工的进一步发展，专业化程度的提高，生产者生产的产品品种越来越集中，数量却很大，而消费者在消费的时候会选择多样化但数量较少的商品。通过集散，可以调节两者之间存在的差别。

（4）规避市场风险。市场经济条件下的农产品价格波动较大，为了对市场需求作出有效反应，农产品生产经营者需保持一定的存货来避免缺货损失。例如，大宗农产品的中远期交易市场正是提供给广大生产者、贸易商和原材料需求商规避库存带来价格风险的场所。

（5）增加经济与社会效益。农产品仓储活动是农产品在社会再生产过程中必然出现的一种状态，农产品仓储是加快资金周转、节约流通费用、降低物流成本、提高企业经济效益和社会效益的有效途径。

（6）流通配送加工的功能。农产品仓库从贮存、保管货物的中心向流通、销售的中心转变。仓库不仅要有贮存、保管货物的设备，而且还要增加分拣、配套、捆装、流通加工、信息处理等设施。这样，既扩大了仓库的经营范围，提高了物资的综合利用率，又方便了消费，提高了服务质量。

（7）信息传递功能。现代化仓储管理背景下，在处理仓储活动有关的各项事务时，需要依靠计算机和互联网，通过电子数据交换（EDI）和条形码等技术来提高仓储物品信息的传递速度，及时而又准确地了解仓储信息，如仓库利用水平、进出库的频率、仓库的运输情况、顾客的需求以及仓库人员的配置等。

2. 农产品仓储保管的方法

（1）简易储存。简易储存就是利用现有设施，针对不同农产品的特点采取因地制宜的储存方式。可分为库藏、堆藏、沟藏等。这类储存方式设施投资较少，结构简单，适宜大宗、廉价、耐储的农产品。

（2）窖窑储存。窖窑储存在的方式在全国各地都有，形式多样，如井窖、棚窖、冰窖、土窑洞。这类贮存方式的环境中二氧化碳浓度很大，可以相对抑制农产品的呼吸作用，同时，还可抑制微生物和害虫的活动与繁殖，温湿度稳定。

（3）通风库储存。通风库是果蔬等农产品储存的传统设施。利用对流原理，引入外界冷空气起到降温作用，再配合强制通风，其保鲜效果几乎可以达到普通商业冷库的效果。与普通冷库相比，其硬件投入可节省60%以上，运作以后的能耗可节省90%左右。

（4）冷藏库储存。冷藏库储存是在具有较好隔热性能的库房中，安装制冷设备，根据农产品储藏要求，自主控制库内的温度和湿度。其特点是效果好，但造价与运行费用高。

（5）气调贮藏（Controlled Atmosphere Storage）。气调贮藏是指调整储存环境中气体成分的贮藏方法，综合了冷藏、降氧增碳（二氧化碳）、减压等方法。可以最大限度抑制果蔬产品在储存过程中的呼吸作用，延缓果蔬的后熟、衰老过程，同时通过减压起到抑菌、灭菌、消除气味干扰的作用。最终延长了果蔬产品的储藏期。

3. 农产品仓储管理的科学化

（1）对仓储进行科学合理的设计。科学选择仓库地址，综合考虑客户分布、气候、水文、地质、交通及当地政策等因素。合理建设库区，根据储存对象选择适应的库区结构与设备，科学规划出入库流程。

（2）对被储存物品进行分离分析，实施重点管理。

（3）适度集中储存，实现规模经济。

（4）加速周转，实现仓储时间合理化。周转速度加快，可以使资金周转加快、资本效益提高、仓库吞吐量增加、单位储存成本下降。可以实施"先进先出"、计算机存取等方法。

（5）提高贮存密度，有效利用仓容。充分利用高度可以提高场所利用率，减少空间浪费，使储存成本直接降低。高垛、减少通道数量与面积、使用高层货架等方法可以加大储存密度。

（6）实施分类分区，并采取有效的储存定位手段等。

（7）采用现代化的储存保养方法、条码技术等。

（8）采用集装箱、集装袋、托盘等运储一体化装备。

（二）农产品运输

农产品运输是指通过运输工具或设施来实现农产品时间、空间上的转移。随着人类社会的发展，生产力在急速提高，农产品在被生产者消耗之后还有大量剩余，生产者会将这部分剩余拿到市场上去交易。这时生产与消费变得不同步，需要让运输去衔接这两个环节，伴随农产品交易规模的扩大、交易范围的全球化，社会对农产品运输的需求也愈加迫切。

1. 农产品运输的问题

农产品运输过程中出现的问题主要体现在以下几个方面。

（1）基础设施薄弱。现阶段农产品的实际运输中，公路还是占据着主导作用，是其中最重要的基础设施，从实际效果上，一些农村地区的道路条件非常差，无形中增加了农产品在运输过程中的损耗。物流信息方面，农产品网络信息的共享与交换相对滞后，使得数据不能真正发挥其应有的作用，相关数据的利用价值较少，严重影响农产品供应链的稳定运行。

（2）冷链运输严重不足。农产品的保鲜期较短，在运输途中容易损坏，这就对农产品的运输设备具有较高要求。现阶段我国农产品的冷链流通率和运输率远不及发达国家，通过冷链物流进行运输的农产品仅占所有农产品运输的十分之一。冷链物流建设还存在冷链物流企业质量参差不齐、基础设施设备结构性不平衡等问题。

（3）运输成本居高不下。农产品冷链物流起步晚、基础薄弱、市场规模小、行业集中度不高、专业化水平低，导致单个企业的利润率远低于发达国家。我国常温物流运输的利润率为10%，冷链物流运输的利润率仅有8%，而发达国家冷链的利润率高达20%~30%。较高的冷链物流成本成为阻碍物流企业进入的门槛。

2. 农产品运输的优化途径

（1）加强对农产品运输中的绿色政策实施，在一些主要的农产品产地、运输枢纽地以及消费地之间开设农产品运输专列，便于农产品运输的顺利开展，进一步降低农产品运输中的实际成本。

（2）降低农产品运输的损耗率。采用先进的储运技术和包装加工技术对包装的方式进行改进，实现对农产品的标准化包装。采用托盘一贯化运输作业，减少作业过程中的倒盘次数，减少货损，同时还可以提高整个行业的托盘循环共用比例，减少托盘自有量，降低运输企业的运营成本。

（3）加强农产品运输的信息化建设。对农产品信息进行及时的更新以及科学化管理，可以提高工作效率。尤其是冷链物流，必须借助互联网信息技术对农产品的整个生产流通过程进行多方位的监测跟踪，才能降低产品损耗以保证其自身体系的高精益性和敏捷性。高信息化的农产品供应链能够较好地将农产品的供应商以及接收方和运输方相融合，不但可以缩短整个农产品从生产到运输的整个环节时间，而且也可以降低农产品的损耗，从而提高农产品的利润。

（4）构建农产品冷链物流体系。根据中国优势农产品区域布局和农产品冷链物流的特点，建立多种组织形式并存的农产品冷链物流体系，包括以加工企业为核心，产供销一体化的农产品冷链物流体系；以物流配送中心为核心，发展区域内农产品短途冷链物流体系；利用第三方物流，发展跨区域的农产品长途冷链物流体系。

(三) 农产品配送与配送中心

农产品配送是指按照农产品消费者的需求，在农产品配送中心、农产品批发市场、连锁超市或其他农产品集散地进行加工、整理、分类、配货、配装和末端运输等一系列活动最后将农产品交给消费者的过程。

农产品配送中心是指从事农产品配备(集货、储存、加工、拣选、配货等)和组织对用户的送货，以高水平实现销售和供给服务的现代流通设施。在农产品物流整个过程中，农产品配送中心的选址决策发挥着重要的影响作用。农产品配送中心是连接农产品生产基地与消费者的中间桥梁，其选址方式往往决定着农产品物流的配送距离和配送模式，进而影响着农产品物流系统的运作效率。

1. 农产品配送模式

（1）基地直配

这种模式是由农产品种植基地，采收好后直接打包快递给消费者。基地直配一般针对白领阶层、家中有老人、小孩、孕妇等家庭，以及中高收入家庭。主要配送净菜、营养套餐菜系、有机蔬菜、有机禽蛋、有机肉类。目前，各类生鲜配送平台的兴起主要针对这部分市场。

【案例9-3】

多利农庄

多利农庄成立于2005年6月，是上海著名的有机蔬菜生产企业，在全国有11大有机蔬菜种植基地，自有种植面积1万多亩，合作耕种面积2万多亩，有机种植总面积达3万多亩，产品品类涵盖蔬菜瓜果、肉禽蛋奶、米面粮油、水产海鲜等，目前已服务数百家优质企业以及10万多个家庭。多利农庄采用先进的"从田间到餐桌"直供会员的服务模式，从土壤的改良培育、有机肥研制、有机植保、产品现代化包装、全程冷链配送等各个环节均有严格的管理和把控。

多利农庄的新鲜宅配项目从有机种植到宅配到家体系完善，管理先进，使用可插型密闭箱，运输途中全程密闭，保温效果可达 8 小时以上；全程冷链配送，专人专配，并对每一位配送人员进行商品识别、存储、营养知识的严格培训。宅配蔬菜会员卡包括月卡、季卡、半年卡及年卡，见表 9-1。

表 9-1　多利 6 斤有机蔬菜配送方案　　　　　　　　　　　　　　　　单位：元

	月卡(4 周)	季卡(13 周)	半年卡(26 周)	年卡(52 周)
每周 1 箱	670	2160	4060	7660
每周 2 箱	1340	4060	7660	14600

注：6 斤有机蔬菜箱由搭配营养师选择 7 种时蔬构成。

资料来源：多利农庄官网 http：//www.tonysfarm.com/site/index。

思考：多利农庄的经营方式与配送模式有何特点？

（2）仓储配送中心分拨式

这种模式是建立大型的仓储配送中心，在基地收购好农产品，统一存储在配送中心，根据订单再打包快递给消费者，这种模式优势是品种丰富，缺点是时效性略差，构建大型配送仓储中心成本较高。

（3）社区点配送模式

这种模式是在密集的社区设配送点，由社区配送点负责配送周边社区，这种模式的优点是配送速度可以大幅提高，配送点可以线下营业销售，也可以作为周转配送点，缺点是备货可能导致积压库存。

【案例 9-4】

"宋小菜"的反向供应链模式

"宋小菜"是于 2015 年 1 月创建的食材 B2B 平台，专门面向中小零售商提供生鲜蔬菜采购、配送与售后服务。"宋小菜"旨在打造开放、创新的数字化生鲜产业服务平台。核心运营模式是反向供应链对接产销两端、商品化运营提升效率与效益、社区前置仓降本增效、开放式分包运营优化资源配置。

（1）采取以销定采的反向 B2B 模式，以预订形式收集城市农贸市场中小批零商的订单需求，以大数据精准分析区域生鲜产品需求规模与特点，对接上游农产品生产基地，集中采购，并通过城市骨干物流系统完成生鲜产品配送，形成生鲜供应链闭环。

（2）以用户需求数据对产品进行标准化定制，如单品规格、包装、品相等，从而从生产端实现产品的分级分等，通过整箱整包形式销售，所有生鲜产品在生产基地就可以完成商品化过程，降低反复分拣损耗，提升经营效率与效益。

（3）以社区三千米为辐射建设社区前置仓，提升生鲜食材运送时效，缩短最后一千米环节的距离，让产品以小时甚至以分钟为单位存储与配送，减少交通问题带来的损耗，同时，与城市中心仓相比，社区仓面积小、成本低，可以依托社区广泛布局，形成蜂巢式社区冷链布局形式。

(4) 聚焦核心优势,开放式分包运营,将采购、物流、销售业务以非自营模式引入外包合伙人,采购端引入生产基地、经纪人、蔬菜分销商等合作伙伴,保证稳定的品质货源;物流端引入第三方冷链物流服务商,保证时效与新鲜品质,大幅节省人力和冷链运输成本;销售端充分利用社会化资源来承担非核心业务,提升经营效率。

资料来源:宋小菜官网 https://www.songxiaocai.com/home 资料整理。

思考:"宋小菜"以反向供应链为核心,以订单和数据驱动农户按需生产,对于提高生鲜供应链生产流通效率具有什么意义?

2. 农产品配送中心的功能

(1) 储存保管功能。为防止缺货,或多或少都要有一定的安全库存。配送中心通常都建有现代化的仓库,储存一定量的商品,这也为农产品销售者降低库存奠定了基础。

(2) 分拣配货功能。配送中心与传统仓库最大的区别在于它还要对农产品进行分拣、加工、配装。配送中心的服务对象很多,每一个服务对象由于经营性质与规模的不同,其需要配送的产品在数量、规格、作业要求上也千差万别。为了能同时向不同的用户进行有效地配送,必须采取现代化的分拣技术与设备对产品进行分拣、分装和配货。

(3) 农产品集散功能。集散功能是配送中心的一项基本功能,特别是农产品配送中心,通过配送中心可以把分散的农产品集中起来,同时,还可以把各个用户所需的多种产品组合起来,形成经济、合理的货运批量,集中送达分散的用户,提高了送达效率,降低了物流成本。

(4) 配送加工功能。为提高竞争力,国外许多配送中心均配备一定的加工设备,他们按照用户的要求,将货物加工成必要的规格、尺寸和形状等。这样可以提高客户满意程度,也可以提高物资源的利用率。

(5) 衔接功能。现代化的配送中心通过不断地进货、送货及快速周转有效地缓解了供需矛盾,在产销之间搭建了一个缓冲平台。

(6) 信息沟通和处理功能。配送中心不仅是产品流通的节点,也是信息流通的枢纽。消费者口味、要求的变化可以由它获取并传递给生产者,生产者的推广信息、新产品信息也可由它传递给消费者。还可以实时反馈货品流通所处位置的信息、数量信息,便于管理者进行决策。

另外,随着互联网信息技术的应用,也有专门的生鲜配送软件,为生鲜农产品流通行业的运营商、配送商、批发商、半成品加工商、餐饮企业、生鲜连锁门店提供生鲜配送的解决方案。

【案例9-5】

生鲜配送中心管理软件

蔬东坡农产品配送中心解决方案,用于蔬菜水果配送,肉类粮油,生鲜冻品干货农产品等食品配送公司的进销存配送系统。可以实现:(1) 一键下单订货,支持商品多规格,价格批量修改;客户长期配置,不同客户不同报价,周期价格锁定;后台快速录单、订单 Excel 导入。(2)采购进货管理，可按照供应商、采购员、品类多维度生成采购单，库存和订单汇总联动，备货高效。(3)智能分拣称重，自动打印小票标签、自动计算总价打送货单。(4)物流配送，根据送货位置分布、订单量自动规划线路，支持扫码核对配送单，提高配送准确率。(5)账务结算，按天、品类、客户多维度生成毛利报表，采购员、销售员绩效一览无余。(6)报表，系统自动生成运营报表、销售报表、财务报表等，通过报表检测分析并给出运营建议。

（四）农产品运输包装

农产品包装是对即将进入或已经进入流通领域的农产品或农产品加工品采用一定的容器或材料加以保护和装饰。在流通过程中，粮食、肉类、蛋类、水果、茶叶、蜂蜜等农产品，不加包装则无法运输、贮存、保管和销售，也不便于包装机械的运用，无法实现农产品包装的工厂化、自动化。因此，现代市场营销要求，农产品运输包装是特定品种、数量、规格、用途等的农产品包装，需规定每个包装单位的大小、轻重、材料、方式等。

农产品运输包装的具体要求包括：

（1）包装应适应装卸搬运、运输、储存作业的要求。包装尺寸应尽量与运输工具、仓库等相配合，既不溢出，又不留空隙。否则，将提高运输及配送的难度，增加成本。

（2）大力推行农产品包装机械化、自动化和智能化。推广诸如缓冲包装、防锈包装等包装方法，采用托盘、集装箱进行组合包装运输。推行机械化、自动化、智能化包装，可以提高包装作业效率、节省劳动力、提高流通中货品的安全性，降低物流成本。

（3）农产品包装绿色化。Reduce、Reuse、Recycle 和 Degradable 是当今世界公认的发展绿色包装的 3R1D 原则，其中 Reduce 就是要求实行包装的减量化——包装在满足了保护农产品、方便运输、促进销售等功能的条件下，应杜绝包装的浪费，即避免过分包装（包括商品整体过分包装和局部过分包装），从而实现包装的经济、美观、环保。如纸箱采用双拱复合瓦楞纸板，在保证纸箱强度的同时使纸板厚度减少 30%；通过改进运输包装结构和缓冲衬垫设计，大大节约材料用量等。Reuse 是要求包装的重复利用——做到农产品包装应尽量避免设计一次性的、使用周期短的、废弃物排放量大的包装产品，即提高包装重复使用次数。如推行液态农产品包装，采用可反复使用的玻璃瓶或其他容器。Recycle——再生性、循环使用，通过生产再生制品、焚烧利用热能、堆肥改善土壤等措施，达到再利用的目的。Degradable——可降解性，不形成永久垃圾，如可降解塑料，可以通过阳光中紫外光的作用或土壤和水中的微生物作用，在自然环境中分裂降解和还原，最终以无毒形式重新进入生态环境中。

> **知识拓展**
>
> 《农产品质量安全法》第 29 条规定："农产品在包装、保鲜、贮存、运输中所使用的保鲜剂、防腐剂、添加剂等材料，应当符合国家有关强制性的技术规范。"保鲜剂，是指保持农产品新鲜品质，减少流通损失，延长贮存时间的人工合成化学物质或者天然物质。防腐剂，是指防止农产品腐烂变质的人工合成化学物质或者天然物质。添加剂，是指为改善农产品品质和色、香、味以及加工性能加入的人工合成化学物质或者天然物质。

(五) 农产品流通加工

1. 农产品流通加工的概念

根据《中华人民共和国国家标准物流术语》的定义，流通加工是指物品在从生产地到使用地的过程中，根据需要施加包装、分割、计量、分拣、印刷标志、拴标签、组装等简单作业的总称。例如，按照顾客的订单要求，将食肉和鲜鱼进行分割或把量分得小一些等。

农产品流通加工的定义可以根据对象的特征再细化，在物流过程中根据需要对农产品进行除杂去废、清洗、切段、计量等作业都属于农产品流通加工。

2. 农产品流通加工的方式

农产品流通加工的方式包括：除杂去废加工、分级分类加工、清洗、切削分割加工、粉碎加工、压编打包加工、腌泡加工、干燥脱水加工、冷藏冷冻加工、消毒杀菌加工、密封包装加工、催熟加工等。在配送环节根据顾客配送要求以及销售市场的需求进行加工的方式又可以分为：分割加工、分装加工、分选加工、促销包装、粘贴标签加工以及满足配送装卸搬运的规格化捆绑、堆垛等作业。

3. 农产品流通加工的意义

流通加工能够保护农产品的有益成分。蔬菜经过速冻加工后，在恒温下可以储存2年以上，在烹调过程中其维生素仅损失20%左右，新鲜蔬菜在烹调时维生素损失在30%以上。

流通加工可以延长农产品的储存时间。一般加工后的蔬菜可以延长储存期半年到两年，水果类产品可以延长储存期一个月到一年，蛋类可以延长储存期半年到一年，肉类可以延长至一年以上。

农产品流通加工创造附加价值。食品的流通加工，有时可以使加工对象的产品利用率提高20%~50%，如大米的自动包装、上市牛奶的灭菌、鱼和肉类的冷冻等。

三、农产品物流的发展趋势

随着互联网技术的发展，我国农产品物流发展迅速，规模不断扩大，方式有所创新。自2012年以来，互联网技术加速渗透到农产品供应链的生产环节，物流环节和消费环节，尤其是物流环节中的供求匹配、订单跟踪、交付货款、在线售后等方面，产生了一些新型的农产品物流模式。新形势下，农产品物流加速线上线下融合，传统农产品物流中的资金流和信息流被转移到线上，商流和物流则主要依靠实体物流组织，农产品物流也出现了创新，尤其是在生鲜农产品物流领域。

> **知识拓展**
>
> **"三超—多强—社区化"多层次格局**
>
> "三超"是指京东集团的京东生鲜，阿里集团的易果、菜菜、盒马鲜生，拼多多的多多果园，分别定位于高端、中端、低端层次的消费群体。"多强"包括中粮我买网生鲜频道、一亩田生鲜模块、苏生鲜等竞争力较强的农产品电商平台，"社区化"是指食得鲜、美家优享、兴盛优选等具有地域性、社区性的生鲜农产品线上物流新模式。
>
> 资料来源：周丹，王德章."互联网+农产品物流"融合发展研究[J]. 学术交流，2015(11)：166-171.

1. 信息技术与农产品物流的深度融合

"互联网+"背景下大数据、云计算和区块链等信息技术日益成熟,将与农产品物流相互融合,提高农产品的物流效率,保证农产品的质量安全。大数据技术可以实现农产品供需智能匹配,降低农产品供需信息不对称程度,提高农产品供给效率,减少农产品无效物流。云计算可以使农产品物流中的数据采集、数据存储、数据分析更加科学完善,促进农产品的科学生产。区块链技术可以实现农产品物流信息溯源,从产地到销地记录其物流信息,确保农产品物流过程的质量安全。经过大数据分析,农产品物流实现了合理规划路线,地域偏好特征分析,农产品质量安全追踪等功能,不断增加农产品物流业的附加值。

2. 第三方物流服务体系日益成熟

第三方物流(Third-Part Logistics)指的是通过专业化运作为农产品买卖双方主体提供全面的农产品物流服务模式。这种模式很好地满足了供应链的专业化、信息化、标准化和系统化要求。由于冷链运输设备的高昂成本,大多数中小型物流主体选择第三方外包冷链物流。同时,生鲜农产品电商的兴起提高了第三方平台的参与度。在生鲜农产品电商领域,"自建"的生鲜农产品电商,如一亩田、云集等,"嵌入"的农产品电商,如阿里集团下的淘乡甜、苏宁集团的苏鲜生等,二者都需要依靠第三方物流平台。第三方物流可以在提供专业化物流服务的同时提高生鲜农产品的物流效率,降低单位物流成本,基于订单式的物流方式将"最后一公里"物流的优势体现出来,让消费者"买得放心、签收舒心、吃得安心"。

3. 农产品品牌化提升了农产品物流服务水平

品牌化会促进冷链物流技术提高,更加专业、高效、精准,以减少物流过程中的无谓损耗,带动农产品尤其是生鲜农产品物流的发展。农产品物流业通过与农产品品牌电商建立合作共赢的资源共享模式,能够形成行业共振、高效对接、渠道共享、资源整合,借助品牌外溢效应提升农产品物流的服务水平。

【归纳与提高】

农产品分销渠道是实现农产品从生产者到达消费者(用户)的通道。围绕产品价值的实现,分销渠道必须完成调研、寻求、分类、促销、洽谈、物流、财务和风险承担8大功能。

在分销渠道决策中,营销者首先要分析企业面对的、影响其构建分销系统的各种因素,如产品特性、市场特征、企业自身状况、竞争状况、政策环境要求等,确定渠道类型;然后根据目标市场的相关要求和限制条件拟定若干渠道方案;最后评价和比较上述各方案,从中选定分销方案。在分销渠道管理中,管理者要重点做好对渠道成员的甄选、职能分工、工作激励、绩效评估等工作,在某些情况下,也要做好渠道冲突管理工作,以及对分销渠道的局部或通盘调整工作。

农产品批发商和零售商是农产品分销渠道的重要成员,各自有其复杂的类型结构。了解他们的经营特征,对农产品分销渠道决策与管理具有重要意义。农产品营销中介组织,对提高农业经济效益,改善农产品流通环境具有重要作用。农业企业分销渠道的选择,既要保证农产品及时到达目标市场,又要保证分销渠道较高的销售效率,以取得最佳经济效益。

农产品物流包括农产品收购、运输、储存、配送、装卸搬运、包装、流通加工、信息处理等一系列环节,并在这一过程中实现农产品的价值增值。新形势下,农产品物流加速线上线下融合,传统农产品物流中的资金流和信息流被转移到线上,商流和物流则主要依靠实体物流组织,农产品物流方式也出现了创新。

【复习思考题】

1. 农产品生产经营者设计自己的分销渠道时,应该考虑哪些因素?
2. 农产品生产者与中间商之间的矛盾与误解主要有哪些?
3. 农产品生产者与经销商之间的关系类型有哪些?
4. 什么是激励不足和激励过分?农产品生产经营企业如何防止两种现象的发生?
5. 农产品批发商与零售商具有哪些经营特征以及经营类型?农产品营销中介组织包括哪些?有何作用?
6. 农产品常见的分销模式有哪些?
7. 农产品物流的功能是什么?农产品物流发展中出现了哪些新的趋势?

章节案例

日本农产品营销渠道模式

日本人口数量多、国土面积小、土地资源贫乏,不适宜农作物生长,农产品产量满足不了本国国民的需求,大量依靠国外进口,是典型的农产品消费大国。因此,日本依据自己的现实国情形成了两种典型的农产品流通形式,即市场内流通和市场外流通。

农产品市场内流通主要是以批发市场为主导,由中央批发市场、地方批发市场、中间商批发市场与零售市场4部分组成。农产品市场外流通则是采用直销的方式,通过批发市场这一环节,直接与连锁超市、果蔬超市或消费大户对接,利用连锁超市经营范围广、分布地域多的独特优势,将农产品直接提供给消费者,减少中间环节,降低运输成本(费用),使农产品生产者和消费者双双获益。总的来说,日本农产品营销渠道模式具有如下特点。

1. 以批发市场为核心的营销渠道

日本农产品市场内流通渠道方式,是经过不同层级的批发市场将农产品从生产者手中转移至消费者手中的。1921年,日本政府颁布了第一部《中央批发市场法》,全面确立了农产品中央批发市场的经营体制,随后于1923年成立了第一个农产品中央批发市场。随着农业经济的进一步发展,农产品批发市场地位的日益提升,1971年日本对《中央批发市场法》进行了修订,并改名为《批发市场法》,此次修订将农产品地方批发市场纳入到了法制轨道,进一步确立了农产品批发市场的物流地位。然而,市场内流通的渠道方式,通过层层批发市场开展农产品销售,增加了渠道环节,降低了流通效率,提高了流通成本(费用)。

2. 农协是农产品进入流通环节的关键组织

1947年,日本正式颁布《农民协同组织法》,通过自愿联合方式,将分散经营农户组织起来形成农协组织,日本农协组织在农产品营销渠道中占据重要地位,不管是市场内流通方式还是市场外流通方式,都少不了农协的作用,农协组织不仅帮助农民销售农产品,还向农民提供生产资料购买、农业科技成果推广、市场信息和技术支持等全方位服务。日本农协组织统一收购农户的产品集中上市销售,防止中间商压级压价,保护了农户的利益,减少了市场风险系数,稳定了农民收入。

3. 批发市场凸显竞争机制

日本农产品批发市场开办者多是地方公共团体,市场内以拍卖为主要销售方式。首先,农户将欲销售农产品统一交由农协组织,由农协组织对农产品进行分拣、分类、分级和打包,然后配送到合适的农产品批发市场,委托市场中的批发商销售。批发商接受销售委托后,对农产品价格、质量等信息进行公开,采取拍卖形式来实现产品销售。由此可知,中间商只有通过公开竞争才能获得相应的农产品,充分体现了日本农产品批发市场的完善,以及竞争机制的成熟。

4. 渠道流通规范化、法制化

日本建立了完善的农产品产地追溯制度,在上市销售之前,农产品都必须接受一系列严格的检测和质量认证,管理部门职责明确、操作规范。2003年日本制订了《食品可追溯指南》,为农产品生产、加工、流通等不同阶段建立质量可追溯体系提供了系统指导;同年,日本在牛肉生产、加工、流通、销售整个供应链系统实现了全程追溯。2005年日本农协组织对经由该协会上市销售的肉类、蔬菜等所有农产品建立了可追溯体系。

资料来源:孟莉娟. 我国农产品营销渠道优化:日本经验与启示[J]. 价格月刊,2016(02):85-89.

思考:我国农产品市场体系与流通体制现状如何?与美国、日本相比较有何异同点?日本农产品营销渠道模式对我国有哪些启示?

参 考 文 献

陈国胜. 农产品营销[M]. 北京:清华大学出版社,2010.
郭国庆. 营销学原理[M]. 北京:对外经济贸易大学出版社,2008.
郝裕. "互联网+"时代生鲜农产品物流的现状、问题和趋势[J]. 价值工程,2019,38(22):130-131.
黄涌波,李贺,张旭凤. 市场营销基础 理论案例实训[M]. 上海:上海财经大学出版社,2014.
李乐群,佘高波. 营销策划[M]. 长沙:湖南大学出版社,2005.
李先国,杨晶,张茜. 分销渠道管理(第2版)[M]. 北京:清华大学出版社,2014.
李先国. 销售管理[M]. 北京:中国人民大学出版社,2004.
林素娟. 农产品营销新思维[M]. 大连:东北财经大学出版社,2011.
刘春湘. 社会组织运营与管理[M]. 北京:经济管理出版社,2016.
毛莉敏. 新零售驱动下的农产品物流变革[J]. 商业经济研究,2019(15):128-131.
潘灿辉. 供应链管理中的农产品运输问题与对策研究[J]. 物流工程与管理,2019,41(01):79-80.
任锡源,张鸿,侯淑霞. 营销策划[M]. 北京:中国人民大学出版社,2015.
石晓华,贾刚民,职明星. 农产品市场营销[M]. 北京:中国农业科学技术出版社,2014.
孙淑卿,孙华玲. 农产品市场营销[M]. 济南:山东人民出版社,2006.
汪腾. 农产品市场营销[M]. 成都:西南交通大学出版社,2011.
吴健安,钟育赣,胡其辉. [M]. 市场营销学(应用型本科版),北京:清华大学出版社,2015.
吴学江,万秀云,关琼. 农产品市场营销实务[M]. 北京:中国农业科学技术出版社,2014.
杨国,高传光,丁立. 农产品市场营销策略[M]. 北京:中国农业科学技术出版社,2016.
祝海波. 市场营销战略与管理[M]. 北京:中国经济出版社,2006.

第十章 农产品促销策略

知识与技能目标

1. 正确理解促销的含义，了解促销组合应该考虑哪些因素。
2. 了解农产品广告设计的原则与效果测定方法。
3. 掌握农产品销售促进的方式与控制方法。
4. 掌握利用新媒体开展农产品营销的技巧。

情境导入

山东烟台大樱桃有"北方春果第一枝"的称号，每年以批发方式销售为主，没有自己的品牌，更无法体现产品价值。天下星农 2014 年成为烟台大樱桃全案策划顾问，完成了品牌定位、产品设计、渠道建设、宣传推广等多方面升级。星农直接从产品的情感利益出发，进行品牌的人格化定位。樱桃红红的很像女人性感的嘴唇，所以品牌战略定义为"中国最性感的樱桃"，品牌命名为"红唇之吻"，口号为"樱桃如吻、小心亲咬"。包装设计为性感女人形象，材质采用国内最优质材料，外层使用物流箱。渠道方面星农对接京东平台进行战略合作，推广方面策划了系列"晒红唇"活动，联合京东生鲜、昕薇、乐蜂网、考拉 FM、土家硒泥坊、宝娜斯和 puella 等 15 家品牌官微共同发起了"红唇之吻，唇唇欲动"微博有奖转发活动。以"红唇之吻，秀出你的烈焰红唇"为切入点，让消费者自然而然地参与、感知"红唇之吻"的品牌内涵，不断强化"性感"概念。在微博推广活动首日，"红唇之吻，唇唇欲动"话题活动，有近一百万的消费者参与、阅读和讨论。

资料来源：IBMG 商业智库. 天下星农：品牌营销要走"心"[EB/OL]. https://www.sohu.com/a/141856105_787408. 2017-05-19/2020-06-07.

思考："红唇之吻"樱桃品牌是如何利用新媒体提升品牌知名度的？

促销是市场营销中最富有挑战也是最能体现创意的因素。整个促销过程，本质上就是营销传播的过程。通过促销，经营者将产品、价格、分销及其他信息传递给顾客，让顾客了解、进而熟知，并能采用适当的方式与顾客进行双向的沟通，促进产品的销售、市场占有率的提高，获得更好的收益。促销方式主要包括人员推销、公共关系、营业推广和广告4个方面。由于它们具有不同的特点，需要在实际促销活动中组合运用。不同的促销组合形成不同的促销策略，从促销活动运作的方向来看，主要有推动策略和拉引策略两大类。

第一节　农产品促销及促销组合

在开发适销对路的农产品、制定有吸引力的价格和确定有效分销渠道的同时，农业企业还必须与客户、中间商、政府和社会公众进行广泛和连续的信息沟通活动。科学地采用一定的促销手段进行促销是农业企业在市场竞争中取得成功的必要保证。

一、促销的含义

促销（Promotion）即指促进产品或服务的销售。促销是通过人员和非人员的方法，沟通农产品生产经营者与消费者之间的信息，在产品或服务与消费者需要之间建立联系，刺激消费者的消费欲望和兴趣，引发其产生购买行为的活动。

从这个定义看，促销具有以下几层含义。

（1）促销的实质与核心是信息沟通。通过促销，将生产者提供的产品或服务等信息传递给消费者，由此引起消费者注意，诱发消费者产生购买欲望。

（2）促销的目的是引发消费者产生购买行为。促销是生产者有目的地与消费者沟通的行为，即通过沟通在消费者需求和生产者产品或服务之间建立关联，刺激消费者的购买欲望，在欲望动力（动机）的作用下实现购买行为。

（3）促销有人员促销和非人员促销两大类方式。人员促销，亦称直接促销或人员推销，是生产者运用推销人员向消费者传递产品知识和信息、推销产品或服务的促销活动，主要适用于消费者数量较少、比较集中的情况下进行促销；非人员促销，又称间接促销或非人员推销，是生产者通过一定的媒体传递产品或服务等有关信息，以刺激消费者购买欲望，产生购买行为的一系列促销活动，包括广告、公关和营业推广等方式，适用于消费者数量多、比较分散的情况下进行促销。通常，生产者在促销活动中将人员促销与非人员促销结合运用。

农产品促销，是指农业生产经营者运用各种方式方法，传递产品信息，帮助说服顾客购买本公司或本地产品，或使顾客对该品牌产品产生好感和信任，以激发消费者的购买欲望，从而扩大农产品销售的一系列活动。受传统观念影响，许多农民只顾埋头生产，不懂如何拓展市场，导致产品滞销。经过市场的洗礼，农民悟出一条道理：酒香也怕巷子深，好产品更要会"吆喝"。随着网络营销手段的日益丰富，各种农产品纷纷被搬上荧屏、载上网站、画上广告牌，一些精明的商家也通过成立广告代理公司为农民提供广告服务，推动农产品销售额的大幅提升。促销的实质是实现农产品生产经营者与目标顾客之间信息的沟通，从而促进产品的销售。

二、农产品促销的作用

农产品促销活动不仅可以直接刺激和诱导顾客购买，而且可以实现产品的生产经营者与消费者之间的信息交流，增进双方的相互了解和建立信赖关系。这就使得促销活动显得更为重要。农产品促销的作用主要表现在以下4个方面。

1. 传递信息，提供情报

销售产品是市场营销活动的中心任务，信息传递是产品顺利销售的保证。信息传递有单向和双向之分，单向信息传递是指卖方发出信息，买方接收；双向信息传递是买卖双方互通信息，双方都是信息的发出者和接受者。在促销过程中，一方面，卖方（生产者或中间商）向买方（中间商或消费者）介绍有关企业现状、产品特点、价格、服务方式和内容等信息，以此来诱导消费者对产品或服务产生需求欲望并采取购买行为；另一方面，买方向卖方反馈对产品价格、质量和服务内容、方式是否满意等有关信息，促使生产者、经营者取长补短，更好地满足消费者的需求。

2. 突出特点，诱导需求

在市场竞争日益激烈的情况下，同类商品很多，并且，有些商品差别微小，消费者往往不易分辨。农产品在很大程度上都很相似，往往一种产品火爆后，会迅速出现一大批跟风的企业或品牌。海量的农产品中，生产经营者应找到自身核心竞争力和差异化优势，并通过促销活动，宣传、说明自己的产品有别于其他同类竞争产品之处，便于消费者了解生产者产品在哪些方面优于同类产品，使消费者认识到购买、消费产品所带来的利益较大，从而使消费者乐于认购企业产品。生产经营者作为卖方向买方提供有关信息，特别是能够突出产品特点的信息，能更好地激发消费者的需求欲望，变潜在需求为现实需求。如农产品生产者突出宣传产品的无污染、绿色、有机的优点和能够给消费者带来健康利益的诉求点，可以显著增强生产者及产品的优良形象，提高产品竞争力。

3. 指导消费，扩大销售

农产品的需求具有层次性、多样性、可诱导性、季节性和地域性等特点。在促销活动中，营销者循循善诱地介绍产品知识，侧重宣传产品的质量安全性以及品种多样性，一定程度上对消费者起到了教育指导作用，从而有利于激发消费者的需求欲望，引发消费者的购买行为，实现扩大销售的效果。有效的促销活动不仅可以诱导和激发需求，还可以创造需求，如经济不景气时，生产经营者可以用买一赠一的方式吸引老顾客，可以使顾客产生利益的获得感，激发购买行为。

4. 形成偏爱，稳定销售

在激烈的市场竞争中，产品的市场地位常不稳定，致使有些产品销售此起彼伏、波动较大。企业运用适当的促销方式，开展促销活动，使顾客了解产品特色，建立强化消费者的信念，提供更多信息和优惠条件，从而促使较多的消费者对企业的产品滋生偏爱，形成品牌忠诚，进而稳住已占领的市场，达到稳定销售的目的。对于消费者偏爱的品牌，即使该类商品需求下降，也可以通过一定形式的促销活动，促使对该品牌的需求得到一定程度的恢复和提高。

"爱达"(AIDA)模式

"爱达"是英文字母 AIDA 的译音,也是 4 个英文单词的首字母,即:A(Attention),引起注意;I(Interest),唤起兴趣;D(Desire),激发欲望;A(Action),促成行动。

该模式认为目标对象受到影响,其反应会依次经过注意、兴趣、欲望和行动 4 个阶段顺序发展,是一种循序渐进的变化过程。例如,首先必须吸引他们的注意力,然后才可能帮助他们建立兴趣,产生欲望,最后导致行动。

三、农产品促销组合

促销组合(Promotion Mix),又称营销传播(沟通)组合(Marketing Communication Mix),是指企业根据产品特点与营销目标,将各种促销方式——广告、人员推销、营销推广和公共关系进行适当选择与有机结合,更好地达成促销目标(如图 10-1 所示)。

图 10-1 促销方式有机组合

所谓有机地结合,就是各种促销方式的目标一致,运用和发挥各种促销方式的特点,整合各种促销方式,便于资源更集中、目标更明确、投入更少、效益更高地开展促销活动。其道理如同现代战争中的"立体作战",一场漂亮的促销攻势,一定是整合各种促销方式形成的促销组合。

促销新方式

菲利普·科特勒和凯文·莱恩·凯勒在《营销管理》(第 14 版)中,将促销组合提炼为营销传播组合,其主要方式除原有的广告、人员推销、营业推广、公共关系外,还总结营销现实,提出了 4 种新的方式。

(1)实践和体验。适合由公司赞助的项目,目的在于建立与品牌相关的互动。

(2)直销。利用信件、电话、传真、电子邮件或互联网直接与特定的顾客或潜在顾客沟通,或者引发其反馈或对话。

(3)互动营销。适合旨在吸引顾客或潜在顾客并直接或间接地提高知名度、改善形象或促进销售的在线活动和项目。

(4)口碑营销。人与人之间关于购买和使用某种产品和服务的好处或体验的口头、书面或电子邮件沟通。

影响促销组合的因素较多,营销人员制定促销组合的方案,也就是在各个促销工具之间合理分配促销预算问题,主要应考虑以下几个因素。

1. 促销目标

围绕农产品生产经营者促销活动所要达到的目的,可以分解为一系列的目标,如目标受众(顾客)的认知、信息传递的效果、销售的目标等,促销组合方案的制订需要根据这些目标来进行。在营销的不同阶段,企业希望达到的促销目标可能是不同的,有时是以扩大顾客对产品的了解,有时是为了保持住市场中的地位,有时是为了扩大产品的销售。促销的目标不同,促销组合的方案也会有差异。因此,促销组合方案的制订,要符合企业的促销目标,根据不同的促销目标,采用不同的促销组合。

2. 产品因素

产品因素主要考虑产品性质和市场生命周期阶段,具体如下。

(1)产品的性质。不同性质的产品,购买者和购买目的不相同,因此,对不同性质的产品必须采用不同的促销组合。农产品市场交易的产品具有生产资料和生活资料的双重性质。农产品市场上的农副产品,一方面是供给给生产单位用作生产资料的,如农业生产用的种子、种畜和饲料等;另一方面,农产品又是人们日常生活离不开的必需品,因此,可分为生产者市场和消费者市场。一般来说,在消费者市场,因市场范围广而更多采用广告、营业推广形式的促销;在生产者市场,因购买者购买批量较大,市场相对集中,则以人员推销为主要形式。

(2)产品的市场生命周期阶段。促销目标在产品生命周期的不同阶段是不同的,这决定了在产品生命周期各阶段要相应选配不同的促销组合,采用不同的促销策略(表10-1)。以消费品为例,在投入期,促销目标主要是宣传介绍商品,以使顾客了解、认识商品,产生购买欲望。因此,这一阶段以广告为主要促销形式,以营业推广和人员推销为辅助形式;在成长期,由于产品打开销路,销量上升,同时也出现了竞争者,这时仍需加强广告宣传,但要注重宣传产品特色,以增进顾客对企业产品的购买兴趣,若能辅之以公关手段,会收到相得益彰之佳效;在成熟期,竞争者增多,促销活动以增进购买兴趣与偏爱为目标,广告的作用在于强调本产品与其他同类产品的细微差别,同时,要配合运用适当的营业推广方式;在衰退期,由于更新换代产品和新产品的出现,使原有产品的销量大幅度下降。为减少损失,促销费用不宜过大,促销活动适宜针对老顾客,采用提示性广告,并辅之适当的营业推广和公关手段。

表10-1 产品不同生命周期阶段促销目标与促销组合

产品市场生命周期	促销目标重点	促销组合
投入期	使消费者了解产品	各种介绍性广告、人员推销、导入CIS策略
成长期	提高产品的知名度	加强广告宣传、公关手段
成熟期	增加产品的信誉度	改变广告形式(形象广告)、营业推广、公关手段
衰退期	维持信任、偏爱	营业推广、提示性广告、公关手段
整个周期阶段	消除顾客的不满意感	利用公共关系

3. 市场条件

市场条件不同,促销组合也有所不同。农产品批发市场是我国农产品流通的主要渠道和业态。农产品市场按城乡区位分布,一般分为产地市场、销售地市场和集散地市场。按农产品批发环节关系,分为一级批发市场、二级批发市场和三级批发市场。从市场地理范围大小看,若农产品生产经营者促销对象是小规模的产地市场,应以人员推销为主;而对更广泛的销售地市场进行促销,则多采用广告形式。从市场类型看,消费者市场因消费者多而分散,多数靠广告等非人员推销形式;而对用户较少、批量购买、成交额较大的生产者市场,则主要采用人员推销形式。此外,竞争激烈的市场条件下,制定促销组合时还应考虑竞争者的促销形式和策略,要有针对性地不断变换自己的促销组合,适应市场竞争发展的需要。

4. 推式策略或拉式策略

促销策略从总的指导思想上可分为推式策略(Push Strategy)和拉式策略(Pull Strategy)两类(图10-2所示)。推式策略,是生产者运用人员推销和营业推广手段将产品推向市场,从生产者推向批发商,从批发商推向零售商,直至最终消费者;拉式策略主要是运用广告和公共宣传手段,着重使消费者产生兴趣,刺激消费者对产品的需要,进而拉动消费者向中间商订购产品,然后中间商向农产品生产经营者订购产品,以此达到拉动产品销售的目的。促销组合受推式策略或拉式策略影响较大,确定促销组合方案时,主要考虑农产品生产经营者现阶段究竟是以拉式策略还是以推式策略为主,以此来明确采用的主要促销方式。

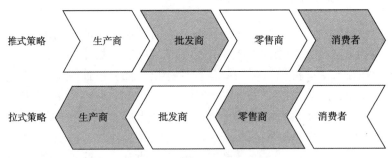

图10-2 推式策略与拉式策略

5. 促销预算

农产品生产经营者开展促销活动,必然要支付一定的费用。费用是农产品生产经营者十分关心的问题,并且,农产品生产者能够用于促销活动的费用总是有限的。因此,在满足促销目标的前提下,应尽量做到效果好而费用省,提高促销活动的整体效益。

四、促销策略的新趋势

近几年,在营销理论研究和实战应用中,营销界人士更多地采用整合营销传播(Integrated Marketing Communication,IMC)来代替促销、促销组合等,这种思想是基于促销的本质——信息的沟通(或传播)方面来考虑的,它更强调双向沟通,更注重目标的一致,更关心资源的整合。

(一)整合营销传播的内涵

整合营销传播理论的先驱唐·舒尔茨(Don E. Schultz)认为,整合营销传播是针对顾客及其他受众而制定、实施、评估品牌传播计划的商业过程。美国广告代理商协会(American

Association of Advertising Agencies，4As)的定义为："整合营销传播是一个营销传播计划概念，它注重以下综合计划的增加值，即通过评价广告、直接寄售、人员推销和公共关系等传播手段的战略作用，以提供明确、一致和最有效的传播影响力。"也就是说，整合营销传播理论的内涵是：以消费者为核心重组营销行为和市场行为，综合协调地使用各种形式的传播方式，以统一的目标和统一的传播形象，传递一致的产品信息，实现与消费者的双向沟通，迅速树立产品品牌在消费者心目中的地位，建立长期关系，更有效地达到广告传播和产品销售的目标。

整合营销传播强调了以下内容。

（1）以消费者为核心。由原来的"请消费者注意"转变为"请注意消费者"。

（2）以一种声音说话。整合一切营销和传播活动，围绕主题概念进行最佳组合，让人们从不同信息渠道获得一致的信息，使它们相互配合，发挥最大的传播效果。

（3）强调营销活动的连续性。为保持"同一种声音"，就要保持各个阶段的逻辑连贯性。

（4）强调整合营销传播的战略导向性。

（二）实施整合营销传播的效果

（1）整合传播工具。整合营销传播可以使农产品生产经营者的广告、营业推广、公共关系等诸多营销活动及其传播程序都具有整合性。这种独特的价值体现，能够使包括消费者、投资者、竞争对手、企业内部员工、媒介公众、政府公众等在内的利益相关者更容易理解农产品生产经营者的经营理念与传播信息，更有利于生产经营者与利益相关者间的沟通。

（2）优化传播效果。整合营销传播是一种经济合理地运用营销手段和营销费用的方式。通过整合各种传播工具，提升农产品生产经营者组织效率、经营业绩和竞争能力。同时，整合营销传播更加强调传播效果的可测量性，如借助技术手段有效统计网络广告的用户点击率、广告浏览的时间分布、地理分布及反馈状况等，广告主可以根据广告效果的评估审定广告策略的合理性，并进行相应调整。

（3）聚焦目标受众。大多数传统促销信息沟通是通过大众传媒进行的，由于媒介传播的广泛性，使促销活动难以聚焦目标市场。整合营销传播更强调分众，分众是大众消费者中按一定细分标准划分的受众。农产品生产经营者可以选择能够实现有效与分众沟通的媒介形式，如网络广告、短视频、微博、微信等，分众促销可以达到定制化营销的效果。

因此，在农产品生产经营者开展促销活动、进行促销组合时，采用整合营销传播的思想和理念能更准确地体现促销的实质，更好地把握促销组合，确保沟通活动的针对性和一致性，实现战略和战术的整合、沟通要素的整合、媒介整合、农产品生产经营者与利益相关者的整合。

第二节　农产品广告促销策略

广告作为促销方式或促销手段，具有浓郁的商业性和艺术性。美国市场营销协会曾对广告性质下出定义："广告是由明确的发起者以公开支付费用的做法，以非人员的任何形式,对产品、服务或某项行动的意见和想法的介绍。"

一、广告的概念与作用

(一)广告的基本概念

广告(Advertising)一词源于拉丁语(Adverture),有"注意""诱导""大喊大叫"和"广而告之"之意。作为一种传递信息的活动,广告在人类发展的历史上很早就已出现,可以说,自从有了商品生产和交换,广告也就随之出现了。广义的广告,是指凡是能够唤起人们的注意、告知某项事物、传播某种信息的形式都可以称为广告。如政府公告、公共利益宣传、各种启事声明等,既包括商业广告,也包括非商业广告。狭义的广告专指商业广告,其基本含义是:广告是广告主以促进销售为目的,支付一定的费用,通过特定的媒体传播商品或劳务等有关经济信息的大众传播活动。从中可以看出,广告是以广大消费者为广告对象的大众传播活动;以传播商品或劳务等有关经济信息为内容;通过特定的媒体来实现的,并且广告主要对使用的媒体支付一定的费用;目的是为了促进商品销售,进而获得较好的经济效益。

对于农产品营销管理人员来讲,了解和学习广告知识,并不是为了设计或制作广告,而是进行有效的广告决策,其中,最主要的是以下5个方面的决策,即广告的5Ms:任务、资金、信息、媒体、衡量(图10-3)。

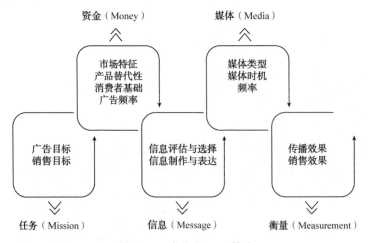

图10-3 广告的5Ms策略

(二)广告在农产品促销中的作用

广告在农产品促销中具有重要作用,主要体现在以下3个方面。

1. 广告是最快速、最广泛的信息传递媒介

通过广告企业能迅速有效地把产品的功能、特性、用途等不易直接观察到的信息传递给消费者,引起消费者的购买兴趣。一般而言,人们购买农产品时往往只能对产品的新鲜度、品相进行观察,对产品生产源头与流程、产品品质与特征等无法直观感知,需要通过广告媒介将产品与品牌信息传达给目标受众。

2. 广告是激发和诱导消费的主要手段

消费者对某一产品的需求往往是种潜在的需求，这种潜在的需求与现实的购买行为有时是矛盾的。广告造成的视觉、感官刺激往往会勾起消费者的现实购买欲望。农产品广告通过视觉、声音的感官刺激和反复渲染，会增加消费者信任，扩大农产品知名度，增加产品购买量。

3. 广告是企业树立品牌的重要手段

农产品品牌建设是实现农产品价值增值、提高竞争力的重要途径。而广告是提升品牌认知度、信任度、忠诚度的重要手段。农产品营销管理应以战略眼光对待品牌推广与广告宣传，强化整合传播力度，增加品牌的知名度与美誉度，实现品牌的增值效应。

二、建立农产品广告目标

所谓广告目标是指在一个特定时期内，对于某个特定的目标受众群体要完成的特定传播任务和所要达到的沟通程度。在不同的生产经营状况下，农产品营销的广告目标各有差异。按照不同标准分为不同类型的广告目标：

（一）根据广告目的的划分

1. 通知性广告

也称为告知性广告（Informative Advertising），以激发顾客对产品的初始需求为目标，主要介绍刚刚进入投入期的产品的用途、性能、质量、价格等有关情况，以促使新产品进入目标市场。另外，通过广告还可以向消费者介绍一项老产品的新用途，说明产品的性能和功效，介绍可以提供的服务，纠正消费者在某方面产生的错误印象，减少消费者对使用产品的担心或树立一个企业的新形象等。例如，当新的富硒蔬菜上市时，通知性广告可以让消费者了解新产品的营养价值与品质特征。

2. 说服性广告

也称为劝说性广告（Persuasive Advertising），是以激发顾客对产品产生兴趣，增进"选择性需求"为目标，对进入成长期和成熟前期的产品所做的各种传播活动。致力于创造对一个产品或服务的喜欢、偏好、信任和购买，大多数广告属于这一类型。如烟台"红唇之吻"樱桃通过网络广告宣传品牌标准"高、挑、熟、鲜"：高，来自国产大樱桃核心产区，高品质、高甜度（平均18甜度）；挑，视觉分选设备挑大小、颜色、品相，还可检测果肉损伤及内部生理指标；熟，不断挑战樱桃成熟的极限；鲜，比国外车厘子新鲜10000千米，采用先进的"水预冷"技术，让樱桃迅速"休眠"。在2017年上线京东秒杀首日仅2个小时，销量突破1万单，售卖期间好评率高达95%。

3. 提醒性广告

也称为提示性广告（Remainder Advertising），是指对已进入成熟后期或衰退期的产品所进行的广告宣传，目的在于提醒顾客，保持顾客对该产品的记忆，使其产生"惯性"需求，刺激顾客重复购买产品和服务。例如，丹东市圣野浆果专业合作社在草莓销售淡季通过电台采访、新闻报道、公众号维护、微信、微博宣传等方式提升产品认知、维护品牌形象。

(二)根据广告内容的划分

(1)产品广告。它是针对产品销售开展的大众传播活动,无论是广告内容还是表现重点,都以产品为主。

(2)形象广告。这类广告着重宣传、介绍组织的名称、精神、概况(包括历史、生产能力、服务项目等情况),其目的是提高组织的声望、名誉和形象。

(3)公益广告。公益广告是用来宣传公益事业或公共道德的广告,它的出现是广告观念的一次革命。公益广告能够实现组织自身目标与社会目标的融合,有利于树立并强化组织形象。

(三)根据广告传播的目标区域的划分

(1)全国性广告,是指采用信息传播能覆盖全国的媒体所做的广告,以此激发全国消费者对所广告的产品产生需求。在全国发行的报纸、杂志以及广播、电视等媒体上所做的广告,均属全国性广告。这种广告要求广告产品是适合全国通用的产品,并且,因其费用较高,也只适合生产经营规模较大、服务范围较广的农产品生产经营者,而对实力较弱的农产品生产经营者实用性较差。

(2)地区性广告,是指采用信息传播只能覆盖一定区域的媒体所作的广告,借以刺激某些特定地区消费者对产品的需求。在省、市、县报纸、杂志、广播、电视所做的广告,以及路牌、霓虹灯上的广告均属地区性广告。此类广告传播范围小,多适合于生产经营规模小的农产品生产经营者进行的广告宣传。

此外,按广告内容诉求划分,可分为理性诉求广告、情感诉求广告、道义诉求广告;按广告的形式划分,可分为文字广告、图画广告和声像广告;按广告的媒体不同,可分为报纸广告、杂志广告、广播广告、电视广告、网络广告等。

三、广告预算决策

在进行广告活动时,如果广告开支过低,可能效果欠佳,甚至没有一点效果。对于处在发展初期的大多数农产品生产经营者来讲,各方面费用开支紧张,广告开支过高,则可能造成许多浪费。因此,农产品生产经营者需要根据自己的任务确定合适的广告预算。

(一)广告预算考虑因素

在制定广告预算时,应该考虑以下5个主要因素。

1. 产品生命周期阶段

新产品一般需要花费大量广告预算以便建立认知度和争取消费者试用,而已建立认知度的产品或品牌所需预算在销售额中所占的比例通常较低。

2. 市场份额和消费者基础

市场份额高的品牌,只求维持其市场份额,因此其广告预算在销售额中所占的百分比通常较低。如果是企图通过市场销售或从竞争者手中夺取份额提高市场占有率时,则需要大量的广告费用。消费受众广泛、忠诚用户较多的产品或品牌广告预算一般相对较少,消费受众小、品牌游移者多的情况下应适当增加广告预算。

3. 竞争者因素

在一个有很多竞争者和广告开支很大的市场上，一个品牌必须大力传播才能被消费者听到、看到、感知到。而竞争相对较少和广告较少的市场中，农产品生产经营者广告支出上可以相对节约。

4. 广告频率

广告频率是指在单位时间内同一广告重复出现的次数，包括电视、电台、报纸、杂志、网络等媒体。广告频率的高低会直接影响到广告预算的多少。

5. 产品替代性

产品替代性较强时，需要投入较多的广告费用以强化顾客对本产品的认知，因此，诸如同质性较强的水果蔬菜等产品通常需要做大量广告以树立有差别的印象。产品替代性较弱时，应着重突出产品或品牌可提供的独特物质利益或特色，如绿色、有机农产品等。

（二）确定广告预算的方法

一般来讲，农产品生产经营者确定广告预算的方法主要有4种。

1. 量力而行法

采用此法的农产品生产经营者确定广告预算的依据是能拿出多少资金。也就是说，在保证其他营销活动费用基础上，确定可用于广告促销的剩余费用。农产品生产经营者根据财力状况决定广告预算，同时，需要充分考虑农产品生产经营者需要花费多少广告费用才能达成销售指标。

2. 销售百分比法

农产品生产经营者按照销售额或产品售价的一定百分比来计算和决定广告预算。如营销管理者以2020年累计销售收入的5%作为2021年的广告预算。使用销售百分比法确定广告预算的主要优点在于，经营管理层能够意识到营销费用支出与总收入变动有密切的关系，根据单位广告成本、产品销售利润之间的关系分析经营管理中存在的问题；缺点在于销售百分比法实际上是基于可用资金的多少，而不是市场机会的发现与利用，容易失去有利的市场营销机会，而所有产品广告都按同一比率分配预算，也不利于根据不同产品类别和不同消费市场确定相应的广告费用。

3. 竞争对等法

农产品生产经营者按照竞争者的广告费用支出来确定广告预算，以保持竞争上的对等地位。如果竞争者的广告预算为10万元，那么农产品生产经营者也将广告预算确定为10万元甚至更高。竞争对等法也有一定的理论依据，美国奈尔逊调查公司的派克汉（J. O. Peckham）通过40多年的统计材料分析得出：要确保新上市产品的销售额达到行业平均水平，其广告预算必须相当于行业平均水平的1.5~2倍。这一法则通常称为派克汉法则。农产品生产经营者采取竞争对等法还需要考虑自身的资源、机会、目标等实际情况，而竞争者的广告预算也能代表所在行业的集体智慧。

4. 目标任务法

与前面三种方法先确定总的广告预算再分配给不同产品与地区不同，目标任务法先明确广告目标，决定为达成目标需要执行的工作方案，估计各项方案所需的费用，依据费用总和计划广告预算。目标任务法要求每一战略业务单位负责人应尽可能详细的制订广告目标与工作任务，并进行量化。对农产品生产经营者来说，根据边际成本与边际效益来估计广告预算效果更佳。

四、广告信息选择

广告是一种信息传递活动，传递什么信息、怎样表达、怎样传递显得非常关键，因此，广告的创意（Creativity）远比广告花费的金额更为重要。所谓创意就是将广告主题概念意象化。因为有创意的广告能够吸引消费者的注意力和兴趣，并最终产生销量。

进行广告创意时，可以按照下列四个步骤开发具有创意的广告：广告信息的产生、广告信息的评价和选择、广告信息的表达制作和广告信息的社会责任评价。

（一）广告信息的产生

广告要表达的信息，主要来自于产品带给消费者的利益，当然还有其他一些方面，如形象、公益事业等。农产品营销管理人员可以通过专门的产品研究，例如通过焦点小组、深度访谈等市场调查方法，发现和汇总产品的利益点，尤其那些与众不同的利益点，这些利益点可成为广告信息的基础内容。

（二）广告信息的评价和选择

农产品营销管理人员应将各种可能的广告信息逐一列出并进行评价。一个好的广告通常只强调一个销售主题。广告信息可根据愿望性（Desirability）、独占性（Exclusiveness）和可信性（Believability）来加以评估，即：信息要说明一些人们所期待或有兴趣的有关产品的事；信息须说明有别于其他品牌的特色，或者独到之处；信息必须是可信的，或者是可以证实的。营销管理者应该进行市场分析和研究以确定哪一种诉求的感染力对目标受众最成功。要注意受众的文化特征，例如，针对注重性价比的顾客，广告诉求产品的经济性和实用性更能打动他们。

（三）广告信息的表达

广告的影响效果不仅取决于说什么，还取决于怎么说。广告信息的实现形式与广告信息内容一样，会对广告效果产生重大的影响。某些广告着重理性定位（Rational Positioning），另一些则着重情感定位（Emotional Positioning）。

对于高度类似的产品，广告信息的表达形式对这些产品的营销效果具有决定作用，富有创造性的人须为表现广告找到一种形式、语气、措辞和版式。所有这些因素都必须密切配合，并能表现出和谐的形象和信息。如褚橙，来源于云南的特产冰糖脐橙，因"褚时健"得名，通过"讲故事+文化包装+食品安全+社会化媒体营销+产销电商一条龙"打造出励志橙的品牌形象。打健康牌的广告语："24∶1的黄金甜酸比，富含维C"；打励志牌广告语："人生总有起落，精神终可传承"。并推出限量个性包装，借助包装广告语倾诉情感、表达观点，如"复杂的世界里一个就够了"；"即便你很有钱，我还是觉得你很帅"；"微橙给小主请安"等，无论是广告形式、表达语气、措辞和排版设计都非常具有创意。

(四) 广告信息的社会责任评价

广告要想正确地传递产品信息,同时又能博得广大受众的赞赏,除了信息的选择、表达外,还要注意广告信息的社会责任。社会责任观点认为,广告主和他们的代理商必须保证他们"创造"的广告不超越社会道德和法律准则。广告活动中必须坚持广告对消费者的公开性和诚实性,避免虚假和欺骗广告。我国《广告法》第 4 条规定:广告不得含有虚假的内容,不得欺骗和误导消费者;第 5 条规定:广告主、广告经营者、广告发布者从事广告活动,应遵守法律、行政法规,遵循公平、诚实信用的原则。

【案例 10-1】

绿色农药,看看他们怎么做推广

农药市场竞争日趋激烈,大部分农药企业步履维艰。济南仕邦公司经过多年的实践总结,逐渐把注意力集中在了农药的真正使用者和购买者——农民身上。济南仕邦农化有限公司生产的 1000 亿活芽孢/克枯草芽孢杆菌可湿性粉剂(PD20130761)维管通,该产品对棉花黄萎病有突出的效果。另外全国唯一登记的 26%苯甲·吡虫啉悬浮种衣剂(LS20130408)真巧,可以一次拌种,病虫兼防,真正帮助农民省时省工。这些产品推广策略的独到之处即是做好农药销售的最后一公里。

在产品上市之初,安排尽可能多的田间示范试验;之后组织田间观摩会让农民亲身体会到使用该产品后的实际效果,并把整个过程录像留存;在销售之际来临前,在重点的零售商处,派专业的推广队伍进村入户进行宣传,发传单,挂条幅,刷墙体广告,贴不干胶等方式扩大产品的知名度。白天在农村集市组织各种宣传活动,晚上再召开农民会,将产品和使用技术送到农民手中。所有的这些活动都需要消耗比较大人力、物力和财力,所以企业须提前计划,量力而行,坚持 3~5 年长期规划,最终见到成效。另外,所有资源中,最有限的资源是时间,推广活动必须在销售季节到来之前完成,因此活动的起始点应该安排在销售淡季。

坚持解决农药销售的最后一公里,不是一句轻松的话,而是用一双沾满泥土的双手,将好的产品以更加接地气儿的方式,送到农民的田间地头。

资料来源:绿色农药,看看他们怎么做推广[J].营销界(农资与市场),2014(13):41-44.

思考:济南仕邦农化有限公司是如何进行广告信息的表达的?

五、广告媒体决策

在广告传播活动中,广告主都希望能以最小的成本获得最好的广告效果。在广告媒体运用时,如何选择媒体、媒体组合及把握媒体的推出时机,都牵涉到广告预算及广告效果评价。因此,必须精心策划,从众多广告媒体中作出正确的选择。

(一) 各种广告媒体的比较

广告媒体种类繁多,从传统的四大媒体——报纸、杂志、电视、广播,到随着社会发展和技术进步涌现的网络广告、H5、分众传媒等。表 10-2 是常见的广告媒体优缺点的比较，从中我们可以比较、分析不同广告媒体的优缺点。

表 10-2　常见的各种广告媒体的比较

媒体	优点	局限
报纸	灵活、及时、本地市场覆盖面大、能广泛地被接受、可信性强、具有新闻性、文字表现力强、便于保存和查找、传播费用较低	时效性短、传播信息易被读者忽略、理解能力受限、色泽较差，缺乏动感、随着时代发展发行量萎缩
杂志	地理、人口可选性强，可信并有一定的权威性，时效性长、针对性强、印刷精美	出版周期长、声势小、理解能力受限
广播	大众化宣传，传播面广、传播迅速、感染力强、多种功能、成本低	只有声音，不如电视那样引人注意，非规范化收费结构，展露瞬息即逝
电视	综合视觉、听觉和动作，即实性强、有现场感、传播迅速、影响面大、多种功能、娱乐性强	传播效果稍纵即逝，受时间顺序的限制，制作、传送、接收和保存的成本较高
DM 广告（Direct Mail）	对象明确，具有选择性和针对性，提供信息全面，具有说服力，通信方式容易联络感情	传播面小，容易忽略潜在消费者，可能造成滥寄"垃圾邮件"的现象
户外广告	形式多样：路牌广告、电动或电子户外广告、灯箱广告、交通广告、海报与招贴、运动场地广告、节日广告、民墙广告、卫星发射现场广告、空中广告、激光投射广告等	可传递的信息有限，广告设计难度大，往往不能向目标受众精准推送，广告效果评估困难
销售点广告 POP 广告（Point of Purchase）	直接面向消费者，针对性强，营销造势效果明显，表现形式丰富：货架陈列广告、柜台广告、模特儿广告、四周墙上广告、圆柱广告、空中悬挂广告等。销售现场的室外媒介主要指销售场所如商店、百货公司、超级市场门前和附近周围的一切广告形式。譬如广告牌、灯箱、霓虹灯、电子显示广告牌、招贴画、商店招牌、门联、门面装饰、橱窗等	接触面局限于现场，创意设计空间和能力的局限，广告受众难以统计
网络媒介 新媒体营销	如微博、微信、社交网络营销、LBS 位置营销、搜索营销、视频营销等。具有范围广泛、超越时空、高度开放、双向互动、个性化、多媒体、超文本、低成本等优势	网络虚拟性致使浏览者产生抵触心理，部分网络广告设计缺乏吸引力
H5 广告	在移动端网络社交媒体（以微信为主）中传播，带有交互体验、动态效果以及音效	需要广告人在形式和内容上作出创新，对内容营销、社群营销能力提出较高要求
广告册	灵活性强，全色彩，展示戏剧性信息	制作成本不易控制
其他广告	营销目的性与选择性更强，具有针对性，如博览会、展销会、交易会、洽谈会、交流会、新产品发布会，以及固定场所的产品陈列等	成本较高，需要精心策划

【案例 10-2】

新疆人民广播电台"优质农产品广播促销大行动"

自 2009 年以来,新疆人民广播电台联合全国各省市广播电台、电视台、网络媒体推介新疆优质农产品,先后在北京、上海、广东、江苏、山东、福建、河南、湖南、湖北等 19 个省(自治区、直辖市)开展了 100 余场次"新疆优质农产品广播促销大行动"(下称"新疆农产品促销行动")。

2009—2010 年期间,活动主要采取广播跨省直播形式。2011—2013 年开辟网络同步直播,将直播间搬到田间地头,在绿色农产品生产基地进行广播跨省与网络视频同步直播。新疆电台直播室负责邀请本地优质农产品产地党政领导、企业代表、农民专业合作社成员走进广播和网络视频直播间,全国各地合作电台负责联系当地大型水果批发市场、水果经销商或大型超市负责人。在广播和网络跨省同步直播中,展示了新疆优质农产品的丰富性和独特性,让更多的内地客商和普通消费者充分了解新疆优质特色农产品的资源优势,扩大了新疆特色农产品的知名度和美誉度。2014 年,新疆电台在总结以往经验的基础上,创新活动思路,采取"走出去、请进来"战略,活动内容更加丰富,形式更加多样。从 2015 年年初开始,新疆电台派出多路记者到全疆各地走访农产品企业、种植户,并与当地农办、林业局座谈,最终确立联合若干家网络科技公司,以河南、郑州、新疆商品交易所为仓储基地辐射全国,开展"广播+电商"模式销售新疆优质农产品。2016 年以来,新疆电台已经与内地 19 个省(自治区、直辖市)的广播电台、电视台达成合作意向,通过"广播+"模式,借助内地广播电台、电视台网络销售平台,以预售的方式直接销售新疆优质农产品。

资料来源:李满媛,王巧.凝聚广播惠农力量打造优质促销平台——记新疆人民广播电台"优质农产品广播促销大行动"[J].中国广播,2017(12):24-25.

思考:农产品通过传统媒介传播有何优势?广播媒介应如何创新与转型?

(二)广告媒体的选择

不同的广告媒体有不同的特性,在送达率与影响价值方面具有差异。广告媒体选择的重要性和达到的效果并不亚于广告的内容,广告媒体的正确选择与策划将决定广告效果。营销管理者选择广告媒体,一般要考虑以下影响因素。

(1)产品的性质。不同性质的产品具有不同的使用价值、使用范围和宣传需求。农产品生产经营者应根据农产品的特点和使用要求来选择媒体,如蔬菜水果的经营者应选择适用于生鲜产品宣传的媒介,花卉经营者应选择生活刊物类媒体来传递信息。

(2)消费者接触媒体的习惯。选择广告媒体,还要考虑目标市场上消费者接触广告媒体的习惯。能够使广告信息精准传达到目标市场的媒介才是有效媒体。如年轻人获取信息更多依赖于网络平台,如抖音、快手等短视频,以及微博、微信等自媒体平台。农产品生产经营者应积极应用这些低成本的自媒体平台传播产品与品牌信息。

(3)媒体的覆盖范围。媒体传播范围的大小直接影响广告信息传播区域的宽窄。适用于全国性的产品与品牌,应以全国性的电视、广播、杂志以及大的门户网站、电商平台等作为广告媒体；属于地方性销售的产品，可通过地方性的广播电台、分众传媒、户外广告等媒介传播信息。

(4) 媒体的声誉、特点与影响力。农产品生产经营者在众多媒体中选择适当的平台进行产品宣传与品牌传播是一个极为复杂的过程，媒体影响力强弱决定了媒体传播价值的大小，从而决定信息传播效果与效率的高低。

(5) 媒体的费用或成本。各种类别的广告媒体费用标准不同，即使同一种媒体，也因传播范围和影响力大小而费用各异。在进行具体广告媒体选择时，一个最基本的指标是千人成本标准，即计算某一特定媒体工具触及一千人的平均成本。在其他方面差异不大的情况下，应该选择千人成本较低的媒体。

> **知识拓展**
>
> **每千人成本**
>
> 每千人成本是指以一种媒体或媒体排期表送达 1000 人或 1000 个家庭的成本计算单位，计算公式为：每千人成本＝广告费用(元)/人数(以千为单位)。

(三) 广告媒体组合

每一种媒体都有其短处和长处，将两种或两种以上的媒体组合起来，优势互补，克服弱点，使广告达到最佳效果，这是媒体组合的根本指导思想。广告媒体组合策略之所以能使商品产生轰动效应和良好的促销效果，主要由于具有以下三方面的优势。

(1) 重复效应。由于各种媒体覆盖的对象有时是重复的，因此媒体组合的使用将使部分广告受众增加，广告接触次数增多，也就是增加广告传播深度。消费者接触广告次数越多，对产品的注意度、记忆度、理解度就越高，购买的冲动就越强。

(2) 延伸效应。各种媒体都有各自覆盖范围的局限性，假若将媒体组合运用则可以增加广告传播的广度，延伸广告覆盖范围。广告覆盖面越大，产品知名度越高。

(3) 互补效应。即以两种以上广告媒体来传播同一广告内容，对于同一受众来说，其广告效果是相辅相成的。由于不同媒体各有利弊，因此组合使用能取长补短，相得益彰。

在具体进行媒体组合时，可采用的策略包括：将瞬间媒体与长效媒体组合，例如，将广播电视等瞬间媒体与印刷品、路牌、霓虹灯、公共汽车等长效媒体相组合；将视觉媒体与听觉媒体组合，例如，将报纸、杂志、户外广告、招贴、公共汽车广告等视觉媒体与广播、音响广告等听觉媒体相组合；将传统媒介广告与网络广告、手机广告等媒介结合；将大众媒体与促销媒体组合，例如，报纸、电视、广播、杂志等传播面广、声势浩大的大众媒体，与招贴、邮寄、展销、户外广告等传播面小、传播范围固定、具有直接促销作用的促销媒体相组合，形成"点"与"面"的结合，能达到更好的广告效果。

(四) 媒体时机决策

媒体时机的决策是指对广告发布时间和广告使用方式的规划与安排。

广告发布时间一般可分为：集中式、连续式、间歇式。

(1) 集中式是指广告费用集中于一段时间使用，以便在较短时间内形成强大的广告攻势。这种方法常用于开拓新市场、新品上市等情况。

(2) 连续式是指在一段时间内均匀地安排广告发布时间，使广告反复地出现在观众面前，以逐渐加深消费者对产品的印象。这种方法在对顾客不因季节变化而购买的产品中经常使用。

(3) 间歇式是指做一段时间广告,然后停一段时间,这样反复进行下去。这种方法在季节性产品及广告费用不足时经常使用。

广告使用方法可分为:水平式、上升式、下降式、交替式。水平式指均匀使用广告;上升式指开始使用强度小,然后逐渐增强;下降式则指开始使用强度大,然后逐渐减弱;交替式指使用强度交替变化。

在对媒体时机进行决策时,应该综合考虑顾客购买的频率、顾客周转率、遗忘率等因素。一般来讲,顾客购买频率越高、周转率越高、遗忘率越高的产品,广告越应该连续。

六、广告效果衡量

广告效果的测定,不仅能对以前的广告作出客观的评价,而且对其今后的广告活动起到指导作用。因此,广告的评价活动是广告策略不可或缺的一部分。通常广告的评价活动包括传播效果评价和销售效果评价两部分。

(一) 传播效果研究

传播效果研究的主要目的是判断广告是否能有效地传播信息,包括事前和事后测试两种。

1. 事前测试

在广告进入媒体前一般要进行文案测试,让被测试者观看(或听、读)广告后进行评价,通常是因广告引起的立即购买行为、对广告宣传重点的认知、对广告的好感程度、能否知道广告的全部内容、广告引起的兴趣程度、广告吸引注意的程度、广告所唤起的潜在能力等多个项目的评价。

具体的评价方法包括:

(1) 直接评分法。直接评分法是指由目标消费者按照广告评价表对广告依次打分,这种方法简单明了,但不一定能完全反映广告对目标消费者的实际影响,主要用于淘汰和剔除那些质量差的广告。

(2) 组合测试法。组合测试是指请目标消费者观看一组试验用的广告,要求他们愿看多久就看多久,等到他们放下广告后,让他们回忆看到的广告,并且对每一个广告都尽其最大能力予以描述。这种方法的测试结果有助于判别一个广告的突出性及其期望信息被了解的程度。

(3) 实验室测试法。实验室测试是指利用各种仪器来测量目标消费者对于广告的心理反应,如心跳、血压、瞳孔放大以及流汗情景,这类试验只能测量广告的吸引力,而无法测量目标消费者对广告的信任、态度或意图。

2. 事后评价

是指广告发布后对广告传播效果的评价。主要是采用一些指标量进行测定,具体包括:

(1) 视听率,指某一时段内收看(收听)某一节目的人数占电视观众(广播听众)总人数的百分比,是一项用来统计广告电视节目拥有观众、听众人数多少的指标。视听率是衡量广告信息传播范围的重要指标。

(2) 毛评点,是指在广告投放期间,接触到该广告的人次数占传播范围内的总人数的比例，用百分数表示。通常以播出次数乘以各媒体的视听率(或杂志的刊出率等)，然后加总求和。

（3）视听众暴露度，是指在某一特定时期内，接触到该广告的人次数的总和。一般以某人口群体中的人数乘以送达给某特定人口群体的毛评点计算，也可以将广告排期表中每一插播广告(或杂志刊出的广告等)所送达的视听众人数累计加总。

（4）到达率，是指不同的个人(或家庭)在特定期间内暴露于媒体广告排期表下的人数占总人数的比例，一般以百分数表示。到达率可以运用于所有的媒体，就广播、电视而言，通常到达率用4周为计算期间。

（5）暴露频次，是指在一定期间内，个人(或家庭)暴露于广告信息下的平均次数。描述不同类型的人群，在同一广告排期下暴露于每种媒体，但暴露频次有所不同的一种现象。

此外，还包括对广告知名度、理解度的测定。知名度通常以广告接受者对组织名称、广告品牌、商标等的记忆程度为测定内容。理解度通常以广告接受者对广告内容、产品作用、功能等的了解程度作为测定内容。

（二）销售效果的研究

在现实的营销过程中，人们可能发现一个具有好的传播效果的广告，并不一定就能带来好的销售效果。很明显，决定市场销售的因素异常复杂，可能是来自于广告，也可能来自于产品本身或价格，或销售渠道。一个好的广告可能迅速提高了某一产品的知名度，增加了公众的偏好，但究竟能提高多少销售量，是一个难以准确回答的问题。一般有两种方法来评价广告的销售效果。

（1）统计资料分析法。是指利用统计资料的计算和对比来评价广告的销售效果。常用的数据包括：以"广告费用/销售额"来计算广告费用比率，广告费用比率越低，广告效果越好；可以用"销售额增加率/广告费用增加率"来计算广告效果比率，广告效果比率越高，广告宣传效果越好；另外，还可以用"广告利润效益法"进行测定，广告利润效益越大，广告宣传效果越好，当其为负值时，广告是亏本的。

（2）实验设计分析法。用实验设计分析的方法来测量广告对销售的影响，可选择不同地区，在其中某些地区进行比平均广告水平强50%的广告活动，在另一些地区进行比平均水平弱50%的广告活动。然后，根据销售纪录，研究平均广告活动对产品销售究竟有多大影响。

【案例10-3】

中国农民丰收节是于2018年6月经国务院批复同意设立的节日。2018年首个"中国农民丰收节"期间，农业农村部推出了"5个100"系列活动，即100个农产品品牌、100个特色村庄、100个乡村文化活动、100个乡村美食、100个乡村旅游线路。农业农村部还策划了"庆丰收购物节"，发动各大电商企业和农产品批发市场开展丰收促销活动，最终农产品网络销售额突破200亿元。新型农业经营主体广泛参与，通过品牌推介、网络销售等方式，实现了农产品优质优价、丰产丰收，带动了农民增收，增加了经营效益，提升了品牌价值。新浪微博197个与中国农民丰收节有关的微话题，阅读量三天突破 6 亿次,其中,共青团中央的"我和我的家乡"微博话题点击超 3.1 亿次。"庆丰收·消费季"活动是 2018 年农民丰收节庆丰收全民购物节的延续,2019 年延续更长的营销、促销时间,带动更多的各类企业参与。2019 年的农民丰收节把活动中心进一步下沉到县乡村,从全国筛选了 70 个农民参与度高、特色鲜明、代表性强的地方节庆活动,作为国家层面的重要系列活动之一,在丰收节当天进行全媒体联动直播。

资料来源:手机培训+农产品促销 苏宁等电商企业助力农民丰收节[J].农业工程技术,2019,39(30):85.

思考:农民丰收节对农产品促销活动的开展有何带动效应?如何利用农民丰收节推广农产品品牌?

第三节 农产品营业推广策略

营业推广(Sales Promotion,SP),又称销售促进,菲利普·科特勒将其定义为:"刺激消费者或中间商迅速或大量购买某一特定产品的促销手段,包括各种短期的促销工具。"从这个定义可以看出,营业推广是短期内为了刺激需求而进行的各种营销活动,这些活动可以迅速刺激消费者和中间商迅速、大量的购买,从而达成产品销售增长目的。

一、营业推广的含义与特点

(一)营业推广的含义

营业推广是指在一个特定的目标市场中,运用各种短期诱因鼓励消费者和中间商购买、经销(代理)农产品生产经营者产品或服务的所有营销活动。营业推广一般作为人员推销、公共关系、广告等促销方式的辅助手段,不具有持续性和常规性,适用于特定时期、特定产品的销售与推广。

(二)营业推广的分类

营业推广的具体形式是非常多的,其分类也有多种划分方法。通常按照营业推广的对象,将其分为三大类。

(1)对消费者的营业推广。这种类型的营业推广最多,也最常见。由于最终消费者大都是利益敏感型或价格敏感型,所以这种营业推广的效果一般较好,且见效快,这也就是为什么这种营业推广经常被采用的原因。如农产品销售中赠品推广形式,甘肃一果农为了将积压的苹果销售出去,发挥自己的编织技术,将玉米皮编织成各种各样的水果篮,然后装上苹果拿到城市出售,卖苹果送苹果篮,他的苹果很快被抢购一空。

(2)对中间商的营业推广。这种类型的营业推广有很强的针对性,因为中间商是以赚取利润为目的的,通常进货的批量较大,可以加快资金的周转。所以,采用针对中间商的营业推广,可以减轻农产品生产经营者的资金压力,以便尽快实现经济效益。如通过订货折扣、现金折扣、合作广告等方式激发中间商的经营积极性。

（3）对推销人员的营业推广。这种类型营业推广的优点在于从销售的根本问题入手，影响深远。它可以与农产品生产经营者的经营管理工作紧密结合在一起，起到对推销人员的激励作用。如农业龙头企业可以根据推销员的工作业绩给予适当的奖励，给予一定数量的奖金或提供培训学习的机会，也可以根据推销的产品数量给予一定比例的提成。

（三）营业推广的特点

虽然营业推广与广告、人员推销、公共关系同为促销的具体方式，但营业推广有着其鲜明的特点。概括说来，营业推广的主要特点为：

（1）营业推广短期促销效果显著。在开展营业推广活动时，可选用的方式多种多样。一般说来，只要能选择合理的营业推广方式，就会很快地收到明显的增销效果，而不像广告和公共关系那样需要一个较长的时期才能见效。因此，营业推广适合于在一定时期、一定任务的短期性的促销活动中使用。

（2）营业推广通常与其他促销方式相配合使用。虽然营业推广短期促销效果显著，但在使用中，一般不单独使用，常常需要配合其他促销方式使用。将营业推广与人员推销、广告和公关搭配起来，围绕目标市场展开促销攻势，可以使营业推广的效果得到最大的发挥。

（3）频繁使用营业推广，可能有损品牌形象。广告通常用于建立品牌忠诚，而营业推广则会减弱品牌忠诚。如果某个品牌经常靠价格来促销，消费者会产生它是便宜的品牌的印象，只作为一种处理品而买它。一个知名品牌如果有30%以上的时间在打折扣，那就有损害品牌形象的隐患。有证据表明，价格促销不能巩固整个企业的总销售额，只能刺激短期销售额。若频繁使用营业推广或使用不当，往往会引起顾客对产品质量、价格产生怀疑。因此，在开展营业推广活动时，要注意选择恰当的方式和时机。

（4）目标明确且容易衡量。营业推广活动的开展一般都有十分明确的营销目标。如鼓励中间商储蓄本品牌延伸的新产品和相关产品，吸引新的中间商，刺激淡季销售，开发新的客户群等。销售促进方案是否有效，关键看活动结束后促销目标的实现程度。

二、营业推广的具体方式

市场营销发展到今天，营业推广的具体方式可以说层出不穷、多种多样。农产品生产经营者及营销管理人员在组织营业推广活动时，可以根据营销环境、目标市场特征、竞争者情况、促销的对象和目标、具体营业推广方式的成本效益等多种因素，来确定所采用的营业推广方式。

（一）对消费者的营业推广方式

对消费者的营业推广方式很多，但往往需要与广告配合，否则很难在营业推广实施的有效时间内让更多消费者获知这一消息，并立即作出反应，从而造成营业推广的效率损失。针对消费者的具体营业推广方式包括以下几种。

1. 产品陈列与演示

是指通过橱窗陈列、柜台陈列或流动陈列，或者进行操作使用演示，以展示产品的性能与特长，打消顾客疑虑，促进产品销售的方式。这种方法在新产品进入市场时有着广泛的应用。消费者购买生鲜产品的随机性很强，容易冲动购买，店头展示和宣传往往对消费者有极大的诱惑力，产品陈列的同时充分利用店面广告效应，营造销售点现场的消费气氛，将潜在消费者变为现实消费者。农产品生产经营者和营销人员应该向零售商提供较好的售点陈列资料，并将电视或者印刷品宣传结合起来使用，创造一种良好的现场销售氛围。

2. 样品赠送

是指免费向消费者赠送样品，通过让他们了解产品的功效、传播产品信息来争取扩大产品销量的促销方式。例如，我们经常可以看到一些食品厂家在超市中赠送小包装的样品，通过消费者的品尝，让他们了解产品的口味、特点等，以提高产品的销量。样品赠送适用于价值低廉的日用消费品，那些便于使用小包装、差异明显、且目标客户群能区别的产品，可以通过消费者亲身试用来提高接受度。该方法特别适用于新产品导入期，不少情况下也是改变其他品牌忠实消费者的方式。样品赠送能起到提高产品入市速度的作用，广告需反复诉求才能达到效果，但总不如"眼见为实"来得更有说服力。开展样品赠送活动时，必须有足够的广告加以支持，这样才能达到预期的效果。经验证明，在新产品上市进行广告宣传之前4~6周，先举办免费样品促销活动，不仅可有效地刺激消费者的兴趣，还可以提高消费者尝试购买的意愿。

3. 附赠赠品

附赠赠品是顾客购买某种特定产品后，免费或以极低价格获得赠送的产品。它与样品赠送不同，是为有市场基础的产品而设计的，主要是为了争取将竞争对手的顾客转移到使用促销者的产品，也是为了防止竞争者侵入促销者的产品市场。因此，赠品必须让消费者有深刻的印象和一定的实用价值。赠品的优势是明显的，它可以创造产品的差异化、传达品牌概念、增加产品的使用频率和购买量。但不少附赠赠品失败的最主要原因是赠品太差，当赠品的吸引力不够、品质欠佳时，反而会使本想购买该产品的顾客打退堂鼓，从而导致销售量的下降。因此，赠品的选择是非常重要的。

4. 折价优惠

折价优惠是一种折价凭证，当持有人在指定地点购买某种商品时，可免付一定的金额。这种方法一般用于已有一定品牌基础的产品当中，产品应该是消耗性的，购买周期较短，顾客需经常购买或一次性购买量较大。如果在购买率较低的产品上使用折价优惠，通常顾客反应冷淡。在实际操作过程中，应慎重考虑兑换率的问题，因为它影响到促销的预算及其分配。具体运用时，折价优惠券可以邮寄、包进其他产品内或附在其他产品上，也可刊登在广告册上，其回收率随分送方式的不同而不同。折价优惠可以有效地刺激成熟期产品的销售，诱导对新产品的早期使用。专家们认为，折价券必须提供15%~20%的价格减让才有效果。如乡村旅游经营者在5周年纪念期间，推出在一个月内入住乡村旅游民宿优惠50~200元不等，从而引起消费者注意，提高消费者对经营者品牌的认知度与美誉度，树立经营者回报顾客的品牌形象。

5. 特价包装

是指对产品的正常零售价格给以一定的折扣优惠，并把原正常价格与限定的优惠价标明在产品包装或标签上。特价包装的具体形式，可以是将同种商品包装起来减价出售，如农产品包装上标明加量不加价；也可以采取组合包装的形式，将两件或多件相关商品包装在一起，如每日坚果的混合坚果仁小包装大礼包，原价59.8元，礼包装54.8元。特价包装适用于购买频繁、价格较低的商品。对于短期促销它比折价券更能刺激消费者。这种方法操作简易，容易控制，并能塑造"消费者能以较低的花费买到较大、较高价值的产品"的印象，能够诱发经济型消费者的需求，对刺激短期销售比较有效。

6. 竞赛与抽奖

竞赛就是让消费者按照竞赛要求，运用其知识技能来赢得现金、实物或旅游奖励，这种竞赛不完全依靠一个人的本领，还需要借助运气，而竞赛题目或内容又总与主办者自身特征或多或少联系或结合。

抽奖是指消费者凭其资格证明，如购物发票或以此换取的对奖券，所使用的商品标记，如包装纸、瓶盖等，以及通过详细阅读举办活动的宣传资料回答相应问题，向主办者申请获奖机会。而主办者根据事先公布的准则、程序，以一定比例从参加者中抽取获奖者，向其颁发奖金或奖品。如保健营养类的产品可以在商品包装或广告上设计某些问题，在所有提供正确答案的参加者中抽取幸运中奖者。

竞赛和抽奖一般以特定奖品为诱因，让消费者感兴趣，促销效果明显，有助于增强广告吸引力，强化品牌形象。一个规划完善的竞赛或抽奖活动能够帮助农产品生产经营者达到既定的促销目的和销售目标。但竞赛活动参加率低，无法普及，设计创新的难度也较大；抽奖虽然普及面高一些，但它通常需要大量的媒体经费进行宣传才能达到一定的效果，而且很难事先对活动效果进行完善的效益评估。

7. 会员营销

会员营销又叫俱乐部营销，它是指以某项利益或服务为主题，将各种消费者组成俱乐部形式，开展宣传、促销和销售活动。加入俱乐部的形式多种多样，可以是交纳一定的会费，也可以将产品与特定消费者联系起来。

会员营销易培养消费者的品牌忠诚度，缩短厂商与消费者之间的距离，加强营销竞争力。另外，由于这种促销直接与消费者接触，是"暗中"进行的，不易被竞争者察觉。但会员营销的回报结果较慢，费用较高，而且由于俱乐部的服务是否真正受欢迎，只有看俱乐部运转一段时间后的效果，因此其效果是难以预计的。

8. 联合促销

联合促销是指两个或两个以上的组织合作开展促销活动，以扩大活动的影响力。这种方法的最大好处是可以使联合体内的各成员以较少的费用，获得最大的促销效果。联合促销最大的好处在于降低促销成本，促销活动中的广告费、赠品等各项成本均可由联合各方分摊，大大降低了各自的促销投资。另外，选择目标顾客已接受的品牌作为联合促销的合作伙伴，可使本产品快速接触到目标消费者，加快本产品的推进速度。当然，联合促销需估计到合作各方的利益，协调有一定困难；而且促销中多品牌的出现可能影响产品形象的突出，因此，联合促销中的新产品尤其要注意配合相应的独立广告，以补充说明产品的利益点。

9. 交易印花

交易印花也叫集点优惠，或商业印花，指消费者购买商品时，赠送消费者印花，若筹集到一定数量的印花就可以换取商品或奖品。最终目标是让消费者再次购买某种商品，或再度光顾零售店面。具体形式包括点券式印花优惠、凭证式印花优惠和积点卡式优惠等。

点券式是为了鼓励消费者多购买其产品,给予特定数量的点券,消费者凭点券可兑换各种不同的免费赠品或购买产品时享受折价优惠;凭证式是指消费者提供某种特定的购物凭证(如集瓶盖、图片等)即可获得厂商提供的奖金或赠品优惠;积点卡是指零售商根据特定标准向顾客发放积点卡,顾客根据不同的累积购买量享受不同优惠。如农产品生产经营者发放蔬菜预定积点卡,每年消费 2000 元的顾客可获得 5%的优惠,每年消费 5000 元的顾客可获得 10%的优惠。

> **知识拓展**
>
> 农产品电商营业推广方式
> (1)价格减让、配以赠品或是抽奖的方式促成交易;
> (2)通过"满立减""满免邮"等方式鼓励消费者一次性多购货;
> (3)以优惠券、积分促销的方式鼓励消费者重复多次购买;
> (4)以节日促销、纪念日促销等限时促销的方式鼓励消费者即刻购买;
> (5)对于价格需求弹性较小但长期不可缺少的农产品,如大米、油等,则选择以优惠券、积分促销的方式鼓励重复多购,以培育稳定的客户;
> (6)QQ 群推广、论坛推广、微博微信推广、微店平台推广等,利用社群空间、虚拟社区进行内容营销。

(二)对中间商的营业推广方式

对大多数农产品生产经营者来讲,产品的销售主要是借助中间商完成的,农产品生产经营者除了根据市场需求组织生产、加工质量稳定的产品外,还应重视通过对中间商的营业推广,促进产品的销售。常见的方式有以下 6 种。

1. 产品展览、展销、订货会议

是指利用产品展览、展销、订货会议等多种方式来陈列产品并作示范操作,促进产品销售的方式。通过这种方式农产品生产经营者可以获得多方面的收益,如招徕顾客、发展顾客、向准顾客与既有顾客介绍新产品,或者与老顾客加强联系并劝导他们购买更多的产品。在运用这一营业推广方式时,农产品生产经营者应充分做好各种展出的准备,包括布置展览摊位、准备介绍资料、印制产品广告页、利用传播媒体开展广告与公关宣传活动等。同时,应做好对前来参加会议的老客户、准客户、潜在客户的迎送接待工作,并分别制订相应的方案,安排好营销人员在会议期间的各项活动。

2. 销售竞赛

是指为了激励中间商竭尽全力推销产品,规定一个具体的销售目标,实现既定目标的优胜者可以获得相应的奖励。竞赛优劣通常以销售额、销售增长率、货款回笼速度、售后服务质量等一系列指标为标准,而奖励的形式也多种多样,除可获得相应的财务支持、福利支持外,还可获得更多的促销支持。

开展销售竞赛活动时,竞赛目标的设定对于中间商而言既要有一定的挑战性,又要现实合理,这样才能吸引尽可能多的中间商投入竞赛。因为,每一参赛者所实现的小幅度销售增长,汇总起来将是相当可观的。虽然这一营业推广方式难以达到持续性的效果,但它对于促进、改善与中间商的合作关系却有着不容忽视的作用。

3. 价格折扣

这是一种运用非常普遍的促进中间商大量进货的方法,包括给予中间商数量折扣或职

能折扣两种基本形式。前者是指购货者在一定时期内进货到达一定批量即可享受一定的价格折扣率,后者是指当中间商为产品作了广告宣传时给予其费用补偿或对中间商特意陈列产品而给予相应津贴。一般而言,数量折扣的效果相对具有持久性,可作为一种日常的促销手段,而职能折扣更具有瞬时性效果。在运用价格折扣方式时,对于作出同样贡献或提供同样服务和促销支持的中间商,应给予同样的待遇。执行统一的促销政策才能使中间商感知受尊重并受激励,由此化为对产品的促销努力。

4. 赠品

赠品不仅是刺激消费者的有力手段,对于中间商来说,也是一种重要的刺激方式。首先,它表现为一种实际的利益;其次它又可表现为对中间商的一种感恩情结,有利于增进与稳定合作关系。因此,对中间商的赠品选择更加广泛,它可以是促销产品本身或样品,也可以是各种有价值的文具用品、日用品乃至纪念品,在这些赠品上篆刻上农产品生产经营者的名称或产品品牌是值得考虑的一项策略。

5. 采购支持

采购支持是指为了帮助中间商节约采购费用和库存成本等,而采取的一系列帮助中间商采购的促销活动。它的具体形式有3种。

(1) 库存支持系统。尽量降低中间商的库存,一接到中间商的需求通知就立即送货。这种方式非常受中间商的欢迎,但会造成农产品生产经营者的资金压力过大,对资金本来就不充裕的农产品生产经营者来讲,采用起来难度较大,可通过小批量、勤送货的方式来实现。

(2) 自动订货系统。向中间商提供订购的各种表单,并通过计算机与中间商保持紧密的联系,一旦需要订货,马上提供。这种方式在计算机特别是网络技术普及的今天越来越受到重视。它的优点是联系性强,交货时减少了必要的沟通费用,但这个系统必须通过一定时期人员的感情联系才能正常运转。

(3) 报销采购费用。对中间商人员到本单位提货的住宿费、差旅费、运输费均给予报销,以此来吸引中间商的采购人员。

6. 津贴补助

津贴补助是指农产品生产经营者为中间商提供陈列商品、支付部分广告费用和部分促销费用等补贴或津贴。中间商陈列农产品生产经营者的产品,农产品生产经营者可免费或者低价提供陈列商品;资助一定比例的推广费用,让中间商为农产品生产经营者商品做广告、做宣传;为刺激其他地域的中间商经销农产品生产经营者产品,可给予一定比例的运费补贴。

(三) 对销售人员的营业推广方式

对销售人员的激励手段,长期以来最有效的莫过于销售提成,广泛的事实证明,销售人员的报酬与其销售实绩挂钩总比销售人员只享有固定工资更有激励性,销售人员会更主动、积极地工作,销售实绩会不断体现销售人员的潜力。

除了绩效红利、奖金等形式,还包括销售竞赛、培训等。销售竞赛既可以一年评比一次,也可以配合一阶段的促销活动而进行,无论对农产品生产经营者还是中间商的推销人员,只要宣传深入、目标明确、评选公平、奖励富有吸引力,都是可行的;对大多数营销人员来说，提供培训机会有时比提高收入还具有吸引力，这意味着他受到肯定、受到重视以及富有发展潜力。在对销售人员进行培训时，应该有计划地设置培训课程、确立培训目标，并将此与销售人员的职位、薪水收入有机结合起来，这样才能激发起销售人员极大的工作热情，不仅可以由此发现与培养优秀推销员，而且也会给农产品生产经营者带来实际业务增长与稳定的客户关系。

针对不同营业推广对象，在营业推广工具与推广方式选择上有所不同，如表10-3所示。

表10-3 营业推广对象与营业推广工具

营业推广对象	营业推广工具
消费者	样品、赠品、折扣优惠、赠券、有奖销售、特价包装、购买点陈列与展示、免费试用、抽奖及游戏等
中间商	购买折扣、免费赠品、合作广告、经销津贴和经销商销售竞赛等
销售人员	红利提成、特殊推销奖金、推销竞赛、培训等

【案例10-4】

安徽省宣城市泾县兰香茶营销专业合作社联合社

为打造和宣传"泾县兰香茶"公用茶叶品牌，在县委、县政府的高度重视下，由联合社牵头，连续举办了8届安徽宣城"泾县兰香茶"节活动；先后组织成员社参加中国茶叶博览会、中国国际农产品交易会、西安茶博会、中国国际茶叶博览会等；赴波兰和我国上海、北京、合肥、青岛、西安、杭州、长沙等地开展一系列"泾县兰香茶"品牌推介展销、考察学习等茶事活动；多次邀请茶学家、茶学教育家、茶树栽培专家授课，沟通交流，共同探讨"泾县兰香茶"的创新发展思路。

联合社积极鼓励和扶持成员社发展电子商务，2011年率先在泾县开设了第一家天猫旗舰店，对人员进行培训和指导。经过几年努力，由原先的1个天猫商城电子商务销售平台发展到4个电子商务销售平台同时进行销售和推广。2018年，联合社网上"泾县兰香茶"系列产品销售额达2000多万元。联合社重点打造和宣传"泾县兰香茶"公用茶叶品牌，在国际名茶评比中多次荣获金奖，还获批国家农产品地理标志保护产品。

加快茶叶"三产"融合。结合汀溪旅游业发展，联合社投资建设了汀溪茶叶文化园，通过影像、图片、实物和资料，展示泾县茶业的历史和文化；文化园新建营销大厅、茶艺和茶道表演大厅、茶室和餐馆等配套服务设施，使来客全面深度的体验泾县茶文化、茶科技、茶品牌。

资料来源：康晨远．抱团发展 行稳致远 谱写茶产业新篇章——安徽省宣城市泾县兰香茶营销专业合作社联合社发展纪实[J]．中国农民合作社，2019(07)：46-47．

思考：联合社在农产品推广方面的优势有哪些？消费者和中间商的推广方式上各有什么特点？

三、营业推广决策

当农产品生产经营者采用营业推广促进产品销售时,会面临一系列的决策,包括确定营业推广目标,选择营业推广方式,制订营业推广方案,预试、实施和控制方案等。

(一)确定营业推广目标

在选择营业推广的目标时,一般要根据目标顾客的需求、整体的营销计划来确定。因此,农产品生产经营者此时的决策实际包含两层目标:营业推广目标对象和希望达到的效果。在营业推广的目标对象上,通常包括消费者、中间商和销售人员三种,在不同的情况下,农产品生产经营者营业推广的重点目标对象可能是不同的,希望达到的效果也是有差别的。

1. 对消费者的营业推广目标

对消费者的营业推广目标总体可分为两大类:短期目标和长期目标。在短期目标上,农产品生产经营者可能是希望让顾客了解新产品或促使顾客试用新产品;也可能是鼓励顾客重复购买,更多地消费农产品生产经营者的产品;还可能是鼓励那些偶尔购买的顾客改变购买习惯,增加农产品生产经营者产品的销售量。在长期目标上,通常是围绕巩固或扩大农产品生产经营者产品的市场占有率、提高产品的知名度而进行的,这时,如何应对市场中的竞争也是制定营业推广目标时的主要考虑因素。

2. 对中间商的营业推广目标

针对中间商的营业推广活动,则更多地以促使中间商参与农产品生产经营者的营业推广活动、刺激中间商更多地购买或协助中间商开展好营业推广活动等为目标。农产品生产经营者策划与掀起的促销活动,如果没有中间商的响应、参与和支持,常常会事倍功半。农产品生产经营者在进行营业推广时,应该充分地调动起中间商参与的积极性。第一,维持和巩固现有的销售渠道及终端推广水平,鼓励中间商销售完整的产品系列,吸引新的中间商以改善销售渠道;第二,为缓解农产品生产经营者资金周转的压力,专门制定激励中间商更多地购买的营业推广活动,鼓励中间商储存农产品生产经营者品牌的相关产品;第三,为帮助中间商做好营业推广或日常销售活动,农产品生产经营者可以通过为中间商培训推销人员、维修服务人员的方式,有效地促进中间商的营销工作。这种方式实际上是向中间商提供一种资助,为中间商承担了额外的营运费用(培训、服务等),也是一种有效的营业推广。

3. 对销售人员的营业推广目标

对销售人员的营业推广不单是指对生产者销售人员的营业推广,也包括对中间商销售人员的营业推广。其目标是鼓励销售人员积极工作,努力开拓新市场,增加产品的销售量。对于销售人员进行营业推广不仅有助于将新产品打入市场,也有助于销售那些销售不畅或滞销的产品,以及刺激淡季销售。

(二)选择营业推广方式

具体的营业推广方式在前文已有详细的介绍,在选择营业推广方式时要综合考虑市场的状况、营业推广的对象、希望达到的效果、竞争情况、产品生命周期阶段以及每一种工具的成本效益等方面的因素。

1. 市场的状况

将一项新产品引入市场与对一项已进入成熟期或衰退期、市场竞争极其激烈的产品进行营业推广时，前者会倾向于选择产品陈列、展销、对中间商和消费者赠送样品、有奖销售、向中间商提供职能折扣等，后者则倾向于发放折价券、奖券、给中间商以较大的数量折扣等。

2. 营业推广的对象

营业推广的对象不同，应选择的激励手段也会不同，对中间商提供的价格折扣中会有职能折扣这一重要因素，这比向消费者提供的折扣更富有目的性，而销售业绩排名只是适用于对销售人员的激励，对于消费者则是大可不必的。

3. 希望达到的效果

不同的营业推广效果，如希望短期内创造很高的市场需求、营业额迅速增大，或希望长时间内保持稳定、可观的销售记录等，要求所选择的营业推广方式会明显不同。一般来说，对销售人员展开的推广活动时效性很长，而对消费者的刺激一般只能帮助实现阶段性目标。

4. 竞争对手

农产品生产经营者在选择营业推广工具时，应参考竞争对手同一时期的举动，以更优于竞争对手促销活动的方式选择营业推广工具，更好地建立与经销商的关系和获取更多的目标消费者购买行为。当然，竞争对手在过去开展促销活动时采用某种营业推广工具的效果，也应及时借鉴和参考。

5. 产品生命周期阶段

推广工具的选择还需考虑产品处于生命周期的哪个阶段，不同的阶段具有不同的市场特点，应据此选择相应的营业推广工具。如投入期主要是缩短产品与消费者之间的距离，诱使目标消费者试用、认知新产品；成长期鼓励重复购买、刺激潜在购买者，增强中间商的接受程度；成熟期刺激大量购买，吸引竞争品牌的顾客，保持原有的市场占有率；衰退期大量销售农产品，处理积压库存（表10-4）。

表10-4 营业推广工具选择的产品生命周期因素

所处阶段	营业推广工具		
	对销售人员	对中间商	对消费者
投入期	培训、推销手册、销售竞赛	企业刊物、新产品发布会、派员指导	POP、现场演示、示范、样品派送、宣传小册、广告派送
成长期	销售竞赛	价格折扣、派员协助	POP、产品展示会、示范表演、附赠品
成熟期	加强培训、新的销售用具和资料	价格折扣、销售竞赛	附赠品、竞争抽奖、成立消费者组织、分期付款
衰退期	以折扣、降价等方式处理库存、减少促销投入		

(三) 制订营业推广方案

农产品营销管理人员不仅要选择合适的营业推广工具，还要制订和阐明一个完整的促销方案。在制订营业推广方案时，必须对以下问题做出决策。

1. 推广刺激的大小

对营业推广对象的激励规模，要根据费用与效果的最优比例来确定。要获得营业推广活动的成功，最低限度的激励物是必要的，并且，最佳激励规模要依据费用最低、效率最高的原则来确定。实践证明，销售反应函数一般呈 S 形，诱因规模很小时，销售反应也很小；诱因规模增大时，销售反应也增大；但超过一定规模时，较大诱因以递减率的形式增加销售反应。根据销售和成本增加的相对比率，营销管理人员可以设定最佳的推广刺激规模。

2. 推广刺激的对象

营销管理人员必须制定参与条件，是面向每一个人还是有选择的部分人，并且要意识到这种选择的正确与否会直接影响到营业推广的最终效果。通常，某种赠品可能只送给那些购买指定产品的购买者；抽奖不允许员工的家属或一定年龄以下的人参加，等等。通过确定参与对象的条件，可以有选择地排除那些不可能成为农产品消费者的人，但条件过于严格也会导致只有部分品牌偏好者才会参与。

3. 推广刺激的期限

任何营业推广方式，在实行时都必须规定一定的期限，不宜过长或过短。具体的活动期限应综合考虑产品的特点、消费者购买习惯、促销目标、竞争者策略及其他因素。一定要保证营业推广的持续性，但要恰当。持续时间太短，一些顾客将由于无法及时重新购买而失去享受优惠的机会，由此会导致其今后购买重复率降低；持续时间太长，则营业推广的号召力逐步递减，起不到刺激顾客马上购买的作用。赠品促销一般维持在 8~12 周，优惠券维持 6~8 周，抽奖以 2~4 个月为宜。安排促销时间，应考虑选择一个理想的起始日，并保持一个合适的持续时间，同时，它应置于整体营销策略之中来筹划，以求与整体营销活动相协调，创造一个预期的销售高潮。

4. 促销媒介的选择

营销人员还需要决定如何将销售促进方案向目标市场传达。假设选择折价优惠方式开展促销活动，则可以考虑线上、线下两种渠道使顾客获得优惠券：线上借助电商平台、微商城等，设计前 300 份半价、第 2 件半价、拍下立减 10 元、叠券满 300 减 50、满 99 元任选 5 件、2 件 9 折、3 件 8 折、限期优惠券等形式开展促销，线下可采取将优惠券附在包装内、零售店分发、附在宣传单上等方式，引起目标消费者注意。

5. 时机选择

通常，营业推广时机的选择应根据消费需求时间的特点，结合营销战略来定，日程的安排应注意与生产、分销、促销的时机和日程协调一致，并与战略相匹配。节假日或者某种产品销售旺季到来前以及热销过程中都是不错的时机。例如，样品理想的运用时机是旺季来临前，且商品的铺货率到达 50% 以上；优惠券通常选择在旺季或旺季来临前，有时为维持淡季的生产任务，在淡季也加以使用。

6. 预算及分配

营业推广的预算及分配有两种方法可供选择。一种是从基层做起（自下而上的方式），营销人员根据所选用的各种营业推广方式来估计它们的总费用。营业推广成本是由管理成本(印刷费、邮费、促销活动费等)和刺激成本(奖品或减价成本)构成。另一种是按照习惯比例来确定各项营业推广预算的比率。这种方式要避免因缺乏对成本效益的考虑而导致的决策过程过分简化。

(四) 预试、实施和控制方案

营业推广方案制订后一般要经过试验才予以实施。通过试验以明确:选择的营业推广方式是否适当;刺激规模是否最佳;实施的方法效率如何等。预试方法有两种:一种是面向消费者的预试可以采取征求意见法、对比试验法等;另一种是面向中间商的预试方法,如征询意见法、深入访谈法等。

对于每一项营业推广工作都应该确定实施和控制计划。实施计划包括前置时间和销售延续时间。前置时间是从开始实施这种方案前所必须准备的时间。销售延续时间是指从开始实施优惠措施起到大约95%的采取此优惠办法的商品已经达到消费者手中为止的时间。在实施计划的制订及执行过程中,应有相应的监控机制作保障,应由专人控制事态的进展,一旦出现偏差或意外情况应及时予以纠正和解决。

每一次营业推广的效果都应该进行细致、科学的评价,以为后来的活动提供参考。可用三种方法对营业推广效果进行衡量:销售数据、消费者调查和实验评估。销售数据可以由农产品生产经营者的销售额与调查公司的行业数据进行综合分析;消费者调查侧重了解消费者是否对促销活动有印象,多少人参与了促销活动,以及促销活动后对消费者产品选择与品牌偏好的影响程度;实验评估可以根据不同区域促销措施如推广刺激的大小、促销时间的长短和时机选择等不同因素进行评估。

衡量营业推广效果最常用的方法是分析营业推广前、营业推广过程中及实施后的销售量变动情况。在其他条件不变的情况下,将由于销售量增加而增加的贡献毛利率与促销成本比较,即得出该次促销的净效果,以此可基本评价该次促销活动的得失。

一般销售情况的变化会出现四种情况。

(1) 期初奏效,但持续时间短,对销售缺乏实质的改变。
(2) 对销售没什么影响,基本上是浪费促销费用。
(3) 营业推广的影响不大,而且有后遗症,导致销售整体水平下降。
(4) 促销效果明显,对以后的销售也有积极的影响。

总体来看,一个效果良好的营业推广,不仅仅是在营业推广期间产品的销售量得到迅速的提高,还应该是通过营业推广使更多的顾客了解了产品、改变了购买习惯或转而购买农产品生产经营者的产品,营业推广后,产品的长期销量得到了提高(图10-4)。

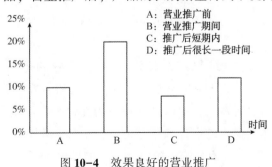

图 10-4 效果良好的营业推广

第四节　农产品公共关系策略

一、公共关系的含义

公共关系（Public Relations）又称为公众关系，简称公关。按照美国公共关系协会的理解，"公共关系"有助于组织（企业）和公众相适应，包括设计用来推广或保护一个企业形象及其品牌产品的各种计划。也就是说，公共关系是指企业在从事市场营销活动中正确处理企业与社会公众的关系，以便树立品牌及企业的良好形象，从而促进产品销售的一种活动。

具体而言，公共关系有两层含义。

（1）公共关系不是广告。广告可以是特定的公共关系计划的一部分内容，或者说，公共关系能够支持广告传播活动。但公共关系并不等同于广告。首先，广告需要购买媒体的时间或空间并使用其传递企业想传递的品牌、产品等信息；而公共关系则无需为媒体的报道支付酬金。企业公关活动是通过新闻发布等手段来吸引媒体给予报道，至于媒体报道什么内容则由媒体决定。

（2）公共关系不以具体产品（或服务）为导向。一般而言，公共关系关注的是企业及品牌形象，公关活动的目的是力图为企业营造对企业及品牌信任的公共环境（包括舆论氛围等），而不是为具体的企业产品或服务创造需求。但成功的公关活动为激活产品需求、扩大产品销售积累了良好的环境基础。

二、公共关系的基本特征

公共关系是一种社会关系，但又不同于一般社会关系，也不同于人际关系，因为它有独特的特征，公共关系的基本特征表现在以下几方面。

1. 公共关系是一定社会组织与其相关的社会公众之间的相互关系

公共关系所指的社会关系包括三层含义：其一，公关活动的主体是一定的组织，如企业、机关、团体等；其二，公关活动的对象，即公关活动的客体，包括外部公众和内部公众。外部公众指顾客、竞争者、新闻界、金融界、政府各有关部门及其他社会公众，内部公众指企业内部成员、雇员。企业与公关对象关系的好坏直接或间接地影响企业的发展；其三，公关活动的媒介是各种信息沟通工具和大众传播渠道，企业借此与客体进行双向的信息沟通。

2. 公共关系的目标是为组织广结良缘，创造良好的形象和社会声誉

一个企业的形象和声誉是其无形的财富。良好的形象和声誉是企业富有生命力的表现，也是企业公关的真正目的之所在。企业以公共关系为促销手段，是利用一切可能利用的方式和途径，让社会公众熟悉企业的宗旨和社会责任，了解企业的产品以及服务方式和内容等有关情况，使企业在社会上享有较高的声誉和较好的形象，促进产品销售的顺利进行。

3. 公共关系的活动以真诚合作、平等互利、共同发展为基本原则

公共关系以一定的利益关系为基础，这就决定了主客双方必须均有诚意，平等互利，并且要协调、兼顾企业利益和公众利益。这样，才能满足双方需求，以维护和发展良好的关系。否则，只顾企业利益而忽视公众利益，在交往中损人利己，不考虑企业信誉和形象，就不能构成良好的关系，也毫无公共关系可言。

4. 公共关系是一种信息沟通，是创造"人和"的艺术

公共关系是企业与其相关的社会公众之间的一种信息交流活动。企业从事公关活动，能沟通企业上下、内外的信息，建立相互间的理解、信任与支持，协调和改善企业的社会关系环境。公共关系追求的是企业内部和外部人际关系的和谐统一。

5. 公共关系是一种长期活动，是一种战略思维

公共关系着手于平时努力，着眼于长远打算。公共关系的效果不是急功近利的短期行为所能达到的，需要连续的、有计划的努力。企业要树立良好的社会形象和信誉，不能拘泥于一时一地的得失，而要追求长期的、稳定的战略性关系。

三、公共关系的作用

20世纪初，现代公共关系之父艾维·李提出"公众必须被告知"，他认为，一个组织要获得良好的声誉，不是依靠向公众封锁消息或者以欺骗来愚弄公众，而是必须把真实情况披露于世，把与公众利益相关的所有情况都告诉公众，以此来争取公众对组织的信任。他成功帮助当时许多公司甚至政府组织重新树立较好的名声，获得公众的认可。从那时起，公共关系的作用逐渐为人们所认识，并作为一门"内求团结，外求发展"的经营管理艺术，逐渐融入各种组织经营中，成为一项与组织生存发展休戚相关的事业。综合来看，公共关系的作用主要表现在以下方面。

1. 搜集信息，监测环境

信息是组织生存与发展必不可少的资源。企业应该运用各种手段采集各种有关信息，监测企业所处的经营环境、社会环境等。这些信息如下。

（1）企业形象信息，包括：公众对企业的评价，如组织机构是否健全，设置是否合理，关系是否协调，运转是否灵活，办事效率高不高等；公众对企业经营管理水平的评价，例如，经营方针是否正确，决策过程是否科学，决策目标是否合理、可行，计划是否完善，用人是否得当等；公众对企业人员素质的评价，包括对决策层领导人员和一般人员素质的评价，如文化水平、工作能力、业务水平、交际能力、应变能力、创新精神、开拓意识、工作态度、工作效率等；公众对企业服务质量的评价，包括对服务意识、服务态度等方面的评价。

（2）产品形象信息，是指消费者对企业产品的各种反应与评价，如对产品质量、性能、用途、价格、包装、售后服务等的反应及评价。

（3）内部公众的信息，指来自企业员工、雇员的信息，包括他们对企业运营的评价、意见，对企业的期望等。企业应该定期征集和了解内部公众的各种意见、建议。

（4）其他信息。企业不可能脱离外界而存在，市场的波动、竞争者的动态、顾客需求的变化以及国内外政治、经济、文化、科技等方面的重大变化，都直接或间接地影响到企业的经营决策。公共关系作为社会经济趋势的监测者，应广泛地收集这些有关社会经济的信息。

2. 咨询建议，决策参考

公共关系的这一职能是利用所搜集到的各种信息，进行综合分析，考查企业的决策和行为在公众中产生的效应及影响程度，预测企业决策和行为与公众可能意向之间的吻合程度，并及时、准确地向企业的决策者进行咨询，提出合理且可行的建议。主要包括：

（1）公共关系参与决策目标的确立。确立决策目标是决策过程的最重要一环。公共关系是整体决策目标系统中的重要因素。它从全局和社会的角度来综合评价各职能部门的决策目标可能导致的社会效果，从而发现和揭示问题，提醒决策者按公众需求和社会效益制定决策目标。

（2）公共关系是获取决策信息的重要渠道。合理、正确的决策依赖于及时、准确、全面的信息，公关人员或部门可以利用它与企业内部、外部的广泛交流，为决策开辟广泛的信息渠道。据此，能为决策者提供内部信息和外部信息，提供决策依据。

（3）公共关系是拟定决策方案不可缺少的参谋。公共关系作为决策参谋，能帮助决策者评价各方案的社会效果，提高决策方案的社会适应能力和应变能力。

（4）公共关系为决策方案实施效果提供反馈信息。信息的反馈，有助于修改、完善决策方案，这是公关的职能之一。公关人员或部门可以利用与公众建立的关系网络和信息沟通渠道，对正在实施的决策方案进行追踪监测，并及时反馈对其评价的信息。

3. 舆论宣传，创造气氛

这一职能是指公共关系作为组织的"喉舌"，将企业的有关信息及时、准确、有效地传送给特定的公众对象，为企业树立良好形象、创造良好的舆论气氛。公关活动能提高企业的知名度、美誉度，给公众留下良好形象；能持续不断、潜移默化地完善舆论气氛，因势利导，引导公众舆论朝着有利于企业的方向发展；还能适当地控制和纠正对企业不利的公众舆论，及时将改进措施公诸于众，避免扩大不良影响，从而收到化消极为积极、尽快恢复声誉的效果。

4. 交往沟通，协调关系

企业是一个开放系统，不仅内部各要素需要相互联系、相互作用。而且需要与系统外部环境进行各种交往、沟通。交往和沟通是公关的基础，任何公共关系的建立、维护与发展都依赖于主客体的交往和沟通。只有交往，才能实现信息沟通，使企业的内部信息有效地输向外部，使外部有关信息及时地输入企业内部，从而使企业与外部各界达到相互协调。协调关系，不仅要协调企业与外界的关系，还要协调企业内部关系，包括企业与其成员之间的关系、企业与其雇员之间的关系、企业内部不同部门之间的关系等，要使全体成员与企业之间达到理解和共鸣，增强企业凝聚力。

5. 教育引导，社会服务

公共关系具有教育和服务的职能，是指通过广泛、细致、耐心的劝服性教育和优惠性、赞助性服务，来诱导公众对企业产生好感。企业公共关系在内部的教育引导，可以使内部各部门及全体成员更加重视企业的整体形象和声誉；而外部公关，可以通过劝服性教育和实惠性社会服务，使社会公众对企业的行为、产品等产生认同和接受，促进企业产品的销售。

四、农产品公共关系的主要内容

农产品公共关系促销的主要内容包括以下几个方面。

（一）协调与组织用户的关系

对组织和用户的关系营销就是营销者在中间商市场上开展营销活动。美国著名企业家查尔斯·S.古德曼说过："公司并非是在从事采购，它们是在建立相互关系。"可见组织市场营销必须更加注重关系营销。农业企业要与这些经销商保持良好的关系，必须做好以下几方面的工作。

（1）及时了解中间商对产品质量的反应，提供质量优良的产品。

（2）加强产品的服务工作，搞好产品的售前、售中和售后服务（如配送、运输、净菜、去壳等附加服务）。

（3）制定合理、稳定的价格水平，协调双方的利益关系。

（4）加强与经销商的沟通。沟通形式包括口头沟通和书面沟通，也可以通过农村中介流通组织、政府部门、农民向经销商传递沟通信息，还可以利用农产品交易会、展销会的机会与经销商共同参与会议，进行最直接的沟通。

（二）协调与消费者的关系

顾客是企业生存和发展的基础。农业企业离开了顾客，其营销活动就成了无源之水，无本之木。但是，农产品在生产过程中由于存在严重的信息不对称，很多农业生产者往往为了短期利益，而损害消费者的利益。比如，无公害农产品在生产过程中必须对一些化肥、农药进行严格限制，转而使用成本较高、效率较低的生物肥、生物农药等，但有一些规模小的经营者为了追求短期效益，继续施用化肥、农药，结果对消费者利益造成了严重损害。企业要与消费者建立并保持良好的关系，必须做到以下几点。

（1）通过传播帮助消费者了解本企业，建立企业信誉。

（2）通过公关预防企业与消费者发生纠纷和消除与消费者之间的隔阂，达成相互谅解，化解企业危机，避免由于产品质量名不符实而引起的厌恶情绪。

（3）加强与消费者的沟通和联系，重视感情在消费者购物决策中的影响作用。农业企业可以通过在网上创建网页、提供顾客建议箱、发名片等活动建立并保持与消费者的联系。

（三）协调与新闻媒介的关系

指运用网络、报纸、电视、广播等传播媒介，采用撰写新闻稿、演讲稿、报道、电视娱乐节目赞助等形式在公众中树立良好的形象。

（四）积极支持各项公益活动

利用参与各种社会性、公益性、赞助性活动的机会来扩大影响，以特别突出企业一心为社会大众服务的形象，如运动会、节日庆祝、基金捐献等。

【案例 10-5】
爱鲜蜂如何戳中用户痛点

O2O 社区电商爱鲜蜂在官方微博上发起"愿堵服舒"无边界城市话题讨论,通过公交车车身广而告之,爱鲜蜂为这次"无边界城市话题讨论"投入了总额 5 亿元的奖金,凡是关注话题微博即可领到堵车美食补贴;参与话题拍摄堵车照片向爱鲜蜂官方微博平台吐槽的用户,还有机会得到"不赌心"大奖。

参与活动的方式也很简单,只要关注爱鲜蜂"愿堵服舒"置顶微博点击链接即可领取爱鲜蜂堵车美食补贴,如果拍下自己所在城市堵车的照片发到新浪微博参与话题讨论并@爱鲜蜂,还能参与抽奖。活动时间横跨 11 月、12 月两个月,爱鲜蜂以周为单位,进行抽奖,为参与话题的粉丝送出潮人极客必备的无人机、记录自驾游沿途美丽风景的智能行车记录仪、酷炫手持洗衣机、"馋懒宅"们最爱的爱鲜蜂优惠礼券、甜蜜巧克力礼盒等时尚好礼。

相较于 O2O 行业大打补贴战吸引用户,爱鲜蜂上线后,凭借一小时速达的便捷服务和高频次的互动营销活动,在年轻人群体中积累了极佳的品牌认知度和信赖感。

资料来源:赵晓萌. 看爱鲜蜂如何戳中用户痛点[J]. 销售与市场(管理版),2016(03):72-73.

思考:爱鲜蜂是如何与消费者进行沟通和联系的?

五、农产品公共关系的活动方式

公共关系的活动方式主要是指企业在公共关系活动中,将公关媒介与公关方法结合起来所形成的特定公共关系方式。按照公共关系活动所要达到的目的来看,公共关系活动方式可以分为以下几种。

(1) 宣传性公关。运用各种媒介,组织编印宣传性的文字、图像材料,拍摄宣传影像带以及组织展览,向社会各界传播企业的有关信息,从而形成有利于企业发展的社会舆论导向。新闻媒介宣传是一种免费广告,具有客观性或真实感,消费者在心理上往往不设防,媒介的客观性所带来的影响往往高于单纯的商业广告。

(2) 征询性公关。通过各种征询热线、问卷调查、民意测验等形式,吸引社会各界参与企业发展的讨论。征询型公关既可以了解社会各界对企业形象的认识程度,以利于进一步改善形象,又可以在征询的过程中达到与社会各界密切联系、沟通信息的目的。

(3) 交际性公关。通过招待会、宴会、电话、信函、互联网等形式与社会各界保持联系,广交朋友,增进友谊,亲善人际关系,提高企业的知名度和美誉度。

(4) 服务性公关。通过消费咨询、免费维修等形式,使社会有关人员获得服务性的实惠,增加社会各界对企业信誉的深刻体验,从而提升企业形象。

(5) 赞助性公关。通过赞助和参与文体娱乐活动以及办学、扶贫、救灾等活动,充分表达企业对社会的一份责任和一片爱心,展示企业良好的精神风貌,以企业对社会的关心换来社会对企业的关心。

六、公共关系工作的程序

在企业开展公共关系活动时，可以按照以下程序进行。

1. 建立公关目标

公共关系活动的目标可以围绕如下方面来建立：树立在公众中的知晓度；树立在公众中的可信性；增强公众对企业的了解；提高企业成员、雇员的凝聚力；激发企业成员、雇员的工作热情等。

2. 选择公关信息的载体

公关活动必须寻找甚至创造一些宣传信息，并选择恰当的载体。主要的公关信息载体包括以下5种。

（1）公开出版物，包括年度的报告、小册子、文章、视听材料以及商业信件和杂志。视听材料的宣传效果通常好于印刷材料，给人的印象也比较深刻，因此，企业应该充分制作、利用一些视听材料。例如，介绍企业的宣传片、让公众了解农产品种养殖过程的宣传片等，加深公众对企业的了解，深刻体会农产品种养殖中的环节和农民的辛苦。

（2）事件。企业可以通过安排一些特殊的公关活动来吸引公众对其新产品和企业重要事件的关注。这些事件包括记者招待会、讨论会、郊游、展览会、竞赛和周年庆祝活动，以及运动会和文化赞助等。

（3）新闻。公关专业人员的一个主要任务是：发展或创造对企业、产品、人员有利的新闻。公关人员应掌握制作新闻的技巧，争取宣传媒体录用新闻稿和参加记者招待会，必须尽可能多的结识新闻编辑人员、记者等媒体人员，并通过与新闻界的交往，使企业获得更多、更好的新闻报道。

（4）演讲。演讲是创造产品及企业知名度的另一项工具。企业应经常通过宣传工具圆满地回答各种问题，并在同业公会和销售会议上演说，通过演说让公众更多地了解企业、树立企业的形象。

（5）公益服务活动。企业可以通过向某些公益事业捐赠或积极参与社会公益活动的方式，提高其在公众中的美誉度，建立公众信誉和亲切感。

3. 执行公关计划

公关计划的实施是整个公关活动的"高潮"。为确保公共关系实施的效果最佳，实施中，正确地选择公共关系媒介和确定公共关系的活动方式是十分必要的。公关媒介应依据公共关系工作的目标、要求、对象和传播内容以及经济条件来选择；公关的活动方式，宜根据企业的自身特点、不同发展阶段、不同的公众对象和不同的公关任务来选择最适合、最有效的活动方式。

4. 评价公关效果

由于公共关系常与其他促销工具一起使用，故其使用效果很难衡量、评估。公关计划实施的效果主要依据社会公众的评价。常用的评价方法有：测量企业展露的次数；了解公众对企业的知晓、理解和态度的变化；公关对企业销售额和利润的贡献分析，等等。通过评价，能衡量和评估公关活动的效果，在肯定成绩的同时，发现新问题，为制定和不断调整企业的公关目标、公关策略提供重要依据，也为使企业的公共关系成为有计划的持续性工作提供必要的保证。

第五节 农产品人员推销策略

一、人员推销的概念及其特点

(一) 人员推销的含义

美国市场营销协会(AMA)对推销的定义是：推销是人员或非人员的行动过程，其目的在于帮助或说服潜在顾客购买某种商品或劳务，或者使潜在顾客接受一种对推销人员具有商业意义的观念，并按照这种观点行事。推销具有双重目的——既要满足顾客的某种需要，帮助顾客解决某种问题，又要达到推销人员本身销售产品的目的。

人员推销(Personal Selling)，简单地讲就是推销人员通过与顾客直接沟通的方式说服顾客购买某种产品或服务，并协助满足其需要的活动。

农产品的人员推销大体上有3种类型。

(1) 农民自己作为推销员，上门推销产品。如近年来，上海郊区的一些农民进城向城市居民兜售大米后，就拿出一沓名片向居民散发，以求招徕回头客。

(2) 城乡中介运销员。这些农产品流通中介运销员主要是一些农民贩运户、经纪人、个体营销户。

(3) 龙头企业或农业组织的专门推销员。这类推销员一般受过专门技术训练，有固定收入，推销能力较强，是农产品人员推销中的中坚力量。

(二) 人员推销的特点

与非人员推销方式相比，农产品人员推销有以下特点。

(1) 信息传递双向性。广告、公共关系、营业推广等其他促销方法大多数情况下都是单向的信息传递，人员推销则不同，双向沟通是人员推销最显著的特点。在人员推销的过程中，推销员与顾客进行面对面的接触交谈，一方面可以向顾客传递更全面的产品信息；另一方面，推销人员通过与顾客接触，及时了解顾客对本企业产品或推销品的评价；通过观察和有意识地调查研究，了解顾客的产品需求，掌握推销品的市场生命周期及市场占有率，可以为制定合理的营销策略提供依据。

(2) 推销过程灵活性。推销人员与顾客直接接触、当面洽谈，交谈的过程中推销人员了解了顾客，可以根据顾客的特点和反映，有针对性地调整自己的工作方法和方式，能及时发现、答复和解决顾客的问题，消除顾客疑虑，更好地实现顾客满意度。很多农产品存在营养、保健和其他功能，推销员可通过了解顾客的具体需求而强调某一功能，因此能够刺激顾客的购买欲望。

(3) 推销目的的双重性。推销目的的双重性表现在很多方面，例如，推销过程既是销售产品的过程，也是培养与顾客之间关系的过程；推销过程既是激发顾客需求的过程，也是在进行市场调研的过程；推销过程既是推销商品的过程，也是在进行产品知识传输、提供顾客服务的过程。推销人员只有做好顾客的参谋，更好地满足顾客的需求，才有利于诱发顾客的购买欲望，促成购买，使推销效果达到最优。

(4) 协作关系长期性。推销人员与顾客长期接触可以增加双方之间的信任和友谊。推销人员可通过发名片、上门拜访等方式,与顾客维持长期关系,易于使顾客对企业产生偏爱、信任,提高忠诚度。而农产品作为一种日常生活必需品,维持长期关系比一次性购销更重要。

二、农产品推销队伍建设

人员推销的关键是队伍的建设,拥有一支良好的推销队伍也就赢得了促销成功的一半。推销队伍的建设涉及推销队伍组织结构、人员选择、培训、激励和报酬。

(一)人员推销组织结构

在开展产品销售活动时,销售队伍的组织结构分为综合模式和专业模式。在综合模式中,每位销售人员负责在一定区域内对该区域的所有客户销售所有的产品;专业模式中,销售人员则以团队为单位,专注于特定的产品、客户或功能。总体来讲,农产品生产经营者总是在寻找一种适应性强、效率高且成效显著的销售组织模式,将销售人员按照产品、市场的情况进行划分和组织,以提高销售的效率,达到更好的销售效果。

一般来讲,人员推销组织结构包括如下4种。

1. 按地区结构组织销售队伍

这是最普遍也最简单的推销组织结构,每个销售代表被指派负责一个地区,作为该地区负责企业全部产品销售的唯一代表。

这种结构形式的好处在于:

(1)推销人员的职责明确。由于一个地区只设一个推销人员,所以必须承担由于个人推销努力的差别所带来的地区销售情况的好坏。

(2)地区责任能促使推销人员与当地客户加强联系,这种联系有助于提高推销效果。

(3)由于每个推销人员只在固定的一个地理区域活动,因而差旅费的开支较小。当然,这种结构形式一般适用于产品线比较集中的情况,如果产品线比较分散,一个推销员势必要掌握多种产品的技术知识和推销技巧,这就会造成很多工作的难度。

在规划地理区域时,营销管理人员要考虑地理区域的一些基本特征:如各区域是否易于管理;各区域销售潜力是否易于估计;每个推销人员的工作量和销售潜力是否均等;推销人员用于推销的全部时间可否缩短。一般情况下,应特别注意在区域划分时给予推销人员均等的市场潜力或工作量,因为只有通过这种方式,才能在今后考核推销员时给予每个人公正的待遇。

这种结构也存在一定的缺点,当推销人员向不同类型的买家销售全部的产品时,缺点凸显。另外,这种结构的风险在于推销人员倾向于花费较多的时间与容易交流的客户沟通交流,往往这些客户很难带来高增长的机会,难以发挥销售区域的潜能。

2. 按产品结构组织销售队伍

随着产品技术的复杂、产品种类的增加、产品间关联度的下降,推销人员要掌握全部的产品的知识越来越困难。在产品线众多的情况下,应该采用按产品线组织销售队伍的结构。

在这种组织结构下,销售管理层只能按照产品线设置,推销人员专门负责自己产品线的产品,优点在于可以为一个产品配备足够的销售力量;缺点在于区域效率较低,差旅费用较高。

3. 按顾客结构组织销售队伍

当顾客特点比较明确和突出时，可以按照不同行业和客户的大小、现有业务或新业务发展，来安排不同的销售队伍，这种模式称为客户专门化或垂直营销。总体来看，随着农产品生产经营者向市场化的转变，客户专业化模式越来越受到欢迎。

按客户专门化结构组织销售队伍的最明显的优点在于：首先，推销人员对顾客的特定需要非常熟悉，能够及时根据顾客需要做到随机应变，从而能更好地做好销售工作；其次是每位顾客都能获得适当的销售资源。但这种结构的主要缺点是，如果各类顾客遍布全国，那么每个推销员都要花很多的差旅开支，而且，一般正确地划分顾客类型的难度很大。另外，推销人员可能不具备足够的技能来解决客户的相关产品问题。

4. 复合的销售队伍结构

如果企业要在一个广阔的地理区域向许多不同类型的顾客推销多种产品，可以将以上几种组织销售队伍的方法混合起来使用。推销人员可以按"地区—产品""地区—客户""产品—客户"进行分工，也可以按"地区—产品—客户"进行分工，一个推销人员对一个或几个产品线经理和部门经理负责。复合式结构适应于复杂多变的市场情况，增强了农业企业营销能力，但由于形式复杂，也给管理带来一定的难度。

（二）确定推销队伍的规模

推销队伍是最具生产力和最昂贵的资产之一。高质量的推销队伍可以创造巨大的财富；推销人员的增加又会增加企业成本。因此，需要将推销队伍的规模确定在适当的水平。推销人员的多少对企业的销售有直接的关系。一般来说，推销人员越多，销售也越多，但同时也会使成本增加。一般的参考方法是采用工作负荷量法来确定推销队伍的规模。例如，假设某营销者有1000个甲种客户和2000个乙种客户，甲种客户每年需要36次登门推销，乙种客户每年需要12次登门推销，每年总共需要6万次登门推销。如果平均每个推销员每年能进行1000次登门推销，那么，该营销组织需要60名专职推销员。

企业通常采用工作量法来确定推销队伍的规模。这个方法主要包括5个步骤。

（1）将顾客按年销售量分成大小类别；

（2）确定每类顾客所需的访问次数；

（3）各类顾客所需的访问次数即是整个地区的访问工作量，即每年的销售访问次数；

（4）确定一个销售代表每年可进行的平均访问次数；

（5）将总的年访问次数除以每个销售代表的平均访问次数即得所需的销售代表数。

（三）推销人员的选择

销售工作要获得成功，关键是要能招聘和挑选到优秀的推销人员。在推销人员的招聘和挑选中，企业营销管理人员应首先掌握好推销人员应该具备的基本条件。通常来讲，推销人员应该具备以下基本条件。

1. 态度热忱，勇于进取。推销人员是企业的代表，有为企业推销产品的职责；同时又是顾客的顾问，有为顾客的购买活动当好参谋的义务。企业产品的促销和顾客购买都离不开推销人员。因此，推销人员要具有高度的责任心和使命感，热爱本职工作，不辞辛苦，任劳任怨，敢于探索，积极进取，耐心服务，同顾客建立友谊，这样才能使推销工作获得成功。

2. 求知欲强，知识广博。广博的知识是推销人员做好推销工作的前提条件。较高素质的推销员必须有较强的上进心和求知欲，乐于学习各种必备的知识。一般说来，企业推销人员应具备的知识有以下几个方面。

（1）企业知识。熟悉国家各项法规、政策，了解农产品经营发展的特点，熟悉本企业的历史及现状，包括企业的规模及在同行中的地位、企业的经营特点、经营方针、服务项目、定价方法、交货方式、付款条件和保管方法等，还要了解企业的发展战略、文化等内容。

（2）产品知识。要熟悉产品的质量、技术、功能、用途、价格、使用知识以及竞争者的产品情况等。

（3）市场知识。要了解目标市场的供求状况及竞争者的有关情况，熟悉目标市场的环境，包括国家的有关政策、条例等。

（4）心理学知识。了解并适时、适地的运用心理学知识，来研究顾客心理变化和要求，以便采取相应的方法和技巧。

3. 文明礼貌，善于表达。在人员推销活动中，推销人员推销产品的同时也是在推销自己。这就要求推销人员要注意推销礼仪，要讲究文明礼貌，仪表端庄，热情待人，举止适度，谦恭有礼，谈吐文雅，口齿伶俐，在说明主题的前提下，语言要诙谐、幽默，给顾客留下良好的印象，为推销获得成功创造条件。

4. 富于应变，技巧娴熟。市场环境因素多样且复杂，市场状况很不平稳。为实现促销目标，推销人员必须对各种变化反应灵敏，并有娴熟的推销技巧，能对变化万千的市场环境采用恰当的推销技巧。推销人员要能准确地了解顾客的有关情况，能为顾客着想，尽可能地解答顾客的疑难问题。并能恰当地选定推销对象；要善于说服顾客（对不同的顾客采取不同的技巧）；要善于选择适当的洽谈时机，掌握良好的成交机会，并善于把握易被他人忽视或不易发现的推销机会。

在确定了招聘人员的基本条件之后，企业管理层就可以开始着手具体的招聘和选拔工作。招聘人员的途径很多：可以刊登广告招聘；可以接触相关的大专院校；可以委托就业辅导或其他中间机构；也可以通过各种途径的推荐；还可以从企业的其他部门，甚至是在同行业中进行招聘。

挑选推销人员的程序可简可繁。最简单的方法只需进行一次面谈；复杂的则需要进行卷面测验、面试，甚至在考核高级销售主管时，还得进行情景模拟，进一步测验其实际推销和管理能力。从简单到复杂，企业可以根据自己的实际情况及应聘人员的情况具体加以选择。

> **知识拓展**
>
> 推销人员的招聘方式一般包括以下几个方面。
>
> （1）表格遴选。通常由应征人员先填写应征表格，包括年龄、性别、教育程度、健康状况、工作经历等基本项目，据以判别是否符合候选人的基本条件。
>
> （2）卷面测验。设计有关推销知识、商品知识、市场知识的试卷，用以考核备选人员的知识水平。这是招聘推销人员的一种基本方式。
>
> （3）个别交谈。个别交谈或面试是一项广泛运用的甄选方式。经过表格遴选出来基本符合条件的人员，企业销售主管和人事主管再对其进行面谈。这种方式可以比较满意地评定一个人的语言能力、仪表风度、推销态度、面临窘境的处置方法以及知识的深度、广度等。

知识拓展

（4）心理测验。心理测验的主要类型及内容有：①能力测验。主要是测知一个人全心全力做一项工作的成果如何，也称最佳工作表现测验，包括智力测验、特殊资质测验；②性向测验。主要是测知可能的推销人员将如何做他每天的工作，也称典型工作表现测验，包括态度测验、个性测验、兴趣测验；③成就测验。主要是测知一个人对某一项工作或某个问题所知的多寡。

（四）推销人员的培训

高效的推销是可以习得的技能，这些技能可以帮助推销人员较好的识别、评价及内化有效的销售策略，同时将这些方法运用到不同的推销情境中。

培训推销人员的方法很多，常采用的方法一般有3种。

（1）讲授培训，即课堂教学培训的方法。一般是通过举办短期培训班或进修等形式，由专家、教授和有丰富推销经验的优秀推销员来讲授基础理论和专业知识，介绍推销方法和技巧。

（2）模拟培训，是受训人员亲自参与的有一定真实感的培训方法。具体做法是，由受训人员扮演推销人员向由专家教授或有经验的优秀推销员扮演的顾客进行推销，或由受训人员分析推销实例等。

（3）实践培训。实际上，这是一种岗位练兵。当选的推销人员直接上岗，与有经验的推销人员建立师徒关系，通过传、帮、带，使受训人员逐渐熟悉业务，成为合格的推销人员。

（五）推销人员的激励

对推销人员的激励，一般可以分成两部分，一部分是物质激励，另一部分是精神激励。

1. 物质激励

主要是指推销人员的薪金和佣金。通常来说，推销人员薪金和佣金的计算有以下3类方法。

（1）纯薪金制。推销人员得到固定的薪金，其各项业务开支由企业支付，偶尔推销员可以得到可自由支配的奖金或销售竞赛的奖金。这种方法的优点是给予推销员很高的安全感，易于为人理解，也易于管理，简化了预计推销薪金总额的工作，推销人员能保持较高的士气。但主要缺点是缺少刺激作用，不利于鼓励推销员去做比平均销售水平更好的工作，从而给评估和奖励推销员的工作带来困难。由于纯薪金制缺少弹性，公司业务下降时，推销费用会成为沉重的负担。

（2）纯佣金制。推销人员所得报酬完全与其销售额或利润额挂钩，具体挂钩的比例既可以固定，也可以按不同情况予以调整。在这种报酬制度中，一般推销人员所需的各项业务开支，已计入给其的报酬之中，费用开支的大小完全由推销人员自己负责。纯佣金制能鼓励推销员尽最大努力工作，使销售费用与现行收益紧密相关，管理人员可根据不同产品，推销员间不同的工作给予不同的佣金，从而对推销员的工作施加影响。但是，纯佣金制也要付出一定的代价，例如，管理当局如果安排推销员做一些不能立即获得收益的工作，包括市场调研、报告撰写、提供服务等，往往会遭到推销员拒绝。纯佣金制的巨大刺激，也有可能使他们在推销时采取高压战术或不正当的回扣，从而毁坏企业或产品在客户中的信誉。另一方面，采用纯佣金制，企业承担的销售费用一般较高，推销员工作的安全感相对较低，在销售不畅时，收入的下降有可能挫伤推销员的积极性。

（3）薪金佣金混合制。将推销人员的收入分成两大部分，一部分是相对固定的薪金，包括其基本工资、福利补贴，企业承担推销员必要的业务开支；另一部分是佣金，与推销员的销售业绩相联系。这种报酬支付方式保留了佣金制和薪金制各自的优点，又尽量避免各自的缺点。管理当局一方面可以利用这种方法，充分鼓励销售人员的工作积极性和进取心；另一方面，可以利用这种方法，给推销员较高工作安全感，控制推销员非销售本职的工作情况，使那些无法用佣金形式计算的工作得以落实。

2. 精神激励

从营销业务的开展和人力资源管理角度来看，精神鼓励在当今工作中所起的作用正越来越大。对推销人员的精神激励可以从以下三方面着手。

（1）创造一个重视推销工作，并有利于推销人员充分发挥才干的组织氛围。这主要可表现在企业管理人员对推销工作、推销人员的表现给予极大的关心，充分考虑推销人员的意见，并能经常主动地与推销人员保持沟通和联系，到现场访问或参加他们的销售会议，给表现突出的推销人员以肯定，给尚处下游的推销人员以指导和鞭策。

（2）制定科学合理的销售定额。一般这种定额会略高于销售预测，这样可以促使推销人员尽最大的努力去工作。

（3）采取公开的、正面的精神鼓励措施。例如，在定期的销售会议上表扬优秀推销人员；每年评选最佳推销员；开展销售竞赛；提供更多的晋升机会等。

（六）推销人员的考核

对推销人员进行有效的监督和指导的前提，就是必须对推销员进行考核，正确评估推销人员的绩效，给予及时的控制和反馈。

1. 考核推销人员的基本思路

建立一套科学的考核推销人员的标准和体系，可以帮助管理人员拥有明确的标准去判断推销人员的绩效；也可以使推销人员在公平的制度下与上级主管共同讨论，提出其本身绩效的说明和可能的改进途径。一般来讲，考核推销人员的主要思路有：

（1）推销人员之间的相互比较。在企业内部，按照推销人员的业绩由高到低排定座次，从而鼓励先进，鞭策后进。这种思路的操作简便易行，但问题是由于推销所面临的形势不尽相同，简单的排名可能会有失公平。

（2）将推销人员现在的业绩与其前期的业绩进行比较。这一比较可以直接显示推销人员本身的进步。将比较期限拉长，更可观察推销人员销售额及利润额的趋向。

（3）考核一名推销人员不能局限某一两方面的指标，而应全面加以考虑。例如，不能仅看其销售额的情况，同时也应该注意其销售利润的情况、费用的增长情况、新客户的开发情况、资金的回笼情况和市场占有率情况，以及服务质量等指标，从而能准确反映推销人员的工作。

2. 考核推销人员的具体指标

考核推销人员的绩效时，应建立科学而合理的标准。绩效考核标准的确定，既要遵循基本标准的一致性，又要考虑推销人员在工作环境、区域市场拓展潜力等方面的差异性，不能一概而论。当然，绩效考核的总体标准应与销售增长、利润增加和企业发展目标相一致。制定公平而富有激励作用的绩效考核标准，需要营销管理人员根据过去的经验，结合推销人员的个人行为来综合制定，并需在实践中不断加以修正与完善。常用的推销人员绩效考核指标主要有：

（1）销售量。最常用的指标，用于衡量销售增长状况。

（2）毛利。用于衡量利润的潜量。

（3）访问率（每天的访问次数）。衡量推销人员的努力程度。

（4）访问成功率。衡量推销人员的工作效率。

（5）平均订单数目。此指标多与每日平均订单数目一起用来衡量、说明订单的规模和推销的效率。

（6）销售费用及费用率。用于衡量每次访问的成本及直接销售费用占销售额的比重。

（7）新客户数目。衡量推销人员特别贡献的主要指标。

（8）资金周转次数。衡量推销人员回收货款的能力。

以上这些指标的考核，可以通过工作报告制度，也可以通过定期的成绩比较，还可以通过突击检查。同时，要求主持考核的人员对顾客情况、市场情况及推销工作情况都有比较深入的了解。有些指标可以定量计算，也有一些指标需要进行定性的调查研究。推销人员业绩考核的结果，可以作为分配推销人员报酬的依据，也可以作为企业人事决策的重要参考指标。

三、农产品推销步骤及推销技巧

（一）推销步骤

人员推销是一门科学，也是一门艺术。推销要遵循一定的程序和方法，但同时又要灵活运用，只有结合推销人员自身条件以及市场环境，融会贯通、巧妙运筹，才能取得良好的推销效果。整个推销过程包括以下6个相互联系的步骤。

1. 加强信心

推销人员具有成功的信心，在推销活动中语言、资料就能运用自如，在推销产品的同时也把成功的信心和感觉传递给顾客。这种顽强的精神和毋庸置疑的态度，往往使顾客对推销人员和产品产生信任，从而促进交易的进行。

加强信心的主要方法是：深入了解企业及产品的资料，认识并发挥自己的长处，总结成功的经验加强成就感，放松自己并热忱地开展推销。

2. 发展信任

顾客往往愿意与他们信任的推销人员做生意，推销人员推销的首先是自己。顾客先买你，然后才买你的产品。企业的产品同竞争对手的差异越少，推销人员推销自己的成分就越大。

发展信任的主要方法是：设身处地为顾客当参谋，帮助顾客选择产品，突出产品的特点。

3. 分辨需求

要达成有效的推销，必须了解顾客的需求。推销人员需要探测顾客，分辨出消费者需求的真正指向。

分辨需求的主要方法是：通过对拟定问题的提问，筛选出顾客感兴趣的项目，深入讨论并明确顾客的指向以及推销重点。

4. 提出建议

提出建议是实现交易目标的前提。在提出建议阶段，推销人员作为顾客的参谋、顾问的角色表现得淋漓尽致。了解了消费需求后，要懂得提出针对性的建议。提出建议的过程是推销人员的目标与顾客的目标协调一致的过程，推销目标与需求目标的交叉点是达成交易的关节点。如果顾客对推销人员的建议没有疑问，距达成交易的目的就不远了。

提出建议的主要方法是：适时提出建议，充分展示购买带来的利益，有效运用交易辅助品。

5. 推动交易

推销的有效性是由顾客的行动来衡量的。所有的交易在最后时刻都面临3种结果：拒绝、拖延、成交。推销人员要力求避免前两种情况的出现，一鼓作气推动交易完成。

推动交易的主要方法是：选择适时成交，说服顾客现在采取行动，重申购买的效益。

6. 后续服务

后续服务是指在推动交易完成之后，尚需进行持久的追踪调研和持续访问。后续服务的方法主要是进行追踪访问。在大部分交易中，追踪访问比多次访问新顾客的投入少、效果好。追踪访问应从调查产品使用效果或保持良好的人际关系入手，做到未雨绸缪；如果一味急于扩大销售或询问顾客的决策，往往不受顾客的欢迎。

（二）推销技巧

推销技巧是推销员用以解决实际推销过程中各种具体问题的一些比较适用的方法。推销过程中包括许多具体工作环节，如寻找潜在顾客、评估潜在顾客的推销价值、面谈、讲解与示范、处理顾客的异议、成交、后续工作等。这些环节都需要掌握一定的技巧。

农产品的推销途径不同，人员推销策略也有所不同。

（1）对批发商来说，农产品的差价和利润是他们主要关心的因素，因此，推销的产品应该能够满足其市场利润较高的要求。

（2）对代理商、经纪商来说，产品的市场前景是他们关心的问题，因此，推销员应该重点介绍产品的功能、质量、品牌知名度等内容，以引起代理商的兴趣。

（3）农产品加工企业关心的是成本低、性能强的原料性农产品，因此，推销人员应该要详细阐述相关产品加工转化率的指标及其相应的性价比。

（4）学校、医院、饭店等机构团体的购买主要由专职主管负责，这些机构需要的是足够的产品质量安全。因此，推销员应该找准负责人，并重点表达产品的安全、营养质量及其质量控制能力。

（5）针对超市、农产品连锁店的推销，由于这些顾客关心的往往是产品的质量、安全问题以及相关的服务功能，如提供净菜、上门服务等。因此，推销员也应该针对这些特点，组织交谈的内容。

【归纳与提高】

促销是企业通过人员和非人员的方式，沟通企业与消费者之间的信息，引发和刺激消费者需求，从而促进消费者购买的活动。其实质与核心就是营销传播。促销方式一般分为人员促销和非人员促销,非人员促销具体又包括广告、公共关系和营业推广等。

广告是指由特定的广告主,有偿使用一定的媒体,传播产品和服务信息给目标顾客的促销行为。在农产品营销活动中,广告是最快速、最广泛的信息传递媒介,广告是激发和诱导消费的主要手段,广告是企业树立品牌的重要手段。广告决策包括:目标确定;预算安排;媒体选择、效果衡量等。

营业推广是指为刺激需求而采取的能够迅速激励购买行为的促销方式。营业推广一般具有两个相互矛盾的特征:往往把销售的产品在消费者的选择机遇前强烈地呈现出来,使其迅速购买;很多方法都呈现强烈的吸引氛围,难免显出企业急于出售产品的意图,可能使消费者怀疑产品的品质,产生逆反心理。

公共关系是指一个组织为改善与社会公众的联系状况,增进公众对组织的认识、理解与支持,树立良好的组织形象而进行的一系列活动。企业公共关系作为一种特殊的促销形式,是指企业与其相关的社会公众的相互关系,企业形象是企业公共关系的核心,最终目的是促进商品销售,提高市场竞争力。

人员推销的最大特点是具有直接性,主要优点表现在:作业弹性大;针对性强;及时促成购买;巩固营业关系。缺点是:当市场广阔而又分散时,推销成本较高;推销人员的管理比较困难;理想的推销人员也不容易获得。

【复习思考题】

1. 如何理解促销组合?
2. 农产品生产经营企业将促销预算分配到各种促销工具时需要考虑哪些因素?
3. 什么是新媒体营销?如何利用新媒体营销工具?
4. 如何理解公共关系的含义和职能。农产品生产经营企业开展公共关系活动的方式有哪些?

章节案例

Harney&Sons:从家庭作坊到纽约时尚圈的宠儿

1983年,53岁的约翰·哈尼(John. Harney)创立了茶叶品牌哈尼·桑尔丝(Harney & Sons)。一开始,这名有着多年从业经验的茶叶拼配师,只在自家地下室研制新的茶叶配方,为酒店消费者供应手工制作的产品。很快,他发现这些茶品非常畅销,消费者不断追加订单并有新的消费者慕名而来。由此,品牌诞生。

作为一款来自美国的拼配茶,它采用了优质的原料、独特的制茶技术,在短短数十年间,成为世界顶级的混合茶饮品牌及纽约时尚文化的代表。

1. 全球探寻好茶资源

哈尼·桑尔丝,能够为消费者提供300多种茶品,这些茶,均来自世界上优质的茶产区。茶艺师们每年定期访问中国、日本、印度、斯里兰卡、非洲等茶区,寻找最具特色、毫无瑕疵的上乘茶叶原料,为制作毫无瑕疵的上乘茶品,做好原料供应的充足准备。

2. 用专业技艺创造独特品质

上乘茶原料,并不意味着必定能够为消费者提供上乘茶品,制茶技术及其制茶过程中对品质的控制是关键。哈尼·桑尔丝目前仍承袭着家族制经营，同时也拥有着专业的制茶团队。第二代茶人迈克尔·哈尼，在运营团队中担任茶叶采购师与品茶师的职位。长期的采购与品茶生涯，让他有了足够的专业经验。于 2008 年出版的《Harney & Sons 饮茶指南》一书中，他对哈尼·桑尔丝旗下的每一款茶叶，都进行了基于涩味、醇厚与香气三种属性的评价，等级由 0 至 5，越高的表示该特征更为突出。以此，他不仅体现了自己的专业程度，更帮助了消费者能够专业地选择最适合自己的那款茶。

3. 携手高端品牌，与时尚界保持良好联系

哈尼·桑尔丝与世界知名酒店、餐厅、奢侈品集团等都保持着密切的合作关系，如香格里拉酒店、希尔顿酒店、万豪酒店、路易·威登、香奈儿等。它不仅为顶级酒店供应茗茶，也为人气餐厅与甜品店提供专属茶饮，如被誉为"纽约早午餐女王"的 Sarabeth's、风靡网络的甜品店 Lady M、Chikalicious 等。与高端品牌携手，保持良好的合作关系，这种类似"联合品牌"的品牌经营，令人联想到，哈尼·桑尔丝与合作者一致的品牌定位与品牌调性。

4. 关注可持续发展，承担社会责任

一个品牌的最高境界，是成为优秀的社会公民。哈尼·桑尔丝品牌深谙此道。除了在制茶领域精益求精，品牌认识到自身产业对环境造成的影响、对地球造成的负担，积极履行着作为企业应负的社会责任。

哈尼·桑尔丝一直倡导环保、健康可持续的生活状态。营销总监 Emeric Harney 表示，包装的可持续性是该公司的首要任务，哈尼·桑尔丝的茶罐、包装均可回收。哈尼·桑尔丝的散叶茶和凉茶产品包装由 TC Transcontinental Packaging 与陶氏化学和 Charter NEX 薄膜公司合作，采用乙烯-乙烯醇（EVOH）阻隔包装，可 100% 回收。除了回收这条路径之外，哈尼·桑尔丝在 Instagram 等社交平台上号召消费者发挥创意，让茶罐重获新生。哈尼·桑尔丝的母亲节宣传视频也显示了这一理念。视频中，一家人将茶罐作为花盆，进行二次利用。消费者纷纷在社交平台上分享自己对茶罐的 DIY 成果，如香薰蜡烛容器、化妆刷桶、花瓶、笔筒、收纳盒等，有些反馈图甚至比官方宣传图更为精致。

通过消费者生产内容（UGC）这一方式，在不付出广告费用的情况下提升了品牌的曝光率，让更多人看到哈尼·桑尔丝茶罐的可塑性，也将"颜值党"吸引进来，成为潜在的消费者群体。而被围观的消费者，则在获得了存在感与认可感后对品牌的黏度更高，激励了他们的再次创作。更重要的是，将二次利用茶罐这一环保理念植入消费者的心中，体现出大企业的担当。

哈尼·桑尔丝与许多公益组织保持着良好合作。它与"为地球奉献 1%（1% For The Planet）"组织的合作时间已有十余年，将产品总销售额的 1% 捐赠给该组织。哈尼·桑尔丝的茶罐及包装上均印有该组织的 Logo。截至 2020 年，哈尼·桑尔丝已为该环保组织捐赠了近 350 万美元。哈尼·桑尔丝也是美国国家乳腺癌基金会的合作伙伴，与慈善家简·劳德埃合作推出珍爱花园茶（JANE'S GARDEN TEA），并获得使用粉红丝带标识的授权。每卖出一罐 JANE'S GARDEN TEA，哈尼·桑尔丝将会捐赠 1 美金给乳腺癌基金会和简·劳德埃基金会，以支持关怀和保护女性的事业。

5. 多渠道的互动在线沟通

哈尼·桑尔丝以 Twitter、Facebook、YouTube、Instagram 为平台进行线上宣传，形成一

套较为完整的宣传矩阵。社交平台上,结合季节与节庆发布有关茶饮的 DIY 指南,如父亲节特饮——茶香缇啤酒,增加趣味性,扩大传播范围;不定时发布 Harney 家族成员品茶、选茶的短视频,这一专家名人背书的形式,让消费者对茶叶的品质有了更深的认识,增强消费者对茶的认可度。

面向中国消费者,哈尼·桑尔丝开设了官方新浪微博与微信公众号,定期展示新品、科普饮茶知识。

除了自媒体,哈尼·桑尔丝同时经营官方网站这一宣传平台,在官方发布的文章大多与艺术相结合,如茶叶盒绘画比赛获奖作品展示、与格莱美流行乐相配的茶、与微缩模型艺术家的对话等,营造了哈尼·桑尔丝茶的艺术氛围,强化了它在消费者心中的格调与人文特征。

同时,哈尼·桑尔丝利用了国内较少使用的宣传渠道——播客(Podcast),利用广播节目的形式介绍了 Harney 家族及其茶业务背后的故事,节目有趣、感动且吸引人。

哈尼·桑尔丝以"为消费者提供毫无瑕疵的上乘茶品"作为品牌理念与品牌追求,并以茶为媒,链接时尚消费与女权运动,创造品牌时尚、人文的独特格调,并在统一的品牌个性塑造前提下,形成满足不同消费需求人群的系列产品与系列表达方式,关注可持续发展与社会责任,努力成为优秀的社会公民,博得了消费者的忠诚与喜爱。

资料来源:

[1] 哈尼·桑尔丝官方网站;

[2] 哈尼·桑尔丝天猫旗舰店;

[3] 吴蕙含. Harney&Sons:从家庭作坊到纽约时尚圈的宠儿[EB/OL]. http://www.brand.zju.edu.cn/Article/show.aspx? articleid=1647,2020-05-29/2020-06-10.

思考:茶叶产品如何创新品牌传播方式?

参 考 文 献

白硕,黄俊. 营销管理[M]. 重庆:西南师范大学出版社,2008.
李福学. 市场营销学[M]. 武汉:武汉理工大学出版社,2005.
李留法. 市场营销实务[M]. 北京:中国计量出版社,2009.
任锡源,张鸿,侯淑霞. 营销策划[M]. 北京:中国人民大学出版社,2015.
手机培训+农产品促销 苏宁等电商企业助力农民丰收节[J]. 农业工程技术,2019,39(30):85.
孙淑卿,孙华玲. 农产品市场营销[M]. 济南:山东人民出版社,2006.
孙玺. 市场营销学(第2版)[M]. 北京:科学出版社,2016.
汪腾. 农产品市场营销[M]. 成都:西南交通大学出版社,2011.
王方华. 市场营销学(第2版)[M]. 上海:上海人民出版社,2012.
吴国章. 市场营销实务[M]. 北京:北京理工大学出版社,2008.
吴健安,钟育赣,胡其辉. 市场营销学(第6版)[M]. 北京:清华大学出版社,2018.
吴健安. 市场营销学(第4版)[M]. 北京:高等教育出版社,2011.
吴学江,万秀云,关琼. 农产品市场营销实务[M]. 北京:中国农业科学技术出版社,2014.
徐丙臣. 市场营销学理论与实践[M]. 北京:中国经济出版社,2011.
杨本芳,唐艳,黄玉玲. 市场营销理论与实务[M]. 成都:西南交通大学出版社,2010.
杨国,高传光,丁立. 农产品市场营销策略[M]. 北京:中国农业科学技术出版社,2016.
郑丹. 合作社营销学[M]. 北京:社会科学文献出版社,2009.
周修亭,孙恒有. 市场营销学[M]. 郑州:郑州大学出版社,2009.

第十一章 农产品网络营销策略

知识与技能目标

1. 了解和认识网络营销的基本概念、特点、主要内容。
2. 理解网络营销与传统营销之间的关系。
3. 掌握农产品网络营销的主要方法。
4. 具备网络营销战略规划的理念。

情境导入

2016年,京东集团董事局主席兼首席执行官刘强东与国务院扶贫办签署了《电商精准扶贫战略合作框架协议》,"跑步鸡"项目在国家级贫困县——河北武邑县应运而生,旨在通过电商精准扶贫的同时解决食品安全的问题。贫困农户通过无息贷款购买60天的鸡苗和饲料,并为每只鸡配置一个低功耗脚环,用于监测鸡在散养过程中的运动步数。步数累计超过100万步以后,客户将以市场价格的三倍回收"跑步鸡",一只鸡的出栏周期大概为160天,体重为三四斤,相比之下,市面上肉鸡的养殖周期不超过45天。另外,跑步鸡享受着一周三次的应季水果蔬菜"零食",每个鸡舍内实时摄像头的全天候监控,数只大白鹅的巡逻看护。甚至,考虑到跑步鸡全部为公鸡,跑步鸡乐园还会给每个养殖区搭配一定比例的母鸡,为鸡群们谋"福利"。跑步鸡在京东售价最便宜的为128元/只,此外还有168元和188元不同重量的规格,好评率高达99%。

资料来源:三农中国.揭秘"京东跑步鸡"背后的黑科技[EB/OL].https://www.sohu.com/a/237563804_100036680,2018-06-24/2020-06-10.

思考:京东跑步鸡的黑科技为何能够赢得消费者的认同?农产品开展网络营销应关注哪些因素?

网络营销诞生于 20 世纪 90 年代中期，目前已经成为企业最重要的营销手段。网络营销是伴随着互联网进入商业应用而产生的，尤其是在万维网、电子邮件、搜索引擎等得到广泛应用之后，网络营销的价值越来越明显。

第一节　农产品网络营销的概念

一、农产品网络营销含义与特征

农产品网络营销也称为"鼠标+大白菜"式营销，是指利用互联网开展农产品营销活动，包括网上农产品市场分析、农产品价格与供求信息收集与发布、网上宣传与促销、交易洽谈、付款结算等活动，最终依托农产品基地和物流配送系统，促进农产品生产经营组织或个人交易活动的实现。

农产品网络营销的特征体现在以下方面：

1. 没有时空限制

网络营销不受时间、环境的影响，也不用专门的店面去运营。随着移动互联网的发展，消费者有了更加便利的网购农产品的条件，可以随时随地进行交易，大大提高了农产品销售率。同时，也给农产品的营销带来了更多的可能性。

2. 服务方式的转变

互联网使产品销售与服务更加便利，消费者可以介入农产品销售的各个环节，方便经营者及时了解消费者的需求、购物感受等，从而不断改进自己的产品与服务，让其更加符合消费者的需求，创造更加融洽的客户关系。

3. 销售环节的有效整合

依托网络的互联共享功能，消费者可以通过网络完成在线咨询、搜索信息、选购、支付、查询物流配送信息、在线售后服务等所有步骤，也便于经营者收集相关客户信息，完善客户关系管理体系。

二、农产品网络营销的作用与职能

（一）农产品网络营销的作用

农产品网络营销主要有以下重要作用：

（1）供需双方直接交易，从而避开了中间商，节约了交易费用、降低了交易成本，这样既可以提高供方的收入，也可以帮助消费者省钱。

（2）网络营销使农产品的交易跨越空间的限制，一个地方的农产品，原来只能在周边区域交易，而通过网络可以很轻易地辐射到全国，甚至全世界，只要有需求，就有交易。

（3）网络营销的成本低，信息传播速度快，可以将各种营销信息通过互联网，实现在不同层次、不同地域、不同文化背景等多样性的人群中传播。

（4）网络营销对农产品企业的团队组织能力要求不高，有 2~3 个人，甚至 2 个人会上网，就可以做网络营销。网络营销是目前大多数农民企业最优的营销方法。

（二）农产品网络营销的职能

经由网络所提供的农产品与服务主要在于信息的提供，除将农产品特点、品质、价格以及顾客服务内容充分加以显示外，更重要的是能针对个别需求作一对一的营销服务。具体的职能包括以下方面：

（1）提供线上售后服务或与消费者双向沟通。

（2）提供消费者之间、消费者与企业之间的网上共同讨论区，可借此了解消费者需求、市场趋势等。

（3）提供线上自动服务系统，依据客户需求，自动在适当时机经由线上提供农产品与服务信息。

（4）利用网络进行线上研发讨论。如将有关农产品种植构想或雏形在网络上公告，引发进入网络的有关人员充分议论。

（5）通过网络进行调查，借此了解消费者对农产品特性、品质、包装及式样等的意见，加速产品的研发与改进。

（6）通过网络提供与产品相关的专业知识，进一步为消费者服务，不但可增加农产品价值，也可提升企业形象。

（7）开发电子书报、电子杂志、电子资料库、电子游戏等信息化产品，经由网络提供物美价廉的全球服务。

（8）利用网络征集消费者对产品设计的构想，提供个性化的产品与服务。

三、农产品网络营销渠道类型

1. 自产自销

即由农民、种养大户、家庭农场、农业企业等将自己生产的农产品通过网络销售。主要采用 B2C、C2C 模式，淘宝村大多属于这种类型，优点是集"产加销"于一体，货源可控、质量可控、价格可控，缺点是品种单一、季节性强、单打独斗。

2. 微商

通过微信朋友圈发布自家的农产品信息，包含种植、成长、采摘等信息。把农产品的生长情况拍成图片发布到微信里，让用户第一时间了解农产品的情况。农产品微商重在打造一个人格化的品牌，得到用户的喜欢与认可，实现品牌溢价。

【案例 11-1】

号称"中国农产品微商第一案例"张大发卖樱桃，他 15 天卖出 81282 箱樱桃，获得 10365950 元营收。张大发短短 2 个月，建立 10 几个微信群，不断培训并做线上预售，还组建微商团队，加强个人标签的推广及强化，之后就靠主动传播，打造个人魅力，从而实现团队及用户、分销商也对张大发产生信任。因此，才会出现万人共同帮忙卖樱桃的案例。

资料来源：农业行业观察.4 个真实故事告诉你农产品如何卖？[EB/OL]．https://www.sohu.com/a/139700552_379553，2017-05-11/2020-06-10.

思考：农产品微商成功的关键因素是什么？

3. 农产品协会

一般地级城市以下的农产品协会，大多有一两位影响力较高或者营销意识较强的组织者，这种协会型的网络营销主要由这些组织者来主导，其他的成员按照组织者的要求提供产品即可。

4. 第三方平台

基于第三方交易平台的B2B或者B2C农产品营销模式。即由零售电商或电商企业通过网络为农民、农业企业销售农产品。有的采用代销模式，有的建有电商平台。优点是专业性强、选择性强、适应性强，缺点是货源、质量、价格不可控，选择性交易。

【案例11-2】

"一品一家"

"一品一家"是一家专注原生态农产品交易与服务的P2P+O2O平台，实现农村生产家庭和城市消费家庭一对一供应，通过搭建"远山结亲"，让城市家庭吃上健康放心的原生态农产品，同步也让农村家庭凭借小农生产方式实现价值升值。

"一品一家"走的基本模式是O2O+P2P：O2O是指线上农副产品展示（信息流）和交易（资金流），线下监督和指导农户生产，并统一收购、包装、配送至用户手中（服务流和物流）；P2P是指通过"一品一家"平台，城市消费用户可以直接追踪到自己购买的产品来自哪一家农户的养殖和生产，可以指定预订具体某一户的农副产品，形成生产者与消费者的一对一商品交互。

区别于一般的生鲜O2O项目，"一品一家"有几个显著的特色：其一，平台建立的是对接农村生产用户与城市家庭用户点对点农产品供应；其二，平台挖掘的是农村闲置资源（人力及土地）的使用价值与商业价值，满足城市用户有机安全食品需求的同时，也满足了农村用户增收养老的需求；其三，平台在当中承担的作用，不仅是信息与交易中介，同时还兼具对产品生产、生长过程的监督与管理，确保产品保持原生态；其四，平台还承担产品的品种供应，农村生产者以散养的方式做代工种植或养殖，为平台做定制化生产，平台负责统一采购、仓储和物流配送。

资料来源：温雨桐. P2P+O2O平台，一品一家打造小农经济领域的"uber"［EB/OL］. https：//www.lieyunwang.com/archives/91310，2015-06-23/2020-06-10.

思考："一品一家"的经营模式有何特点？

5. 自建网站

自建网站的企业一般有较全的产业链和产业结构，最主要的是有较强的组织能力，就是说，企业里有网络营销人才，或者老板有较强的网络营销意识。企业自建网站，有B2B类型的，也有B2C类型的。B2B类型的如徐州家明食品有限公司，它集农产品收购、加工、储存、出口于一体，积极依托网络，建立信息中心管理网站，发布销售信息，连接国内外市场。B2C类型的如沱沱工社、多利农庄等生鲜电商。这些自建网站型企业有的有自己的生产基地，同时也经销其他企业或者农村企业的农产品，有的纯粹是农产品流通企业开展的B2C网站，自身没有生产基地。

6. 众筹平台

通过众筹平台来卖农产品，已经成为新农人常用的手段。其中，农产品众筹可以解决农产品的滞销及农产品传播等问题。

【案例11-3】

陕西大秦记农业科技有限责任公司旗下的秦岭1号土鸡蛋产品众筹项目启动,这是商洛农产品众筹的首例。该公司以众筹的模式快速将产品推到餐桌,利用"互联网+农产品"的方式,让原生态、无农药、无添加、无激素、无抗生素的"一原四无"产品走出秦岭腹地,走向一线城市和南方的中高端人群。秦岭1号土鸡蛋产品众筹项目在众筹平台上线5天,就得到了347人支持,筹到金额29201元。

项目最终完成了45.26万元的众筹金额。众筹期间先后获得2699人的支持。其中1元公益者1751人,176元公益者503人,468元公益者349人,1999元公益者100人。以176元支持档次为例,公益者将获得以下回报:以超值价格获得"秦岭1号"土鸡蛋共90枚分3箱装;成为VIP客户或经销商,且商家承诺对VIP客户永不涨价;农场土地鸡蛋产量少时(尤其夏、冬季)优先供应,满足稳定需求;《蛋生记》漫画册1本。

资料来源:利川人. 农产品营销模式与案例分析[EB/OL]. https://www.sohu.com/a/313189329_697959,2019-05-10/2020-06-10.

http://m.losking.com/nshow.php?id=1028&classid=2

思考:农产品众筹项目应如何运营?

第二节 农产品网络营销的发展动态

2016年中央一号文件发布,提出大力推进"互联网+"现代农业,应用物联网、云计算、大数据、移动互联等现代信息技术,推动农业全产业链改造升级。农业在线化、数据化取得明显进展,管理高效化和服务便捷化基本实现,生产智能化和经营网络化迈上了新台阶,城乡"数字鸿沟"进一步缩小,大众创业、万众创新的良好局面基本形成,农业现代化水平明显提升。

一、"互联网+农业"的发展动向

1. 资本运营打造农产品强势品牌

产品的附加值一直是国内农业发展中的痼疾,而农业企业多数都被成本与管理压得抬不起头来,很少有资源和能力去探索品牌化的成长道路。不过,随着互联网向农业领域的延伸,这些问题都开始得到解决,也出现了如褚橙、潘苹果、柳桃这样的高端农产品品牌,还有三只松鼠、獐子岛等果品、海鲜电商品牌。更重要的是,一批有实力的互联网企业也大力布局农业,如网易优选、联想佳沃集团等。

2. 互联网思维营造线下体验经济

互联网技术让农产品实现从"田间"到"餐桌"的全程透明化,让农业企业从中看到广阔的发展前景。比如,一些农业大棚通过物联网实时监测,应用大数据进行分析和预测,就能够实现精准农业,降低单位成本,提高单位产量。与此同时,还可以将农业基地与农业体验经济结合起来,推出线下采摘、认养体验,还可以将社区经济和社交应用结合起来,发挥社群营销的作用。

【案例 11-4】

田田水果专业合作社的 300 亩水蜜桃园采用"认养"模式，其中有 500 棵桃树每一棵 480 元被认养，被选中的树被挂上相应编号，当年树上结出的桃子将归该认养人所有。被认养的桃树全部采用无化肥种植，全部以鸡粪、鸭粪等为桃树养料，每个果实均使用防虫害专业套袋。在每年的采摘期，每株桃树大约可结 40～60 斤，100～150 只桃子。田田桃园定下每年 4 月，认养人可去郊游赏花。7 月份果实成熟时，即可前往采摘，享受一番收获的乐趣。平日，桃树的除虫、施肥等均由合作社社员专人打理。

资料来源：农业行业观察微信公众号（ID：nyguancha）。

思考：哪些农产品适合采取认养模式？

3. 电商平台积极布局农村市场

阿里、京东、苏宁等大型电商和许多快递企业布局农村市场，传统的供销、邮政等实体企业在农村积极尝试线上线下融合发展。各种各样的农村网站也在兴起，村村乐、万村网、三农网、新农网、村村通网等逐渐形成了自己的核心资源。农产品电商、农资电商、农村再生资源电商得到进一步发展。

4. 农业新媒体营销带来经营商机

随着互联网的深入发展，微博、微信、短视频等新媒体推广形式在消费者圈子里流传开来，它突破了传统的农业科技推广方式，摒弃了以往菜场买菜、电话沟通的形式，自媒体的运用，为农产品经营带来无限商机。

5. 农业多功能化发展衍生复合业态

传统营销模式销售面比较窄，销售成本高，品牌知名度低，农产品虽然好，但是由于分散经营带来的品牌优势不突出。移动互联时代的到来深刻改变了农业的生产、销售、服务、资金等产业环境，集农业电子商务、高品质绿色食品原产地直供、体验式旅游等于一体的现代农业产业模式将给农业带来新的发展机遇，推进农业与信息产业、文化产业、旅游业、工业的相互融合，不断创造新业态。

【案例 11-5】

德化县的农特产品电子销售网络平台

2010 年 4 月，德化县率先在福建省建立农特产品电子销售网络平台，转变农特产品传统的销售模式。通过这一网络平台，消费者还可轻松地在网上买到德化"三黑三黄"（黑鸡、黑兔、黑羊、梨、黄花菜和山茶油）等特色农产品。农特产品网络平台的特点在于：

（1）新鲜：5 小时内配送到户。德化县农特产品网络平台服务范围主要集中在福建省内，是以电话销售热线及网站购物频道等为依托建立的电子商务订货销售渠道。德化县戴云黑鸡养殖有限公司制定的规则是平台每天 19 点之前会将消费者订单下到黑鸡养殖公司，养殖公司收到订单后马上到养殖户收购黑鸡，并于次日 11 点前完成宰杀、保鲜处理及包装工作，随后通知快递公司配送货物，并要求在 16 点左右配送到客户手中，前后时间不超过 5 小时。

第十一章 农产品网络营销策略

(2) 纯正:"身份证"记录详细信息。对于网购,部分市民会对产品质量有所疑虑,因此在戴云黑鸡养殖场,每只黑鸡脚上都套有一个绿色脚环。这是为每只黑鸡颁发的"身份证",上面明确标明出壳日期、防疫日期、成长日期和销售日期等信息,这些信息会被一一输入到网站上。消费者只要登录专门的网站,输入所购黑鸡脚环上的编号,便可准确无误地了解自己所购黑鸡的"身份"。

利用网络销售平台破解销售难题的方式迅速引起了德化县其他农特产品行业的关注。之后,浔中镇的黑兔养殖户、雷锋镇肖坑村黑羊养殖场也与农特产品网络销售平台达成了销售合作协议。

资料来源:中国新闻网.福建德化品牌食品送货上门可查"身份证"[EB/OL]. http://www.chinanews.com/df/2011/11-17/3467637.shtml,2011-11-17/2020-06-10.

思考:特色农产品如何实现网络销售?

二、"互联网+农业"的发展创新

互联网对传统农业进行改造,可以实现农业生产的标准化,有效减少行业中间环节,创建廉价高效的营销入口,可以升级产品经营模式,使信息更加透明化;有助于保障农产品安全,提高农产品附加价值。具体体现在以下几个方面:

1. 生产环节,实现农业生产的标准化

互联网可以从生产环节彻底改造农业,使农业自动化、精准化、可追溯,减少人力,降低成本,并最终实现农产品生产的标准化。应用互联网技术,可以通过各种无线传感器实时采集农业生产现场的光照、温度、湿度等参数及农产品生长状况等信息,再将采集的参数信息汇总整合,最后通过智能系统进行定时、定量、定位处理,及时精确地遥控指定农业设备的开启或是关闭,真正实现"智能化农业"。

2. 流通环节,创建低成本高效率的销售入口

通过建立农产品信息平台、大力发展智能农业和农村电商,可以使用户足不出户、舒适便捷地选择自己心仪的产品,并充分发挥了本地产销企业流通半径小、安全控制能力强的本土优势。同时作为一种新型销售模式,电商也是促进本土农产品实现优质优价的最有效途径之一。还可以将各类社会化媒体及通讯工具作为为农产品提供便利的营销入口,微博、微信、QQ 及微视频等都是免费的资源,营销成本极低。

3. 经营环节,精准定位目标消费市场

基于互联网思维"搭平台",升级农产品经营模式,运用大数据精准定位目标客户,避免泛化营销;运用了互联网沟通工具,实现与客户的密切互动,不断改进产品质量;互联网平台从根本上改变农业生产和销售的关系,运用大数据分析定位消费者的需求,按照消费者的需求去组织农产品的生产和销售,从而实现农产品的零库存。互联网农业实现了从生产商向服务商转型,使农民、消费者和市场紧密融合。

第三节　农产品网络营销的方法

一、自媒体营销

自媒体营销就是利用社会化网络平台或者其他互联网协作平台和媒体来传播和发布资讯，从而形成的营销、销售、公共关系处理和客户关系服务维护及开拓的一种方式。一般自媒体营销工具包括论坛、短视频、微博、微信、今日头条、百度、搜狐、凤凰、UC、博客、SNS社区等。

网络营销中的自媒体主要是指具有网络性质的综合站点，其主要特点是网站内容大多由用户自愿提供（UGC），而用户与站点不存在直接的雇佣关系。传播的内容量大且形式多样；每时每刻都处在营销状态、与消费者的互动状态，强调内容性与互动技巧；需要对营销过程进行实时监测、分析、总结与管理；需要根据市场与消费者的实时反馈调整营销目标等。

> **知识拓展**
>
> **UGC**
>
> UGC互联网术语，全称为User Generated Content，也就是用户生成内容，即用户原创内容。UGC的概念最早起源于互联网领域，即用户将自己原创的内容通过互联网平台进行展示或者提供给其他用户。

（一）微博营销

1. 微博营销的特点

（1）微博的内容简短，营销直接走向核心。微博主要体现在简短的内容上，通常最长的微博不会超过140字，微博快餐式的阅读，使营销变得更快。

（2）微博的互动优势是显而易见的，可以产生病毒式营销效果。微博的病毒式营销效果更出色，每次发生热点事件，微博都会被大量转载，传播很快。

（3）微博营销是一种口碑营销，主动营销。微博内容是粉丝感兴趣的，则转载速度会非常快，粉丝每次转载，都是一个较好的口碑营销机会。

2. 微博营销的优点

（1）宣传费用很低。在"互联网+"时代，顾客消费后的口碑评价已经成为再消费和其他顾客参考的重要依据。它还具有低成本和广泛的影响范围。因此，树立良好的品牌形象是营销的基础。

（2）可信度高。口碑传播一般是发生在朋友、亲戚、同学或同事之间的。在传播过程中，它是自发的、值得信赖的。

（3）针对性强。当一个产品或者一项服务形成了良好的口碑，就会被广为传播，受口碑传播影响，听到品牌口碑信息的顾客也是接受者。这样使品牌口碑传播更加有针对性。

（4）增强企业形象。企业形象逐渐渗透到消费者心中。为了提升品牌形象，企业需要做出长期的努力，在消费者心目中形成良好的品牌印象。

（5）品牌忠诚度得以提升。品牌忠诚度的提升取决于产品的质量、知名度、品牌联想和传播。微博宣传的产品和内容与粉丝群体自身的特点密切相关，从而加深了用户体验，提高了品牌忠诚度。

（6）更有亲和力。广告是买卖双方之间的关系，以达到交易为目的。在口碑营销中，传播者是消费者，从消费者的角度来传播产品体验更容易被接受。

3. 微博营销技巧

（1）注重价值的传递。给浏览者创造价值的微博自身才有价值，此时企业微博才可能达到期望的商业目的。企业只有认清了这个因果关系，才可能从企业微博中受益。微博的建立一开始一定要定好主题，不能随意建微博账号。杂乱无章的内容只会浪费时间和精力，所以重拳出击才会取得好的效果。

（2）注重微博的个性化。微博的特点是"关系""互动"，与品牌及商品的定位一样，企业微博应具有自己的特点与个性。当企业微博具有鲜明的个性与独特的魅力时，就具备了持续积累粉丝与关注的机会，形成较高黏性。

（3）使用搜索检索，查看与自己相关的内容。每个微博平台都会有自己的搜索功能，可以利用该功能对已经发布的话题进行搜索，查看一下内容的排名榜，与其他微博内容进行对比，可以看到微博的评论数量、转发次数以及关键词的提到次数，这样可以了解微博带来的营销效果。此外，还需主动搜索农产品相关话题，尤其是热点话题，主动去参与，并积极与用户互动。

4. 注重信息发布的连续性

应注重定时、定量、定向发布内容，培养用户观看习惯，尤其是对品牌忠诚用户，应通过动态发布维系与消费者之间的联系。长期更新、新颖的话题，还可能被网友转发或评论，也会扩大营销传播面。在更新微博时需要注意，要有规律地进行更新，每天5~10条，一小时内不要连发两条，要抓住上班、午休、下午4点后、晚上8点这些高峰发帖时间。

5. 增强信息传播互动性

企业宣传信息不能超过微博信息的10%，最佳比例是3%~5%。更多的信息应该融入粉丝感兴趣的内容之中。"活动内容+奖品+关注（转发/评论）"的活动形式一直是微博互动的主要方式，但实质上奖品比企业所想宣传的内容更吸引粉丝的眼球，相较赠送奖品，微博能认真回复留言，用心感受粉丝的思想，才能换取情感的认同。

6. 善用大众热门话题

要善于借势营销，抓住热门话题，巧用"#"与"@"符号。微博中发布内容时，两个"#"间的文字是话题的内容，可以在后面加入自己的见解。如果要把某个活跃用户引入，可以使用"@"符号，意思是"向某人说"。在微博菜单点击"@我的"，也能查看到提到自己的话题。

> **知识拓展**　创作微博的常用符号：@，主要用于呼叫别人。【】，一般用来框住微博的题目，能在第一时间锁住博友目光。#，两个井号可以用来分类微博内容，点击井号中间即可观看其中内容，方便查阅；也可以用于引爆某个话题，引起博友讨论。

7. 注重粉丝的质量与精准定位

对于企业微博来说，相较于数量，粉丝的质量更为重要。企业微博最终的商业价值需要有价值的粉丝实现，有些企业发现微博人数已经过万，但转载、留言的人很少，宣传效果不显著，其中很重要的原因是微博定位不精准。企业微博信息发布不仅要吸引眼球，还要分析目标消费人群，投其所好，重视目标市场的真实需求。

> **知识拓展**
>
> 微博"牧场计划"
>
> 2019年9月6日，微博在整合优质广告资源的基础上，正式发布国内首个社交媒体内容种草解决方案"牧场计划"。微博牧场计划旗下拥有4000+不同量级的大V，广泛覆盖各细分领域，可为品牌提供多维度、多形式的内容合作，助力企业深挖内容营销价值，实现好物种草，打造从社交种草到电商拔草的闭环。"牧场"二字来源于种草，微博希望聚集各领域的大V来生产内容，帮助品牌被种草。

（二）微信营销

1. 微信营销的特点

微信提供公众平台、朋友圈、消息推送等功能，用户可以通过"搜索号码""附近的人""扫二维码方式""查找附近小程序"等添加好友和关注公众平台，同时将内容分享给好友以及将看到的精彩内容分享到微信朋友圈。微信作为集各种功能和服务于一身的超级APP，其营销方式又和微博有明显的不同。首先，微博更偏向传统广告，而微信是真正的对话交流，距离更近。其次，微博是公开性网络平台，而微信的社交属性让使用者与潜在客户交流无障碍。最后，微博是媒体，而微信在客户关系管理方面具有很大的优势。

微信营销就是结合社群、公众号、朋友圈，塑造个人或者产品的品牌价值，让一个陌生人从认识到成交的过程，简单说就是利用微信平台的各种功能及相互间的联系来完成产品推广、交易。微信不存在距离的限制，用户注册微信后，可与周围同样注册的"朋友"形成一种联系，用户订阅自己所需的信息，商家通过提供用户需要的信息，推广自己的产品，从而实现点对点的营销。

用微信进行农产品品牌和产品的营销，需要提供价值和展现价值，才能实现价值。

2. 微信营销技巧

（1）建立营销矩阵。农产品经营者可以通过微信建立品牌社区。可以申请公众平台服务号，有专人负责维护，同时平台要有相应的订阅号，而企业的负责人、员工也可以利用个人的微信号辅助企业营销。以服务号、订阅号、个人号矩阵化运营，通过信息发布、提供服务到让客户得到有价值的信息，从而增强客户黏性。

（2）分析粉丝属性，做符合用户的内容。微信公众号后台有个用户分析，在这里可以查看用户的属性，包括性别、语言、身份、城市。运营者完全可以以周、月、季度为周期，对后台的用户属性进行记录并且分析，其实这个就是最简单的用户画像，针对用户的属性，制定对应的策略。比如运营者可以分析一下粉丝的城市属性占比，选出热门的前十个城市，这样是否可以根据城市的不同，先后推出不同的内容专题或者活动专题，对于粉丝而言也有亲切感。

（3）善用社群思维，建立圈子。现在的时代不是大而全的综合时代，而是小而美的垂直时代。小而美的垂直媒体，做的不只是内容，而是社群，是圈子。微信营销也是，你卖的不是产品，而是经营的一个社群，一个圈子，你要做的不是简单地卖产品，而是让你的粉丝之间产生连接。本来生活网组织的本来生活家、乡土乡亲的城市茶友会都是这样的玩法。

（4）注重内容互动价值。微信营销内容应与企业的产品紧密相关，同时又能做到有趣、好玩。同时，内容不仅仅是产品和广告信息的推送，而是让用户和品牌能够形成交流和沟通。

（5）科学设置推送，精准到达用户。微信营销要实现高精准度，必须设置科学的推送机制。在推送的频率及篇数方面，可以根据订阅号和服务号的不同属性进行推送。订阅号建议每天一次，篇数控制在三篇之内；服务号每周一次，篇数控制在五篇之内。在推送时间方面，一般在中午12点左右或者晚上8点左右推送，同时建议根据微信后台的数据分析因地制宜。在活动节点及形式方面，建议根据节庆组织活动，以互动为主，活动形式越简单越好。在子菜单规划方面，作为微信公众号的第一入口，子菜单需要根据内容及活动的规划灵活设置，并且尽量加一个小图标上去显得醒目一点。在人员配置方面，需要具有文案、渠道、创意、数据等人才，这些人才可以采用兼职形式，但要注意相辅相成、相互配合。

【案例11-6】

星巴克《自然醒》模式：互动式推送微信

秋天对于星巴克来说并不是旺季，为了刺激销售，星巴克推出了新饮品冰摇沁爽。冰摇沁爽有果莓和青柠两种口味，由果干和冰块混合在一起放在一只透明的塑料杯中，而它却是一款真正的咖啡饮料。为了营销这款咖啡饮品，星巴克将目标定位于通过感官刺激消费者尝试冰摇沁爽，并让他们通过社交媒体将这款饮料推荐给朋友。

微信相对于微博平台更加具有私密性，所以对于交流的方式，就更加需要像一个朋友那样。在微信的平台上，不宜发布带有强烈广告性质的信息，而需要以增强体验为主。为了通过虚拟社交平台来传达情绪从而引起消费者共鸣，星巴克决定运用"通感"。

星巴克将26种情绪表情设置为关键字，当用户添加"星巴克"为好友后，用微信表情表达心情，星巴克就会根据用户发送的心情，用《自然醒》专辑中的音乐回应用户。如果你发送"犯困"的表情，那么星巴克就会送上一首激情昂扬的歌曲。如果你的情绪符号显示你现在很紧张，那么星巴克就会发送一首放松神经的歌曲。

> 在活动结束的时候,星巴克的微信账号获得了19.3万名好友。一共有超过32.3万个心情被分享。同时,微博的粉丝数也增加了15%,相关微博产生了共计2.6万次的评论和4.5次的转发。
>
> 资料与图片来源:财经与商业.星巴克的"社交咖啡"[EB/OL]. https://www.sohu.com/a/834710_114346, 2015-02-01/2020-06-10.
>
> 思考:星巴克《自然醒》营销模式最大特点是什么?

(三)网络直播

农产品网络直播能解决信任问题。通过网络直播可以让用户增强产品的信心,还可以快速传播推广。因为,网络没有边际,网络直播的方式能很好地推广农产品及品牌。

尤其是网红直播模式有效带动了农产品销售,这里的网红可以是名人明星,可以是当红网络女主播,也可以是卖家自己打造的"村红"。通过网红直播电商平台进行农产品营销,首先要策划营销活动,并邀请网红参加;需要网红在线直播自己对农产品的体验感觉,农产品是什么样的、什么味道的、自己觉得如何;在电商平台,如淘宝、京东,同步开始产品销售。

二、软文营销

软文营销,就是指通过特定的概念诉求、以摆事实讲道理的方式使消费者走进企业设定的"思维圈",以强有力的针对性心理攻击迅速实现产品销售的文字模式和口头传播。比如,新闻、第三方评论、访谈、采访、口碑。

软文是基于特定产品的概念诉求与问题分析,对消费者进行针对性心理引导的一种文字模式,从本质上来说,它是企业软性渗透的商业策略在广告形式上的实现,通常借助文字表述与舆论传播使消费者认同某种概念、观点和分析思路,从而达到企业品牌宣传、产品销售的目的。

(一)软文的基本类型

1. 新闻报道型

以媒体记者身份发出,具备官方和权威性,直接介绍企业实力、品牌形象。官方口吻报道,配合以官方媒体传播平台,能大大增强报道的真实性、权威性、不可辩驳性,从而有力地提升了企业实力、正面形象,同时也增强了真实性、可信性。

2. 用户体验型

以一般用户或者第三方的切身真实体验,传播品牌或者产品的优点、正面形象、企业实力、服务质量等。这种方法能悄无声息地对消费者和潜在客户产生良好关联或影响。

3. 故事讲述型

以讲故事的口吻,娓娓道来。能起到"随风潜入夜,润物细无声"的作用。农产品通常故事性较强,应注重产地、环境、文化特色、生产技术等故事的挖掘。

4. 专访、采访型

这类主要采用访谈录等,通过访谈可以深入到各个方面宣传品牌信息。如专访合作社理事长、农业企业创始人、新农人、农村创客青年等。

5. 利用网络事件、民生热点型

目前网络热点新闻报道层出不穷，只要拥有敏锐的洞悉能力，就能把其中一些拿为己用。前提是能找到热点和自身业务的关联性。这是制造事件营销的最好载体。

6. 总结归纳型

对一些话题和问题进行归纳性总结，然后把自己的产品与品牌巧妙地融合进去。

(二) 软文营销技巧

1. 目标清楚

清晰目标受众是哪一类人群，对目标人群进行精准画像刻画，了解其触媒习惯、审美特点、兴趣与爱好，从而进行软文准备。

2. 标题有噱头，内容重实际

软文的标题决定用户是否会点击和查看。标题要与用户相关，也要具有吸引力，能够让用户产生利益相关感受，引起点击欲望。同时，软文应有实质性的内容，广告植入也要巧妙设计，不能引起用户反感。

3. 选择合适的媒介

如何选择适合的传播媒介是软文营销的关键，软文发布的平台包括门户网站、论坛、微博、微信等，但是首选渠道为百度新闻源或者网站转载率高的、权重比较高的渠道，同时要辅助于现在一些比较流行的垂直论坛，以及博客、微博、微信等形式，确保软文能达到一个比较好的传播效果。

三、病毒性营销

病毒性营销(Viral Marketing)，又称病毒式营销、基因营销，是利用公众的积极性和人际网络，让营销信息像病毒一样传播和扩散，营销信息被快速复制传向数以万计、数以百万计的观众，它能够像病毒一样深入人脑，快速复制，迅速传播，将信息短时间内传向更多的受众。病毒营销是一种常见的网络营销方法，常用于进行网站推广、品牌推广等。

病毒式营销也可以称为口碑营销的一种，它是利用群体之间的传播，从而让人们建立起对服务和产品的了解，达到宣传的目的。由于这种传播是用户之间自发进行的，因此是几乎不需要费用的网络营销手段。病毒营销是自发的、扩张性的信息推广，通过类似于人际传播和群体传播的渠道，产品和品牌信息被消费者传递给那些与他们有着某种联系的个体。

(一) 病毒性营销的特点

1. 有吸引力的传播源

对商家来说，病毒营销是无成本的，因为这种营销方式利用了目标消费者的参与热情，但渠道使用的推广成本依然存在，只不过目标消费者受商家的信息刺激自愿参与到后续的传播过程中，原本应由商家承担的广告成本转嫁到了目标消费者身上。目标消费者自愿传播信息源于具有吸引力的产品和品牌信息。

2. 几何倍数的传播速度

大众媒体发布广告的营销方式是"一点对多点"的辐射状传播，实际上无法确定广告信息是否真正到达了目标受众。而病毒性营销是自发的、扩张性的信息推广，如目标受众看到一则有趣的农产品动画 flash，会自发转发给好友、同事，无数个参与人就构成了成几何倍数传播的力量。

3. 更新速度快

网络产品有自己独特的生命周期，一般都是来得快去得也快，病毒式网络营销的传播过程通常是呈 S 形曲线的，即在开始时很慢，当其扩大至受众的一半时速度加快，而接近最大饱和点时又慢下来。针对病毒式网络营销传播力的衰减，一定要在受众对信息产生免疫力之前，将传播力转化为购买力，方可达到最佳的销售效果。

（二）病毒性营销的技巧

1. 巧做信息源

目标消费者为什么自愿提供传播渠道？原因在于第一传播者传递给目标群的信息不是赤裸裸的广告信息，而是经过加工的、很好玩的或很有价值的信息，传播者通过传播这一信息，能得到某种快感。"病原体"可根据社会热点和企业推广信息制作，将两者有机结合。

2. 巧发"病原体"

做好的"病原体"，要选择恰当的时机予以发布，充分考虑时间、载体、发布人等因素。

3. 监测"病原体"

"病原体"上要嵌入代码或网址，通过观察后台数据，就可以清晰地看到"病原体"的传播效果，可以据此进行调整。

四、短视频营销

（一）短视频营销的含义

自抖音、秒拍、快手之类的视频网站逐渐走入我们的生活后，短视频营销这一种新的营销形式也逐渐受到广告商的青睐。这些专注于年轻人的短视频社交软件，如今已集聚了大量人群，公司和品牌都看准了它的流量，纷纷入驻了抖音等平台，短视频的发展及影响范围不断地扩大。

短视频的爆发，是因为人们对于内容的消费习惯发生着改变。在越来越碎片化的时间下，人们花在纯文字阅读上的时间越来越少。大部分的图文内容，都正在被更直观、更生动的短视频取代。与直播不同的是，短视频的优点在于更短、更快，制作门槛更低。短短 15 秒就可以吸引大量流量和粉丝关注，满足了人们对于展示自我的精神需求。由于短视频的使用者有年轻化的趋势，所以必须要重视短视频在年轻人当中的使用习惯，做好年轻化的营销战略。

【案例 11-7】

"够真出涩 C 位出道"挑战赛

维他柠檬茶的目标消费者是一群 18 至 30 岁的年轻人，他们热衷于玩音乐、玩社交和展示自我才华。而拍视频就是一次展示自我才华的机会。于是，维他柠檬茶携手国内最受年轻人喜爱的短视频平台——抖音 APP，从目标消费者热爱玩乐以及自我展示的洞察出发，开展短视频营销。围绕维他柠檬茶"真茶真柠檬，够真才出涩"的理念，打造维他柠檬茶"真的喝不够"的核心策略，联合抖音挑战赛，开展"够真出涩 C 位出道"挑战赛；前期先通过抖音 KOL（关键意见领袖）预热，展示不同场景花式喝维他柠檬茶，再通过抖音资源整合曝光品牌挑战赛，最终鼓励用户使用品牌贴纸、音乐、产品拍摄视频，传达够真出涩、真茶真柠檬、真的喝不够的品牌理念。

本次挑战赛效果突出，7 天挑战赛视频播放量超 15 亿、视频互动量超 4400 万、挑战赛参与人数超 28 万、视频投稿数近 40 万、贴纸使用量超 20 万，此次品牌动态背景贴纸虽为行业首创，但贴纸的使用量占据了抖音食品饮料行业第一位。

资料来源：数英．维他柠檬茶：深入游戏与音乐，直接触达 95 后 TA［EB/OL］．https：//www.digitaling.com/projects/28153.html，2017-7-1/2020-06-10．

思考：维他柠檬茶如何进行有效的短视频营销的？

（二）短视频营销的技巧

农产品要做短视频营销，首先就需要注意产品的本身属性是否适合做这种年轻化的短视频营销方式。其次明确开抖音号做营销的目的。是做品牌认知，还是直接形成电商转化？最后，最关键的是不能只把短视频当作广告。在抖音这样的短视频平台，用户打发休闲娱乐时间是他们最大的目的，没有人愿意在这种时刻去看单纯的广告。因此如果要以电商转化为目的，那往往转化率并不会高。所以企业和产品的短视频要重视"内容"。15 秒时间，用户随便刷，很容易就跳过。让用户从头看到尾，让用户记住品牌想要传达的内容，不是件容易的事。

1. "话题+场景"的集群式短视频创作

短视频营销其实是基于社交营销的一次更迭，核心是互动型的社交营销模式。想要发起一场短视频营销战役，首先要找到一个能引爆用户群的"社交话题"，搜集一个目标受众切实关心的问题，然后借助短视频的丰富表达力给予解答，将为品牌推广内容获得大量用户；其次，要依托发起的热门话题或具有广泛传播度的活动，通过多种场景表现引发全网用户进行短视频创作，最终达到宣传品牌和产品的目的。比如海底捞"抖音吃法"挑战赛的爆红，引发全网观众纷纷到店模仿在抖音上刷爆了的"鸡蛋虾滑塞面筋""番茄牛肉饭""最好吃的蘸料"等网红吃法。海底捞顺势打造出了新菜单，让广大食客惊喜不已，纷纷拿出手机拍摄抖音，将这一"好消息"分享给其他抖友，进而又一次刷爆了抖音。

2. 短视频场景中植入广告

短视频之所以兴起有一个重要的原因是相同生活场景的异样体验激发了观众的强烈好奇心。所以在热门的短视频场景中植入企业广告往往能带来巨大的流量。不过由于热点的更新速度越来越快，企业主们要转变思维方式，从流量思维向用户经营思维方式转变。做好自己企业的产品受众画像，制作与之相匹配的内容植入广告，继而深耕受众，挖掘粉丝心理才能够更好地做好短视频的广告植入。除了寻求合作植入广告外，企业还可以通过直播与短视频营销联动进行产品的场景应用。比如新奇士推出新品"新奇士少女之吻白桃乳酸味桃汁汽水"时，通过策划直播营销，以"鲜肉夺吻"的创意和直播挑战的形式吸引了6600多万的关注，直播内容进行剪辑加工制作出的短视频在全网分发又促进了二次传播，强化了受众记忆，从而极大地扩大了新产品的关注度。

五、二维码营销

（一）二维码营销的含义

二维码营销是指通过二维码图案的传播，引导消费者扫描二维码，获取产品资讯、商家推广活动，并刺激消费者进行购买行为的新型营销方式。由于二维码容量大、存储信息多、扫码方便，符合当下人们的移动互联网思维，因此二维码不再只是一个简单的产品标识，而是发展成为非常"多元化"的营销工具，二维码营销模式也正式开启。使用在线生成器或专业制作工具可以很容易地制作并导出生成的二维码图片，利用文本编辑软件或图像处理软件可以将二维码图片放在不同的线上线下广告媒体中。

现在二维码应用已经无处不在，并渗透到餐饮、购物、汽车、IT、传媒、旅游等各行各业，用户只要用手机对印刷在介质媒体上的二维码扫一下，就能通过手机上网获知相关信息，轻松获得电子优惠券、打折信息或电子门票等。企业可以通过这个二维码向自己的特定目标用户群传递商务信息，真正实现精准营销。对于二维码达人而言，匆忙上班的路上拿出手机随手拍一下，到办公室时早餐就已放在桌上；出外旅行无需导游，拍一下便能感受动态的现场讲解。

（二）二维码营销的技巧

农产品二维码营销应重点关注以下几个方面。

1. 价值

从营销者的角度而言，二维码的价值显而易见，创建成本低、可跟踪，而且打开了消费者与产品之间直接沟通的通路。但是，从消费者的角度，这些似乎并没有太大价值。扫描二维码毕竟是一件消耗时间和精力的事情。因此，必须为消费者提供一个有价值的扫描二维码的理由。如果只是单纯地链接到网站或者官博，二维码发挥的作用并不大，而获取优惠券、提供免费试用等对消费者有明确价值意义的二维码却被频繁扫描。这就要求提供二维码的广告或附带二维码的手机网站必须有足够的诱惑力，解决用户的问题，如售后、优惠以及用户需要进一步阅读的信息。

2. 体验

如果用户已经被吸引，但扫描完二维码后，手机入口页面迟迟无法打开，好不容易打开，呈现的却是电脑桌面版的网站，文字和图片小到几乎看不清楚，那么用户可能就选择放弃了，因此制作基于手机竖屏思维的移动版网页是必需的。整个网页必须进行优化，能实现快速加载，适应不同的手机浏览器类型和屏幕大小。如果不能提供，简单地放段文字或微博链接等内容也比链至电脑版网站要好。小规模的农产品生产经营者如果不想费事做移动版网站，可以用二维码服务提供商"草料"的商用二维码，其本质就是一个为二维码扫描设计的，能够快速生成的移动网站。如果手上有素材，花5分钟就能做出一个看起来很专业的移动版网站。

3. 简洁

二维码的应用一定要记住用户是有明确目的的，他们不想探索复杂的手机版网站，而是需要立即在网页中找到需要的内容。调查表明，按照竖屏思维，用户在手机上更愿意阅读一个维度的内容，稍微复杂的分类，用户就很可能会失去耐心而直接关闭网页。所以，在内容编排时一定牢记一个原则：简单而清晰，即内容编排一定要简洁。

4. 地点

二维码并不是随便乱放的，必须找到合适的地点才行。二维码广告比较适合大家比较悠闲的地方，如公交车站的广告牌、餐厅的桌角、电影院排队的地方等。过道广告牌、路边橱窗上的二维码，对于匆匆而过的人群，很少会有人停留扫码；在没有手机信号覆盖的地方，手机网页加载不出来，也不会有任何效果。

5. 认同

农产品营销人员非常有必要引导消费者去了解农产品营销的二维码，可以在二维码旁边附上简短的使用方法介绍，来引导用户使用，或者为增强吸引效果，可以用一些引人入胜的语言，但语言不要过于复杂，简简单单能够引起消费者认同就好。

六、社群营销

（一）社群与社群营销的含义

蜜蜂有自己的蜂群，蚂蚁有自己的蚁群，这些群体存在的目的就是觅食、筑巢、繁衍。人也有属于自己的群体，并且在群体中有着相同的兴趣、共同的利益，这就是社群。社群是关系连接的产物，而关系要经过媒介才能连接。媒介在进化，关系的连接方式也一直在变。

传统的社群形式大多都受时空限制，社群的直接沟通也相应受到局限。不同社群之间沟通的媒介，在历史上曾经有书信、电报、广播、呼机、电话、邮件、聊天室、QQ群、微信群等。社群形态其实一直都存在，但基于连接方式的限制以及地理空间的约束，其发展一直被束缚。随着移动互联网的快速发展，电脑端转移到移动端，受地理空间限制的社群关系开始逐步跨越时空，进入虚拟空间连接的阶段。如微信的出现，使得社群组织开始摆脱这些限制，可以让社群组织互动更容易，管理更容易，这是社群兴起和火爆的原因。

社群是在自媒体兴起时，有共同需求、兴趣、爱好和亚文化特征聚集起来的群体。社群的主要特征是有相同的兴趣爱好、相同的目标，有一个好的KOL（关键意见领袖），要有自己的一套运营模式。互联网打破了时间和空间限制，让一群有共同价值观和亚文化的群体，基于信任和共识联合起来构建新型社交关系。社群营销就是基于相同或相似的兴趣爱好，通过某种载体聚集人气，通过产品或服务满足群体需求而产生的商业形态。其主要通过连接、沟通等方式实现用户价值。

（二）社群营销的技巧

一个健康又长寿的社群是基于互动才有价值的自生式生态系统，只有既能满足成员的某种价值需求，又能给运营人带来一定回报，才能形成良好循环。因此，农产品经营者开展社群营销应关注几点问题：

1. 需要满足某个主题的优质价值输出

持续的优质价值内容的输出是保持一个社群吸引力的关键。可以通过新媒体运营专场分享；每年拜访不同领域行家、带头人，以及新农人、农村创客等，独家访谈手稿，内部分享；杜绝广告，主题研讨，每天更新，解剖案例，洞悉内幕；群内自媒体互推，同行交友，搭建同品类产品运营者的朋友圈；一对一专业交流，出谋划策，解决困惑等方式保证有价值主题的输出。

2. 具有一个活跃的社群领袖

社群的角色可以分为内容创造者、评论者、搜集者、参与者、围观者、不活跃分子。他们各自的诉求不一，相互影响和转换。在社群运营时，必须对症下药。如为搜集者提供有价值的干货知识，为评论者提供可以评论的话题，为围观者创造看热闹的场面，为创造者提供思考的资源和刺激。但这些成员中，最核心的莫过于社群的意见领袖，即活跃的灵魂人物。他可能兼任思考者、组织者多重身份。如果一个群有两三个这样的意见领袖，能激活其他成员，且能碰撞出很多有深度的内容火花。这也是社交媒体具有天然渠道的魅力，它集合了一群有温度有情怀的人，它链接的是"人性"，输出的是"价值观"。

3. 设立一套行之有效的管理规则

任何群体，无规矩不成方圆。社群的最高境界是全民自治，得建立在高度磨合、默契之上。大部分社群都是自治加人治，需要有统一、严格、被高度认可的群规。

4. 有高质量的线上线下活动策划

活动，能迅速催化社群的"温度"；活动，能让成员有参与感。通过微商的发展也可以看出，微商是不断通过活动来提升影响力的，如抽奖、返利。活动的策划需要结合社群的主题和成员的诉求。任何活动中，都可以好好利用微信红包，采取红包接龙的互动方式，而且效果相对较好。线下的交流活动，更是维持社群关系链持续发展的重心环节。面对面的沟通体验能迅速拉近群里成员的关系，通过真实场景强化社群的存在感，丰富成员的体验，加深关系链的沉淀。

5. 要打造独特又好玩的社群文化

社群一定要好玩。不好玩，不传播。玩着玩着把钱赚了把东西学了，相信这样的群文化每个人都能接受。社群的核心在于情感归宿和价值认同。例如，"有种有趣有料"的罗辑思维，社群之前做的"团要"和吃霸王餐，也是不断给粉丝制造惊喜，提升参与感，占商家便宜。

6. 社群营销的核心魅力在于"裂变"

每个人的心中都有原始的部落情结，开放的互联网带来无限的信息量，未来的互联网是垂直社群的时代。仅仅从口碑营销的角度思考，一个企业品牌和消费者的弱关系能通过社群变成强关系，人们更倾向于相信某个领域意见领袖的推荐和某个朋友的分享。尤其农产品，亲戚朋友推荐的好吃好玩的产品更容易获得认同和传播。

此外，对于社群成员人数也要合理控制。著名人类学家英国牛津大学罗宾邓巴（Robin

Dunbar)提出过150定律,人类智力允许人类拥有稳定社交网络的人数是150人。精确深入交往的人数是20人,这些由大脑新皮层的应对能力决定,过量的人和信息是低效的传播,会提高获取信息的成本。人不在多,活跃就好。

【案例11-8】

优食管家社群营销

优食管家是联想君联资本投资成员企业,是一个基于社群共享全球品质食材的C2B+O2O直供平台,与全球上百家种植基地及科研机构建立了合作关系,通过绿色种植、科学筛选、环保包装、冷链配送,将品质食品送到食友手中。

优食管家主要采用基地直供社区的方式。想要享受优食管家的服务,需要先下载手机APP,在里面可以根据自身地理位置,选择加入相应的社群。优食管家的获客方式主要是集中到社区地推,重点瞄准80后的妈妈群体,获取种子用户后再通过他们的口碑传播拉动新人,每个社区组建一个最少15人的微信群,运营、客服人员都会在群里随时与用户沟通。优食管家的商业模式简单粗暴,却很见效,就是人拉人:同事拉同事,邻居拉邻居。创业不久,仅在北京、上海两个大城市,就拉进25万人。每一天,社群里面都有各种活动,而优食管家的生鲜精品食物,就这样通过5000多个微信群销售出去。

优食管家用社群来做渠道的方式,在一定程度上颠覆了格局,利用社群抢占用户,然后再通过落地去快速形成有壁垒的线下渠道。优食管家可以自己发展上游产业链,也可以和上游品牌商进行整合,从而达到打通产业链的目的。

资料来源:王超凡. 优食管家:利用社群卖生鲜[EB/OL]. https://www.sohu.com/a/193268384_479806, 2017-09-20/2020-06-10.

思考:从社群入手,这种较新颖的模式具有用户黏性强的特点,应如何靠核心用户拉来更多的人群?

第四节 农产品网络营销的策略

一、网站建设与维护

建立农产品营销网站首先要明确建设的目的,对目标群体的消费习惯、爱好、购买能力等情况做到心中有数,有针对性地建设农产品企业的网站,并采取措施提高网站的宣传效果,使网站能发挥应有的作用。

1. 网站建设的定位

农产品企业建立的网站的功能可以定位在以下三个方面:市场型,即展示企业形象、产品及服务,扩大市场份额;办公型,即提高企业办公效率,加强管理,降低管理成本;服务型,即开展网上咨询、培训等。

2. 网站内容建设

网站内容主要包括企业介绍、产品目录、联络方式、企业动态、客户服务、网上调查等。具体建设内容包括：

（1）农产品企业发展历程、行业专业性资料、重要领导视察、参加重要洽谈会或展览会，甚至经常报道行业的新闻都可以显示企业在本行业的专业性和权威性。如登海种业、金健米业等5家涉农上市公司将中央领导视察的照片放在首页宣传，营造出一种领导重视企业、企业是行业品牌的氛围。

（2）定期更新网页内容。更新网页内容有多种方式，如经常报道业界新闻、农产品企业的重要营销活动，更换欢迎词内容，把可以开放的数据库与经常更换的网页建立链接，实现网站内容与数据库的同步更新等。如丰乐种业将综合新闻栏目与新华网站链接，使栏目内容每天都能得到更新。

（3）考虑因特网的国际性。为拿到国际订单，有必要设立网站英文版，或针对特定市场提供相应网站。如隆平高科设有网站的英文版，新疆天业除英文版外，还设有俄文版。

（4）合理地组织网站内容。可将网页内容设计成树状结构，方便纵向查询。设计搜索系统，让访问者很容易就找到相关内容。网站任何页面都要设计有"返回主页"的链接，以方便访问者回到"树干"。

3. 网站的整体策划

（1）网站域名设计。必须考虑注册一个与企业名称和形象相符、简洁性的域名，避免过长的字符导致记忆的困难。此外，域名还应考虑到因特网的国际性，兼顾国际用户。如赣南果业 www.gnorange.com 和敦煌种业 www.dhseed.com 就较好地兼顾了这些方面。

（2）选择合适的服务器。根据企业建站实际规模和企业发展计划选择服务器。一般情况下，大型农产品经营企业实力雄厚，而且基于企业自身庞大的数据库以及安全方面考虑，以选择自己架设服务器为最佳选择；中型企业为省去管理、维护服务器的大笔费用和网络管理员，可选择服务器托管服务；小型企业可与人共同分享虚拟主机，但租用虚拟主机时一定要选择可靠的供应商，避免速度过慢或主机空间不够大的麻烦。

（3）合理利用网站空间。有些企业网站开发的聊天室使用者寥寥无几，平白地浪费了网站空间。客户与网站的日常沟通，一般通过微信公众号、论坛、留言板或者企业邮箱就足够了。

（4）网页设计。网页设计要参考网络营销专家的意见。既要具备自己的风格，又要具有商业实用性，在设计中权衡视觉冲击力和网速问题。

（5）便于检索。根据中国互联网信息中心调查，网民得知新网站的途径中搜索引擎占比为86.6%，其他网站上的链接占比为64.3%。可见提高搜索引擎的发现率是网页制作的重点。针对目前搜索引擎的搜索特点，为了便于搜索引擎发现，需要关注两个问题：一方面要将网站内所有文章专门制作一个文章标题索引页面，如果文章较多，还可以根据主题分类制作更多的索引页面；另一方面要有意识地让网页标题和内容中包含有明确的关键词，在制作网页时，要对文章标题和文中重要关键词进行修饰，让其不仅出现在文章标题上，在文章核心部分也要适当增加这些关键词的使用频率。

4. 提供周到的服务

(1) 回复客户的询问不要超过24小时。对于常见问题，预先设置基本答案或者常见问题解答(Frequently Asked Questions，FAQ)。如果是特殊问题，则根据顾客提问分类回答，提高解答效率。

(2) 定时回访，建立客户档案。有条件的话，为每位客户设计一个信纸(标志、广告语、标准色、名言、感谢语)，寄给客户的每位关系人，让客户感动。

(3) 提供个性化服务。可针对细分市场的用户，推荐相关文章或提供某一专题的广泛知识、周到的服务。如蔬菜种业经营者针对某一地区的用户提供土壤肥力、气候条件、消费者口味、当地适宜种植品种等信息，为用户购买产品提供参考。

二、产品和服务策略

1. 分级分等

由于农产品生产受自然条件的影响，生产者难以控制产量与品质，所以农产品在销售时分级处理特别重要，农产品经分级处理后，简化交易程序，定价简便公平，节省交易时间与运输费用，扩大销售范围，可满足不同层次消费需求及不同用途要求。同时，分级包装要有统一的规格标准。

2. 品牌化运营

作为农产品生产与营销企业，需要通过强化品牌形象实现营销目的。网络营销可以借助粉丝效应、口碑效应，快速在消费者心目中建立知名农产品品牌形象。在品牌设计和产品命名上，可以重点突出农产品的优点和特征。开通微信公众号、抖音公众号等热门网络营销平台账号，通过定向推送，向已有客户群和潜在客户群介绍品牌内涵和企业文化。

三、定价策略

1. 低价位定价

互联网上开展商业应用网站的成功案例大多是遵循了互联网的免费原则、间接收益原则和低价位定价原则。农产品在人们消费结构中，多属必需品与低档品，且消费弹性不足，只能采用低价位定价策略。目前农产品品牌效应尚未形成，应该重点树立品牌农产品物美价优的形象，而不能盲目地追求高价位。可用低价位来开拓市场，使产品占领市场后，有计划、有步骤地逐步提高价格，使品牌农产品的价格和价值相符，再用高价位获得高效益。

2. 弹性化价格策略

农产品供给表现为供给量决定价格。为缓解集中供应期的矛盾，增加农产品供给的弹性，农产品网络营销应在产品上市前两个月提前开展广告等宣传，说明产品的品质、等级、包装，利用互联网的优势，让顾客与企业就产品的价格进行协商，并通过正向竞价、逆向竞价、集体议价等拍卖方式预订货物。

四、渠道策略

网络营销渠道可分为网络直接销售渠道、网络间接营销渠道和双道法三种类型。目前，大多数的企业采用双道法。即同时使用网络直接销售渠道和网络间接销售渠道，以达到销售量最大的目的。鉴于农产品既是生产资料,又是生活资料,经营农产品的企业在网上销售渠道选择上应有所侧重。

1. 经营主体

农村通讯基础设施落后,互联网普及率较低,更缺乏与网络营销相匹配的物流配送中心,并且由于农产品市场的地域性特征的限制,由一家一户的农户来大规模发展网络营销不太现实。开展农产品网络营销必须加快农业生产经营组织的建设。主要有两种形式:

(1) 采取"公司+基地+农户"的农产品经营模式,将一家一户的农民组织起来,使农户对产品从种苗、种植、田间管理、产品加工、冷藏、保鲜、运输到销售的全过程进行有效参与和控制,由这些企业带动、教育、指导农民改变传统的生产方式,实施农产品网络营销。

(2) 发展农业行业协会或农民合作社,提高农民的组织化程度,发挥农产品调集职能。由行业协会或专业合作经济组织采取多种形式组织散户生产产品,统一运到配送中心或包装处理中心进行分级及小型包装,然后再通过零售渠道出售给消费者。

2. 销售渠道

对于大宗农产品及生产资料宜于采用网上直销渠道。即生产企业通过网络直接分销渠道将商品直接转移给消费者或使用者。如自建网站、委托信息服务商发布信息、在第三方平台开设网店等形式。对于小批量农产品及生活资料侧重于采用网上间接营销渠道,即由新型电子中间商销售给消费者或使用者的营销渠道。

3. 物流渠道

不管是网络直销还是间接营销渠道都涉及产品的配送问题,鉴于农产品的特殊性,建设快速有效的配送服务系统是非常重要的。可以选择专业的物流企业为网上直销提供物流服务,或者线上线下相结合的形式,线上选购,门店取货。

【案例 11-9】

良品铺子:实体零售创新转型的引领者

良品铺子作为一家零食企业,直接整合门店、电商、第三方平台和移动端以及社交电商这五大渠道,这种做法可以说适应了多个消费场景。良品铺子开辟的渠道有:2100 多家实体门店;天猫、京东等线上电商平台;本地生活平台,如饿了么、美团外卖、口碑外卖、百度外卖等;良品铺子的 APP;微信、QQ 空间、百度贴吧等社交电商。

良品铺子线上线下的会员达到 3000 万。3000 万会员积累起的消费数据以及用户画像非常可观,这是一个数据富矿。这种用全渠道的模式挖掘会员价值的方式为打通会员、商品、促销、物流、订单等打下基础,对于未来的精准营销、智慧物流、门店选址甚至是新口味零食的开发都有着非常重要的作用。

资料来源:庐陵子村.良品铺子:实体零售创新转型的引领者[EB/OL].http://www.cmmo.cn/article-207821-1.html,2017-10-13/2020-06-10.

思考:农产品销售如何实现渠道创新?

五、促销策略

1. 树立农产品品牌形象

注重品牌运营。根据消费者对农业产品需求的多样性与层次性，以及企业自身的特点与条件，给企业及产品确定适当的位置。品牌的市场定位过程就是选择目标市场的过程。在选择目标市场时，要根据企业的实力，避开强大的竞争对手，选择竞争者尚未控制的细分市场，同时应用营销组合策略开辟市场，从而创建企业的品牌。通过网络营销，可以使企业品牌提升、拓展，可以深化品牌的形象、价值及外延。

2. 建立与顾客的长期关系

根据网络关系营销理论，农产品营销要建立与顾客的长期关系，必须实施绿色策略。营销中要注重地球生态环境的保护，促进经济与生态的协调发展，以确保企业的永续性经营，实现企业自身利益、消费者利益和社会利益以及生态环境利益的统一。

3. 加强与顾客的沟通与互动

在进行网上广告、宣传、处理网上纠纷等网络市场营销活动时必须尊重消费者的感受和体验，让消费者能愉快地主动接受企业营销活动。企业可以制作调查表来收集顾客的意见，让顾客参与产品的设计、开发、生产，使生产真正做到以顾客为中心，避免不必要的浪费。企业还可设立专人解答疑问，帮助消费者了解有关产品的信息，使沟通人性化、个性化。从消费者的体验和需求出发，采取拉引策略吸引消费者关注企业来达到营销效果。

4. 调查与预测消费需求

通过网站上的在线调查，可以获得有价值的用户反馈信息。尤其对于处于市场开拓期的企业来说，策划与知名网站联合的在线调查活动，可达到获得第一手市场信息和提高企业知名度的双重目的。要针对调查的不同内容，将调查表设置在特定领域的网站里。如经营蔬菜种业的企业为了解人们对蔬菜种业的满意度，可将其放在中国蔬菜信息网、金农网、农博网中，效果更好。

【归纳与提高】

农产品网络营销是指利用互联网开展农产品营销活动，包括网上农产品市场分析、农产品价格与供求信息收集与发布、网上宣传与促销、交易洽谈、付款结算等活动，最终依托农产品基地和物流配送系统，促进农产品生产经营组织或个人交易活动的实现。

农产品网络营销渠道类型包括自产自销、微商、农产品协会、第三方平台、自建网站、众筹平台等。"互联网+农业"的发展创新体现在生产环节，实现农业生产的标准化；流通环节，创建低成本高效率的销售入口；经营环节，精准定位目标消费市场。

农产品网络营销的方法主要有自媒体营销、软文营销、病毒性营销、短视频营销、二维码营销、社群营销等。农产品网络营销的策略包括网站建设与维护、产品和服务策略、定价策略、渠道策略、促销策略等。

【复习思考题】

1. 微信和微博功能上的差别使其营销方式也呈现出不同的特点，那么在进行微营销时，两者应该如何整合与搭配使用，才能取得最佳的营销效果？

2. 随着 5G 时代的到来，网络营销会有哪些创新之处？

3. 联系实际谈谈农产品开展网络营销的必要性与可能性？

4. 选择一个农产品企业，分析其开展网络营销的现状，目前存在哪些问题与障碍？企业应采取什么对策？

——章节案例——

一颗橙子引发的狂欢

作为前红塔集团的领导，褚时健用 18 年打造出中国最大烟草帝国。75 岁出狱后开始承包 2400 亩的荒林种橙，直到 85 岁，2400 亩的果园硕果累累。而这个关于褚橙的故事在微博、微信上广泛发酵，企业界大佬纷纷致敬，更有人一次购买 1500 箱，让员工们尝尝"人生"的味道，给客户们品品"励志"的滋味。

随着褚时健的传奇故事在各大网络论坛、微博及微信圈中流传，第一次进京的褚橙很快火遍京城，更引起了企业界大佬们的响应。王石感慨褚时健在低谷的反弹力，潘石屹、柳传志等也主动转发，助推起第一波传播高潮。

2014 年当褚橙销售季再次到来，这次他们有了全新的目标——放眼全国性市场，将销售额提升 10 倍。如果说当时褚时健的故事触动了"60 后""70 后"的偶像情结，那么这次则需要贴近更为活跃、作为消费主流的"80 后""90 后"人群。如何让更多年轻人参与进来，引起对褚橙故事的共鸣，如何将话题落脚到生活方式的传播，就成了新一轮营销推广时的最重要考量。

在线上，社交媒体是在年轻人中打开知名度、制造话题热点的一大阵地。线下推广时，选择目标群体相匹配的广告平台是投放关键。褚橙的励志路线，高品牌溢价，决定其价格要远高于普通的冰糖橙。其目标受众也定位于有着一定生活态度、品牌追求，具有消费力的人群。放眼诸多媒体形式，都不足以精准击中这一群体。而植入白领、消费主力人群每天必经的楼宇电视，成为突围的首选。由此，分众传媒的楼宇电视进入首选范围。其受众群年龄集中在 20~45 岁，对时下热点反应迅速，同时有自己的调性、生活方式和追求态度，自成一个有独特个性的社群。从线上到线下，社交化媒体对品牌的蓄势，与生活化媒体的落地植入，两者间的组合战引起极大的想象空间。

沿袭"励志橙"的主线，褚橙营销打出了一批青年人向褚时健致敬。蒋方舟、赵蕊蕊、三国杀黄恺、嘀嘀打车张博等"80 后"名人相继讲述自己的励志故事，拍摄成系列视频，在优酷上点击超过百万。

有所不同的是，这一回，褚橙将幽默元素融入其中。在预售期内，售卖网站上就推出一系列个性化包装，那些上印"母后，记得一颗给阿玛""虽然你很努力，但你的成功，主要靠天赋""谢谢你，让我站着把钱挣了""我很好，你也保重"等诙谐温馨话语的包装箱，推出没多久就在网上显示"售罄"。

褚橙上市后，相继有名人在微博上晒出别出心裁的包装盒：雕爷牛腩的创始人雕爷秀出"即便你很有钱，我还是觉得你很帅"，《后宫·甄嬛传》作者流潋紫贴出"微橙给小主请安"，都引起了粉丝群的热烈回应和讨论。直至韩寒秀出送给他的"一个"褚橙。随后，韩寒发文"我觉得，送礼的时候不需要那么精准的"，附图是一个大纸箱，上面仅摆着一个橙子，箱子上印着一句话："在复杂的世界里，一个就够了。"微博一发出，便引来众多粉丝会意打趣，很快得到300多万人次阅读，4000多个转发评论。褚橙这一波幽默营销的高潮可谓达到了顶点。

借由这些极具记忆点的文案，褚橙的励志故事在年轻人群中充分打开了认知，引发了病毒式的传播。人们的情绪被持续煽动，引起的高期待和购买欲也在不断积累、发酵。

随着社交平台积累的情绪蔓延到高潮，褚橙广告在分众楼宇电视正式上线："85年跌宕人生，75岁再次创业，结出2400亩累累硕果。"15秒的简洁广告，打动人心的文案，配合楼宇电视屏下方3个互动屏联动，高度提炼了褚时健的励志故事。最后打出"人生总有起落，精神终可传承"的标语，以及"本来生活独家发售"的落款，则是点睛之笔。中国人喜欢的甜，是苦尽甘来的甜。当品牌故事从之前微博、微信孕育的能量，落到真实可感的生活场景的时候，数千万量的褚橙被倾囊而出，转化为汹涌的销售力。楼宇电视全天高频次投放，则提供了到达率的坚实保障。广告一经播出，3周投放期内，褚橙销售额更是突破了7000万元。

这一波购买热，又引爆了褚橙在社交媒体上的新一轮传播。配合更多具有幽默元素的意见领袖营销，褚橙在年轻人群中口碑相传，白领消费群体争相购买，一颗橙子引发了生活方式和品位的流行。传统媒体也频频报道，乃至引起了全媒体的生态发酵。

资料来源：顾春晓．一颗橙子引发的狂欢[J]．销售与市场（评论版），2014（08）：71-72．

思考：你是如何看待褚橙网络营销策略的？这种策略能否复制？

参 考 文 献

白东蕊，岳云康．电子商务概论（第3版）[M]．北京：人民邮电出版社，2016．
陈国胜，郑庆照，夏凤．农产品营销（第2版）[M]．北京：清华大学出版社，2014．
董敬磊．推动"互联网+农业"壮大县域经济发展[J]．统计与管理，2016(06)：103-104．
郭艺珺．都市农夫梦，"认养"来实现？[N]．解放日报，2014-07-27．
胡浪球．农产品营销实战第一书[M]．北京：企业管理出版社，2013．
劳帼龄，高文海．网络营销[M]．北京：化学工业出版社，2012．
李军．网店运营管理与营销推广[M]．北京：清华大学出版社，2018．
李美琴．浅谈中国现代农业模式与互联网+农业发展趋势[J]．吉林蔬菜，2019(03)：49-50．
陆影．创意销售模式"带火"农产品[N]．重庆科技报，2019-05-28．
彭成京．"互联网+社区"本地生活服务业创业实操手册[M]．北京：电子工业出版社，2017．
申莉．互联网对推动特色农业发展的应用研究[J]．农业技术与装备，2015(08)：22-23，26．
吴健安．市场营销学[M]．北京：清华大学出版社，2010．
杨玉，杨晓，张乐．我国农产品营销中的网站建设策略[J]．农业网络信息，2007(01)：58-60，67．
叶舒婷，林弋飞，余茜．互联网农业五大流派及未来发展方向[J]．经济研究参考，2017(42)：27．
张小平．农产品营销[M]．北京：中国农业出版社，2017．

第四篇　品牌建设

第十二章　农产品品牌创建概述

知识与技能目标

1. 理解什么是农产品品牌，品牌与品牌化的区别和联系。
2. 清晰品牌对农产品企业、消费者和社会的价值。
3. 掌握农产品品牌创建的影响因素。
4. 认知农产品品牌创建的过程。

情境导入

农民合作社已经成为农村产业升级、农民脱贫致富的重要途径之一，2019年初，农业农村部为了规范和鼓励合作社健康有序发展，在全国范围内征集了24个高质量发展的农民合作社典型案例。为了进一步提升竞争力，增加产品的附加值，拥有自己的品牌商标已经成为合作社的共识。除了部分提供初级农产品的合作社，大部分农民合作社及时注册了商标，很多是当地或者全国的驰名商标，成为当地经济发展的一张名片。例如：江苏阜宁县沟墩禽蛋专业合作社的"大瑭"品牌是江苏省著名品牌，合作社开发了"大瑭"牌系列产品，包括草鸡蛋、初生鸡蛋、林间散养鸡蛋、虫子鸡蛋、生态营养鸡蛋、松花蛋等10个系列40个产品。合作社不仅成功进驻上海、江苏、浙江、安徽、山东、北京等地的大中型超市，鸡蛋上市价也由7.5元/斤上升到10元/斤，为合作社的成员带来了更多的经济利益。

数据来源：根据农业农村部2019年24个农民合作社典型案例公开资料整理。

思考：农产品品牌创建的必要性体现在哪些方面？如何创建农产品品牌？

随着农产品商品化程度不断提高，农产品竞争已经从传统的价格竞争转向品质竞争、品牌竞争，农产品品牌建设日益受到重视。农产品品牌创建是提高农产品知名度和影响力、提升农产品市场竞争力的重要途径。

第一节　农产品品牌概述

一、品牌的含义与特征

（一）品牌的定义

品牌 Brand 一词最早起源于古挪威语 Brandr，当时的含义是通过在牲畜身上做标识起识别作用，到了中世纪的欧洲，手工艺匠人用这种打烙印的方法在自己的手工艺品上制作标记，以便顾客识别产品的产地和生产者。品牌可以是一种名称，也可以是一种标记或者是某些图案，用于区分不同销售者的产品或者服务，从而使这群销售者与竞争者之间产生差别。在汉语中，品牌为"品"和"牌"的组合，意在借助"牌"来让消费者清楚识别不同的"品"。随着社会的不断发展，品牌的含义也不断发生变化，它已经不再仅仅是一种标识，而是产品品质与服务的象征。美国市场营销协会（AMA）对品牌的定义：品牌是用以识别一个或一群产品或劳务的名称、术语、象征、记号或设计及其组合，用以和其他竞争者的产品或服务相区别。品牌的名称、术语、标记、符号、设计，或其组合我们称为品牌元素。

> **知识拓展**　美国市场营销协会（American Marketing Association，简称 AMA）于 1937 年由市场营销企业界及学术界具有远见卓识的人士发起成立。如今，该协会已发展成为世界上规模最大的市场营销协会之一，拥有 30000 多名会员，他们在世界各地从事着市场营销方面的工作以及营销领域的教学与研究。

品牌的价值、文化和个性构成了品牌实质，其代表着卖者对交付给买者的产品特征、利益和服务的一贯性承诺，最佳品牌就是产品或服务质量的保证。品牌还是一个更复杂的象征，整体含义包含属性、利益、价值、文化、个性和用户六个层次：属性，产品给消费者带来的使用价值；利益，属性需要转化成具体的功能和情感利益；价值，品牌应该反映生产经营者的价值观；文化，品牌代表生产者倡导、遵守和践行的文化；个性，品牌代表着不同的生产经营者个性；用户，品牌体现了购买或使用这种产品的是消费者群体。

商标与品牌

> **知识拓展**　品牌是一个名称、词语、标记、符号或图案，或是它们的相互组合，用于识别产品的经营者和区别竞争者的同类产品。商标（Trade mark）是经有关政府机关注册登记受法律保护的整体品牌或该品牌的某一部分。商标具有区域性、时间性和专用性特点。品牌与商标的区别为，品牌是一个商业名称，其主要作用是宣传商品，品牌无国界；商标也可以宣传商品，但重要的是，它是一个法律名称，受法律保护，商标有国界。品牌与商标的联系为，品牌的全部或部分作为商标经注册后，这一品牌便具有法律效力；品牌与商标是总体与部分的关系，所有商标都是品牌，但品牌不一定都是商标。
>
> 资料来源：中国品牌日介绍网站［EB/OL］. http://www.cibexpo.org.cn/AboutUs.html，2020-5-7/2020-6-10.

(二) 品牌的特征

1. 品牌的表象性

品牌是企业的无形资产,不具有独立的实体,不占有空间,但它最原始的目的就是让人们通过一个比较容易记忆的形式来记住产品或企业,因此,品牌必须有物质载体,需要通过一系列的物质载体来表现自己,使品牌有形化。品牌的直接载体主要是文字、图案和符号,间接载体主要有产品质量、产品服务、知名度、美誉度、市场占有率。没有物质载体,品牌就无法表现出来,更不可能达到品牌的整体效果。

2. 品牌的专有性

品牌是用以识别生产者或销售者所提供的产品或服务的。品牌拥有者经过法律程序的认定,享有品牌的专有权,有权要求其他企业或个人不能仿冒、伪造。

3. 品牌的信用性

品牌的本质是体现品牌产品生产者的信用,使消费者通过品牌联想到品牌产品的质量、功能、文化等特征。

4. 品牌信息的丰富性

品牌既包括了名称、标志等显性要素,也向消费者传达了包括产品质量、营销服务、市场信誉等内在的信息,代表了品牌建设者的承诺和消费者的体验。

5. 品牌的价值性

品牌具有知名度与忠诚度,可以降低企业的费用,可以获得较高的价格,品牌能够带来竞争优势,因此,品牌是有价值的。

6. 品牌的系统性

品牌与品牌产品本身、品牌拥有者、供应商、消费者、中间商、竞争者、大众媒体、政府、社会公众等利益相关群体共同构成了一个相互作用、相互影响的生态系统。品牌生态系统的管理是品牌理论研究的重要内容。

7. 品牌的扩张性

品牌具有识别功能,代表一种产品、一个企业。企业可以利用这一优点展示对市场的开拓能力,还可以帮助企业利用品牌资本进行企业扩张、资本扩张。

(三) 品牌的分类

品牌可以依据不同的标准划分为不同的种类。

1. 根据品牌的知名度和辐射区域划分

根据品牌的知名度和辐射区域划分,可以将品牌分为地区品牌、国内品牌、国际品牌。

地区品牌是指在一个较小的区域之内生产销售的品牌,这些产品一般在一定范围内生产、销售,产品辐射范围不大,主要是受产品特性、地理条件及某些文化特性影响,例如,地区性生产销售的特色农产品,烟台苹果、库尔勒香梨等。

国内品牌是指国内知名度较高,产品辐射全国,在全国销售的产品,例如,褚橙,佳沃等。

国际品牌是指在国际市场上知名度、美誉度较高,产品辐射全球的品牌,例如,新西兰的佳沛奇异果。

2. 根据品牌产品生产经营的不同环节划分

根据产品生产经营的所属环节可以将品牌分为生产商品牌和经营商品牌。生产商品牌是指制造商为自己生产制造的产品设计的品牌。经销商品牌是经销商根据自身的需求和对市场的了解，结合企业发展需要创立的品牌，如三只松鼠、维吉达尼等。对许多农产品生产的组织者，他们为更好地销售农产品而进行的品牌建设，属于使用生产者品牌，如合作社将品牌注册后拥有商标的所有权，享有盛誉的商标可以通过收取一定的特许权使用费的方式租借给他人使用，以此来扩大合作社的生产规模和实现更多的盈余；如果合作社的农户自己生产的农产品有品牌，由合作社进行产品的销售，也属于使用生产者品牌，在日本生协(生活协同组合)的商场中，可以看到有些农产品专柜中贴有种植农户姓名和照片，农产品上有农户自己的标贴，这些农户自己的品牌也起到很好地帮助顾客识别、促进产品销售的作用。

3. 根据品牌来源划分

依据品牌的来源可以将品牌分为自有品牌、外来品牌和嫁接品牌。自有品牌是企业依据自身需要创立的。外来品牌是指企业通过特许经营、兼并、收购或其他形式而取得的品牌。嫁接品牌主要指通过合资、合作方式形成的带有双方品牌的新产品。

4. 根据品牌的生命周期长短划分

根据品牌的生命周期长短来划分，可以分为短期品牌、长期品牌。

短期品牌是指品牌生命周期持续较短时间的品牌，由于某种原因在市场竞争中昙花一现或持续一时。长期品牌是指品牌生命周期随着产品生命周期的更替，仍能经久不衰，永葆青春的品牌。例如历史上的老字号全聚德等。

5. 根据品牌产品内销或外销划分

依据产品品牌是针对国内市场还是国际市场可以将品牌划分为内销品牌和外销品牌。由于世界各国在法律、文化、科技等宏观环境方面存在巨大差异，一种产品在不同的国家市场上有不同的品牌，在国内市场上也有单独的品牌。品牌划分为内销品牌和外销品牌对企业形象整体传播不利但由于历史、文化等原因，不得不采用，而对于新的品牌命名应考虑到国际化的影响。

6. 根据品牌的所属品类划分

根据品牌产品的所属行业不同可将品牌划分为食用饮料业品牌、农资产业品牌、生鲜产品品牌等几大类。

7. 根据品牌的原创性与延伸性划分

根据品牌的原创性与延伸性可将品牌划分为主品牌、副品牌、副副品牌，另外，也可将品牌分成母品牌、子品牌、孙品牌等。

二、农产品品牌的内涵

(一) 农产品品牌的界定

农产品品牌不等同于农业品牌。农业品牌是指农业领域内，主体之间用于区别本地域、本企业、本企业产品等资源与产品的所有标志、名称等标志性符号。农业品牌的外延要大于农产品品牌,农业品牌主要包括农业生产资料品牌、农业生产产品品牌、农业生产服务品牌。农业生产资料品牌和农业服务品牌虽然影响农产品品牌的建设,但不是消费者最关心的问题,而农业生产产品品牌,简称农产品品牌,是消费者最关心的问题。因此,这里将农产品品牌界定为:附着在农产品上的某些独特的能够与其竞争者相区别的名称及标记。农产品品牌就是赋予生产出来的农产品一定的特殊标识,使其具有独特性,同时对消费者产生一定的吸引力,是农产品品质和服务的象征。

> **知识拓展**
>
> 2017年农业品牌推进年
>
> 为贯彻落实中央经济工作会议、中央农村工作会议、全国农业工作会议的有关精神,加快品牌创建,深入推进农业供给侧结构性改革,提高农业综合效益和竞争力,促进农业增效和农民增收,农业农村部将2017年确定为农业品牌推进年。进一步明确了我国农业品牌的发展方向、工作重点和实现路径。
>
> 资料来源:关于2017年农业品牌推进年工作的通知[EB/OL]. http://www.moa.gov.cn/ztzl/zgnyppfzlt/tzgg/201704/t20170412_5557809.htm, 2017-1-27/2020-6-3.

(二) 农产品品牌的特征

农产品品牌代表了农产品拥有者与其消费者之间的关系性契约,向消费者传达了农产品信息的集合和承诺;农产品的质量标志、品种标志、集体品牌和狭义的农产品品牌的系统,使农产品品牌呈现出复杂性和多样性。

1. 复杂性和多样性

广义的农产品品牌包括农产品质量标志、农产品种质标志、农产品集体品牌和狭义农产品品牌。农产品品牌表现形式的复杂性是由农产品的特点所决定的,农产品市场的逆选择现象严重,为了消除逆选择现象,必须由具备公信力的机构对农产品质量给予评价,然后将评价结果即质量等级和地理标志贴在农产品上,以方便消费者选择。质量标志和地理标志都是显示农产品具有某些特有的自然和人文特色功能的农产品标志;种质标志是农产品种子品种的标志,种子决定产品,离开了种质标志,人们无法辨别该产品的属性及根源;集体品牌体现农产品的区域特征,帮助消费者认识农产品的出处;狭义农产品品牌是农产品质量、功能等特征的集中体现形式。以上这些表现农产品质量、特色的符号和标志都是农产品品牌的表现形式。

2. 自然性和区域性

古人云"橘生之淮南为橘,生之淮北为枳",对农产品而言,土地情况的不同,产出的农产品也会不同。农产品的品质很大程度上依赖当地的雨水、土质、温度、空气和湿度等各种环境因素。不像其他产品,农产品是依赖自然条件和环境最强的。在不同地区,就算是同一个农产品品种,最终产出的农产品也会不同,这些不同体现在口感、外形、颜色和气味等方面。要产出好的农产品,就必须有最适合它的生长环境。因此,在农产品品牌建设中,自然环境的影响严重制约着农产品质量,成功的农产品品牌一般都明显具有当地区域特点。

3. 不确定性和特殊性

工业品牌的主体是非常明确的,就是一般的企业,即产品的制造者与生产者。但与大多数工业品牌不同，农产品的品牌主体则不那么十分明确，有其特殊的一面。我国大部分地区还是传统农业，家家户户都有农产品，农户就是农产品生产者。分散且小规模的农户无法成为创建和培育农产品的品牌主体。目前而言，农业龙头企业、农民专业合作社和行业协会等大多数成为农产品品牌建设的主力军。同时，"地理标志"等地域品牌的申请创建，它的主体是这个地区的所有农户集体，一般来说属于地区所有农产品生产者所有，是所有农户的共同财富。在农民企业内部，农产品品牌又成为该组织内部所有农户的共同财富。

4. 困难性和外部性

农产品品牌生存比较困难，从农产品的生产过程来看，生产条件相对简单，科技含量也很少，农户只要露天操作即可。从市场的需求来看，市场要求农产品长时间和不间断的供应，但农产品生长本身有固有的时间周期。从流通领域来看，农产品是越新鲜越好，这也给流通带来了困难。农产品品牌要生存必须要保持优良的品质，需要标准化、规模化生产，但管理众多的农户相当困难，成本较高。除此之外，农产品初级加工水平也不高，无法显现品牌的经济价值。另外，农产品品牌具有较突出的外部性问题。从品牌保护上来看，农产品区域品牌主体不确定，具有利益共享的特征。同一地区的农产品往往具有相似性，消费者很难区分这些农产品。当某一个农产品品牌产生经济效益时，也会给同类其他农产品带来收益。这种品牌的效益外部性给品牌保护带来了困难。从农产品品牌的培育上看，尤其是在农产品区域品牌中，它的主体是地区集体，在管理上很困难。那么，在这个地区中会有个别的农户受到经济利益的诱惑，以次充好，降低品牌质量，损坏品牌整体形象，长期下去也使消费者对该品牌不再信任，最终所有农户都无法从品牌中获益。

5. 附加性和复合性

跟工业产品品牌相比，农产品品牌不那么单一，往往有附加品，更具有复合性。在工业品牌中，企业创建的商标就是企业生产产品的代表，它一般就是企业的整体形象代表。而农产品品牌则不然，它的整体形象由农产品的"三品一标"组成。"一标"就是指企业创建的商标或者地理标志等品牌，"三品"指的是无公害产品、绿色食品和有机食品等关系农产品质量安全的品牌。"三品一标"是有机结合在一起的，不可分离。"三品"是农产品品牌的基本条件，"一标"只有在"二品"具有的前提下，才能真正树立其良好的农产品品牌。缺少了"三品"，农产品的品牌是不齐全的，整体形象难以树立。因此，农产品品牌的创建离不开对其"三品"的管理。

> **知识拓展**
>
> 中国绿色食品发展中心成立于1992年，是负责绿色食品标志许可、有机农产品认证、农产品地理标志登记保护、协调指导地方无公害农产品认证工作的"三品一标"专门机构，同时负责农产品品质规格、营养功能评价鉴定，协调指导名优农产品品牌培育、认定和推广等工作。
>
> 资料来源：中国绿色食品发展中心[EB/OL]. http://www.greenfood.agri.cn/, 2011-10-18/2020-6-3.

(三) 农产品品牌的分类

因为农产品的独特性，其分类标准也表现出和其他品类品牌分类标准的差异性。农产品品牌按照不同的分类标准可以划分为不同的类别。

1. 根据品牌价值和农产品消费层次不同划分

根据品牌价值和农产品消费层次不同划分，农产品品牌可分为低档农产品品牌、中档农产品品牌、高档农产品品牌。以茶叶品牌为例，北茶老徐、瑞草园茶叶等品牌知名度相对较低，产品档次也相对较低；天福、竹叶青、吴裕泰等知名度较高，产品档次也较高；小罐茶作为新兴茶叶品牌，宣传推广力度大，品牌知名度高，产品档次也相对高档（图12-1）。

图 12-1　知名茶叶品牌标志

2. 根据行业差别划分

根据行业差别划分，农产品品牌可分为种植业农产品品牌、养殖业农产品品牌、水产业农产品品牌。佳沃蓝莓、宋梨、慈玉白菜等属于种植业农产品品牌，网易未央黑猪肉、顺科鸡蛋、京东跑步鸡、布莱凯特黑牛等属于养殖业农产品品牌，獐子岛海参、华岛海产品、海上粮仓、老尹家海参等属于水产品品牌（图12-2）。

图 12-2　知名农产品品牌标志

3. 根据技术含量不同划分

根据技术含量不同划分，农产品品牌有传统农产品品牌、科技产品品牌、高科技农产品品牌。以养猪行业为例，除了传统的温氏、牧原、新希望、六合等养殖品牌外，越来越多的高科技企业开始进入养猪行业，AI养猪正在兴起，比如阿里的"ET大脑"、京东的"猪脸识别"、网易的"音乐猪"等（图12-3）。

图 12-3　AI养猪典型示例

第十二章 农产品品牌创建概述

【案例 12-1】

2018 年 2 月 6 日，阿里云与四川特驱集团、德康集团达成合作，发展 AI 养猪项目。与普通农场里的猪相比，AI 技术养猪就是每一头猪在出生之时就会有一个自己的档案，猪的体重、健康状况、运动情况、进食情况都会用 AI 采集分析，养殖过程采用的技术包括视频图像分析、人脸识别、语音识别、物流算法等。AI 既会看病，又会保健，还能帮助母猪多生仔，ET 大脑的 AI 技术让母猪每年多产 3 头小猪仔，让猪生更加完美。

AI 养猪场里，装了大量的摄像头，可以利用 AI 技术解读猪场视频，让电脑有一双看懂养殖的"眼睛"。这些摄像头可以采集猪的运动和体型数据，分析出每头猪每天的运动量，对于运动量不达标的猪，会被饲养员赶出外面"运动"，阿里云表示，这些猪一生至少要运动 200 千米。

AI 并没有改变养猪的本质，但是却让养猪的过程更加智能化，也使养猪人脱离了传统的脏、臭、累。

资料来源：根据农世界网相关资料整理。

思考：AI 养猪将如何提升品牌价值？

4. 根据知名度层次划分

根据知名度层次划分，农产品品牌可以划分为初创农产品品牌、知名农产品品牌、著名农产品品牌。以山东苹果区域公用品牌为例，著名的有烟台苹果，知名的有栖霞苹果、沂源苹果、旧店苹果，这些都是中国地理标志产品。

5. 根据品牌范围划分

根据品牌范围划分可以分为区域公用品牌、企业品牌、产品品牌。

区域公共品牌是指在某一特定区域环境内，以独特的自然资源、种植养殖技术或特定的加工工艺为基础，经过长期积累而形成的，区别于市场上同类竞争产品的农产品标志和符号。它的品牌权益不属于某个个人、企业或集团所有，而为区域内相关机构、企业等主体共同所有。且区域公共品牌不能注册为普通的商标，只能用集体商标和证明商标两种形式表现。区域公用品牌常以"区域名称+产品名称"构成，如沁州黄小米、莱阳梨、砀山酥梨、五常大米等。

> **知识拓展**
>
> **集体商标和证明商标**
>
> 集体商标是指以团体、协会或其他集体组织名义注册，供该组织成员在商事活动中使用，以表明使用者在该组织中的成员资格的商标。
>
> 证明商标是指由对某种商品或者服务具有检测和监督能力的组织注册，而由该组织之外的人使用于其商品或者服务，用以证明该商品或者服务的原产地、原料、制造方法、质量或者其他特定品质的标志。
>
> 集体商标具有封闭性，只允许本组织成员使用，组织以外成员不能使用。证明商标具有开放性，任何达到规定标准的人都可以申请使用，而且注册人作为监督者不得使用证明商标。

知识拓展

地理标志商标是标示某商品来源于某地区，该商品的特定质量、信誉或其他特征，主要由该地区的自然因素或人文因素所决定的标志。分为地理标志证明商标和地理标志集体商标，合称为地理标志商标。

资料来源：《中华人民共和国商标法》第三条、第十六条。

企业品牌与区域公共品牌的"公共性"相比，其具有"专属性"，是由企业组织、企业或个人独自拥有的。企业品牌具有明显的竞争性和排他性，其他企业组织不能分享企业品牌所带来的利益。企业品牌的优点是经营者相较于区域公共品牌，更愿意主动去为品牌建设贡献力量。如中粮、北大荒、好想你、鑫荣懋等都是本土化的农产品企业品牌。

产品品牌的范围比企业品牌更小，只聚焦于某种产品，只是企业品牌的一部分，指向的是某类产品的名誉。通常一个产品品牌做砸了可以舍弃重来或直接放弃，而一个企业品牌做砸了却会影响该企业下属的所有产品的名誉。例如，鑫荣懋下面有佳沃、欢乐果园、天山1号、维多丽等产品品牌；北大荒下面有北大荒、九三、完达山等产品品牌（图12-4）。

图 12-4 鑫荣懋产品品牌矩阵

【案例 12-2】

如何打造农产品区域公用品牌

1. 湖南湘西——"湘西香伴"

"湘西香伴"的创意来源于"相惜相伴"一词，品牌符号方面，融合人文价值与生态价值，设计了"湘西香伴"品牌主形象。在品牌辅助图形方面，创造了一幅云雾缭绕、风情十足、人与自然和谐共处的武陵仙境画卷，以引起消费者对于品牌的美好联想。

其核心价值是希望通过这一品牌，揭开湘西农产品的神秘面纱，让每一个消费者都能得到优质安全农产品的陪伴。延续这一核心价值，提出了"绿水青山，湘西香伴"的品牌口号，表现湘西对于守护绿水青山的生态承诺。继而又从农人匠心、人文特色、物产优势、自然禀赋方面，提炼了"一心质朴，湘西香伴""十足风情，湘西香伴""百分美味，湘西香伴""千里沃野，湘西香伴"的品牌价值支撑体系。

2. 浙江衢州——"三衢味"

在品牌创意方面，"三衢味"着眼于衢州的自然山水、人文特征、产品品质以及饮食特色，从中梳理衢州农产品蕴含的品牌价值：真山水、真性情、真食材、真滋味，最终提炼出品牌核心价值——"真"。在此基础上，提出了简洁凝练、朗朗上口、易于消费者记忆的传播口号：衢州有真味！

> "三衢味"区域公用品牌建设是衢州市区域发展战略的重要构成部分,是"衢州有礼"中"礼"的物化,是"南孔文化"文化价值链中的重要一环。通过这一品牌,更有效地联通区域农产品与城市消费,更出色地传播城市形象与文化,让"衢州有礼"更可感知。
>
> 衢州将加快培育"三衢味"农产品区域公用品牌,计划用 3 年时间,使"三衢味"授权农产品超过 500 个,培育规模化、标准化"三衢味"基地 1000 个;"三衢味"营销网络覆盖长三角、珠三角、京津冀等城市群,建成"三衢味"营销网点 200 家;"三衢味"农产品年销售额突破 100 亿元。
>
> 资料来源:钟恩. 看人家如何打造农产品区域公用品牌[J]. 中国农垦,2020 (01):51-52.
>
> 思考:如何培育农产品区域公用品牌,体现其品牌价值?

6. 根据品牌家族决策分类

品牌家族决策是指所有的产品使用一个品牌,或是不同的产品使用不同的品牌。一般来说,根据品牌家族决策策略可分为四种形式:

(1) 统一品牌。所有的产品采用一个统一的品牌,即家族品牌。采用家族品牌策略能减少品牌设计和广告宣传等费用,能够统一形象有利于新产品在市场上较快较稳地立足,并能壮大合作社的声势,提高其知名度。新奇士合作社是美国十大合作社之一,也是世界上最大的水果蔬菜类合作社。该合作社聚集的 6500 多户成员产的水果统一使用"新奇士"(Sunkist)商标,销售的水果包括美国脐橙,还有巴伦西亚橙和柑橘以及柠檬和葡萄柚等。统一品牌策略形成了新奇士的总体实力,据估算,新奇士品牌的无形资产已经高达 10 亿美元。但是使用该策略要注意个别产品出现问题对品牌的影响。

(2) 个别品牌。对各种产品分别采用不同的品牌,即个别品牌。农产品生产经营产品种类多样、品类差别大、产品质量明显分层或各具特色时,可以采用个别品牌策略,也即不同类别、质量、档次的产品分别采用不同的品牌名称。个别品牌策略能起到"隔离"作用,用品牌把不同的产品特征、档次、目标顾客的差异隔离开来;也能起到"保护"作用,当其中一个产品出现问题时,不会影响到其他产品;同时,还能起到"激励"作用,企业不断推出新的品牌,给人以蒸蒸日上、欣欣向荣的感觉,有利于提高企业向心力,树立企业在社会上的良好形象。

(3) 类别品牌策略。对不同类别或不同等级的产品使用不同的品牌。统一品牌策略费用上比较节约,但难以协调不同产品的差异和特色;个别品牌策略能突出不同产品的特点,但由于过于细分,费用上比较大,甚至有些浪费;类别品牌则兼顾了统一品牌和个别品牌两种策略的好处,非常适合企业生产经营截然不同的产品类别的情况。例如,浙江瑞安市梅屿蔬菜专业合作社注册了"强绿"牌番茄和"绿印象"牌精品蔬菜两大品牌,思远农业注册了"熊蜂子"牌西红柿和"思远庄园"品牌蔬菜,既能突出不同类别产品的特点,又有利于节省费用。

(4) "组织名称+个别品牌"策略。将组织名称与个别品牌结合在一起使用。通过个别品牌名称之前冠以组织名称或两者直接结合在一起使用，可以使产品借助和享受组织已有的形象、信誉，而个别品牌又可使产品各具特色。企业使用"组织名称+个别品牌"策略既可以区分产品，也能够区分组织中不同成员，为不同的成员创造各自发展平台的功效。例如，印度阿牟尔牛奶合作社除了拥有品牌"阿牟尔"（Amul）外，还拥有一系列品牌，如"阿牟尔斯碧丽"（Amulspray）、"阿牟尔斯碧瑞"（Amulspree）、"阿牟尔斯亚"（Amulya）和"纽初阿牟尔"（Nutramul）等。这种以组织名称为主、兼顾产品特性的伞型的品牌策略，既利用了阿牟尔合作组织的影响力，又区分了不同的产品，同时也使阿牟尔不但巧妙地避免了在联盟之间的冲突，还为联盟成员创造了自我发展和相互合作的平台。

第二节　农产品品牌创建的关键

一、农产品品牌建设存在的问题

近年来，政府出台了一系列激励农业产业化的优惠政策，其中对农业标准化、规模化、组织化、农产品品牌建设和农产品"三品一标"认证等方面分别给予了一定奖励，农产品品牌建设被摆在了突出的位置，支持力度明显加大。一些具有传统认知的特色农产品品牌建设取得了阶段性成效，如阳澄湖大闸蟹、五常大米、洛川苹果、盐池滩羊、库尔勒香梨等。但必须明确看到，现有农产品品牌建设存在的问题仍然较多，困难重重。

（一）农产品品牌意识薄弱

受传统生产经营观念的影响，大部分生产企业及生产经营者，生产产品多，运作品牌少，对品牌重要性及必要性认知不足，还未意识到品牌对农产品附加值和市值的影响力，创建品牌的积极性不高，保护意识薄弱。"以假充真、以次充好"的现象时有发生，对产品的信誉造成了不良影响。农业生产者为获取最大利益，往往只注重产量而忽视质量，忽视了农产品品牌建设的投入，认为品牌建设的性价比不高，需投入大量资金，但短期内很难看到效益。因此，农产品在市场竞争中缺乏竞争优势，产品的辨识度较低。

（二）农产品品牌形象不突出

农产品品牌面对消费者所呈现的整体形象，包含诸多细节，如品牌整体定位、外部符号名称、包装设计等。品牌定位上，有些品牌定位过高，超出产品自身功能范围和消费者经济承受能力，有些品牌定位过宽，反而引起消费者的怀疑。品牌名称上，同质化明显，雷同无个性，更多情况下以"产地+产品"的形式出现，品牌识别功能缺失；农产品包装上，很多农产品包装粗陋，无防伪标志，使不法商贩有机可乘，造成"鱼目混珠"，消费者无法识别真假，严重伤害品牌形象。

（三）农产品品牌层次较低

大部分农业品牌产品都是初加工产品，科技含量低，农产品种植、生产受自然环境影响大，保鲜、贮运、加工环节相对滞后，基本上停留在粗加工上，对产品的精深加工和深度开发不足，品牌附加值少，无法体现农业品牌优势，很难形成市场竞争力。如果遇上市场需求波动，很容易导致产品积压腐烂，直接损害种植户的收益。且由于加工方式没有太高的门槛，极易被竞争对手模仿，难以形成区别于对手的显著性市场竞争优势。

（四）农产品品质的不稳定性

农产品非标准化的生产方式决定了农产品品质的不稳定性，国内目前除部分公司、企业及先进村镇采取订单农业的做法，严格提供符合订单要求的标准农产品外，绝大部分生产者的生产模式不能达到标准化，而农产品质量的不稳定将大大影响消费者的口碑评价，从而动摇农产品品牌的根基。

（五）农产品品牌经营理念落后

经营品牌与经营产品不同，消费者对产品的认同主要来自对产品品质的认同，而消费者对品牌的认同则更多的来自对品牌文化的认同。品牌文化是随着品牌的发展积淀形成的价值观、理念和个性等，需要较长时间的积累，需要农产品生产企业不懈努力，使农产品及其品牌中所包含的文化内涵或特定理念逐渐渗透到消费者的心里。不少农产品经营者偏重短期效益，忽略长期发展，一些农产品生产企业在业绩佳、发展势头好时，往往掉以轻心，忽略产品的质量，忽视产品的升级换代，没有为品牌注入新的内容，缺乏对品牌的长期维护与培育。

（六）品牌建设推广营销力度不够

由于各种主、客观因素，很多品牌仅仅是注册，缺乏后续有效地宣传。不少地方把农产品品牌建设搞成了面子工程、形象工程，止步于方案公布、LOGO出街、广告语上墙。战略不落地，方案悬半空。经历了短期的热闹之后，有的归于寂静，有的乱局出现。有些地方遇到领导变动，工作停滞，前功尽弃，没有持续性。存续的品牌也仅仅注重识别功能和促销功能，品牌营销手段单一、传统，大多依赖于政府门户网站的农产品品牌专栏，品牌知名度不高，没有形成线上、线下一体化的品牌营销推广体系。

二、农产品品牌创建的影响因素

1. 质量因素

质量是品牌立足的本质，是品牌的基础和生命，名牌的显著特征就是能够提供更高的可感觉的质量，质量是品牌的灵魂。为什么顾客青睐名牌，甚至不惜以高价购买，因为名牌体现出了质量优势，名牌从来都是以质量为基础的。品质是企业创名牌的根本，是使顾客产生信任感和追随度的最直接原因，是品质大厦的根基。没有高品质，不可能成为真正的名牌，甚至会导致企业经营失败。

2. 服务因素

服务是商品整体不可分割的一部分，在当今市场竞争中已经成为焦点。为顾客提供优质服务是企业接近消费者、打动消费者的最便捷途径，也是企业品牌树立的途径。服务可以减少或者避免顾客的购买风险，为顾客提供超值的满足。服务是创品牌的利器，也是品牌组成不可缺少的重要部分。

3. 形象因素

品牌的形象是指企业或者某个品牌在市场上、社会公众心中所表现出的个性特征，它体现公众，特别是顾客对品牌的评价与认知。品牌形象由顾客评价，它是赢得顾客忠诚的重要途径。俗语说：产品是企业的，品牌却在消费者的心里。

4. 文化因素

品牌文化是指文化特质在品牌中的沉积，是指品牌活动中的一切文化现象。文化与品牌联系密切，品牌的一半是文化，品牌的内涵是文化，品牌也属于文化价值的范畴。品牌的文化内涵常常使其充满生机，具有无穷的生命力。

5. 管理因素

企业必须依靠管理出效益，品牌事业的发展更要依靠管理，利用管理积极规划，推出优质产品或服务，利用管理合理、科学开展广告、公关等营销推广活动，利用管理处理危机、加强服务，利用管理不断创新使品牌长久不衰。另外，更需要利用管理开发品牌资源，使其不断发展壮大。

6. 创新因素

创新是企业进步和发展的活力之源，也是品牌成长过程中的一个推进器。世界上的许多著名品牌都是在不断创新中生存、发展下来的。

7. 广告因素

广告和公关是品牌的左膀右臂，像火箭的两个推进器，带动品牌冉冉上升。品牌离不开广告，品牌锻造需要广告的协助、支持。古语说："好酒不怕巷子深""皇帝女儿不愁嫁"，但在现在激烈的商战、多变的市场下，则应该说"好酒也怕巷子深，酒香也需常吆喝"。在品牌成名之后，也离不开广告，品牌还须利用广告等宣传手段使消费者不忘记品牌及相关产品。另外，与对手竞争时，广告也是强有力的武器。

8. 公关因素

公关是公共关系的简称，公关主要是对公众心目中的形象（企业形象或者品牌形象）进行管理。公关与品牌有着密切的联系，公关是锻造品牌、创立名牌的又一利器。成功的公关活动可以提升品牌知名度、美誉度、信任度等。公共关系通常是利用公共活动吸引媒体关注，由媒体主动宣传企业和品牌，从而达到较好的宣传效果，公关可以为企业"扬名"，为企业带来良好的经济效益和社会效益。

三、农产品品牌创建的关键

1. 健全农产品标准化生产体系

根据国际通行标准、国家标准、行业标准和生产需要，制定、修改、完善品牌农产品的生产技术规范和操作规程，做到"有规可依"。制定完善的农业投入品管理、产品分等分级、产地准出、包装标识等方面的标准，制定简明实用的操作手册，建立起既符合农产品实际又与国际、国家和行业标准接轨的农业标准化生产体系。同时，农产品企业要和种植户达成战略合作，在农产品供销期间，加强种植户的品牌观念，为农产品质量、安全以及口感等提供保证，为农产品品牌建设奠定良好的基础。

如四川资中血橙构建了一整套完善的标准化生产规范：血橙的种子要经过严格的挑选和处理，种子装袋的重量、运输等都要严格把关，种子在发芽后，要按照标准配比和频率施肥，甚至施肥的位置也要固定。种子发芽成"奶苗"，再培育一年，然后嫁接，再培育两年，待其长成"壮苗"后即可移栽至基地。其后还要对果树修枝塑形，保证其高度、枝条生长情况一致，采摘时间也经过农林局、血橙协会等机构科学的分析，由资中县政府亲自发文，明确采摘时间为每年的1月1日，确保优质的资中血橙到达消费者手中能有最完美的品质，为资中血橙的品质、品牌维护奠定了良好的基础。

2. 强化农产品质量安全体系

一方面，推行农产品条码制度（产品准出证明或二维码标识）或视频追溯系统，建立产销区一体化的农产品质量安全追溯信息网络，实现生产记录可存储、产品流向可追踪、储运信息可查询，确保农产品质量安全。另一方面，加大农产品投入品监管力度，严厉查处违禁农药、兽药、渔药的生产、销售、使用等违法行为，提高品牌农产品的质量及安全水平。

如在"2018中国区域农业品牌影响力"排名第一的"五常大米"，在发展初期曾因"假冒""掺假""调和"等负面消息，一度遭遇信任危机。但近年来，黑龙江省五常市通过建设产品溯源服务体系，有效监管五常大米品牌使用者的生产与销售行为。如2016年，五常市依托农业物联网，建设了五常大米追溯平台和五常大米网，对五常大米实行"三确一检一码"溯源防伪，实行"一物一码"，提出了"购五常大米、认溯源标识""五常大米、一码锁定"的口号。消费者通过终端点击或者扫描溯源防伪码，可以直接查到种植地块、加工、仓储等信息，实现全程可追溯，有效地维护了消费者权益，也增加了农户的收入，促进了五常大米品牌的良性可持续发展。

3. 打造突出的农产品品牌形象

聘请一流的品牌策划机构，结合当地文化与产品特色，挖掘品牌自身内涵，设计具有当地地域特色和文化底蕴的农产品品牌符号，塑造鲜明的品牌个性。具体包括品牌名称、品牌标志、品牌包装等。打造完成后对整体品牌形象进行品牌商标注册和版权登记，取得产权保护。

如浙江丽水市所创建的农产品区域公共品牌"丽水山耕"，结合了东方传统农耕方式"耕种"，丽水突出的山地地貌形态和"丽水"的地理区域名片，提炼出了"丽水山耕"这一品牌名称。品牌口号方面，丽水山耕从丽水农业的独特文脉出发，追溯至中国哲学"道法自然"的源头，宣扬保留传统生态农耕方式，生产生态精品农产品，与消费者分享来自丽水的原生态美味，提供享受淳真、原味生活的机会与体验，即"法自然，享淳真"的品牌口号，在提高文化调性的同时，迎合了市场对传统农耕时代安全、自然生活的向往，再加上政府的背书，迅速让农产品实现了溢价。

4. 建设品牌推广和营销策划体系

充分利用电视、报刊、电台、互联网等媒体，构筑农产品品牌立体化宣传网络；举办地方特色农产品展会，与区域其他品牌农产品进行联合推介、捆绑式宣传推广，通过合理的手段对品牌知名度、美誉度及满意度进行强化，全力塑造农产品整体品牌形象，提高市场知名度。

如山西长治的"武乡小米"，精准制定了"武乡小米"品牌化发展战略，前期提出了"小米加步枪，好米在武乡"的宣传口号，借助耳熟能详的宣传语快速提升武乡小米的知名度；后期提炼出"大米看五常、小米看武乡"的宣传口号，为武乡小米的网络市场占有率奠定良好的基础。之后又组建了武乡小米推广团队，先后参加了美味中国行郑州站、成都农产品展、福州海峡交易会等农产品展销会20多场。2016年10月，举办了"武乡小米"品牌发布会,通过了国家农产品地理标志认证;11月,通过央视财经频道"厉害了我的国·中国电商扶贫行动"直播,当天网销小米14万公斤,销售收入达到了323万元。

5. 建设多样化的农产品销售渠道

推动农产品品牌与第二、第三产业相融合,延长农业品价值链,为品牌注入源源不断的活力;利用乡村旅游、休闲农业、观光旅游等方式,促进品牌农产品的传播和销售。直接与终端消费者建立联系,一方面可以在全国大中城市建立专卖店,专柜专销、直供直销,建立稳定的销售渠道。另一方面,创新农产品营销方式,大力发展农产品电子商务、直销配送、农超(社)对接等新型营销模式,实现线上线下相结合、经营消费无缝对接,健全完善实体店与网点相结合的品牌农产品营销体系。

【案例12-3】

坚果品牌"三只松鼠"成立于2012年,其深度结合互联网打造产品体验,将消费者称为"主人",在品牌情感、文化外延方面做足了工夫,依靠"萌"的营销策略,自2012年天猫运营上线以后,连续多年刷新坚果类销售额记录。另一方面,在互联网平台销售额连创新高的同时,三只松鼠又不断拓展线下渠道,将三只松鼠的线下店定义为"投食店",强调不是单纯的实体零售店,而是注重体验与互动,让消费者更真实地体验自己"主人"的身份,固化了消费者心中对三只松鼠的品牌认知。目前,三只松鼠已在芜湖、蚌埠、南通、苏州四地开设投食店。通过线下的真体验,消费者获得了自己追求的消费价值,从而推动线上销售的增长。除了投食店外,一个放大版的2.5次元体验店——松鼠小镇,也于2017年正式动工。目前,三只松鼠正在构建以"电商+投食店+松鼠小镇"为主线,围绕品牌经营,从内容到产业,由浅到深的多元化用户体验,为农产品品牌催生新产业、新业态,拓展农业产业价值链,为完善乡村产业发展提供了有益的思路和典范。

资料来源:根据网络资料整理。

思考:乡村振兴背景下,如何构建农产品品牌体系?

6. 建立完善的品牌保护体系

当完成品牌建设与宣传之后,要对已经成型的品牌实施保护,以维护产品品牌形象。积极开展证明商标、集体商标注册和地理标志保护,注重产地认证,防止外来农产品滥用品牌,以保持该品牌所特有的区域优势,维护品牌的市场形象。此外,区域公共品牌还要定期对品牌使用主体开展品牌培育、品牌保护等知识培训,使其认识到品牌滥用、搭便车、假冒所带来的严重后果,进而提高他们的品牌意识和法制意识,切实保护品牌农产品的知识产权,防止发生地域农产品品牌的信任危机。

如全国知名品牌"龙口粉丝",2004年由央视曝出,一些不良商家违规操作,为了使玉米淀粉替代绿豆淀粉制造出的劣质龙口粉丝看起来通透鲜亮,而在原料里掺入了农用化肥,且曝光的企业多数环境污浊,设备简陋,操作不规范,使地域产品遭到"封杀、超市撤柜、禁止出口","龙口粉丝"这个声名远播的地方名产,一下子陷入空前的市场危机,许多知名企业白白地遭受了株连,因此,在完成品牌建设和宣传后,应特别注意此类情况的发生,切实为农产品品牌保驾护航。

第三节　农产品品牌创建的过程

一、农产品品牌创建的阶段

农产品品牌建设的过程分为3个阶段：规划阶段、全面建设品牌阶段、形成品牌影响力的阶段。

1. 规划阶段

做好农产品品牌规划，等于完成了一半农产品品牌建设；而一个坏的农产品品牌规划，可以毁掉一个企业。做规划时，要根据实际情况明确目标，然后制定行之有效的措施。对于一个已经存在很多年的企业，要诊断这个企业的品牌，找出问题，发现优势和缺陷。这是农产品品牌建设的初期阶段，也是农产品品牌建设的第一步。

2. 全面建设品牌阶段

确立农产品品牌的价值观是最重要的一点。确立什么样的价值观，能够决定企业走多远。有相当一部分企业没有明确且积极向上的品牌价值观取向；更有一部分企业，在品牌价值观取向上唯利是图，片面追求利润，抛弃企业对社会的责任。一个好的品牌价值观，首先是为消费者和社会创造价值，其次才是为企业创造利益。

3. 形成品牌影响力的阶段

企业要根据市场和企业自身发展的实际情况，对品牌不断地进行维护和提升，使品牌达到一个新高度，从而形成品牌影响力。能够进行品牌授权，才能真正形成一种无形资产。农产品品牌建设是一个系统工程，要想打造强势品牌，必须知道并周密按照打造品牌的流程去规范运作，才能取得预期或者理想的效果。

【案例12-4】

内蒙古自治区察右前旗发布"1+N"的区域公用品牌战略，确定名称为"前旗优鲜"，标志着该旗首个区域公用品牌正式启用。

察右前旗土地平整肥沃、牧草优良、日照充足、昼夜温差大，加上牛羊粪肥提供的原生态养料，有41度黄金种植带的美誉。基于此，在挖掘察右前旗农产品"品质优、天然鲜"产品优势的基础上，其品牌核心价值及品牌定位融入区位名称特色和农耕文化，从而确定察右前旗区域公用品牌的名称为"前旗优鲜"。

"1+N"品牌战略模式，即1个区域公用品牌+N个特色农产品品牌。通过打造1个区域公用母品牌，以区域公用品牌整合区域资源，形成能够代表察右前旗农业特色的名片效应，提升农产品价值与竞争力。另外，打造N个农特产品子品牌，把支柱产业马铃薯打造成为察右前旗明星农产品，成为"中国薯都"的金字招牌。与此同时，着重建设小番茄、葡萄、土鸡蛋3款特色农产品子品牌。

资料来源：钟恩. 看人家如何打造农产品区域公用品牌[J]. 中国农垦，2020(01)：51-52.

思考：农产品品牌创建的基础是什么？如何规划品牌建设？

二、农产品品牌创建的步骤

农产品品牌和其他品牌一样,品牌的打造一般要经过对品牌的相关内容进行调研、制订设计计划、定位品牌、推广品牌和评估效果这样几个步骤。

1. 品牌调研

品牌调研是指打造品牌的工作人员对企业的品牌现状进行了解,或者对企业打算树立的品牌相关内容的资料进行搜集。对于调研已有品牌的现状,重点是了解企业品牌的美誉度、知名度、内涵等,主要是为了明确企业预期的状态及实际所处状态,另外,还需要了解员工的品牌意识以及对该品牌的理解程度。而对于调研企业计划树立的品牌,主要了解企业信誉、产品或服务的质量和性能、在同行业中的地位、目标受众对品牌的关注,以及影响目标受众选择的因素等。可见,品牌调研就是发现品牌系统存在的问题或者影响因素,并对其进行全面分析。

2. 制订品牌设计计划

通过品牌调研掌握了大量的基础资料,找出了品牌系统中存在的问题和影响因素之后,下一步工作就是制订品牌设计计划。品牌设计计划有长期计划、年度工作计划,也有短期设计工作计划,制订品牌设计计划主要包括确定目标、依据目标规划设计内容、进行预期成本核算。

3. 品牌定位和设计

品牌定位和设计是指按照品牌目标的要求为品牌确定合适的位置,然后详细设计品牌的内容。品牌设计计划是开展品牌创建工作的依据,在综合分析企业的发展状况、产品受众、竞争对手等多项因素后,设计品牌。设计品牌的主要内容包括品牌的形式、企业识别系统设计、设定品牌目标效果等。品牌设计要采用科学的方法,并结合企业近期、远期目标。

4. 品牌推广

品牌设计完毕之后,就要对品牌进行推广。品牌推广是指综合运用广告、公关、营销人员、媒介、品牌质量等多种要素,结合目标进行推广和传播,以树立良好的品牌形象。

5. 品牌效果评估

品牌效果评估的主要工作内容是了解品牌打造工作进展如何,是否按期、保质地完成,是否达到了预期的目标。经过评估,发现工作中的问题,考虑是否需要对品牌进行再次修改或完善等。

三、农产品品牌创建的途径

农产品品牌建设需要农户、经营者、企业、政府等多方参与和协调。政府和企业作为其中的主要参与力量,在农产品品牌建设过程中发挥着非常重要的作用。首先,品牌的拥有者——企业需要政府的规范、监管和调控,保障农产品质量认证、销售渠道、宣传手段等合乎有关规定,依法保障消费者的合法利益,防止假冒伪劣产品扰乱市场秩序,同时保障品牌权益不受侵犯。其次,农户及企业需要政府出台农业优惠和扶持的相关政策,例如,引进技术或者先进设备给予补助,或者减免税费,资金方面也向农业倾斜等。农产品品牌建设主要有两大途径。

(一) 政府主导的农产品品牌建设

从很多优质农产品品牌的建设经验来看，政府在品牌建设过程中发挥着重要作用，主要是提供政策和资金扶持，构建公平合理的宏观经济环境，引导市场健康有序地发展。

1. 推行标准化生产

农产品质量是农产品品牌建设的生命，决定着品牌在市场上能否长久。推行标准化种植或生产模式，才能保证质量的统一和稳定，才能在市场上站稳脚跟。在农产品品牌建设过程中，政府应建立和完善农产品质量标准体系，积极推广标准化生产，加大农产品质量检测和监管力度，确保农产品质量优质稳定。

【案例12-5】

宁夏石嘴山市富硒农产品——"珍硒石嘴山"

该品牌图形设计以贺兰山和黄河为参照地标，并融合石嘴山富硒大米、羊、葡萄、西瓜、番茄、枸杞等知名物产，以嘴的形状出现。今后，石嘴山的农产品将共有"珍硒石嘴山"品牌，标志着该市推动富硒农业高质量发展进入新阶段。

石嘴山是"硒有宝地"，发展富硒产业，有先天优势，更有内生动力。该市82万亩耕地，60%以上富硒，部分区域土壤硒含量高达每千克0.82毫克。水稻、小麦、蔬菜、牛羊肉等产品，达到富硒标准的占55%。目前，石嘴山市建成富硒农产品生产基地24个，打造了昊帅大米、红蜡滴枸杞、宁羊一号等11个富硒农产品品牌。

资料来源：钟恳. 看人家如何打造农产品区域公用品牌[J]. 中国农垦，2020(01)：51-52.

思考：农产品标准化生产对品牌创建具有什么意义？

2. 加大科学技术投入

先进的科学技术能提高生产效率，更能提高农产品的品质，增加产出和品牌附加值。国内外很多优秀的农产品品牌都含有较高的科技含量，当地政府投入大量资金用于科研，用于新产品开发，培养和引进优秀技术人才，这些做法往往能取得事半功倍的效果。

3. 出台农产品品牌建设的扶持政策

农产品的生产和经营大都比较分散，综合实力小，市场竞争能力差，而且农产品品牌建设的发展和维护需要大量的资金，特别是品牌创建的初级阶段，企业需要大量的资金去开拓市场，政府应加大对农业企业的扶持力度，出台税费减免以及资金补贴等相关政策，鼓励农产品品牌相关参与者大力发展品牌。

【案例12-6】

新西兰奇异果的畅销得益于新西兰奇异果国际行销公司ZESPRI(佳沛)的营销。该公司由政府主导成立，全部为果农所有，生产的奇异果主要供出口。佳沛农产品品牌能打造成功，归结起来，有几个重要因素。一是来历典故，赋予农产品文化价值，增加消费者吸引力。二是品牌命名，已经跨过地域品牌阶段，单独命名，可以规避单个劣质产品对群体产品造成的负面连锁反应。三是产品创新,其推出的黄金奇异果,果肉由绿色变为黄色,口味减酸增甜,深受消费者喜欢,是树立差异化品牌形象、提升品牌溢价能力的一个重要举措。四是统一标准,不仅水果品质要高标准,水果选择和包装也需统一规范。五是政府助推,新西兰奇异果国际行销公司是在政府的帮助下成立的,奇异果的出口,只由此一家公司负责,对出口数量质量统一管理,增强了国际市场上的竞争力。

资料来源:王亚静,杨文杰,李旭,等.浅析我国农产品品牌意识的提升[J].农村经济与科技,2020,31(07):11-13.

思考:佳沛品牌能够成功的关键因素是什么?

(二)企业自创的农产品品牌建设

企业是农产品品牌建设的主要参与者,企业是农产品品牌开创和推广的中坚力量,它采取很多宣传方式扩大影响力。所以,品牌和包装的设计是不能忽视的重要环节。

1. 精心设计农产品品牌

发展品牌首先得有一个完整的品牌名称和标识。品牌设计是开展品牌创建工作的依据,要综合分析企业的发展状况、产品受众、竞争对手等多项因素。设计出的品牌应易懂清晰,内涵丰富,能传达出企业的产品特点,便于让消费者接受并喜爱。设计一个成功的品牌是品牌建设工作的基础。

2. 注重产品外观和包装

在农产品经营过程中,产品的外观和包装会给消费者留下第一印象,如果农产品具有好的质量,但是不重视包装,这种农产品很难进入高端农产品行列。农产品的包装设计应该具有自己的鲜明特色,容易和同行业的产品区分开来,例如突出包装色彩的不同,能吸引消费者的注意力,便于消费者选购。

3. 加大广告宣传力度

现在,广告已经成为品牌宣传的主要手段和方式,能迅速提升产品的影响力。广告的设计以及媒体的选择应该结合农产品的特点,突出农产品的核心竞争力,同时要考虑受众的喜好。有时一种媒体的宣传效果不是很理想,可以综合运用多种媒体进行广泛宣传。企业应该加大广告的投放力度,运用多种媒体,广泛宣传产品,形成广泛的影响。

【归纳与提高】

品牌是几种和某几种品牌有形要素在顾客心目中建立起来的品牌意识和品牌联想,以及影响他们对产品的感觉、评价和购买的各种东西的总和。农产品品牌就是赋予生产出来的农产品一定的特殊标识,使其具有独特性,同时对消费者产生一定的吸引力,是农产品品质和服务的象征。

因为农产品的独特性,其分类标准也表现出和其他品类品牌分类标准的差异性。农产品品牌按照不同的分类标准可以划分为不同的类别。根据品牌价值和农产品消费层次不同划分,农产品品牌可分为低档农产品品牌、中档农产品品牌、高档农产品品牌。根据行业差别划分,农产品品牌可分为种植业农产品品牌、养殖业农产品品牌、水产业农产品品牌。根据技术含量不同划分,农产品品牌有传统农产品品牌、科技产品品牌、高科技农产品品牌。根据知名度层次划分，农产品品牌可以划分为初创农产品品牌、知名农产品品牌、著名农产品品牌。根据品牌范围划分可以分为区域公用品牌、企业品牌、产品品牌。根据品牌家族决策策略分为统一品牌、个别品牌、类别品牌、组织名称+个别品牌等。

农产品品牌建设存在品牌意识薄弱、品牌形象不突出、品牌层次低、品质不稳定、品牌经营理念落后、推广营销力度不足等问题。应健全农产品标准化生产体系、加强农产品质量安全体系建设、打造突出的农产品品牌形象、建设品牌推广和营销策划体系、建设多样化的农产品销售渠道、建立完善的品牌保护体系。

【复习思考题】

1. 分析品牌与品牌化两个概念之间的区别与联系。
2. 创建农产品品牌受哪些因素的影响？
3. 结合实际，分析我国农产品品牌创建中存在的问题。
4. 农产品品牌有哪些分类方式，试举例说明。

章节案例

欧赛斯：云福沃柑品牌战略规划

1. 市场分析

随着互联网电商行业以及物流行业的发展，水果销售受地域因素的影响越来越低，产地不仅不再是限制产品流通的桎梏，还能成为为产品品质背书的标签。市场对水果产品的质量需求也越来越高。在市面上，除甜度高、水分充足、个头适中偏大、口感好、营养丰富、包装精美等需求也成了消费者选购水果时的参考指标，同时，消费者也愿意为此支付相应的成本。这提供了沃柑品牌精品化的附加值空间。

2. 消费者分析

在云福沃柑的主要销售渠道——电商平台，年轻人在电商平台上购买水果的倾向大于中老年人，同时，年轻人对水果价格敏感度远低于中老年人，能够负担得起品牌对水果带来的溢价。一、二线城市消费者选择品牌水果的意愿大于其他城市消费者。综上，欧赛斯将云福沃柑的目标消费群体定位为居住于一、二线城市，20~50岁，追求高品质生活，关注营养、健康的人群。

3. 规划方案——十三个一

一个目标群体——锁定人群：为追求高品质生活，关注营养、健康的目标人群打造中高端沃柑产品。

一个战略方向——竞争战略：一流企业定标准，二流企业做品牌，三流企业卖技术，四流企业做产品；云福沃柑要做的是成为中国沃柑行业的标准制定者、创领者、缔造者。

一个命名方向——品牌命名：结合产地、种植环境、产品品类三大核心要素，得到品牌名称——云柑。"云"字同时象征了正宗的原产地，优越的种植环境带来的产品品质，以及产品优良口感的联想。

一个战略定位——品牌战略：云柑战略定位为世界柑、中国柑。

一个品牌金字塔——品牌规划：品牌核心价值是让"99度甜"成为一种"中国沃柑甜"。

一个品类的代名词——品类占位：围绕品牌名云柑建立品牌阵地，积累品牌资产，占位消费者心智中"沃柑"的品类,最终使消费者只要提到沃柑就想到云柑,只要提到云柑就想到沃柑。

一个有文化载体的超级符号——超级IP:挖掘已经存在消费者脑海中具有文化内涵的符号形象,成功嫁接到云柑品牌,能快速释放品牌文化原力(图12-5)。

图12-5 云柑的文化符号

一句指导用户购买的口号——超级口号:99度中国甜。

沃柑行业没有关于沃柑甜度标准,从企业角度出发,用"99度"来定义沃柑品类甜度标准,使之上升到一定高度,不做百分百,只做九十九,同时包含着企业谦虚严谨的态度,而主打的中国甜,是国民企业对于未来的一种期望,做国民沃柑产业的龙头老大,同时包含着一种浓浓的爱国情绪(图12-6)。

图12-6 云柑的品牌标志

一个杀伤力十足的KV:品牌视觉(图12-7)。

图12-7 云柑的视觉推广

一系列创意设计延伸：包装设计(图 12-8)。

图 12-8　云柑的包装设计

一个完整系列的产品细分：产品规划，建立完整的产品细分体系，包括云水间(尝鲜装 5 斤)、96 度甜(家庭装 10 斤)、98 度甜(送礼装 8 斤)。

一套行之有效的流量模式：直播流量。种植产地直播销售，一种全新的自有流量模式——建立品牌流量分发池，构建自身营销壁垒。作为最近两年兴起的营销方式，率先尝试基地直播销售的品牌，已经获得丰厚回报。

一系列强有力的营销活动：营销策划。建立覆盖全年的整合营销活动规划。借助直播、论坛、社交媒体制造话题，唤起消费需求，通过搜索引擎、微博微信、官网、线下网点多渠道增加互动体验，提升品牌产品认知，以 APP 活动、场景体验、病毒海报、病毒视频等形式促进获客转化。

资料来源：云柑品牌设计[EB/OL].http://www.osens.cn/newsshow/id/139.html，2019-11-1/2020-6-4.

思考：云柑的品牌战略实施中关键步骤是什么？对农产品品牌创建有什么启示？

参 考 文 献

曹献存.营销策划[M].郑州：中原农民出版社，2008.
成都市人民政府研究室.2015 成都调查与思考[M].成都：四川文艺出版社，2016.
胡逾，张珺，宣学君.品牌文化与市场营销[M].北京：光明日报出版社，2016.
揭秘"丽水山耕"的品牌创意之路[N].农民日报，2015-03-07.
李建华，刘霞.现代企业文化理论与实务[M].北京：机械工业出版社，2011.
李琼.湖南农产品品牌建设现状及策略探析[J].视听，2019(4)：204-205.
刘丹.基于农产品上行背景的农产品品牌建设的探索——以句容市为例[J].电子商务，2019，232(4)：24+95.
牟红，杨梅.休闲活动策划与管理案例分析集[M].北京：中国物资出版社，2011.
王雷，田珊.连锁经营企业运营管理[M].北京：北京师范大学出版社，2014.
王秀娟，赵海鹏.亮亮咱贫困县的名特产：从特产走向品牌的武乡小米[N].山西日报，2018-02-28.
王昀，刘征，卫巍.产品系统设计[M].北京：中国建筑工业出版社，2014.
吴琼.共给侧结构性改革视角下的安徽农产品品牌建设研究[J].理论建设，2017(1)：34-41.
许传波，陆远强，汤森龙.农产品质量安全与农业品牌化建设[M].北京：中国农业科学技术出版社，2016.

闫治民. 现代啤酒营销与管理[M]. 北京：中国农业出版社，2005.
杨国，高传光，丁立. 农产品市场营销策略[M]. 北京：中国农业科学技术出版社，2016.
于伟力. 走进五常市：五常大米的品牌转型之路[N]. 法治周末，2019-08-08.
余雄，王祥. 市场营销学：理论及案例[M]. 昆明：云南大学出版社，2018.
张劲松. 现代化工企业管理[M]. 北京：化学工业出版社，2015.
张俊. 市场营销：原理、方法与案例[M]. 北京：人民邮电出版社，2016.
郑丹. 合作社营销学[M]. 北京：社会科学文献出版社，2009.

第十三章 农产品品牌定位

 知识与技能目标

1. 理解农产品品牌定位的内涵及其重要性。
2. 了解品牌定位的过程与逻辑框架。
3. 掌握农产品品牌定位的战略与方法。
4. 能够对某一具体农产品的品牌定位提出思路。

情境导入

2019年1月21日上午,芒种团队助力云南保山市打造的区域公用品牌"一座保山"发布。基于对保山自然生态、水利资源、地理纬度、产品特色、历史文化方面的梳理,得出了保山市农产品区域公用品牌的基础价值支撑——自然生态圈:高黎贡山,生态家园。天然水资源:三大水系,一条峡谷。卓然阳光带:北回归线,光照充足。安然放心品:滇西粮仓,绿色康养。悠然昌盛地:永昌福地,农耕悠久。定位就是品牌的根,根植于这片土地;价值支撑就是根须,深深扎在泥土里,不断地汲取着文化养分,逐渐让品牌形象枝繁茂盛。有了品牌基础价值支撑,基于其地理区位、生态优势、产品特色,得出保山市农产品区域公用品牌"一座保山"的品牌定位——源自滇西保护区的生态农产品。

资料来源:芒种品牌智库资料整理

思考:要想让品牌瞬间进入消费者心智,应该如何挖掘和运用品牌的资源价值。

定位理论的提出者艾尔·里斯(Al Reis)和杰克·特劳特(Jack Trout)认为:"定位并不是对你的产品要做的事,定位是你对预期顾客要做的事,是在预期顾客心智上所下的工夫……把产品定位在预期顾客的大脑中"。农产品品牌定位是企业制定市场发展战略最为关键的内容。成功的品牌定位,能够在消费者心目中树立鲜明的、独特的品牌个性形象,为建立品牌在市场上的竞争优势打下坚实的基础。

第一节 农产品品牌定位的基本概念

一、品牌定位的内涵

(一) 品牌定位的含义

品牌定位是企业针对目标市场确定和建立一个独特的品牌形象并对其进行整体设计和传播,最终在目标顾客心中占据一个独特的、有价值的地位的过程或行动。品牌定位意味着:

(1) 企业为了在目标顾客心目中占据独特的位置而对公司的产品、服务及形象进行设计的一系列行为。

(2) 为自身寻找或设计一个与众不同的形象与位置,以求在目标受众心目中建立起自身的独特竞争优势。

(3) 定位不一定是同类产品所没有的,而应该是竞争对手没有说明的,或尚未注意的,但却对消费者具有吸引力的因素。

(4) 品牌定位是塑造品牌个性的必要条件,是品牌传播的基础。

(二) 与品牌定位相关的概念

品牌定位是在目标消费者心目中建立起强有力的品牌联想和品牌独特印象的策略性行为,品牌定位与企业定位、产品定位、市场定位、广告定位之间既有区别也有联系。

(1) 品牌定位是以产品或产品群为基础,透过产品定位实现。品牌一旦定位成功,品牌作为一种无形资产就会与产品脱离而单独显示其价值。

(2) 企业定位是定位阶梯的最高层,是对企业形象的定位,一般由经营历史、产品价值、领导人物、服务水平等决定。企业定位要对涉入的行业和领域有较宏观和前瞻的思维;对其核心竞争力需要有更深入的思考和探讨;对外在环境的变迁和未来趋势上要有敏锐的观察。

(3) 产品定位是将产品能够满足消费者需求的某个具体属性或功效定位在消费者心中,是品牌定位的支撑点和依托。

(4) 市场定位。确定企业提供产品或服务的目标消费市场。

(5) 广告定位。通过广告宣传赋予产品某种特色,以便使产品在消费者心目中寻找一个独特的位置,从而推动产品销售。

二、品牌定位的过程及方法

品牌定位是一个科学的整合分析市场环境、竞争者品牌定位、消费者需求、企业自身资源和品牌特点的过程。农产品生产经营者在建立品牌定位策略前,需要考虑:我们的品牌和同类品牌在消费者心中具有什么样的位置?我们的品牌定位和竞争对手的是否存在差异?我们的定位优势是什么?我们希望自己的品牌拥有怎样的定位?我们希望品牌跟消费者之间的关系是怎样的?如何对品牌定位进行传播?因此,品牌定位流程包括品牌定位分析、品牌关系分析、品牌定位决策,见图 13-1。

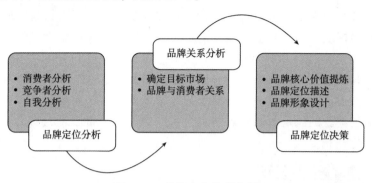

图 13-1　品牌定位流程分析

(一) 消费者分析

确立定位的首要步骤是要洞察消费者,发掘消费者的内心需求。消费者洞察(Customer Insight),即发现消费者的显性需求和隐性需求,并将之应用于企业的营销要务,它为发现新的市场机会、找到新的战略战术提供条件,从而成为能够提高营销成效和摆脱市场肉搏的有效途径。

1. 马斯洛需求层次论

消费者分析工具应用较为广泛的是马斯洛需求层次理论(Hierarchical theory of needs),见图 13-2,由美国人本主义心理学家亚伯拉罕·马斯洛(Abraham Maslow)提出,认为一个国家多数人的需要层次结构,是同这个国家的经济发展水平、科技发展水平、文化和人民受教育的程度直接相关的,在不发达国家,生理需要和安全需要占主导人数比例较大,而高级需要占主导人数比例较小,在发达国家,则刚好相反。

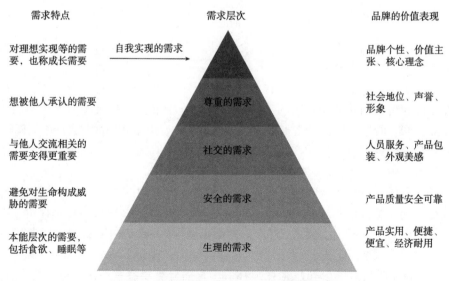

图 13-2　马斯洛需求层次理论与品牌价值表现

农产品品牌定位可以根据马斯洛的需求层次论,寻找消费者需求与品牌价值的契合点,从而确定品牌定位的决策和品牌传播的方向。

2. 消费者决策的影响因素

美国消费心理与行为学家霍金斯(Hawkins D. I.)的消费者决策过程模型(图13-3)为我们描述消费者特点提供了一个基本结构与决策过程。霍金斯模型认为,消费者在内外因素影响下形成自我概念(形象)和生活方式,自我概念是个体关于自身的所有想法和情感的综合体,生活方式则涉及我们使用的产品,如何使用以及对这些产品的评价和感觉。然后消费者的自我概念和生活方式导致一致的需要与欲望产生,这些需要和欲望大部分要求以消费行为获得产品与体验的满足。同时这些也会影响今后的消费心理与行为,特别是对生活方式的调节与变化作用。

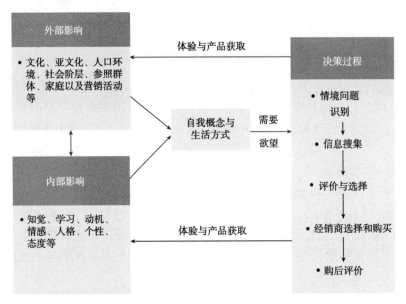

图 13-3 霍金斯的消费者决策模型

外部因素的影响如文化与亚文化、社会阶层、参照群体等;内部因素如消费者的个性、消费者情感等。

(1)社会阶层。每个阶层成员具有类似的价值观、兴趣爱好和行为方式,低层次的消费者存在立即获得感和立即满足感的消费心理,比较注重安全和保险因素;中层消费者一般讲究体面,同一阶层内的消费者彼此之间影响较大;上层消费者则更注重成熟和成就感,倾向于购买和使用具有象征性的产品。如小罐茶对目标消费人群做了明确定位,适合现代都市精品生活的中高端人士。

(2)参照群体。是直接或间接影响一个人的态度或行为的所有群体。那些强烈影响人们态度或行为的参考群体称之为意见领袖(Opinion Leader)。影响人们品牌评价、购买的意见领袖包括行业专家、时尚引领者(演艺、体育明星等)、社交网络引领者(网红等)。如在2020年第二届春茶采购节(线上)大型推介对接活动上,中国农业科学院茶叶研究所副所长鲁成银、八马茶业股份有限公司总工程师林荣溪直播分享早春绿茶的选购和乌龙茶、白茶、黑茶的冲泡、选购和储存等知识。因这些行业专家专业性强,拥有更多、更准确的产品信息,能够被消费者所接受和信任。另外,随着互联网的发展,越来越多的普通人通过网络成为意见领袖,如在线论坛、微博、抖音、快手等,网红直播销售农产品也成为一种走销的形式。

(3)消费者的个性与情感。消费者个性影响品牌的机理是,消费者会不自觉地选择与其自身个性相契合的品牌。中国市场上的品牌主要表现为五种维度"仁""智""勇""乐""雅"。随着需求层次的上升,消费者更加重视购物时的情感体验,通过产品或品牌满足消费者支持自我、发展自我的需求,产品或品牌逐渐成为一种延伸的自我。因此,农产品营销者应致力于建立品牌忠诚,使消费者对其品牌形成情感依恋。

(二)品牌的自我分析与竞争者分析

农产品品牌自我分析包括企业自身资源、品牌目前形象、品牌传统、品牌优势与劣势等。品牌定位常受到企业现有资源的制约,必须结合企业的规模、技术水平和实力等相关因素,做企业力所能及的事。需要考虑以下问题:企业有哪些联想与品牌有关?针对不同的细分市场品牌形象是否不同?消费者觉得他们获得了什么利益?品牌能引起什么视觉印象?通过此类问题,企业能够探知消费者心中感知的品牌形象与企业品牌定位目标是否一致,寻找更有效的定位方法和途径。

对于农产品品牌,企业需要了解品牌是如何创办的?品牌的传统是什么?最初的形象是什么?品牌识别应该包括哪些内容?通过对品牌传统与品牌优势的分析,实现可持续的品牌定位,避免出现试图开发企业难以实现的品牌定位的错误。

竞争者的分析主要研究竞争对手的品牌形象、定位及其优劣势,以便寻求企业差异性的品牌定位,凸显品牌个性的特点。

(三)确定品牌定位策略

在对消费者、企业自身及竞争对手有了充分了解之后,企业就应该根据分析结果制定自身的定位方向,包括确定品牌涵盖的产品线、寻找品牌自身的风格和创造品牌的差异。品牌必须具有与众不同的差异点(独特的销售主张)才能有效吸引消费者。选择差异点需要考虑农产品诉求的差异点对消费者的吸引力以及消费者对产品差异点的信任度。

> **什么是USP(独特销售主张)?**
>
> 知识拓展
>
> 50年代初,美国人罗瑟·瑞夫斯(Rosser Reeves)提出USP理论,要求向消费者说一个"独特的销售主张"(Unique Selling Proposition),简称USP理论,又可称为创意理论。该理论认为,每一种商品都应拥有自己的独特性,并通过足量的重复,把这种独特性传递给受众。USP理论的核心就是发现"独一无二",并有效地转化成广告传播的独特利益承诺,进而诱导消费者,实现商品的销售。

(1)吸引力的标准,要让目标消费人群感觉和发现这个差异点和自身是关联的,而且很重要。如富硒大米,强调富硒大米的营养价值,如硒产品具有抗氧化、抗衰老、提高人体免疫力、降血糖等功效,赢得消费者信赖。同时,品牌应给消费者提供一个可信的理由来选择,如我国富硒区域中有的面积小,有的地区同时伴生铅、汞等不良矿物质,不适合人体直接食用,真正具有开发价值的可安全食用硒的地区为数不多,这些区域中湖北恩施已被认证为"世界硒都",所产的富硒米是天然富硒米,富含有机硒,人体可吸收,该区域的大米品牌商向消费者传达"天然硒米"则更能赢得消费认知和信任。

(2)可传达性标准,农产品品牌定位成功的关键除了找到差异点之外,还要通过广告等传播方式成功地将其独特定位传递给消费者,并且能够向消费者很好的传达品牌及其相应的联想。

第二节　农产品品牌定位的方法

定位的目的是有效地建立品牌与竞争者的差异性，在消费者心智中占据一个与众不同的位置。一般而言，农产品生产经营企业制定品牌定位时，可以使用实体定位和观念定位两种方式，实体定位即从产品的功效、品质、市场、价格等方面进行定位；观念定位则突出产品新的意义和新的价值取向。

一、实体定位策略

1. 功效定位

消费者购买产品主要是为了获得产品的使用价值，希望产品具有所期望的功能、效果和效益，因而强调产品的功效是定位的常见形式，尤其是农产品，消费者更加关注其食用价值，以及新鲜、营养、健康等属性利益。由于能记住的信息是有限的，消费者往往只对某一强烈诉求产生较深的印象，因此，承诺一个功效点的单一诉求更能突出个性，更容易获得成功的定位。例如，小罐茶，一罐一泡，真空充氮，小罐保鲜技术，提升消费者冲泡体验。

2. 质量和价格定位

将质量和价格结合起来构筑品牌识别。质量和价格通常是消费者最关注的要素，消费者希望买到质量上乘、价格适中或便宜的产品。因此，这种定位往往宣传产品的价廉物美和物有所值。如伊利高钙低脂奶强调产品具有良好质量，使消费者对产品感到安全和放心，增强产品的吸引力。此外，当产品在品质、性能等方面与竞争对手差别不大，同时又找不到可以让产品具备吸引力的特殊之处时，广告宣传可以利用价格差异来制造产品区隔。

3. 使用者定位

广告着眼于产品的使用者，强调产品对某一类消费者的特别意义。如浙江省嘉兴市天蓬畜禽养殖专业合作社针对孕产妇市场提供月子鸡、月子鸡蛋产品，打造月子皇后品牌。

4. 产品种类定位

强调产品所属的种类及其特性。该定位就是与某些知名而又属司空见惯类型的产品做出明显的区别，或将自己的产品定位为与之不同的另类，这种定位也可称为与竞争者划定界线的定位。例如，美国的七喜汽水，之所以能成为美国第三大软性饮料，就是由于采用了这种策略，宣称自己是"非可乐"型饮料，是代替可口可乐和百事可乐的消凉解渴饮料，突出其与两"乐"的区别，因而吸引了相当部分的"两乐"转移者。又如娃哈哈出品的"有机绿茶"与一般的绿茶构成显著差异，也都是类别定位方法的运用。

5. 造型定位

指通过产品造型向消费者传达产品和企业的信息、观念、情感等，主要由视觉和知觉两个层面来影响消费者认知。

6. 技术和工艺定位

通过向消费者宣传产品本身具备的技术和工艺上的优势，来诱导消费者进行购买，建立起产品生产经营的专家或领导者身份，影响消费者的购买选择。如农夫山泉的天然弱碱性水，乐百氏 27 层净化水等。再如海阳白皮黄瓜，也叫白黄瓜，又名"梨园白"，是众多黄瓜品种之一。白玉黄瓜是海阳市种子站从地方品种中经过多年定向系统选育而成的耐热、抗病品种，"海阳白黄瓜"已经成功注册为地理标志产品。

7. 服务定位

如果企业的产品在品质等方面与竞争对手差别不大，但可以提供良好的售前、售后服务，则可以采取优质服务、特色服务等定位，从而使自身产品在消费者心目中形成优质服务的独特印象。如优食管家，是一个基于社群共享全球品质食材的 C2B+O2O 直供平台，与全球上百家种植基地及科研机构建立了合作关系，通过绿色种植、科学筛选、环保包装、冷链配送，将品质食品送到食友手中。几乎所有的交易都从交流群中发起，工作人员包装成"管家"的形象，每当新品上线便在群里"吆喝"、收集预订，待到单品预订达到五千至一万斤左右后，再由上游合作的果园采摘。

二、观念定位策略

1. 心理与情感定位

着眼于产品能给消费者带来什么样的心理满足和精神享受，可以采用象征的手法，强化消费者的心理感受。如洋河蓝色经典"比天空更博大的是男人的胸怀"，德芙巧克力"牛奶香浓，丝般感受"。品牌个性在于那个"丝般感受"的心理体验。能够把巧克力细腻滑润的感觉用丝绸来形容，意境高远，想象丰富。充分利用联想感受，把语言的力量发挥到极致。

情感定位是将人类情感中的关怀、牵挂、思念、温暖、怀旧、爱等情感内涵融入，使消费者在购买、使用产品的过程中获得这些情感体验，从而唤起消费者内心深处的认同和共鸣，最终获得对品牌的喜爱和忠诚。如哈尔滨啤酒"岁月流转，情怀依旧"的内涵让人勾起无限的岁月怀念。

2. 追随定位

将产品与同类产品中的领导者进行个别属性或整体属性的比较，以便让消费者快速认知本产品与领导品牌的相似性，使本产品彰显出其潜在优势，从而快速占领市场。这种方式可以缩短产品与领导品牌在消费者心目中的心理距离，诱导消费者在进行购买选择时，同时将本产品与领导品牌列入其考虑范围之内。

3. 文化象征定位

每种产品都具有独特的文化内涵，在广告中把产品塑造成某种文化、情感、精神等的象征，可以使消费者产生相关的文化联想。如小糊涂仙酒，将郑板桥的"难得糊涂"的名言融入酒中，广告语"难得小糊涂，悠然得健康"深入人心；金六福广告语"我有喜事，金六福酒"，将在中国具有广泛群众基础的"福"文化作为品牌内涵，实现了酒与酒文化的信息对称。

4. 历史定位

历史定位，宣传企业及其产品的历史资源，消费者都有这样一种惯性思维，对于历史悠久的产品容易产生信任感，认为一个创立多年的企业，其产品和服务质量应该是可靠的，而且给人神秘感，让人向往，因而历史定位具有"无言的说服力"。老字号企业、传统产品和历史悠久的品牌比较适合采用这样的方式。如泸州老窖公司拥有始建于明代万历年间(公元1573年)的老窖池群，所以总是用"您品味的历史，国窖1573"的历史定位来突出其传承的历史与文明。

【归纳与提高】

有效的品牌定位有助于品牌打入消费者的心智。品牌定位是企业针对目标市场确定和建立一个独特的品牌形象并对其进行整体设计和传播，最终在目标顾客心中占据一个独特的、有价值的地位的过程或行动。

品牌定位是一个科学的整合分析市场环境、竞争者品牌定位、消费者需求、企业自身资源和品牌特点的过程。品牌定位流程为农产品经营企业建立有效的品牌定位提供了思维逻辑框架。

品牌定位的方法包括实体定位和观念定位。实体定位策略有功效定位、质量和价格定位、使用者定位、产品种类定位、造型定位、技术和工艺定位、服务定位；观念定位策略有心理与情感定位、追随定位、文化象征定位、历史定位。

【复习思考题】

1. 结合熟悉的农产品品牌案例，分析其品牌定位的过程。
2. 举例说明农产品品牌定位的主要战略？
3. 举例说明农产品品牌定位常见的方法？
4. 分析确定品牌定位后如何进行品牌定位的执行？

章节案例

小罐茶是创立于2014年的全品类高端中国茶品牌，也是体验经济环境与互联网思维作用下所产生的现代茶商，以基于创新理念与极具创造性的品牌建设模式，整合中国茶行业优势资源，实现了茶叶由农产品向消费品的蜕变。当前，小罐茶已经成为中国茶文化的新兴代表，深受年轻群体的青睐，成功上市后，成为行业零售的领军企业。

1. 打造年轻形象

作为现代派中国茶企业，小罐茶要做的是一个贴近年轻人，融合市场，符合潮流的"潮"品牌，这一点在其包装设计上显得淋漓尽致。包装是产品品牌形象与功能体验不可或缺的组成部分，不仅需要美观，更需注重实用性。针对我国当前茶叶包装过于简易或过于豪华的问题，小罐茶整合全球创意资源，聘请日本设计大师神原秀夫、苹果御用设计师Kobe进行产品设计，将饮料常用的铝罐包装应用到茶叶上，既能够最大限度地保护茶叶色、香、味形不被破坏，也提升了消费者的体验。通过"一罐一泡"的小罐、别具一格的茶具以及具有仪式感的产品形态，刷新了年轻群体对中国茶文化的传统认知。如小罐茶品牌推出的跨界产品——大红袍"味士忌"，其采用威士忌瓶装设计，看起来酷似"高端酒"，但其内装是选自武夷山核心产区的大红袍所制成的茶叶饮品。

2. 标准化、工业化

小罐茶将茶叶由农产品升级为消费品，让茶叶时尚化与标准化。小罐茶与多位制茶非遗传承人合作，聘请他们为首席产品经理，结合顶尖工艺，确保产品品质。同时与世界顶尖设计大师合作，通过包装形态创新、现代茶具打造，全面提升用户体验。其次，小罐茶还确立了"大研发、全产业链"的发展战略，对工业化与创新做出具体战略布局。其成立的中国茶叶工业化研究中心，聚焦茶叶工业化与智能化课题，研发具有高辨识度的茶叶产品，当前该研发中心已集合由60余人组成的专业茶学力量，并联手高校茶学、食品等专业团队，推动茶叶工业化与智能化。

3. 融合传统文化

茶叶有着天然的国家传统文化符号代表性，小罐茶以国家政策与文化为品牌根基，主动立足时代大势，以八大名茶品类非遗传承人作为背书，以"小罐茶、大师作"作为核心，在树立品牌形象的同时，转变传统思维，将传统茶文化与现代潮流相融合，将细节做到极致，通过茶文化传播连接懂茶与不懂茶的消费者。正因为与传统文化的融合，使小罐茶成为中国茶文化的新兴代表，并备受年轻群体的推崇。

4. 创新消费体验

传统茶叶品牌价格无标准、信息不透明，消费者购茶体验较差，在买茶时因为不懂行情往往成为"弱势群体"，小罐茶在成立之初就致力于改变此问题，结合市场调研，发现很多现代人有喝茶的习惯，但同时希望能够简单方便喝茶。针对市场需求痛点，小罐茶抛开传统饮茶习惯与不透明的价格体系，用统一的小罐包装强化品牌，弱化品类，利用消费品思维统一标准，创新消费体验。同时，小罐茶开设线下体验店，多维度颠覆传统茶叶农产品在消费者心中的固有形象，通过看、听、触、尝等体验，使消费者得到愉悦的购买享受。并且，小罐茶也在积极倡导时尚现代的生活方式与生活态度，例如与明星、知名艺术家、时尚机构合作推出"茶社交"等系列活动；多年来一直投入"墙报艺术家"公益艺术项目合作，挖掘培养优秀青年艺术家，落实社会责任。

资料来源：罗才胜. 特色农产品品牌设计研究——以小罐茶品牌为例[J]. 邢台学院学报，2020，35(01)：157-160.

思考：小罐茶的品牌定位策略是什么？茶叶品牌如何提升品牌认知？

参 考 文 献

何静文，戴卫东. 市场营销学[M]. 北京：北京大学出版社，2014.
刘春青，梁海波. 网络营销[M]. 北京：清华大学出版社，2014.
刘治江. 市场营销学知识、技能与应用[M]. 北京：经济管理出版社，2008.
卢彦. 移动互联网时代品牌十诫[M]. 北京：机械工业出版社，2014.
王海忠. 高级品牌管理[M]. 北京：清华大学出版社，2014.
王海忠. 品牌管理[M]. 北京：清华大学出版社，2014.

第十四章　农产品品牌要素设计

知识与技能目标

1. 理解品牌要素的含义与作用。
2. 掌握农产品品牌要素设计应遵循的原则。
3. 掌握品牌形象识别系统的含义。
4. 具备农产品品牌显性要素设计的能力。

情境导入

周至县是全国种植规模最大的猕猴桃产区，也是世界上最重要的猕猴桃生产基地之一，每年面市的国产猕猴桃中，就有将近五分之一来自周至。中国农业品牌研究中心为周至猕猴桃开展了品牌战略规划。提炼出品牌创意核心"有道"，借力传统文化的现代演绎，发展出更为丰富的涵义。将品牌口号定为"周至猕猴桃，鲜甜自有道"。"自有道"的结合更强化这一特征，表现出"理所当然""当仁不让"的品牌自信，更隐含了"舍我其谁"的冠军气质。该方案立足创意核心，结合周至猕猴桃产业特色和产品特征，将其"鲜甜""自然"的特点融入口

图 14-1　周至猕猴桃品牌主形象

号，既生动地表现出产品的品质特点，又能迎合消费者追求新鲜、美味的市场需求，极大地激发消费者的购买冲动。品牌主形象（图 14-1）将周至县的重要区域背书"秦岭山脉"，以及猕猴桃生长的关键要素"阳光、耕地、水流"融入品牌标志中，通过猕猴桃果肉切面的形式有机整合、统一表达，山水自然所形成的小天地、生态圈完整和谐地呈现在标志中，充分表达周至猕猴桃源自自然、内蕴自然的特点，作为对品牌口号的有力补充。

资料来源：茅嘉豪．"周至猕猴桃"区域公用品牌创意解读［EB/OL］．http：//www.brand.zju.edu.cn/Article/show.aspx？articleid=1195，2019-08-02/2020-06-10．

思考：周至猕猴桃品牌要素设计对品牌形象的提升与品牌战略体系的构建有什么重要意义？

在新经济时代，如何让品牌与品牌间的竞争规避价格竞争，除了强化质量之外，品牌的重要附加价值还体现在情感和体验属性方面。农产品品牌要素设计，就是要运用品牌名称、标志、包装、产品形式与宣传等手段与消费者进行沟通，营销良好的品牌形象，有助于农产品品牌感官性和品牌竞争力的提升。

第一节　农产品品牌要素的内涵与意义

一、品牌要素的内涵

成功品牌的品牌要素往往在消费者心目中留下深刻的烙印。凯文凯勒(Kevin Keller)认为，品牌要素(Brand Element)，也称为品牌特征(Brand Characteristics)，指的是那些用以识别和区分品牌的商标设计。用来帮助消费者识别和区分目标品牌与竞争品牌。

需要注意的是，产品成分标签并不是品牌要素，如一些食品会标注产品的成分构成或质量等级等信息，但这些信息很多品牌都有，并不具有差异性，因此不构成品牌要素。另外，对于单个品牌而言，并不需要囊括所有的品牌要素。通常，一般农产品经营者都会设计品牌名称与品牌标志，但口号、形象代表、广告、域名等，大多数品牌会设计，也有少数品牌不具备。

品牌要素一般分为显性要素与隐性要素两个层面：

1. 显性要素

显性要素是品牌外在的、具象的东西，可直接给消费者带来较强的感觉上的冲击，主要包括品牌名称、品牌标志、形象代表、标准色、标准字、品牌口号、品牌广告、包装和域名等。第二节中将详细介绍品牌显性要素设计的具体要求。

2. 隐性要素

隐性要素是品牌的精神与核心，不可以被直接感知，包括品牌个性、品牌体验、品牌承诺等。

（1）品牌个性。个性是品牌的灵魂，一个没有个性的品牌，就如同一个没有灵魂的躯壳在市场游荡，不可能有真正持久的生命力。正如广告大师奥格威所说："最终决定品牌市场地位的是品牌本身的性格，而不是产品间微不足道的差异"。他所说的品牌性格就是品牌个性。大量事实表明，消费者总是喜欢符合自己个性(或观念)的品牌。

品牌个性是指一个品牌所体现出来的独特价值及其存在形式，以及企业将这种独特价值在向消费者传达的过程中，所采用的独特表现形式与风格及其人格化的描述。简而言之，品牌个性就是品牌给予消费者的人格化印象和总体感觉，即品牌性格。

> **知识拓展**
>
> 如何塑造品牌个性？
> 1. 产品特征：以个性化的产品或服务来突显品牌个性；
> 2. 包装设计：以健康优良的包装材料，独具匠心的包装造型来体现品牌个性；
> 3. 价格定位：以一贯坚持的价格策略来塑造品牌个性；
> 4. 广告风格：以独特风格的广告出现在各种媒体上；
> 5. 使用群体：用实际使用群体来暗示品牌个性；
> 6. 标志符号：一个风格独特的、造型单纯而又意义明确的标志符号可以浓缩品牌个性；
> 7. 问世时间：以品牌诞生的时间来影响品牌个性；
> 8. 出生背景：借产品产地来树立品牌个性；
> 9. 公关活动：通过系列公关活动来树立品牌个性；
> 10. 公司领袖：企业领导人的个人性格会影响品牌个性。

（2）品牌体验。品牌体验是一种主观的、内在的顾客反应（诸如认知、情感和感觉）和行为反应。品牌体验可以从感官体验、情感体验、行为体验和思维体验方面进行测度，具体测量题项见表14-1。

表14-1　品牌体验的测量题项

体验类别	具体测量项目
感官体验	这个品牌在视觉或其他感官上给我留下深刻印象
	在感官体验上，我觉得这个品牌是很有趣的
	这个品牌在感官体验上一点也不能吸引我
情感体验	这个品牌能够促发我很多感情与情感
	我对这个品牌并没有很强烈的感情色彩
	这个品牌是一个情感化的品牌
行为体验	当我使用这个品牌时，我很愿意与它发生深入互动
	消费这个品牌可以让人产生身体上的体验
	这个品牌不是一个以行动导向的品牌
思维体验	当我接触到这个品牌时，我会投入很多知识去思考它
	这个品牌不会引发我的思考
	这个品牌会引发我的好奇与解决问题的兴趣

（3）品牌承诺。品牌承诺是一个品牌给消费者的所有保证。反映出一个企业的经营理念及终极追求，反映出决策者超越产品的品牌规划能力和企业经营者对企业未来的规划能力。一般来说，品牌承诺就是告诉消费者企业要达到什么目的。

二、品牌要素的重要意义

1. 有助于消费者理解品牌的精粹

品牌是消费者对产品及企业所具有的全部联想，但品牌过于抽象，会让消费者难以理解和接近。因此，有形的、可感受的品牌要素可以支撑并表达品牌的内涵和精粹，增加消费者对品牌的深层认知。

2. 有助于消费者识别与选择

对于消费者而言，农产品购买不是缺乏选择而是选择太多，面临众多的产品信息，消费者需要在备选方案中选出一种，这时，高知名度的品牌要素会简化消费者选择，增加决策信息。

3. 有助于形成品牌资产

品牌资产由品牌知名度、品牌美誉度、品牌忠诚度、品牌商标及专利等构成，品牌资产的产生源于消费者的认知，而消费者认知是通过接触品牌，在头脑中储存了关于品牌名称、品牌标志等要素的知识和记忆，才形成了品牌的认知能力，从而引导消费者尝试使用品牌。

三、品牌要素设计的原则

品牌要素设计应遵循一定的原则，包括可记忆性、象征性、吸引力、可转换性、可适应性、可保护性等。可记忆、寓意丰富、吸引力原则是企业创建品牌资产时应采取的进攻性战略，而可转换性、可适应性、可保护性是企业提升和维护品牌资产时应采取的防御性战略。

1. 可记忆性

可记忆性指品牌要素很容易在消费者头脑中被回忆或者识别出来。农产品品牌要素具备可记忆性的前提是能够吸引消费者的注意。一般而言，越是具有特色的、与众不同的特征越容易引起注意，从而增加记忆度。

2. 象征性

象征性强调品牌要素寓意丰富，品牌要素要同时表达品类特性及品牌属性和利益的具体信息。对于品类一般信息，消费者希望看到品牌要素就能马上知道它代表的具体品类，比如通过王老吉凉茶品牌名称，消费者能迅速知道具体品类信息。关于品牌属性与利益的具体信息则用于品牌定位和传播中。

3. 吸引力

吸引力原则意味着品牌要素在视觉、听觉等方面具有吸引力，以及形象丰富、富有乐趣。感官的吸引力可以通过设计品牌元素时采用的风格与主题来体现，形象一致的风格与主题能够引起消费者的好感并激发正向的情绪反应。

4. 可转换性

可转换性强调品牌要素的设计是否有助于品牌的延伸及品牌在不同地区和文化间进行传播。一般而言，品牌名称越宽泛，不包含具体的品类和属性利益信息，越容易跨品类延伸与转换；同时要注意品牌要素设计不能引起文化障碍或误解。

5. 可适应性

可适应性指的是品牌要素的更新难易程度。由于农产品市场竞争环境、消费者的需求偏好与消费价值观、生活方式等会随着时间发生变化，因此，品牌要素也要与时俱进，做出相应的调整，但需要注意两个问题：一方面，品牌名称是品牌的精髓，更代表着品牌形象的基础和品牌资产的来源，品牌名称的更改可能会造成老用户的流失和品牌资产的稀释，而品牌标志、形象代表、广告、包装等更改则相对容易些；另一方面，每个品牌都具有自己的核心价值和经营理念，这些价值理念往往通过品牌要素来体现，品牌要素更新应考虑核心价值理念的传承与延续问题。

6. 可保护性

可保护性旨在品牌要素设计过程中应防止竞争者的模仿和争取法律保护。品牌要素的独特性可以避免赝品和仿冒品的威胁。品牌要素设计好后，营销者应第一时间申请正式登记注册，后续经营中也需要对商标侵害者以及未授权使用者进行查证和打假。

第二节 农产品品牌显性要素设计

农产品品牌要素设计旨在形成鲜明的企业或产品视觉形象，在市场竞争中引起消费者注意，并做出购买行为。针对品牌定位的情况、内涵特点、文化元素与形象特点合理设计品牌要素，可以为农产品品牌增加附加值，并获得消费者认同，提升品牌美誉度与忠诚度。

一、品牌名称设计

(一) 品牌名称的设计原则

一个品牌，必须有名称，通常也称企业商号，这是合法经营所必须具备的基本条件。品牌名称(Brand Name)是构成品牌的一个基本的和必不可少的元素。它可以反映产品内容、提高品牌认知、强化品牌联想，并最终给品牌带来资产。品牌名称一般用中文、英文或拼音和数字表示。品牌名称可以国际与国内通用，也可以不通用。例如：知名茶叶品牌吴裕泰，其品牌名称中就包含中文、拼音和数字(图14-2)，水果品牌佳沃，其品牌名称中包含中文和英文(图14-3)。

图14-2 吴裕泰品牌名称与标志

图14-3 佳沃品牌名称与标志

图片来源：标志网

对于大多数农产品经营企业而言，目标市场主要是国内的消费者，取一个能与消费者文化观念与价值观相兼容的名字非常重要。研究表明，汉语品牌命名应坚持下述原则：

（1）简洁但不过短，大多由 2~3 个汉字组成，英文品牌以 5~8 个字母为宜，太长烦琐，太短则突兀，不符合现代汉语双音词居多的拼读习惯。一些较长的如 4 个字的品牌名，各有特点，叠字或一个词语，读起来顺口。

（2）读音朗朗上口。响亮、顺畅、易于发音，如娃哈哈。单音字无法朗朗上口，读一个音就结束，无效果。汉字在读音上有声、韵、调三个基本要素，发音响亮主要体现在声调上，取名时尽量避免使用声调相同的字，以免平直呆板，缺乏动感。使用不同声调的字，让他们错杂相间，就可能产生悦耳动听、抑扬顿挫的艺术效果。同时注意声母和韵母的配合，二者搭配得当，读来给人琅琅上口的感觉，如汇源果汁。

（3）赋予产品潜在寓意，喻示产品给人们带来的利益和祝愿。寓意深刻，如"同仁堂"蕴含"同修仁德"之意。

（4）便于法律保护。及时在销售地及潜在销售地申请注册，以便获得法律保护。

【案例 14-1】
台湾统一食品"小心点儿"脆面
营销目的：将脆面改成"一口一丸"的方式，变成休闲点心的零食吃法。
命名特点：口语化，一语双关，引起消费者注意。
营销结果：市场反响热烈，一度形成断货局面。

（二）品牌名称来源

1. 以创始人名字或人名命名

可以体现品牌创始人对自己所生产的商品的责任意识和对消费者诚信经营的理念，其直接的效果就是使消费者对这些品牌产生一种信赖感。如以农产品经营者、企业创始人名字命名。食品、酒类行业较为常见，如王守义，Johnnie Walker 等；或以已故人名或虚拟人物名字命名，如曹雪芹家酒，孔乙己茴香豆等。

2. 以动物名或花卉名命名

消费者在接触到这类品牌的名称时就对品牌的品质或性能产生一定的认知。如三只松鼠，雪莲等。

3. 以虚构或杜撰的词语命名

竞争者无法模仿，一旦认知，会产生一对一品牌联想。如克宁奶粉，KLIM 是奶粉英文单词 Milk 的反写。

4. 以数字或首字母命名

纯数字品牌名(数字重复出现或对称)，如 999；数字文字组合，如七喜、统一、21 金维他；首字母命名，如 KFC。

5. 以历史文化背景命名

品牌创始人或典故故事，如马应龙、王致和、李锦记、杏花村等。

知识拓展

品牌命名 56 个吉祥字

顺裕兴隆瑞永昌,万亨元利复丰祥。
泰和茂盛同乾德,谦吉公仁协鼎光。
聚意中通全信义,久恒庆美大安康。
新春正合生成广,润发洪源厚福长。

二、品牌标志与商标

(一)品牌标志

品牌标志(Brand Logo)是品牌商标中图形化、概念化的视觉符号,其基本构成元素包括图形、图案、色彩、字体。标志符号是品牌最外在、最直接、最具有传播力和感染力的部分,它以深刻的理念、优美的形象给人们留下深刻的印象和记忆,有助于克服语言和文字上的障碍及表述的困难,有利于传播和记忆。品牌标志设计的形态要在一定程度上符合品牌战略和品牌理念,并体现和代表品牌的行业属性、功能属性和价值属性。

一般品牌标志设计应遵循以下原则。

1. 标志要具有可识别性

造型独特、"抓眼球",富于个性和创意,并易于与竞争者相区分;简洁明了,易于记忆,能够迅速被识别,如餐饮品牌麦当劳的大写的黄色拱门形"M"标识,很容易提高消费者的记忆力;传达清晰一致的企业形象个性;在各种媒介和范围内都能良好运作;在法律上受到保护。

【案例 14-2】

肇庆裹蒸粽品牌"稻香粽"的设计过程中(图 14-4),标志主体造型采用以裹蒸粽外形与肇庆名山结合,突出了肇庆"鼎湖山""七星岩""盘龙峡"等旅游资源,强调了肇庆中国优秀旅游城市的地位,体现裹蒸粽如肇庆的高山一般历史悠久、扬名于世。标

图 14-4 稻香粽标志设计

志下方的波纹象征肇庆的西江河,标志色彩采用裹蒸粽的"冬叶"的原本色彩,与裹蒸粽相呼应,同时微妙地传达了肇庆绿色环保的城市理念。标志用特别设计的字体表现裹蒸粽,中英文结合象征肇庆与裹蒸粽走向世界,强调了字体的独特性,字体与图形相结合,浑然一体,凸显出农产品的健康性与绿色环保性,在一定程度上还能全面提升农产品的品牌设计内涵与效果,充分发挥出地域文化的积极作用。

资料来源:高广宇. 品牌设计助推农产品产业升级[J]. 南方农村,2020,36(02):31-34.

思考:肇庆裹蒸粽品牌"稻香粽"的标志设计是如何体现辨识度的?

第十四章　农产品品牌要素设计

2. 标志要具有艺术性

一方面,标志视觉风格要受到品牌理念的约束,如一些品牌追求"丰富多彩"和变化,标志视觉也许就会以较繁复多变的姿态呈现。另一方面,标志要体现美感,符合时代和不同目标人群的审美感受,如中国消费者更加注重美感、注重与自然的和谐、更加看重风水,同时也更加重视质量信号的传达。因此,设计新的品牌标志时要在上述几点上有所倾向。如天锐灵动设计的天然有吉品牌,以品牌象征物与品牌名称传达品牌产品质量(图14-5)。

图 14-5　天然有吉品牌标志
图片来源:天悦灵动官网

3. 标志要具有目的性

"目的性"的核心含义是指品牌的"意义"。意义是品牌标志的基因(DNA),它作为象征符号将智慧、想象和情感融合到一起。一些标志本身就有着鲜明的历史文化象征意义;有些标志本身的形态相对抽象,强调的是带给人的"感觉"意义。

【案例 14-3】

　　梅州鸿源生态农业有限公司为企业全新打造的品牌视觉符号。鸿源生态农业品牌标志设计中,徽标的创意来源于蔬菜的绿叶,绿叶代表生命和活力,与"鸿源"首字母"H"和"Y"相结合,形成飞雁的造型,寓意公司大鹏展翅,大展宏图。徽标颜色以绿色为基础,造型以创新为依据,充分展示了"健康""天然""用心"的理念。徽标整体简洁、易辨,是公司的良好代言形象。该标识现代感强,用简洁的表现手法将企业名称的缩写与大雁进行同构设计,而绿色色调则体现出农业企业的主营业务。另外,还设计了其衍生产品,包括蔬菜包装盒、广告展架、办公室用品等。在公司品牌设计的过程中,将自己的企业名称赋予美好寓意并转化为图形符号,在包装上设计了蔬菜的图案,将绿色无公害文字设计在上面,可以彰显出该企业为大众提供绿色无公害产品的核心理念,可以吸引消费者的注意力,促使品牌设计工作的合理落实与发展。

　　资料来源:高广宇.品牌设计助推农产品产业升级[J].南方农村,2020,36(02):31-34.

　　思考:品牌标志的目的性如何实现?

4. 品牌标志的适应性

尽管品牌标识要适时更新以应对新环境,并避免消费者的视觉疲劳。标志的改变不仅仅是审美角度的决策,更主要的驱动力是来自品牌经营者自身更深刻的思考,是对品牌新理念和战略调整的体现。标志的设计要兼具时代性与持久性,如果不能顺应时代,就难以产生共鸣。

5. 品牌标志的应用

通常意义上的标志运用，指的是图形和文字的组合使用，还有根据 LOGO 的色调而推广使用的统一视觉颜色，比如服装服饰、办公用品、交通工具、广告媒体、产品包装、公务礼品、陈列展示、印刷品。在战略应用时，图形的作用和意义要大于文字的作用和意义。标志的运用可以体现品牌使用的意图，从战略角度反映品牌结构、角色乃至模式。比如雀巢基本上以产品大类划分公司品牌"雀巢 NESTLE"视觉标志运用（图 14-6）。

图 14-6　雀巢品牌以产品大类划分标志运用

> **知识拓展**
>
> 雀巢标志
>
> 雀巢的标志图案是两只小鸟在巢旁等待妈妈的喂哺，使人一看到这个母雀悉心喂哺幼雀的鸟巢，便联想到嗷嗷待哺的婴儿，这个品牌标志象征着母爱，象征着温暖和安全。表达出雀巢公司"关爱、安全、自然、营养"的经营理念。
>
> 图片来源：标志网

（二）品牌商标

一个成功的品牌都必须有一套完整的商标。首先，商标分为注册商标和非注册商标；其次，注册商标和非注册商标都包含图形商标、中文商标、英文商标、数字商标以及组合图形商标；最后，上述商标类型都包含企业品牌名称商标、产品商标、服务商标。注册商标在其商标右上方®标识，表明已注册。商标右上方有 TM 标志的，其与®标识的商标不同。TM 为英文 Trade Mark 的缩写，既包含注册商标®，也包含未经商标局核准注册的未注册商标。商标标注 TM，能够起到一定的保护作用，但若该商标未经商标局核准注册，其受法律保护的力度不大，只有当该未注册商标达到一定知名度的情况下，才能够一定程度上获得法律保护。例如，本章图 14-2、14-3 两个商标，吴裕泰标注的是®，佳沃标注的是 TM。

三、品牌形象代表

品牌形象代表（Brand Character），或吉祥物，是品牌符号的一种特殊类型，是品牌形象的传递者。品牌形象就是消费者对品牌所具有的一切联想，可能是品牌功能属性的认知，也可能是品牌情感属性的感受。

品牌形象代表一般包含两类：虚构形象和现实人物原型。虚构形象组成的品牌标识有：

三只松鼠、天然有吉(图14-7)等。一般,吉祥物是以平易近人或可爱的人物或拟人化形象来唤起社会大众的注意和好感。吉祥物充满想象力和趣味性,使视觉体系活泼生动,品牌形象饱满鲜活,具体化品牌个性。由现实人物原型组成的品牌标识有:肯德基的山德士上校、褚橙上的褚时健老人等。与品牌名称相比,品牌形象代表的优点非常明显,如有助于建立品牌认知、增加品牌的可爱性和情趣体验、易于在跨文化和跨品类间进行转换等。

图 14-7 天然有吉品牌形象代表

四、品牌色彩设计

(一)标准色与辅助色

1. 标准色

标准色也称基本色或主色,是用来象征公司或产品特性的指定颜色,是标志、标准字体及宣传媒体专用的色彩,可表现出企业的经营理念及产品内容的特质,体现出企业属性和情感。

标准色在视觉识别符号中具有强烈的识别效应,是与品牌相关度最高的颜色,不仅可加强品牌识别,尤其可与竞争对手有效区别开来。企业标准色具有科学化、差别化、系统化的特点。

2. 辅助色

辅助色主要用于衬托表现企业理念和象征意义,加强重点、协助沟通,一般不居于主角。企业标准色可和辅助色配合使用,以增强企业表达的多彩表现和活力。

> **知识拓展**
>
> 色彩对市场营销作用的统计数据显示:
> 1. 色彩可提高品牌认知度高达80%;
> 2. 色彩可帮助增加读者人数多达40%;
> 3. 色彩可加速学习55%~78%;
> 4. 色彩可增强理解力达73%;
> 5. 彩色广告比黑白广告的阅读者多42%;
> 6. 在消费者决定是否购买上,颜色因素占85%。
>
> 著名的"七秒钟色彩论"认为,一个人对一种商品或事物的认识,可以在7秒钟之内以色彩的形状留在脑海里,在这短暂而关键的7秒之中,色彩的作用达到67%。

研究证明,色彩确实能增强视觉记忆、提高捕捉或直觉理解的精确性、降低误解信息的可能性。色彩是消费者和社会公众最容易接收、最容易辨识的品牌元素。每个品牌都在寻找一种色彩作为消费者视觉中的映射，而且都有其独特的色彩识别"语言"，不仅发挥着统一品牌形象的作用，还体现着品牌的定位和独特性。

【案例 14-4】

以芒种团队设计的"宿有千香"品牌为例，在主形象的设计上，以"千里飘香"的形象为创意原点，将"宿有千香"四字与香味飘散的形式呈现，凸显"宿有千香"的品牌内涵，同时也传达了美好的品牌寓意，表现农产品区域公用品牌将让更多国人认识到宿迁农产品的深层意义。

在颜色搭配上，采用了四种主色调，进一步凸显宿迁农业的差异化价值。绿色，为原生态的色彩，代表了宿迁万千绿色物产；蓝色，为活水的色彩，代表宿迁350万亩活水面积，凸显生态优势；黄色，为土壤的色彩，代表了宿迁684万亩肥沃丰茂的耕地；红色，为战旗的色彩，代表宿迁的楚汉文化底蕴。

同时，通过色彩的搭配，呈现出更多的品牌内涵：以黄色凸显"日月"，代表时间与天地，表现8300年的种植历史与优质的生态地理条件；以蓝色凸显"千百"，表现因地处南北交界而形成千姿百态的农产品；以绿色凸显"禾"，表现品牌的农产品属性；以红色凸显"宀"，代表"家"，表现品牌是优质农产品的归宿（图14-8）。

图 14-8 "宿有千香"品牌主形象

资料来源：周叶润．区域价值的聚焦与延伸——"宿有千香"品牌创意解读［EB/OL］．http：//www.brand.zju.edu.cn/Article/show.aspx？articleid=1147，2018-12-06/2020-06-10．

思考：品牌标志设计中如何选择标准色和辅助色？

（二）色彩的象征作用

色彩是人类信息的主要来源。心理学研究表明，一个人在接受外界信息的时候，视觉接受的信息占全部信息量的83%，其中，色彩语言所承载的信息量占绝大多数。

色彩还有其独特的文化功能。在古代中国，5种色彩象征宇宙的5种基本元素：黄色象征土、白色象征金、蓝色象征木、红色象征火、黑色象征水。红色是中国文化中的基本崇尚色，它体现了中国人在精神和物质上的追求。

知识拓展

1. 色彩的年龄属性

儿童大多喜欢鲜艳的色彩，红、黄两色一般是婴儿的偏好。4~9岁的儿童最爱红色，9岁以上的儿童最爱绿色。

如果要求青少年对黑、白、红、黄、绿5种颜色按喜好排列的话，男生的排列顺序为绿、红、黄、白、黑；女生的排列顺序为绿、红、白、黄、黑。绿色与红色为男、女生共同喜爱之色，黑色普遍不受欢迎。

成年人由于生活经验和文化知识的丰富，色彩的喜爱除了来自生活的联想以外，还有更多的文化因素。

2. 色彩的情感表现

黄色：乐观、青春，可用来吸引注意力。

红色：能量，吸引注意力。

蓝色：创造信任与安全感。

绿色：轻松，随和。

橙色：好斗，兴奋，积极进取。

粉色：浪漫，阴柔。

黑色：强大，华丽，有影响力的，时髦。

紫色：舒心，平静，神秘。

（三）色彩与品牌识别

根据相关研究，有95%的品牌只使用一两种色彩。基本的色彩有5种（红、橙、黄、绿、蓝），加上中性的没有特色的（黑、白、灰）。对于色彩的选择，最好是坚持使用5种基本色中的一种，而不是介于两者中间的或者是混合的色彩。

如果是为品类开创品牌，则可对色彩做个性选择，并要与品牌内涵相通，比如，可口可乐选择了红色，代表活力与快乐。相对于可口可乐鲜明的红色识别，百事可乐品牌建立之初并不具备鲜明的市场形象。第二次世界大战期间，为了与战争年代的爱国主义情绪保持一致，百事可乐将瓶盖的颜色改为与美国国旗一样的红、白、蓝三色。此后，百事可乐虽然陆续经历了不同程度的标志变化，但都没有脱离这三色的范围。为了建立鲜明的自我形象，百事可乐通过对年轻消费者的调查，将商标改为具有"清新、前瞻的蓝色外观"（图14-9）。

图14-9　百事可乐标志设计

图片来源：六图网

（四）包装与产品中的色彩

1. 包装中的色彩

（1）包装色彩是极其重要的产品识别，其作用不仅在影响购买方面，还有竞争差异化，甚至品牌内部品类系列差异化的作用。包装色彩差异化策略的关键在于选择富有创意的色彩组合，同时综合考量色彩对人的心理作用、色彩与图形的结合、色彩对品牌内涵的诠释等，从而增强品牌的视觉识别力，吸引受众的视线，让品牌的视觉形象在浩瀚的商海中脱颖而出。

（2）用色彩强化味觉感。如康师傅方便面就以不同色彩的包装象征来区分不同口味，红色取意红烧,橙色象征香辣味,紫色代表酸菜口味,棕色象征酱香口味等,既强化了口味联想,也提升了产品品种的识别性。

> 【案例14-5】
>
> 美国色彩研究中心曾做过一个有趣的试验,研究人员将煮好的咖啡分别倒入红、黄、绿三种颜色的咖啡罐中,让十几个人品尝比较。
>
> 结果,品尝者一致认为咖啡的味道不同:绿色罐中的味道有点酸,红色罐中的味道极好,黄色罐中的味道偏淡。
>
> 由此,在系列试验的基础上,研究者得出结论,色彩能左右人们对商品的看法,适当的色彩能促进产品的销售。色彩在包装设计中很重要,不同的色彩会给人不同的味道感受。
>
> 资料来源:根据百度文库资料整理。
>
> 思考:色彩在包装设计中具有什么作用?

(3)用色彩强化品牌联想。色彩之于食品包装,不仅是口味和营养的象征,还可发挥更多价值:可以用蓝、白色表示食品的卫生和清凉,用透明或无色显示食品的纯净、安全,用绿色表示食品的新鲜和无污染,用沉着古朴的色调表明传统食品工艺的历史和神奇感,用红色、金色表示食品的高贵和价值。

(4)产品包装的"色彩"并不一定要通过外在的物质材料来体现,有时"无色透明"的包装反而是最有效的。各种酒类的包装,通常是通过能展现品类属性的无色玻璃瓶或水晶瓶来衬托酒的品质,并在瞬间引发人们的欲望。以天然的酒体颜色凸显品类特色产品的品质。

2. 产品中的色彩

产品自身的外观色彩,与相应的物料材质相结合,更能给人们贴近"灵魂"和"欲望"的体验。玛氏公司给巧克力豆穿上色彩缤纷的"外衣"成为里程碑式的事件,在M&M'S巧克力近年推行的"全球新色彩投票"营销活动中,在来自全世界超过1000万名巧克力爱好者的热情参与下,在紫色、粉红色、水绿色三种颜色中,紫色胜出,成为"冠军颜色"。

(五)色彩与名称相呼应

色彩不仅是一种记忆和心理感觉,还是一种文化和观念的反映。品牌的色彩定位,最终的目标是创造对某种色彩和某个品牌之间的关联——让人能在最短的时间内由品牌联想到某种色彩,也能在看到或"听到"某种色彩时,最快地联想到某个品牌。

国外酒类以色彩命名的例子也很多。以畅销牌子的威士忌酒"尊尼获加"(Johnnie Walker)为例,人们向来很少提及其本名,只以其"级数"的色泽名称而称之。早期,该公司的产品只有"红牌"(RED LABEL)及"黑牌"(BLACK LABEL)两款,前者是普及品,后者则是12年陈的佳酿。近年,由于饮者的口味越来越高档,酒厂方面又推出多款酒系列,包括纯麦威士忌15年陈的"青牌"(GREEN LABEL)、18年陈的"金牌"(GOLD LABEL)以及被称为"不知年"的"蓝牌"(BLUE LABEL),都是以色彩来代替品牌。

五、品牌口号

品牌口号(Brand Slogan),也称为品牌标识语,是用来传递有关品牌的描述性或说服性信息的短语,常出现在广告中,有一些品牌也会将口号放在包装上。口号对一个品牌而言起着非常重要的作用,如品牌口号可以宣传品牌精神、反映品牌定位、丰富品牌联想、清晰品牌名称和标识等。

相比那些普通的、没有新意的口号,有趣的、意想不到的和有特色的口号更容易得到消费者的偏爱。比如M&M'S延续48年的口号"只溶在口,不溶在手"(Melts in Your Mouth, Not in Your Hand)至今萦绕于心,成为M&M'S品牌不可舍弃的一部分。

好的品牌标识语能起到推广品牌的作用,能够让消费者记忆、想象,最终产生认同。例如,烟台大樱桃品牌红唇之吻,其标识语为"樱桃如吻,小心亲咬";赣南脐橙品牌实赣派,其标识语为"山地诚意,赣南脐橙"(图14-10)。如果品牌带给消费者的利益越具体(如健康营养等),则可以在口号中反映品类信息。相反,如果品牌带给消费者的利益较为抽象(如超越自我、张扬个性等),则不必在口号中涉及品类信息。一般而言,抽象的口号更有助于品牌延伸、联盟等。

图14-10 红唇之吻与实赣派的品牌口号

六、品牌广告曲

品牌广告曲(Brand Jingles)是用音乐的形式描述品牌,是一种被延伸的品牌口号。通常它会以广告形式进行传播,如百事可乐的广告曲《百事可乐恰到好处》,以及绿箭口香糖的《开心加倍,欢乐成双》。

即使是处于不同文化背景、不同地理区域,人类对音乐也有着共同的天然偏好,因此品牌广告曲的可转换性高。同时,广告曲作为一种被延伸的品牌口号,它朗朗上口,易于识记,因此在宣传品牌知名度、增加品牌联想等方面也很有优势。但广告曲也有些不足,它较为抽象,和产品关联较弱,也易于淡化品牌名等。因此,建议营销者在制作广告曲时将品牌名包含在其中,避免消费者"只知其曲,不知其名"。

七、包装的视觉设计

包装(Packaging)是指设计和制造产品的容器或包裹物。包装能为消费者创造方便价值,能为生产者创造促销价值。包装是产品推广的"临门一脚"。有部分学者把包装称为继传统营销组合4P之后的第五个P,详见第十五章农产品品牌的包装策略。

要使包装成为"推销员",就要在包装上通过商标和包装造型有意识地扩大商品之间在质量上的差异，从而起到突出商品特征的作用。设计良好的包装，以一种物化的形式体现一个企业的营销策略、目标市场。

1. 包装规格设计

不同的时代，不同的人群，对包装规格的要求有所不同。随着人们的生活越来越快节奏、越来越追求精致、健康、环保的生活理念，尤其是电子商务时代购物便利性的提升，包装小型化成为多数产品的一种趋势。此外，从追求性价比角度，同样的价格或相对优惠的价格，但更大号的包装，也会吸引众多追求性价比的人群。

2. 包装诉求设计

包装是品牌自我表达的视觉载体，包装设计传达的信息重点要和品牌定位及传播策略相匹配，以求最快速地传达最关键的信息。每一品类的包装会有一定的共性，而每一品牌的包装都会以共性为基础，结合需要明确表达的重点诉求，凸显品牌的独特定位。

（1）强调产品。包装采取直截了当的表现方法，在包装的展销面上突出产品的形象，也可以用产品的配料成分作为出发点，吸引消费者的注意力。

（2）突出品牌。在表现方法上适合以品牌名称和标志为视觉的绝对核心，以品牌色彩和品牌辅助图形作为吸引视觉的元素。

（3）强调价值意义。如需体现产品作为"礼品"的价值和审美感，可以高品位或高典雅的装饰效果来提高产品身价。

（4）强化包装造型。有些产品可以利用包装的造型来引起消费者的需求欲望。

（5）强化顾客身份。为某些特定对象服务的产品，需考虑到特定消费者的兴趣和爱好。针对客户群的特点设计包装。

（6）演绎文化故事。对本土具有历史性意义的著名产品就可以采用这种方法，以故事情景的连续出现来打动或诱惑消费者。

3. 包装的核心表达元素

（1）包装上的人物。看到与"人"的视觉有关的形象时，所引发的反应应该最为丰富宽泛，而且更容易产生情感的投射。

（2）包装上的标志。作为品牌识别的最核心要素，在包装的视觉构成中占有重要的地位。如何在包装上使用标志则有"科学"的成分。

（3）包装上的图形。具象的事物更容易引起我们的兴趣，更容易激发我们的联想和想象，也更容易让我们产生鲜明的好感或者负面感受。

（4）包装的具体形式。不同的产品，有不同的包装材质考虑；不同材质的包装，有不同的包装图案设计；不同的品牌，还可以通过不同的包装形式体现其独特与价值。一个好的产品包装形式，不仅能对品牌形象建设和品牌价值认知起到积极的促进作用，还能成为一种品牌"战略"。

尽管每种品牌要素所起角色不同，但它们并非相互独立、相互排斥，相反，各要素如同品牌躯干，共同支撑着品牌的血液和灵魂。只有发挥好各要素间的协同作用，才能共同服务于品牌这一主体。因此，各要素必须传达相同的品牌含义、联想和形象。只有这样，才能让消费者理解品牌的精髓，最终形成基于顾客的品牌资产。

第三节 农产品品牌形象识别系统

一、品牌形象识别系统的含义

品牌形象识别系统(Corporate Identity System,简称 CIS),是指将企业经营理念与精神文化,运用整体传达系统(特别是视觉传达系统),传达给企业内部与大众,并使其对企业产生一致的认同感,从而达到形成良好的企业形象和促销产品的目的。这一理论在 19 世纪 30 年代由雷蒙特·罗维提出,19 世纪 60 年代在美国开始使用,19 世纪 70 年代在日本得到广泛应用。

形象识别系统是现代企业走向整体化、形象化和系统管理的一种全新的概念,需要将生产系统、管理系统和营销、包装、广告、活动等进行统一管理。具体包括理念识别系统(Mind Identity System,简称 MIS)、行为识别系统(Behavior Identity System,简称 BIS)和视觉识别系统(Visual Identity System,简称 VIS)3 个方面,如图 14-11 所示。一般将理念识别比作"心",行为识别比作"手",视觉识别比作"脸"。

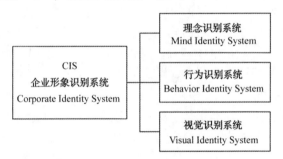

图 14-11 品牌形象识别系统构成

(一) 理念识别系统

理念识别,指企业由于具有独特的经营哲学、宗旨、目标、精神等从而与其他企业相区别。它是企业的价值观、经营理念、企业精神的综合体现。如麦当劳的"QSCV 法则"。

【案例 14-6】

麦当劳的"QSCV 法则"

Q:quality,品质、质量

面包不圆、切口不平不能要。

奶浆供应商提供的奶浆在送货时,温度如果超过 4℃必须退货。

生菜从冷藏库送到配料台,只有两个小时保鲜期限,一超过这个时间就必须处理掉。

S:service,服务

顾客排队购买食品时,等待时间不超过 2 分钟,要求员工必须快捷准确地工作。

> 服务员必须按柜台服务"六步曲"为顾客服务，当顾客点完所需要的食品后，服务员必须在 1 分钟以内将食品送到顾客手中。
>
> 顾客用餐时不得受到干扰，即使吃完以后也不能"赶走"顾客。
>
> 为小顾客专门准备了漂亮的高脚椅、精美的小礼物，免费赠送。
>
> C：cleanliness，清洁、卫生
>
> 服务员上岗操作时，必须严格清洗消毒，先用洗手槽中的温水将手淋湿，然后使用专门的麦当劳杀菌洗手液洗双手，两手必须一起揉擦至少 20 秒，彻底清洗后，再用烘干机烘干双手，不能用毛巾擦干。
>
> V：value，价值
>
> 所有的食品所包含的营养成分也是在经过严格的科学计算之后，根据一定的比例配制的。由于这些食品不仅营养均衡丰富，而且价格公道合理，因此顾客可以在明亮的餐厅环境中，心情愉快地享用快捷而营养丰富的精美食品。

（二）行为识别系统

行为识别指在企业理念统帅下企业及全体员工的言行和各项活动（教育培训、生产福利、市场调查、产品开发、公关、促销）所表现的一个企业和其他企业的区别。

它以经营理念为基本出发点，对内建立完善的组织制度、管理规范、职员教育、行为规范和福利制度；对外则是开拓市场调查、进行产品开发，通过社会公益文化活动、公共关系、营销活动等方式来传达企业理念，以获得社会公众对企业的识别与认同。

（三）视觉识别系统

视觉识别是以企业标志、标准字体、标准色彩为核心展开的完整的视觉传达体系，是将企业理念、文化特质、服务内容、企业规范等抽象语意转换为具体符号的概念，塑造出独特的企业形象。VI 在 CI 系统中最具传播力和感染力，最容易被社会大众所接受。

品牌视觉识别的核心意义在于让品牌从竞争中脱颖而出，形成有效的传播和记忆。VI 设计的意义在于将无形的企业及品牌理念有效地转化成易于被人们识别、记忆并接受的一种视觉上的符号系统，有着自己独立的法则和规范（图 14-12）。

视觉识别的内容包括基本要素系统和应用要素系统。

（1）基本要素系统：企业名称、企业标志、标准字、标准色、象征图案、吉祥物、宣传口号等。

（2）应用要素系统：办公事务用品、生产设备、建筑环境、产品包装、广告媒体、交通工具、衣着制服、橱窗、陈列展示等。

图 14-12　星巴克视觉识别要素

二、企业形象识别系统的发展

(一) 听觉识别(AI)

听觉识别(Audio Identity)，根据人们对听觉视觉记忆比较后得到的一种 CI 方法，是通过听觉刺激传达企业理念、品牌形象的系统识别。

听觉识别的内容包括主题音乐(企业形象歌曲、企业团队歌曲)、标识音乐(用于广告音乐和宣传音乐中)、主题音乐扩展(通过交响乐、轻音乐等进行全方位展示)、广告导语、商业名称等。

(二) 环境识别(EI)

环境识别(Environment Identity)，企业通过创造良好的环境改变公众认知和评价的识别系统。环境识别包括企业所处的市场环境、企业内部环境和企业展现给公众的环境。如麦当劳的企业理念 QSCV 中"C"即"Cleanliness"，麦当劳非常重视店堂环境，无论其连锁店开到何地，都能保证干净清洁、宽敞明亮的环境，使全世界的消费者都能享受到麦当劳的美味。

【归纳与提高】

品牌要素也称为品牌特征，指的是那些用以识别和区分品牌的商标设计。品牌要素分为显性要素和隐性要素。显性要素是品牌外在的、具象的东西，可直接给消费者带来较强的感觉上的冲击，主要包括品牌名称、品牌标志、形象代表、标准色、标准字、品牌口号、品牌广告、包装和域名等。隐性要素是品牌的精神与核心，包括品牌个性、品牌体验、品牌承诺等。

品牌要素设计应遵循一定的原则，包括可记忆性、象征性、吸引力、可转换性、可适应性、可保护性等。可记忆、寓意丰富、吸引力原则是企业创建品牌资产时应采取的进攻性战略，而可转换性、可适应性、可保护性是企业提升和维护品牌资产时应采取的防御性战略。

品牌形象识别系统(Corporate Identity System，简称 CIS)，是指将企业经营理念与精神文化，运用整体传达系统(特别是视觉传达系统)，传达给企业内部与大众，并使其对企业产生一致的认同感，从而达到形成良好的企业形象和促销产品的目的。包括理念识别系统、行为识别系统、视觉识别系统。

【复习思考题】

1. 品牌要素设计需要遵循哪些原则，具有什么重要意义？
2. 农产品品牌显性要素设计包括哪些内容？
3. 举例说明农产品品牌名称、品牌标志、品牌形象代表、品牌色彩设计、品牌口号、品牌广告曲、包装视觉设计的特点与关键因素。

章节案例

丽水山耕农产品品牌要素设计

"丽水山耕"是CARD农业品牌研究中心为浙江省丽水市所创意的农产品区域公用品牌,从全国范围来说,也是第一个在地级市层面整合全域农业资源的大品牌。"丽水山耕"创立于2014年,以品牌服务为基础,以生态精品农业产业发展为服务对象,在全国率先建立农产品区域品牌,利用生态优势发展精品农业,实现农业生产高效益发展。"丽水山耕"作为政企共建品牌,是助推山区生态精品农业发展的主战场,是跨界融合的互联网农业品牌。

CARD农业品牌研究中心为了充分认知丽水农业文脉,首先对其梳理了三条价值链,即集生态、理念、认知、底蕴、精神于一体的文化价值链,汇集十大生态精品产业的物质价值链,以科学化政策统筹、公司牵头、协会引导的机制价值链。每一条价值链都有丽水农业区别于其他地区的显著特点。在此三条价值链的基础上,构建丽水农业的品牌价值链。

从传统东方农耕文化而言,"耕种"是自古延续至今的农耕方式;从丽水的地貌形态而言,由"山地"衍伸出的梯田是最主要的农耕形态;而"山珍"又是因山地特征孕育而出的丽水农产品主要内容;同时,由于是区域公用品牌,仍要背靠"丽水"这一区域名片。将这些文脉符号进行整合,最终创意而出"丽水山耕"这一品牌名称:"九山半水半分田","山"是丽水最大的自然特征,山地农耕因此成为丽水农耕最主要的生产形式;山地特征造就了丽水水源清澈、空气清新、土质安全的原生态环境,是丽水生态精品农产品的核心竞争力。"丽水山耕"将区域名称、区域地貌、农耕文化相结合,象征着来自丽水原生态环境中的农耕方式、农耕文化和农耕产品。

从丽水农业的独特文脉出发,"丽水山耕"可追溯至中国哲学的源头,即老子的《道德经》。"人法地,地法天,天法道,道法自然。"其核心价值即遵循自然规则,顺应自然发展,保全自然生态,即"法自然"。从品牌消费的互动着眼,品牌口号须触及消费心境。近年来,食品安全问题频发,城市生活节奏越来越快,消费者越来越追求无污染、原生态农产品,这一现象折射出的是对传统农耕时代安全、自然的生活的向往。即,重回淳朴、返璞归真。基于此,"丽水山耕",不仅"法自然",保留传统生态农耕方式,生产生态精品农产品,更与消费者分享来自丽水的原生态美味,为其提供了享受淳真、原味生活的机会与体验,即"享淳真"。将丽水农耕文脉与消费互动融合,"丽水山耕"的品牌口号为:"法自然,享淳真"(图14-13)。

图14-13 丽水山耕品牌标志

第十四章 农产品品牌要素设计

品牌主形象以"丽""水"两个汉字为基本构图元素,将"丽水"二字有机交融,形成一幅生动的丽水梯田形象;以绿色为主色调,象征着丽水农业的生态绿色环保;整合形象主体更象征着丽水农业的"丽耕"模式。还创意了一组辅助形象配合品牌主体形象,以丰满系列包装、宣传物料以及相关衍生品的视觉形象。而"丽水山耕"品牌旗下的十类产品亦可借助辅助图形加以区分,展现品类特色。这组辅助形象以传统质朴的版画风格,勾勒出丽水百姓躬耕田园的生动剪影,形象生动、富于动感,呈现了十大类产品的生产特征、劳作印象。将辅助形象与品牌主形象进行点线结合,能够进一步演绎更丰富饱满的产品形象。如图14-14所示,即是将笋竹类产品的辅助形象与品牌主形象两者的线条交融,演绎出竹林间的劳作图形。

图 14-14　丽水山耕品牌辅助形象

资料来源:庄庆超."丽水山耕"区域公用品牌创意解读[EB/OL]. http://www.brand.zju.edu.cn/Article/show.aspx？articleid=1199,2019-08-02/2020-06-10.

思考:丽水山耕的品牌要素设计遵循了哪些原则？农产品品牌要素设计中如何提炼其文化和价值理念？

参 考 文 献

戴光华. 平面设计艺术学[M]. 北京:中国书籍出版社,2017.
宫承波,齐立稳,刘佳佳. 广告策划[M]. 北京:中国广播电视出版社,2015.
王海忠. 品牌管理[M]. 北京:清华大学出版社,2014.
杨建峰. 每天懂一点色彩心理学[M]. 汕头:汕头大学出版社,2014.
张丙刚. 品牌视觉设计[M]. 北京:人民邮电出版社,2014.
赵文琰. 信息时代品牌视觉设计研究[M]. 长春:吉林大学出版社,2018.

第十五章 农产品品牌的包装策略

知识与技能目标

1. 了解产品包装的构成与分类。
2. 掌握产品包装的功能和策略。
3. 掌握产品包装设计的程序。
4. 理解农产品包装的发展趋势。
5. 具备产品包装的设计能力。

情境导入

红色传橙,是一家专卖农产品的精品品牌,现在以赣南脐橙为主。为迎合赣南苏区红色摇篮的传承,红色传橙用心把长征故事与赣南脐橙相结合,让赣南脐橙还原红色经典的独特精神,并倡导分享这一款产品背后的故事与感动。

红色传橙,时间的穿梭机。通过复古、艺术、经典的小人书插画,结合品牌理念与产品主题卖点贯穿始终,并植入到产品包装,塑造出一个"有情怀""有故事"的红色传橙包装形象。红色传橙采用差异化策略,品牌定位为有情怀、有故事的红色礼品,产品定位为多样化、有情怀、口感绝佳、精品品质,消费群体面向30~50岁对红色客家摇篮有着浓厚的情怀人群,消费特点注重品质,追逐长征文化精神,产品个性、趣味性强。

资料来源:水果的包装设计还能有这么多花样?[EB/OL].https://kuaibao.qq.com/s/20200505AZP1CG00?refer=spider,2020-5-5/2020-6-4.

思考:如何看待红色传橙的品牌命名以及包装设计理念?

第一节 包装的含义及其分类

包装设计在现代市场经济体系中所具有的作用已得到了更多人的青睐。虽然包装设计对于农产品销售及品牌建设所产生的影响已变得愈来愈多,但还有许多人尚未对此形成准确的认识。这就要求一定要切实转变目前农产品在销售过程中的被动、无奈的地位,特别是要通过改进农产品的包装以提升农产品所具有的经济效益,以求真正提升农产品的价值。打造优质农产品、建设品牌和产品营销的第一步便是包装。包装不仅具有产品保鲜、运输保护、便利消费的功能,更是品牌文化的重要载体和产品价值的直观体现,好的包装不仅能促进农产品的销售、提高产品市场竞争力,也是产品品牌塑造的重要途径。

一、包装的含义与构成

(一) 包装的含义

国家标准 GB/T4122—2008 包装术语里对包装的定义为:在流通过程中保护产品、方便储运、促进销售;按一定技术方法所用的容器、材料和辅助物等的总体名称;也指为达到上述目的在采用容器、材料和辅助物的过程中施加一定技术方法的操作活动。

从定义可以看出包装包含两方面内容:一是静态的,是指盛装产品的容器或包扎物;二是动态的,指设计、生产容器或包扎物并将产品包裹起来的一系列活动,即包装产品的操作过程。也就是说,包装既是一个名词,也是一个动词,且具有从属属性和商品属性。

(1) 名词:盛物器皿,容器,通常称为"包装物",如袋、箱、桶、瓶、盒等。

(2) 动词:包装产品的过程,如装箱、打包、装袋、灌装等。

(3) 从属属性:内装产品的附属品,同样有价值和使用价值。

(4) 商品属性:实现内装产品价值和使用价值的重要手段。

农产品包装是对即将进入或已经进入流通领域的农产品或农产品加工品采用一定的容器或材料加以保护和装饰。农产品包装是农产品商品流通的重要条件。现代市场营销要求,农产品包装是特定品种、数量、规格、用途等的包装形式,包含每个包装单位的大小、轻重、材料、方式等。农产品包装应按照目标顾客需求、包装原则、包装技术要求进行,以保护农产品,减少损耗,便于运输,节省劳力,提高仓容,保持农产品卫生,便于消费者识别和选购,美化商品,扩大销售,提高农产品市场营销效率。

在现代市场营销中,对商品包装的要求越来越高,早已不再拘泥于过去的那种保护商品、方便携带的功能。心理学研究表明:在人类接受的信息总和中,由视觉器官获得信息高达83%,因此,通过包装设计,激发顾客的购买欲望,提高农产品市场竞争力,是农产品营销者必须高度重视的问题。

(二) 包装的构成

商品包装包括商标或品牌、形状、颜色、图案、材料、标签等要素。

(1) 商标或品牌:商标或品牌是包装中最主要的构成要素,应在包装整体上占据突出的位置。

（2）包装形状：适宜的包装形状有利于储运和陈列，也有利于产品销售，因此，形状是包装中不可缺少的组合要素。

（3）包装颜色：颜色是包装中最具刺激销售作用的构成元素。突出商品特性的色调组合，不仅能够加强品牌特征，而且对顾客有强烈的感召力。

（4）包装图案：包装物上绘制的图案，可以美化产品和表现品牌，如同广告中的画面，其重要性、不可或缺性不言而喻。

（5）包装材料：包装材料的选择不仅影响包装成本、性能和形象等，而且也影响商品的市场竞争力。

（6）产品标签：附在商品销售包装上的文字、图案、雕刻及印制说明。在标签上一般都印有包装内容和产品所包含的主要成分，如品牌标志、产品质量等级、产品厂家、生产日期和有效期、使用方法等。

知识拓展

包装标志与商品标签

包装标志是在运输包装的外部印制的图形、文字和数字以及它们的组合。主要有：运输标志、指示性标志和警告性标志。商品标签是指附着或系挂在商品销售包装上的文字、图形、雕刻及印制的说明（图15-1）。

图 15-1　包装标志

二、包装的分类

现代包装种类很多，因分类角度不同形成多种分类方法。

（一）按照产品性质划分

按照产品性质划分，可以划分为销售包装和储运包装。

1. 销售包装

销售包装又称商业包装，可以分为内销包装、礼品包装、经济包装等。销售包装是直接随商品进入零售网点与消费者或用户直接见面的包装。因此，销售包装的设计要有准确的定位,力求既简洁大方、方便实用,又能体现商品性。销售包装信息应包括文字说明、条形码、二维码等。

(1)销售包装的文字说明。在销售包装上应有必要的文字说明,如品名、产地、数量、规格、成分、用途和使用方法等,文字说明要同画面紧密结合,互相衬托,彼此补充,以达到宣传和促销的目的。

(2)销售包装的条形码。计算机能自动地识别条形码,确定品名、品种、数量、生产日期、制造厂商、产地等,并据此在数据库中查询其单价,进行货款运算,打出购货清单,能有效地提高销售效益和准确性。

(3)销售包装的二维码。首先,二维码可以用于关于产品信息展示。用户通过手机扫描二维码就可获取商品的各种信息,如查看产品信息、电子使用说明书以及企业文化和演示视频等。企业可通过视频、音频、文字、图片等多重手段,全面介绍商品的信息,可包含商品故事来源、用法、品牌、产地、厂址、体积、使用场景、宣传视频、溯源信息、企业介绍、招商代理等。其次,企业可以利用二维码进行电商引流。用户扫描产品上的二维码,引导至天猫、京东、微店、亚马逊和自有电商平台等,引导消费者继续购买该商品或者购买该商品的关联商品。二维码直接设计在包装中,不用二次印刷,降低成本;用户扫描二维码选择进入电商平台购买物品,不用跳转平台,可站内交易,从而降低用户交易流失率,提升用户体验,增加产品的复购率。

2. 储运包装

储运包装是以商品的储存或运输为目的的包装。它主要在厂家与分销商、卖场之间流通,便于产品的搬运与计数。其包括内包装、衬板、泡沫塑料级替代品、气垫薄膜、现场发泡、填料等包装形式。

(1)内包装。易碎品内包装最主要的功能是提供内装物的固定和缓冲。合格的内装物包装可以保护易碎品在运输期间免受冲撞及振动,并能恢复回原来的形状以提供进一步的缓冲作用。

(2)衬板。用瓦楞纸衬板作为内部包装,可以提供良好的商品固定性能,能够避免易碎品之间的相互碰撞,降低破损率。由于制作材料是瓦楞纸,与瓦楞纸箱材料一致,利于统一回收,符合环保需求,成本也很低。与箱体底部接触的物品由于所承受压力较大,受损概率也较大,通常在箱底添加一层瓦楞纸隔板来降低受损率。此外,还可以用塑料制作的隔板,塑料隔板一般采用高密度聚乙烯(HDPE)或聚丙烯(PP)挤出或挤压成型,具有低成本、抗弯折、耐冲击、无污染、抗老化、耐腐蚀、防潮防水等多种优点。

(3)泡沫塑料及替代品。泡沫塑料及替代品主要有以下几种形式。

泡沫塑料:具有良好的缓冲性能和吸振性能,材质轻、保护性能好、适应性广等。

发泡PP:不使用氟利昂,具有很多与发泡聚苯乙烯相似的缓冲性能,它属于软发泡材料。

蜂窝纸板:具有承重力大、缓冲性好、不易变形、强度高、符合环保、成本低廉等优点。

纸浆模塑:吸附性好、废弃物可降解,且可堆叠存放,大大减少运输存放空间。但其回弹性差，防震性能较弱，不适用于体积大或较重的易碎品包装。

（4）气垫薄膜。也称气泡薄膜，对于轻型物品能提供很好的保护效果。使用时，要用多层以确保产品（包括角落与边缘）得到完整的保护。

（5）现场发泡。现场发泡，主要是利用聚氨酯泡沫塑料制品，在内容物旁边扩张并形成保护模型，特别适用于小批量、不规则物品的包装。现场发泡最大的特点在于可在现场成形，无需使用任何模具，特别适合于个别的、不规则的产品，或贵重易碎品的包装，可广泛用于邮政、快递等特殊场合使用。

（6）填料。在包装容器中填充各种软制材料作缓冲包装。材料有废纸、植物纤维、发泡塑料球等。但由于填充料难以填充满容器，对内装物的固定性能较差，而且包装废弃后，不便于回收利用。

（二）按包装大小划分

按包装大小划分可以分内包装、中包装、大包装三类。

1. 内包装

内包装也称个包装或小包装。它是与产品最亲密接触的包装，与商品同时装配出厂。商品的小包装上多有图案或文字标识，具有保护商品、方便销售的作用。设计内包装时，更要体现商品性，以吸引消费者。

2. 中包装

中包装主要是为了增强对商品的保护、便于计数而对商品进行组装或套装。

3. 大包装

大包装也称外包装、运输包装。主要作用是增加商品在运输中的安全性，且又便于装卸与计数。标明产品的型号、规格、尺寸、颜色、数量、出厂日期。再加上一些视觉符号，诸如小心轻放、防潮、防火、堆压极限、有毒等。

（三）按照包装防护技术方法划分

按包装防护技术方法划分可以分为真空包装、抗菌包装、缓冲包装、防辐射包装、脱氧包装、防伪包装等。

1. 真空包装也称减压包装，是将包装容器内的空气全部抽出密封，使袋内处于高度减压状态。其包装类型有塑料袋内真空包装、铝箔包装、玻璃器皿、塑料及其复合材料包装等。可根据物品种类选择包装材料。由于鲜活农产品尚在进行呼吸作用，高度缺氧会造成生理病害，因此，鲜活农产品使用真空包装的较少。

真空包装具有以下优点：

（1）排除了包装容器中的部分空气（氧气），能有效地防止食品腐败变质。

（2）采用阻隔性（气密性）优良的包装材料及严格的密封技术和要求，能有效防止包装内容物质的交换，既可避免食品减重、失味，又可防止二次污染。

（3）容器内部气体已排除，加速了热量的传传，既可提高热杀菌效率，也避免了加热杀菌时，由于气体的膨胀而使包装容器破裂。

2. 抗菌包装

抗菌包装是活性包装中最重要的一种，是通过使用具有杀菌作用的包装材料，抑制储藏过程中食品微生物的生长并避免食品的二次污染，从而延长食品的保质期。

3. 缓冲包装

缓冲包装又称防震包装，是指在产品包装系统中合理选择具有良好能量吸收性或耗散性的材料作包装容器或衬垫材料，使系统内产品或元件受到的冲击最小，从而达到保护商品的目的。其主要原理是利用包装材料的缓冲特性，延缓冲击作用时间，避免过激的冲击峰值。

缓冲包装的设计原则如下：

（1）产品在包装容器中要固定牢靠，不能活动，对其突出而又易损部位要加以支撑，同一包装容器有多件产品时，应进行有效隔离。

（2）选择合适的缓冲衬垫，缓冲衬垫的面积视产品或内包装的重量、缓冲材料的特性而定。总之，缓冲衬垫所受的静压应力应合适。

（3）正确选择缓冲材料，产品的品种、形状、重量、价值、易损性等的不同，对缓冲材料的要求也不同。

（4）包装结构应尽量简单，便于操作、开启，便于从包装内取出产品。

（5）设计时应对各种因素进行综合考虑，如计算振动量时，既要考虑共振时包装件整体的响应，又不可忽视对产品关键构件或易损构件的响应。

4. 防辐射包装

防辐射包装是指通过包装容器及材料防止外界辐射线损害内容物品所采取的防护性包装措施。防辐射包装的方法包括防光辐射包装和防电磁辐射包装。

（1）防光辐射包装。采用能防止光线透过的黑色纸、炭黑型导电塑料膜、铁皮等制成容器，可有效防光辐射。导电性纸盒和导电性瓦楞纸箱、硬质密闭塑料盒、金属容器均可作光敏感产品的运输包装容器，当然还需要保证密封与无漏光的措施。

（2）防电磁辐射包装。对于各种电子元器件、电子精密仪器、医疗器械、计算机、自动化办公设备等对电磁辐射十分敏感的产品，通常都需要采用防电磁辐射包装方法。

5. 脱氧包装

脱氧包装是指在密封的包装容器中，使用能与氧气起化学作用的脱氧剂与之反应，从而除去包装容器中的氧气，以达到保护内装物的目的。脱氧包装适用于食品包装，对贵重金属、仪器、仪表等的长期封存、防锈、防霉也有良好作用。

脱氧包装的特点如下：

（1）克服了真空包装和充气包装去氧不彻底的缺点，还具有所需设备简单、操作方便、高效、使用灵活等优点。

（2）在食品包装中封入脱氧剂，可以在食品生产工艺中不必加入防霉和抗氧化等化学添加剂，从而使食品安全、卫生，有益于人们的身体健康。

（3）采用合适的脱氧剂，可使包装内部的氧含量降低到0.1%，食品在接近无氧的环境中储存，防止其中的油脂、色素、维生素等营养成分的氧化，较好地保持产品原有的色、香、味和营养。

（4）比真空和充气包装能更有效地防止或延缓需氧微生物所引起的腐败变质，可适当增加食品中的水分含量，并可适当延长产品的保质期。

在使用脱氧包装时必须注意，脱氧剂对人体安全无毒，不能与包装物发生反应；脱氧剂储藏时的温度不能太低；脱氧剂在使用前应密封在气密性好的包装容器中；根据不同的脱氧需求选用适宜的脱氧剂；包装需保持一定气压。

6. 防伪包装

防伪包装建立在包装三大功能（保护功能、方便功能和促销功能）的基础上，是包装保护功能的补充与完善。防伪包装可定义为借助于包装，防止商品在流通与转移过程中被人为因素所窃换和假冒的技术与方法。

（四）按照包装产品经营方式划分

按照包装产品经营方式划分可以划分为内销产品包装、出口商品包装和特殊产品包装。

1. 内销产品包装

内销产品包装即为适应商品在国内的销售所采用的包装，具有简单、经济、实用的特点。

2. 出口产品包装

出口产品包装是为了适应商品在国外的销售以及国际运输而采用的包装。因此，在保护性、装饰性、竞争性及适应性上要求更高。

3. 特殊产品包装

特殊产品包装是为工艺品、文物、军需品等采用的包装，一般成本较高。

（五）按照销售形式划分

按照销售形式划分可以划分为系列包装、礼品包装、陈列包装。

1. 系列包装

系列包装是指企业采用相同或相似的视觉形象，利用统一协调的包装设计手法，起到提高设计和生产效率、推广商品形象、树立企业形象、扩大销售利润的作用。系列包装具有系列化和统一化的特点，要求在版式统一、色彩系列鲜明、造型风格一致、材质表现风格一致的前提下，富于变化（图15-2）。

产品的多样化；个性、专业化特色设计；先进包装技术的开发设计与人性的结合等因素促使系列化的包装设计成为必然。

【案例 15-1】

丝麦耘面粉来自新疆，其原材料产自新疆江布拉克地区。为体现出丝麦耘新疆特产的特色，选择以"库尔班"大叔为超级视觉符号，凸显其地方特色，然后以颜色作为系列化的包装识别，不同的颜色代表不同的面粉类型，产品上市后广受欢迎。

图 15-2　丝麦耘面粉包装

资料来源：西安高鹏设计团队丝麦耘包装设计［EB/OL］. https：//www.gtn9.com/work_ show.aspx？ID＝0A4EA683B9FE9F30，2019-8-16/2020-6-4.

思考：系列包装对提升品牌形象有什么作用？

2. 礼品包装

作为销售包装中的一种，礼品包装不仅要满足基本的包装功能，还要传递人与人之间尊敬、爱慕、沟通等情感的交流信息。其包装一般都具备造型优美、图案华丽、用材讲究等特征。

3. 陈列包装

陈列包装又称广告式包装或 POP 包装，它是以宣传商品品牌形象、促进商品销售为目的的包装形式。一般采用展开式、吊挂式、陈列式等特殊的包装结构和宣传式的视觉传达设计来促进商品的销售。

（六）按照包装结构划分

按照包装结构划分可以划分为开窗式包装结构、抽屉式包装结构、组合式包装结构、异形包装结构、携带式包装结构、易开式包装结构、喷雾式包装、配套包装结构、礼品包装结构、方便型小包装结构、食品快餐容器包装结构、桶状包装结构。

1. 开窗式包装结构

这种形式的纸盒常用在玩具、食品等产品中。这种结构的特点是开窗的部分选用透明材料，能使消费者一目了然地看到内容物，增加商品的可信度。

2. 抽屉式包装结构

这种包装形式类似于抽屉的造型，结构牢固，便于多次使用。

3. 组合式包装结构

组合式包装结构多用于礼盒包装中，这种包装形式中既有小包装又有中包装，其特点是贵重精致，成本较高。如茶叶包装、月饼包装、酒包装等。

4. 异形包装结构

异形包装追求结构的趣味性与多变性，常适用于一些性格活泼的产品，如小零食、糖果、玩具等。这种包装结构形式较为复杂，但展示效果好。

5. 携带式包装结构

携带式包装结构是以便于消费者携带而考虑的，设计时，长、宽、高的比例要恰当。

6. 易开式包装结构

易开式包装结构是具有密封结构的包装。像纸、金属、玻璃、塑料的容器，在封口严密的前提下，要求开启方便。

7. 喷雾式包装

这种包装结构，虽然增加了成本，但由于使用方便，因此具有很强的销售力。

8. 配套包装结构

配套包装结构是把产品搭配成套出售的销售包装，配套包装的造型结构主要考虑把不同种类但在用途方面有联系的产品组织在一起销售的包装。

9. 礼品包装结构

专门为礼物进行的包装为礼品包装。礼品包装的设计要求独具匠心，因此造型结构追求较强的艺术性，同时具有良好的保护产品的性能。

10. 软包装结构

就是包装材料能产生一定形变，在填充或取出内装物后，容器的形状发生了变化或没有变化的包装。具有保鲜度高、轻巧、不易受潮及方便销售、运输和使用的作用。

11. 方便型小包装结构

也可称为一次性商品使用包装，体积小、结构简洁，便于打开。

12. 食品快餐容器包装结构

随着快餐的发展而快速发展起来的包装。具有清洁、轻便、方便和随时可以直接用餐等许多优点。

13. 桶状包装结构

能盛装一定重量的带有手提结构的容器。它主要用于液体类的产品，如油类等。设计主要注重于桶体结构的造型以及手提部位功能的合理性这两方面。

（七）按流通领域的作用划分

按流通领域的作用划分可以划分为物流包装和商流包装。

1. 物流包装

（1）运输包装。我国的国家标准《物流术语》（GB/T18354—2006）中将运输包装定义为"以满足运输、仓储要求为目的的包装"。主要作用在于保障商品在运输、储存、装卸和检验过程中的安全，并方便储运装卸，易于货物的交接和检验。

（2）托盘包装。托盘包装就是单元货物的承载物。托盘包装是将若干商品或包装件堆码在托盘上，通过捆扎裹包或胶贴等办法加以固定，形成一个搬运单位，以便使用机械设备搬运。以托盘为单位的包装件是物流包装标准化的产物，它便于机械作业和运输。

（3）集合包装。集合包装是将一定数量的包装件或商品，装入具有一定规格、强度及适宜长期周转使用的大包装容器内，形成一个合适的装卸搬运单位的包装，如集装箱、集装托盘、集装袋等。

2. 商流包装

商流包装是传统包装功能的延伸，实质是促销包装，因此，在设计时重点考虑的是包装物的造型、结构和装潢，目的在于通过包装物来展示和说明商品。

（八）按包装容器的特征划分

根据包装容器的不同特征可以划分为不同类别：按容器形状划分，可分为包装袋、包装箱、包装盒、包装瓶、包装罐等；根据容器硬度划分，可分为软包装、硬包装和半硬包装；按容器使用次数划分，可分为固定式包装、折叠式包装、拆解一次性使用包装、周转使用包装、转作他用包装；按容器密封性能划分，可分为密封包装、非密封包装和半透膜包装；按容器档次规格划分，可分为高档包装、中档包装、普通包装和简易包装等。

第二节 包装的功能与策略

一、包装的功能

（一）保护功能

保护功能是包装最基本的功能，即保护商品不受各种外力的损坏。在开始包装设计之前，首先要想到包装的结构与材料，保证商品在流通过程中的安全。防止振动与冲击、防水防潮、防止温度的高低变化、防光线和防辐射、防止与空气及环境接触、防偷盗、防虫害、防挥发、防酸碱腐蚀。包装的破损往往会导致产品丢失或失窃，因此也要考虑包装的安全性。

除了以上所述因素，像防虫害、防挥发、防酸碱腐蚀等许多方面都应该根据产品的实际要求来考虑。

（二）便利功能

产品从生产商到消费者手中，直到它被废弃回收，无论从生产者、仓储运输者、代理销售者还是消费者的立场上来看，都应该体现出包装所带来的便利。

1. 生产制造者的便利性

（1）包装的生产、加工工序是否简单和易操作及适合机器大规模生产。

（2）空置包装能否折叠、压平、码放，以节约空间。

（3）开包、验收、再封包的程序是否简便易行。

（4）包装可否便于回收再利用以降低成本。

2. 仓储运输者的便利性

（1）运输和搬运方便、规格统一、空间占据量合理、装载效率高。

（2）在仓储和搬运过程中包装袋的尺寸及形状是否能配合运输、堆码的机械设备。

（3）包装上的商品名称、规格、各种标志应有较强的识别性以便于高效率的操作。

3. 代理消费者的便利性

搬运及保管容易、识别性强、陈列简单易行、展示宣传效果好、展示及销售时开启和封闭方便。

4. 消费者的便利性

消费者的便利性主要体现在使用的方便性和包装空间的便利性两个方面。使用的方便性集中体现在消费者使用上的方便,合理的包装应使消费者在开启、使用、保管、收藏时感到方便。包装空间的方便性对降低流通费用至关重要。按照人体工程学原理,结合实践经验设计的合理包装,能够节省人的体力消耗,使人产生一种现代生活的享乐感。

开启和闭合都非常方便,体现消费者使用的方便性;易拉罐的开口方式,既保鲜又方便;不能一次性用完,就要考虑包装的重复开启和闭合的多次使用;水果、蔬菜等带有一定重量的产品,应考虑采用提手式包装结构,便于携带。

(三) 促销功能

设计精美的产品包装,可起到宣传产品、美化产品和促进销售的作用。包装既能提高产品的市场竞争力,又能以其新颖独特的艺术魅力吸引顾客、指导顾客,成为促进消费者购买的主导因素,是产品的无声推销员。

用独特的、美观的、实用的外形结构来吸引消费者,通常称为结构设计;通过图形、色彩及文字的吸引力、说服力来吸引顾客购买,通常称其为图形设计。包装正确把握商品的诉求点可以充分表现出其商品功能,起到引导消费的作用。

(1) 外观的诉求:商品的外形、尺寸、造型设计风格。
(2) 经济性的诉求:价格、形状、容量、质量等。
(3) 安全性诉求:说明标注、成分、信誉度。
(4) 品质感诉求:醒目、积极感、时尚性。
(5) 特殊性诉求:个性化、流行化。
(6) 所属性诉求:性别、职业、年龄、收入等。

(四) 识别、美化及增值功能

1. 包装的识别功能

包装的识别全靠外包装的样子,有些产品原来的样子是普通的,但是经过包装之后,产品的可识别性大大增强,让人一眼就能看出此产品的生产原料,或者包装之后能看到该商品的使用方法。

2. 包装的美化功能

优秀的包装设计,以其精巧的造型、合理的结构、醒目的商标、得体的文字和明快的色彩等艺术语言,直接刺激消费者的购买欲望,不仅美化了商品,还对商品的识别性起到了很大的作用。包装的识别及美化功能直接决定了该商品的销售功能。

3. 包装的增值功能

在原材料价格日益上涨,人力成本、管理成本等支出越来越高的环境下,几乎所有的企业都在思考促使产品增值的问题。增值包装,是新环境下的包装需求。为顺应时代需求,有许多增值包装相继而出。

(五) 心理功能

消费者长期以来对商品类别的视觉印象已经形成了比较固定的认识,比如源自商品本身特征的商品形象色,绿色代表蔬菜、健康,棕色代表茶、稳重,黄色代表黄油、奶酪、蛋黄酱等。产品品质追求一流,在包装设计上和广告宣传上做到简洁,而且风格一致,这样可以形成视觉强烈的品牌形象。现代消费者的消费心理已经相当成熟,市场已经进入个性化消费的时代，商品的品质和个性成为消费者的首选。包装设计也随之更趋向个性化，向突出商品品质、品牌形象、商品个性的方向发展。此外，包装不能利用人们的消费心理在包装上进行夸大的宣传，或者仿造知名品牌包装以误导消费者。

二、农产品营销的包装策略

一个设计良好的包装，以一种物化形式体现一个企业的营销策略。符合设计要求的包装固然是良好的包装，但良好的包装只有同包装策略结合起来才能发挥应有的作用。

（一）类似包装策略

类似包装策略是指企业所生产经营的各种产品，在包装上采用相同的图案、色彩或其他共有特征，从而整个包装外形相类似，使顾客容易注意到这是同一家组织生产的产品。类似包装策略的主要优点是：可以节省包装设计、印刷的成本；有利于树立企业的形象，一系列格调统一的产品包装势必会使消费者受到反复的视觉冲击，从而形成深刻的印象；有利于新产品上市，通过类似包装可以利用企业已有的信誉，使新产品迅速在市场上占有一席之地。当然，类似包装适用于质量水平、档次相近的产品，不适于质量等级相差悬殊的产品。否则，会对高档优质产品产生不利影响，并危及企业在市场中的信誉。

（二）等级包装策略

等级包装策略是指企业所生产经营的产品，按质量等级的不同实行不同的包装。把高档、中档、低档产品分别开来后，采用相应的包装，使产品的价值与包装相一致，一般产品采用普通包装，而优质高档产品则采用精美包装。例如，将不同质量等级的水果，采用不同等级的包装，从整体上可以提高企业的收入。等级包装虽然在包装费用上不像类似包装那么节约，但整体效益可能好于类似包装策略。

（三）组合包装策略

组合包装策略亦称综合包装、配套包装，是指企业把应用时互相有关联的多种商品纳入一个包装之内，同时出售。这种策略，既为消费者购买、携带、使用和保管提供了方便，又有利于企业扩大产品销路、增加产品销量、推广新产品。最典型的如在超市中销售的水果果篮，多种水果组合在一起，方便了顾客购买和食用，也有利于新品种水果的销售。

（四）再利用包装策略

再利用包装，又叫多用途包装，指在用户将包装容器内的商品使用完毕后，这一包装容器还可继续利用，可能用于购买原来的产品，也可能用作其他用途。例如，同样是水果果篮，如果果篮设计得非常精美，顾客在品尝完水果后，还可以将果篮作为收纳物品的容器或成为摆放的装饰物，这样的水果果篮既有助于引起顾客的购买兴趣，还可以促进其重复购买，摆放或重复使中还能起到广告作用。

（五）附赠品包装策略

这种策略是在产品的包装容器中附加一些赠品，以吸引顾客购买的兴趣。在儿童食品的销售中，经常采用这种策略，例如，儿童饼干、糖果等包装中附赠连环画、认字卡片、贴纸等。农产品销售中也可以尝试采用这种策略，包装中附上一些对顾客来讲比较实用的水果刀、削皮刀、食谱等，这样的包装策略有明显的促销效果。

(六)创新包装策略

创新包装策略是指企业随着产品的更新和市场的变化,相应地改革包装设计。在现代市场经营中,产品包装的改进,如同产品本身的改进一样,对市场营销有着重要的作用。如果企业的产品与其他同类产品的内在质量近似,而销路却不畅,可能就是包装设计的问题,此时应注意变换包装,推出有新意的包装,以改变销售不畅的状况。因此,企业经营管理人员应在市场上多搜集有关包装表现的信息,不断改进产品包装,及时采用新材料、新技术,精心设计新造型,创造新颖独特的包装来最大限度地发挥包装的作用。

【案例 15-2】

通古拉·荣海(Thung Kula Ronghai)一直是泰国著名的大米产区,其高品质的大米享誉全球。著名的三生稻大米就产自该区域,是有机天然大米。泰国 Thung Kula Ronghai 大米包装设计的颜色是带纹理的米色,使用谷壳设计包装盒,谷壳是脱壳过程中的自然废物。包装是模压成型的,盒盖的顶部是米色压花,周围是图形线条和 logo 的烫花,上面有一些图文细节。盒子内部装有装满大米的内袋,上面印有批号和其他数据,底部有大米外形镂空天窗,取出大米内袋后,这个大米包装盒就可以作为纸巾盒来重复使用。

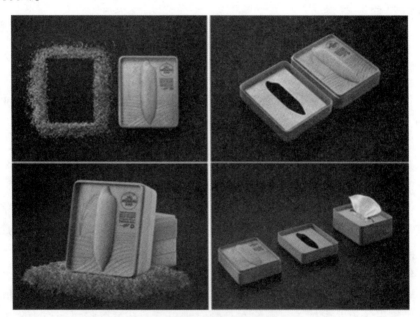

图 15-3 泰国 Thung Kula Ronghai 大米包装

资料来源:可以做纸巾盒的泰国大米包装设计[EB/OL]. http://www.dongyun01.com/zhishiku/n2232.htm, 2020-3-28/2020-6-4.

思考:Thung Kula Ronghai 大米包装是如何进行创意设计的?

第三节　农产品包装设计

一、农产品包装设计原则

农产品丰富多样，消费者选择空间大。设计的包装要准确地传达农产品的优势及特点，凸显品质，打动购买群体，做好农产品的"嫁衣"后转化为商品，促进销售。农产品包装设计需要遵循以下原则。

(一) 安全方便设计原则

安全使用功能是农产品包装设计的核心。古人从采用果壳、贝壳、树叶到使用泥土烧制陶器来盛装水和食物，使安全性延伸、增加到美观性。包装所使用的纸张等材料、造型形态、包装外观结构等系统环节需要周密严谨的设计。包装要保护产品由产地运输到顾客手上，这个过程既要保护好商品，也要兼顾方便搬运、存储、装卸、流通销售等各个不同环节。

(二) 人性化设计原则

农产品有包装后方便携带和使用，为提高工作效率和改善生活质量起到重要作用。包装设计根据不同农产品，考虑到属性、结构、化学、物理、使用等情况，力求更好地服务于生活而进行设计。乡村农产品种植发展到一定规模后，包装后期生产要考虑机械化、批量、专业化的加工生产线，兼顾实地资源，做好成本与效率及效益之间的关系。超市商品包装在便利储运、便利销售、便利使用、便利回收等方面的人性化设计日渐成熟，农产品包装设计在此基础之上，结合产品特点、区域环境、销售渠道、使用人群、年龄阶段、人体工学等细节，扬长避短，优势互补。

(三) 商业品牌塑造原则

新推广的农产品，通过外包装准确且清晰地告知消费者产品名称、使用方法、产品成分、营养功效、适用人群、保存方式、注意事项等信息，包装设计师设计出新颖视觉语言进行版式设计、工艺表现、结构创新等技法去美化与表达。包装设计之前做好产品的定位分析，卖什么(商品名称)？在哪里卖(渠道)？卖到哪里去(销售市场)？产品卖给谁(消费群体)？农产品行业发展快速，产品走向市场时，需要有商业策划，注册LOGO，确定产品名称等。把成功的商品策划和设计的方法借鉴到农产品推广销售等方面。塑造好产品自己的品牌形象，为产品走向市场和企业发展做好基础工作。

(四) 突出地域文化内涵原则

包装设计是一门以文化为本位，以生活为基础，以当代需求为导向的设计学科。包装设计由使用功能增加到文化媒介载体、体验等多重意义的文化活动，它不仅是物质功能的使用，也是精神文化的综合体。不同的商品赋予了一定内容的文化内涵，销售商品的同时，也以包装载体展示企业部分历史、地域传统文化、地方风土人情、民族精神等。文化是企业无形的资产和财富。农产品再现或挖掘自身的文化基因后，使用准确生动的视觉形象语言传达在外观包装上,既美化了包装也区分了产品同质化的现象。在历史演变进程中,农产品的包装也是传承文化的载体之一。传统文化延续时间久远,各地文化各有特色。农产品包装要方便推广与宣传,需要从文化中去找创作依据。文化是设计的宠儿,它的发展与传承都是以生活为基础,以质量为依托,不断演绎而变化。农产品包装设计时再次提炼地域文化,设计出经典包装,满足农产品物质使用功能的同时,提升农产品附载的文化功能,给顾客精神文化享受。

【案例 15-3】

延安甜三度苹果

历史文化名城之一的陕西延安,著名的革命圣地,以其为背景的延安苹果便是延安的礼物,而其中的"甜三度"苹果则是品牌赋予的区域化定位。

包装设计为窑洞外形,创造了品牌独特的地域特色符号,体现了自然节能的生活理念,根据窑洞的地理特点进行设计,也有利于果品的保鲜贮存。

包装上的二维插画体现视觉创意,通过真实细致的素描画风,体现延安淳朴的民风气质。

红色填充的背景体现延安的红色革命圣地,中央的留白部分实则在刻画黄土高原,延安市树苹果树与市花山丹丹花,均体现在插画当中。

外礼盒包装插画元素更加丰富,历史感的宝塔山与现代化缩影的高楼大厦对比,体现延安城市的发展历程,而秧歌鼓舞的场景,完美演绎人们对延安的城市印象。

图 15-4 延安甜三度苹果包装

资料来源:延安苹果——甜三度[EB/OL]. https://www.gtn9.com/work_show.aspx?ID=803E38B910D8108E, 2019-12-15/2020-6-4.

思考:甜三度苹果是如何结合地域特色进行产品包装设计的?

(五)突出绿色环保设计原则

农产品包装设计时,可以因地制宜,就地取材,采用树、竹、藤、草、筋等植物包装材料。选用绿色环保材料设计后的商品包装,坚持绿色包装设计,利于产品本味属性保护,利于消费者身体健康,减少污染,方便处理与回收,利于保护人类生存的生态环境。四川雅安、宜宾等地有丰富的竹林资源，当地农产品豆瓣酱、月饼采用竹子材料制作包装，实用也特别。广泛采用竹材料做农产品包装，区别了大量的纸质、铁、皮革、塑料等包装材料，降低了油墨和塑胶等化工合成材料，注重了健康，提高了竞争力。

（六）提升艺术美设计原则

中国土地面积广阔，农产品种植技术不断提高和推广，种植户快速增长，竞争日趋激烈，要使产品提高市场占有率，提高销售量，扩大经济收益，则需要良好的外观商品包装。5G互联网技术和人工智能加快了文明进程，快速提升了大众审美素养和对美的要求，包装老旧风格淘汰较快，商品差异化及对比增强，顾客选择性扩大，不同商家的农产品包装设计要不断推出赏心悦目的、有艺术美的新品。包装设计师要考虑使用产品当地的天然材料，考究新材质、新技术、新工艺等多维度整合设计后的结构个性独特、视觉鲜明有特色的包装，彰显包装设计魅力。

二、农产品包装设计的要求

（一）优化农产品包装设计形象

通常情况下，在进行农产品品牌销售的过程中，大多数人并未意识到农产品包装设计的重要性，因而在一定程度上阻碍了农产品包装设计的发展。但是，随着人类生活水平的提高和生活理念的转变，农产品企业不能再忽视消费者对高水平生活质量的追求，要遵循市场的发展规律，并在此基础上意识到产品包装设计的重要性。对于现有农产品包装设计层次不合理所引发的农产品品牌营销不理想的问题，则需要通过加大对产品包装设计作用的宣传力度的方式来解决，必要的时候也需要相关部门给予干预，加大对农产品品牌营销市场的监管，从而使农产品企业重视产品包装设计，重视对自主品牌的保护意识。同时，产品包装设计的发展还可以推动农产品包装设计的行业洗牌，因此要想在未来发展中占领一定的市场份额，就需要优化农产品包装设计形象，与消费者的基本需求相匹配，从而更好地提升企业自身的市场竞争力，提高农产品企业的核心价值。

（二）农产品包装设计要展现产品特征

在对农产品进行包装设计时，要能够从农产品品牌营销的角度出发，以更好地展现农产品特征，更好地塑造农产品品牌形象。实际上某一种或者某一类产品所进行的包装设计，要具备一定的产品特征，一旦农产品包装设计脱离自身的产品特征，就容易"皮之不存，毛将焉附"。目前，大多数农产品企业开始对农产品包装设计给予重视，并开始对传统农作物进行挖掘，以便发现其中独特的文化色彩。例如，长江下游的香稻谷、大西北的红高粱等。再如，茶文化在我国各个地区都有非常广泛的发展，并且不同地区的茶包装都独具当地特色，从而使品茶之人可以对该地区的茶文化有所了解和掌握。此外，大部分的农产品还蕴藏着非常多的良好品质，不仅可以供人食用，而且，还可以从不同的角度来启迪人生，告知消费者如何做人、如何做事、如何生活。作为一种物质文化，将农产品包装设计引入农产品品牌营销之中，不仅能够为购买者带去物质的享受，而且还可以给他们带来一种精神上的享受。

【案例 15-4】

Prompt 设计公司的 JL 水果农产品包装

水果已经有自己的天然包装，因此，设计师在做水果标签包装设计时需要充分利用这个资源。Prompt 设计公司的 JL 水果农产品包装设计就是这种情况。它充分利用了水果本身美丽的外观纹理，夸张式的局部放大，以比水果本身更吸引眼球的方式展示在水果标签包装设计中，该设计不仅可以让消费者看到实际的产品，而且还可以在标签上显示水果的特写图像。图像和水果是吸引购买者的主要焦点，因此字体设计简单而经典。令人垂涎的照片和里面成熟的果实令人惊叹且与众不同，使 JL 品牌的水果农产品包装设计在同类产品中脱颖而出。

图 15-5　泰国 JL 水果农产品包装

资料来源：泰国 JL 水果农产品包装设计［EB/OL］.http://www.dongyun01.com/zhishiku/n2323.htm，2019-10-31/2020-6-4.

思考：JL 水果农产品包装在展示产品方面的巧妙之处在哪里？

（三）农产品包装设计要展现区域特征

任何类型的农产品都有其独特的生长区域，因为在不同的气候和土壤条件下所生长出来的农产品是不一样的，就好比一方水土养育一方人，同样一方水土会孕育一定区域特征的农产品。同时，一定区域的农产品也会推动该区域的农产品经济和文化的发展。因此，在进行农产品包装设计的过程中，要尽可能地展现区域特征，从而实现对该区域文化的有效宣传，并推动该区域经济文化的发展。此外，消费者透过农产品包装设计中所展现的区域特征，还可以对当地的文化有所了解和掌握。

三、包装设计程序

（一）前期策划

前期策划包括了解企业基本情况，了解产品特性，了解产品使用者的心理特征，了解产品销售方式，了解产品相关经费，进行市场调研。

1. 了解企业基本情况

在对产品包装设计之前，首先要对企业的基本情况有所了解，包括企业和该品牌的背景信息、产品的信息以及所涉及的市场范围、市场上哪些同类的产品与之竞争、产品的目标市场人群、预算和成本问题、生产中的各项问题及限制因素、相关的管理规定以及各种环保政策等。

2. 了解产品本身特性

包装设计的风格应取决于商品的性格特征，古朴与时尚、柔和与强烈、奔放与典雅都是商品的性格特征，这些特征应该在包装设计中用视觉语言准确地传达给消费者，也就是说，包装设计的艺术表现个性应建立在商品内容特征的基础上，以体现出目的性与功能性。

3. 了解产品使用者的心理特征

包装设计要依据消费者的审美、喜好、消费习惯来进行定位设计。通过委托人提供的资料和市场调研，可以对消费人群的购物类型、生活习惯、审美情趣和个人态度有一定的认识，从而有针对性地对消费人群进行设计。一般可以从消费者讲求实惠的心理、追求审美的心理、追求流行时尚的心理、追求名牌的心理、从众的心理、喜新厌旧的心理等方面进行分析和考量。

4. 了解产品的销售方式

了解产品的销售方式，对设计有前提性的作用。能决定包装的功能侧重（保护性、装卸性、便利性、标志性、经济性、环保性），同时也应考虑到包装的弊端和制约条件。现在的包装也因为各种各样的运输形式而设计出适合于各种运输形式的包装形式。而为了让商品变得更有竞争力，包装也应设计得更利于消费者使用和携带方便，从而减少产品的运输成本，增加竞争力。

5. 了解产品的相关经费

了解企业的包装总体预算和每一个阶段设计的费用预算，包括照片式或插画式的原创图像的制作、印刷成本以及其他成本等。或者以小时或天数为单位计算费用，也可以就整个设计项目确定一笔固定数目的费用。

6. 进行市场调研

进行市场调研时，通常采用访问法、观察法以及实验法等直接调查或间接调查方式（详见第四章第三节）。

（1）市场调研的内容

一是目标市场调研。目标市场调研包括消费者、销售地点、消费层次以及预想与实际之间差异性的调研。其中，消费者调查的项目有年龄、性别、职业、种族、宗教、收入、教育、居所、购买力、社会地位、家庭结构、购买习惯、品牌忠实度等。可按需要选择相应的调查项目、调研售卖场位置（主力或附属）、面积、商品的展示方式，销售地点从大范围上可划分为国外、国内、城市、乡村、民族地区等，从小范围上可划分为批发、零售、超市、普通商场等。

二是商品及包装调研。商品及包装调研包括产品生产单位的名称和基本情况、产品的品名（有无标准字体）、产品所用的原材料及其特性、产品外观造型、产品的色彩、产品生产工艺及加工精度、产品的用途及使用方法、产品的商标、产品档次、产品竞争对手的情况和竞争措施、产品原包装情况等。

(2) 市场调研的分析

一是产品分析。对产品进行分析，必须从产品的原料成分、价值、类型等方面进行，并从中发现产品的个性特征，从而判断该产品是高档还是低档，将针对怎样的购买群体，树立什么样的形象。同样的产品在不同的销售地区和消费群体中其设计结果是不同的，在不同身份、地位和收入的消费者中的意义也是不同的。

二是市场分析。首先是对市场进行划分，即根据用户的不同情况区分不同的市场层面。在市场划分以后，应确定包装产品的目标市场，即包装产品主要面对哪个市场层面并分析该市场规模大小、产品供应情况，本产品在这层面上的市场占有率，即本产品在同类产品销售中所占的比重、份额，供求发展方向和具体销售方式以及市场潜在的需求量，同类竞争产品的成本、价格，市场占有率及与自己产品相比较的优劣状况等。

(3) 市场调研的总结

整理市场调研收集到的相关信息，进行总结，并根据需要写出简明扼要、观点明确的调研报告。调研报告所提出的观点应与调研搜集的材料保持一致。同时，报告要对调研内容进行客观的整理、归纳和总结，同时要提出设计中所要解决问题的重点与解决的方法。

(二) 设计定位

在消费日趋个性化，营销手段多样化的现代，包装设计从以往的保护商品、美化、促销等基本功能演变为更加侧重设计表现的个性化、多视角的时代特征。现代包装设计的定位通常是通过品牌、产品和消费者这三个基本因素而体现出来的。

1. 品牌定位

知名品牌会带来无形资产和形象力，也会带动此品牌其他产品的销售能力。顾客会购买熟悉的或者是知名的产品。这是形象力给消费者品质的保障和消费的信心，给予信赖的感觉。

(1) 色彩。通过产品"形象色"的设计，给消费者强烈的视觉印象。

(2) 图形。品牌的图形包括宣传形象、卡通造型、辅助图形等，在包装设计中以发挥图形的表现力为主，使消费者在潜意识里联系图像与产品，利于产品的形象宣传。

(3) 字体。品牌的字体由于其可读性、标识性和个性成为突出品牌形象的主要表现手法之一。

2. 产品定位

(1) 产品内容定位。产品内容定位就是把产品的内容直观地表现在包装上，让消费者第一印象就能知道产品到底是什么，做什么用的。或者设计成与产品有直接关系的某种物体，直观而有冲击力。例如优蜜推出一款香蕉牛奶，就是典型的产品内容定位，和其他牛奶类型不一样。

(2) 产品特色定位。产品特色定位是把与同类产品相比较而得出的个性作为设计的一个突出点，它对目标消费群体具有直接有效的吸引力。

(3) 产品功能定位。产品功能定位是将产品的功效和作用展示给消费者以吸引目标消费群。

（4）产品产地定位。某些产品的原材料由于产地不同而产生了品质上的差异，因而突出产地就成了一种品质的保证。

（5）产品传统定位。在包装上突出对传统文化及民族特色文化的表现，对于传统产品、地方传统特色产品和旅游工艺品等具有非常贴切的表现力。

（6）产品纪念定位。在包装上结合大型庆典、节日、文体活动等带有纪念性的设计，以争取特定的消费者或者是限量版、纪念版等做的特殊的产品。

（7）产品档次定位。根据产品营销策划的不同以及用途上的区别，将同一产品区分为不同的档次来有针对性地吸引目标消费者。

3. 消费者定位

（1）地域差别。根据地域的不同，如城市与乡镇，内地与少数民族地区，不同的国家和种族，结合不同地域的风俗习惯、民族特点、喜好，进行针对性设计。

（2）生活方式。具有不同文化背景的人们以及不同年龄层或职业的消费者都有不同的生活方式，这直接导致了消费观念的不同，如审美标准的差别、对待时尚文化的态度等，在包装设计中都应予以足够的重视和体现。

（3）消费者的生理特征。消费者具有不同的生理特点，对于产品就有着不同的需求，包装设计应该依据目标消费者的生理特点来表现出产品的特性。

(三) 创意设计

包装的感性形象是吸引人们目光的重要因素，无论是色彩、文字，还是图形，都应该是包装形象个性化的表现，因此，设计创意的激发往往是在设计的理性分析基础上得来的结果。只有从人们生活需要和产品自身特点出发，设计创意思维才可能成为有源之水。

1. 构思的建立

（1）建立一份工作时间表，对整个设计过程进行记录。

（2）查阅各类书籍和杂志。

（3）去消费者购买的商店里进行实地考察。

（4）研究当下各种潮流趋势。

（5）把所有可以想到的、与这项设计任务相关的所有想法都写下来，进行一些头脑风暴。

（6）和周围的人多讨论，让别人给你意见。

（7）站在消费者的角度考虑问题。

2. 创意思维方式

（1）逆向式创意思维。摆脱习惯性的顺势思维模式，打破传统、保守的思维观念，进行新颖、大胆的逆向思考，从而创作出耳目一新的作品。

（2）发散式创意思维。在把握住一个信息点的同时，突破一般的直线式思考方式，衍生出相关的创意，在扩大视野、集思广益的同时还要有敏锐的判断力，设计的定位点也很重要，所以在思维能发散的同时还要具备"敛"的能力，做到张弛有度。

（3）自由式创意思维。不受条件的约束，发挥思考过程中潜在意识的轻松自在，采集思维的多样性，并最后加以综合取舍。

（4）综合式创意思维。把理性思考和感性思考的方式方法相结合，或者先感性发挥，再以理性来归纳总结及深化，或者在选择正确的方向后，无论是集体"灵感撞击式"的集思广益，还是以感性对理性的结果加以补充调整，或者是上述创作思维的集合，都可以加以尝试，并能结合个人习惯寻找到更快捷的思维方式。

（四）方案执行

方案执行包括勾画草图、评审设计方案、电脑设计制作稿、设计评估、印刷与制作。

1. 勾画草图

（1）设计表现的准备

图形部分。对于精细表现的插画则先要求大致效果的表现即可。对于摄影图片则运用类似的图片或效果图现行替代。

文字部分。包括品牌字体的设计表现、广告语、功能性说明文字的准备等。

包装结构的设计。应准备出具体的结构图，以便于包装展开设计的实施。除此以外，产品商标、企业标识、相关符号等也应提前准备完成。

（2）草图

① 草图是主要表现产品包装主画面的构图。草图应在一个按照包装前表面或基本展示区域的形状尺寸成比例缩小的空间内绘制。虽然草图中不必精确显示字体和各种平面元素，但也要大致画出所用字体及图像的特征。

② 通过草图能够直观地看到自己所设计的包装最后成品的大概样貌。在此阶段，确定多个设计概念是比较可行的，具体数量应视具体设计项目、客户和预算而定。

③ 草图设计的关键在于，时刻谨记有关该产品市场营销的各项目标，且更应始终考虑到目标消费者，在一定的包装材料形式与色彩的制约下。

④ 在勾画草图阶段就要充分考虑信息的层次，包装主画面的布置格局确定了信息阅读的顺序。各种设计元素的尺寸大小、颜色、定位和相互关系都会影响消费者的目光在基本展示区域上的移动方向，进而决定了他们对所提供信息的重要性的理解。在每个包装设计作品中都会存在信息传达的数个层次。

⑤ 在为一个产品系列中的各类花色品种进行包装设计时，为了显示区分度，通常的做法就是在保持各包装在信息层次上一致性的同时，针对具体品种采用独特的图形、色彩、图标和平面图以示区分。

⑥ 在处理画面信息时，应尽量将需放置的文字准备齐备。如果无法在早期阶段获得所有的必要文稿，那就必须制作替代物，以便模拟出设计布局的最终效果，在做正稿的时候再替换上正确的文字。

⑦ 根据挑选出来的可实施的创意设计草案，按照实际成品的大小成相应比例关系做较细致完善的表现，对各个细节的处理应做出较充分的表达，这个过程可以利用铅笔及简易的色彩材料来完成。

⑧ 对最终筛选出来的部分设计方案进行展开设计并制作成实际尺寸的彩色立体效果，从而更加接近实际成品，直观性也更强。设计师可以通过立体效果来检验设计的实际效果以及包装结构上的不足。

2. 评审设计方案

（1）在设计的过程中，对于包装设计的各种初步构想会被不断地修改、相互组合或者彻底删除，然后最成功的几个设计方案会被保留下来并进入设计开发的后续阶段。

（2）评审设计方案应着眼于设计概念、方案如何获得更出色的效果，如何改进或修改其他设计方案以及哪些设计概念显得较为薄弱而应被淘汰。评审设计方案的目的就在于改进创意工作，以便创造出符合客户需求并受到市场欢迎的设计方案。

（3）设计作品必须能够清晰地传达出设计者的意图或概念，而无需口头说明。使用图片编号或文字描述以便确定各个元素，这也是用语言传达设计意图的方式。可在布局图中添加各种质地的纸材样本、颜色、图像和字体风格。演示过程中，要表述清晰。

（4）经过第二阶段的创意探索，逐步筛选出的数个设计战略方向将进入设计的第三阶段——深入及定稿阶段。

最初通过草图表达的视觉元素将进一步细化，文字格式的选择、画面处理、排列方式、字距调整、连字符号和留空的距离等都要明确下来，图像、符号、图表也将根据其与具体设计概念的相关程度而被确定。

（5）必须进一步修改主要展示版面上的所有一级、二级文稿和平面元素，并且开发出该款包装设计的上盖板、底板、后面板和各边板，将文稿修订的最终要求纳入设计考虑。如口味说明、品种名称、产品名称；法律要求列明的重量、体积或产品个数等信息；营养信息、成分、警告和用法说明等。

3. 电脑设计制作稿

在进行设计稿的创作过程中，需要设计者完成构思草图后，再使用绘制软件进行制作。最常用的制图软件、排版软件必不可少。可以根据设计构思使用拼接、变形、淡化、风格化、艺术化处理等手段，直到图片达到设计预期的效果。

4. 设计评估

（1）标准评分的方法。标准可定为实用功能性和文化审美性、视觉冲击力、品牌识别度、感情传达度、实用合理性等类别，由消费者对同一产品的不同设计方案进行打分，最后确定优秀方案。

（2）现场调研的方法。把设计的包装小批量投放目标市场试用，由设计师或销售人员现场观察或访问，也可以把多种包装设计方案混杂陈列在货架上，测试哪种包装设计最有吸引力。

（3）使用跟踪法。派发新包装给典型的消费群体代表使用，让他们提看法、谈感受，专人跟踪、调查、收集、分析。市场和消费者是包装设计最权威的评判者和验收者，一项成功的包装设计是被生产厂家采用，并经过市场的检验，取得良好的经济效益和社会效益的设计。

5. 印刷与制作

包装设计输出稿件进入印刷程序时，先印刷少量样张，进行校对，纠正品质偏差，对设计稿件进行最后修正及局部调整，以免大批量生产时不符合品质要求，造成生产损失，保证包装制成品达到设计要求。

第四节　农产品包装的新趋势

一、包装理念发展趋势

产品包装设计成为技术与艺术的交叉点，并融合市场营销理念和消费趋势，包装产业正在向高技术、新材料、低成本、高质量、规模化、专业化、集约化的方向发展。

（一）包装设计人性化

21世纪的包装设计倡导以人为主体，围绕着人们的思想、情绪、个性及对功用的需求重新审视、重新构造、重新定义、重新命名，使其更具有人性化意义。

要设计出满足消费者需求的人性化包装应注意做到以下几点：

1. 明晰产品包装需求

人性化设计的产品包装设计，应该有突出醒目的识别标志，比如产品的名称、类别以及产地等信息，让消费者通过包装的"外表"就能够了解产品。包装应该能够把人的很多感觉因素考虑进去，从而以造型和材质提升对产品的感觉。产品包装应保护产品和消费者的人身安全，在产品包装上应标注有关产品的搬运、贮藏、开启、使用、维护等安全事项，要有醒目的安全警示和使用说明。

2. 要注意产品包装的适用性和可靠性

包装应保护产品不受外界环境因素的影响，而且要设计得便于搬运、贮藏、开启、使用和维护。产品包装的尺寸和规格应适合消费者对产品的平均消耗速度，特别是应保护在产品保质期内，包装的内装物能被正常消耗完毕，避免浪费。

3. 包装需求新、求变

随着生活水平的提高，人们的消费观念逐渐改变，消费者购买商品不仅要获得物质享受，更要获得一种精神上的满足和情感消费要求。因此，包装设计要不断求新、求变，以新颖奇特的造型设计吸引消费者的目光，满足现代人追求轻松、愉快的消费心理。

4. 包装要体现人性化思想

产品包装要体现人性化思想，要以满足消费者对产品包装要求方便、灵巧、舒适为目标。在包装的时候就应该设身处地地为消费者考虑使用细节，比如包装的时候，如何快速、方便地把产品包装起来；打开的时候，如何不借助其他工具轻易地打开包装。另外，产品包装还要切合消费者追求高品位文化消费需要，由于审美水平和文化修养的不断提高，消费者在购买商品时，不仅考虑产品的经济耐用，而且还研究消费的文化品位，以满足其心理需求。

（二）绿色包装设计

返璞归真、回归自然一直是当今包装设计的主题潮流之一。当产品的价格与质量对等时，绿色环保与可重复使用性将成为影响消费者购买欲的决定因素。

1. 概念与原则

绿色包装设计是指采用对环境和人体无污染，可回收利用或可再生的包装材料及其制品的包装。狭义理解的绿色设计，是以绿色技术为前提的工业产品设计。广义的绿色设计，则从产品制造业延伸到与产品制造密切相关的产品包装、产品宣传及产品营销的各环节，并进一步扩大到全社会的绿色服务意识、绿色文化意识等。

绿色包装的特点：节省资源和能源，且废弃物最少；可回收利用和再循环；包装材料可自行降解且降解周期短；包装材料对人体和生物链无毒无害；绿色包装在其生命周期全程中不污染环境。

绿色包装设计必须符合"3R"原则：

（1）减少包装材料消耗(Reduce)。"Reduce"是"减少"的意思，可以理解成物品总量的减少、面积的减少、数量的减少；通过量的减缩而实现生产与流通、消费过程中的节能化。这一原则，可以称之为"少量化设计原则"。

（2）包装容器的再充填使用(Reuse)。"Reuse"是"回收"的意思，即本来已将脱离产品消费轨道的零部件返回到合适的结构中，继续让其发挥作用；也可以指由于更换影响整体性能的零部件而使整个产品返回到使用过程中。这一原则，可以称之为"再利用设计原则"。

（3）包装材料的回收循环使用(Recycle)。"Recycle"是"再生"的意思，即构成产品或零部件的材料经过回收之后的再加工，得以新生，形成新的材料资源而重复使用，这一原则可以称之为"资源再生设计原则"。

2. 设计程序

（1）搜集绿色设计信息。包括产品分析（产品类别、特性、品质等），市场条件分析（内销、出口、销售量、价格、销售周期等），环境条件分析（包装环境、流通条件等），绿色消费者分析（消费心理、购买动机、使用方便程度、经济性等），环保政策、法规、减废技术，绿色制造成本。

（2）建立绿色设计小组。通过绿色设计小组来观察企业目前的绿色设计表现，决定企业的绿色设计信息，并推动绿色包装设计企业的发展。

（3）进行绿色包装的方案设计。根据搜集的信息，提出绿色包装的设计方案。其中包括确定设计参数，选择包装材料，无毒无害、可重复使用或再生、可降解及高性能的材料是绿色包装设计的首选；包装结构设计，应考虑实现保护性能、流通特性、重复包装、易于存放，便于制作装配等；包装容器设计应考虑易于货架陈设或集中堆码排列，系列容器应整齐协调，多用途包装的再利用应易于加工、消毒、充填、封口等包装视觉元素设计，包括图形、文字、色彩、标签等，对提出的多个设计方案从绿色的角度进行评估，最后确定方案。

（4）做出绿色设计决策。进行绿色包装设计的企业把与环境有关的生活条件，废弃物，空气、土壤和水质的污染，噪音，能源及资源的消耗等均纳入评价过程，并对最终绿色包装设计方案的确定起决策作用。

（5）完成绿色包装设计。

(三) 包装设计民族化、本土化

包装设计作为一种特定的文化形态，可以体现一个国家、地区、民族的物质文明和精神文明的品格与面貌，反映社会制度的政治、经济、文化现状及其科学水平，表现特有的民族文化与艺术修养。具有民族传统风格的包装，不仅表现出浓郁的地方特色，赋予民族性与文化性，而且满足了人们心理和生理上的审美需求。

1. 包装设计的民族性与时代特征的关系

包装设计的民族性与时代特征并不矛盾，"现代化"不等于"西方化"，"民族性"不等于"局限性"。英国的包装设计比较注重英国市民消费文化传统的传承；德国的包装设计受其严谨的哲学思维方式的影响，具有理性设计的传统特征；法国的包装设计呈现出一种融设计与艺术精神于一体的特色；而日本的包装设计面对经济的快速发展，融汇了大量的日本传统视觉因素，同时又体现出时代感。

2. 包装设计民族化发展趋势

随着全球化的进一步发展，包装设计民族化的势头并不会削弱，反而会越来越强。因为随着全球化的进一步发展，发展中国家的生产力水平会越来越高，发达国家和发展中国家的差距将会缩小，甚至有个别的发展中国家会后来者居上，超过发达国家。这些后来居上的发展中国家会利用自己的国际地位和经济、文化优势来加强自己的民族性，必然会在包装设计当中彰显它的民族特色。

3. 包装设计的本土化

包装设计的民族化和本土化是两个既有联系又有区别的概念，它们的主要区别在于：民族化是强调血缘人种关系，而本土化主要强调居住地域关系。本土化并不完全等于民族化。所谓包装设计的本土化，是指包装设计要有地域特色，要显示本地区的历史文化传统和当代生产、生活特色。

(1) 要考察本地区的历史文化传统，要使包装设计体现地方的历史传统文化。

(2) 要考察本地区的风土人情和风俗习惯，要使包装设计体现本地区的风俗特点。

(3) 要调查了解本地区的产品特点，特别是农副产品特点，使包装设计体现本地区的生产、生活特色。

(四) 动态包装设计

动态包装是包装设计新概念。设计艺术的互动特征愈来愈明显，动态包装、动态标志、动态服装等不断涌现。消费者对包装的需求不再局限于质量、环保、美观、使用等功能，消费者希望产品包装能带来更多的信息。

1. 动态包装的概念与设计形式

所谓动态包装是指包装的外观形式及功能能够根据消费者的需要随时加以改变的设计。

最简单的动态包装就是通过光学的原理，在同一个包装上，从不同的角度看会呈现不同的画面。较为复杂的动态包装就是在包装上带有显示器和芯片，芯片里存有产品的信息，当消费者打开包装上的开关时，显示器上就会开始播放芯片里存放的信息内容，更复杂的动态包装就是将互联网与包装相结合。

2. 动态包装设计的特点

动态包装就是以一个"变"字为主轴，将人与人、人与物、人与环境有机地联系在一起，动态包装，关键在"动"字，动态包装最大的特点就是具有很强的互动性，这种互动性体现在包装与包装之间、包装与产品之间、包装与生产商之间、包装与消费者之间、包装与环境之间。互动性的包装设计会引起受众的兴趣，满足人们的参与感，受众不仅仅是信息的接受者，他们拥有更大的选择和参与机会。

3. 动态包装设计的表现

（1）包装与包装之间的动态设计

传统的包装与包装之间由于色彩、形态和材质的不同，存在着或多或少的差异，因此，放置在一起，有时会造成不协调的感觉，动态包装设计可以解决和缓解这种矛盾，例如消费者在购买产品或礼品时，若干个产品或礼品包装由于风格的不统一往往会造成不和谐的视觉感，有些组合在一起甚至会影响它们的档次。动态包装，则可以通过包装材料上的具有记忆性的物质，协调不同产品之间的矛盾，使产品之间不同的色调和风格达到和谐。

（2）包装与产品之间的动态设计

包装不仅可以盛放原有产品，还可放置一定尺寸范围内的其他产品，也就是包装可以根据产品的形态发生一定变化。这就是动态包装在包装与产品之间所表现出的超强互动性。

（3）包装与消费者之间的动态设计

通过消费者不同的使用方式，产生不同的互动效果。这是最常用的一种动态设计手段。很多动态包装设计都从与消费者的互动性入手，吸引消费者的注意，刺激购买欲。如包装盒经过折叠拆分能够有其他功能。

（4）包装与环境之间的动态设计

有的动态包装利用光学原理，在包装上呈现不同的平面设计，如具有发射状视觉效果的 LOGO，还有的动态包装可以根据周围的环境而发生色彩上的变化，还有的动态包装会自行调节色彩，还有一些动态包装在内部设有季节更替性，还有的动态包装能感应体温。这样的动态包装不仅给生活增加了更多的色彩，而且拉近了消费者和产品的距离。

（五）简约化包装设计

简约并不意味着单调、呆板和空白的滥用，更非内容空洞的借口，简约艺术不是内容的删减，它需提炼设计的精华，展现新奇的创意，给观者以非凡的视觉享受。简约化包装，一是要用最简单的结构、最节省的材料，达成包装形式的简约化；二是通过最简练的色彩和造型、最精练的文字达到准确无误地传达信息的效果。

随着消费者自身消费与健康意识的提高，商品信息的具体化、透明化成了消费者购买商品时关注的重点。然而，设计繁复花哨、信息标注混乱的商品包装与标签设计又对消费者的消费体验大打折扣。标注过多无用或虚假信息会干扰消费者的判断力和影响购买欲望。透明化能让消费者清晰看见产品状况的外包装，干净简洁，重点信息标注清晰、有条理的标签最能赢得消费者的青睐与信任。

【案例 15-5】

有机食品品牌 AUGA 的包装设计

AUGA 的包装设计目标是要创造一种与整个有机食品概念一样简洁的设计。在包装设计时遵循三个主要标准：首先，坚持简洁简约设计和清洁标签概念。其次，产品在摆架上能脱颖而出，其形状具有创新性。最后，包装具有可持续性。包装设计分为天空和地面两部分，"地面"颜色代表产品的性质，自然外观，营养价值。"天空"代表品牌和产品名称。在包装的中心，总是向主角展示产品，即包装内容物。将包装分为"地面"和"天空"两部分是在包装中引起视觉兴趣的一种非常有趣的方法，能够使人的注意力始终在包装中心。AUGA 的此款包装设计使其获奖无数，其中包括以最佳有机产品食品和最佳包装设计原因入围 IFE 伦敦世界食品创新奖，入围迪拜高尔夫食品创新大奖和巴黎 WABEL Retail Summit。

图 15-6 AUGA 品牌的包装设计

资料来源：立陶宛 AUGA 有机农产品食品包装设计 [EB/OL]. http：//www.dongyun01.com/zhishiku/n2323.htm，2019-11-1/2020-6-5.

思考：如何看待 AUGA 集团包装设计中产品的展现方式？以及其是如何化繁为简的？

二、农产品包装发展趋势

随着市场的日益发展与成熟，农产品包装设计越来越多元化，消费者对于农产品的选购也越来越多的考虑到包装设计方面。但是农产品具有季节性强、地域性显著、易于腐烂等特征，又导致包装设计变得更为复杂，要求也更高。

（一）技术包装

技术包装策略是指在包装材料、装潢以及造型等多个方面，全面运用新型技术成果，让包装设计不但能够更好地保护农产品，且让客户觉得更为方便，从而能够展示出品牌所具有的内涵信息。比如，老蔡罐装食品外包装盖之上设置了真空钮，其形状又能够显示出食物的保鲜度。

(二) 文化包装

文化包装方法是符合消费者群体追求高层次文化的消费心理，选取传统文化或者现代文化的合理含义，将其巧妙地和外包装结合起来，体现出农产品品牌所具有的强烈文化气息。鉴于现代人审美能力以及文化素质的持续提升，消费者群体在购置商品的过程中，不但要考虑到农产品是否经济实用，而且还应当讲求消费的文化内涵，对商品进行怀旧包装也就显得很有必要。此种包装主要采取天然原材料，装潢显得粗糙而又简朴，如同年代已经久远的残品一样，比如，仿古家具、服装以及日用品等。所以，可依据现代人的复古心理来进行文化复古包装。农产品往往具有十分显著的地域特色，因而体现在包装设计中就极为重视地域特点，具备了非常强烈的乡土气息，这是特色化农产品包装的一个重要原则。就农产品包装所富有的文化价值来考量，强调农产品所具有的地域特征依然是重新打造特色化农产品形象以及农产品企业文化的关键。农产品包装地域文化的体现还可从包装的色彩、图案设计、材料等相关方面加以着手。

(三) 创新包装

创新包装方法是指农产品的包装并不仿制与雷同，而是引入新型材料、工艺及图案等，从而给消费者带来耳目一新之感，显示出农产品品牌的个性化价值。比如，上海某食品公司把各类艺术肖像脸谱印于精美的糖果纸之上，就很有特点，容易引起消费者的购买欲望，是一种很好的创新型包装法。

(四) 绿色包装

绿色包装是指在农产品包装设计的过程之中，强调维持农产品的生态平衡，提升农产品品牌所具有的环保价值，更好地保护我国的自然环境，既有利于消费者的健康，还有利于实现新的可持续发展。绿色包装可以说是新一轮市场化竞争中十分重要的内容，同时也将为农产品企业与国际标准进行接轨，为创设出绿色农产品品牌提供更加有利的条件。

鉴于此，我国农产品企业应当注重选择与设计农产品的包装设计材料。在确保农产品包装功能的基础上，尽可能地降低包装物对环境所造成的损害。农产品的包装设计还应当能够确保消费者群体的健康，并且做到方便、可靠，从而更好地体现出绿色包装所具有的重要宣传作用。绿色包装对于农产品企业来说，是一种十分直观而且富有成效的广告宣传形式，农产品包装设计要强调绿色产品的特征，图案的内容应当做到既健康、又简洁，而且还应当按照实际标出农产品的质量标志、环境标志及使用方式，并且尽可能地说明农产品包装废弃物所具有的回收处置方法。

此外，在品牌包装的视觉化方面强化"自然"的理念。农产品包装运用海洋、森林、泥土、冰川、民间、原始的自然色彩，以朴实无华的大自然为视觉联想，给人以真实和可信之感，进而创造出兼顾古典、流行及个性化的包装风格。

(五) 时尚包装

鉴于现代人生活水平的持续提升，消费观念也在得到持续发展。今日之时尚，到了明日就又可能会过时，因此，农产品销售包装一定要持续改进，大胆创新。如今，社会各界均十分关注环境问题，所以农产品企业应当在包装设计中和保护环境进行结合。随着人民群众越来越重视环保、倡导绿色,许多地方的草编以及柳编包装物极为受欢迎。优秀的农产品外包装不但要在视觉上更好地吸引消费者们形成购买的欲望,而且还应当从心理上抓住消费者群体的兴奋点。因此,实施成功的包装是农产品企业的追求、包装设计人员的思维心理、消费者的需求,通过以上三者的密切联系才能够发挥出农产品包装的效能。包装唯有紧紧把握住广大消费者群体的心理,切实迎合消费者群体的爱好,有效满足消费者的需求,才能够切实激发出消费者群体的情感,从而在愈来愈激烈的市场竞争之中站稳脚跟,立于不败之地。

【案例 15-6】

Riceman 两种类型大米的设计包装

包装选择了 2 种不同大小的袋子:短粒的小袋和长粒的大袋,主要是表明其中包含的大米的类型。Riceman 大米包装设计从视觉上讲,容器上设计精简,完美地代表这种简单而熟悉的谷物,同时使我们想起稻米收获过程中的农民。因此,目标是使用最少的,仅有必要数量的黑色图形线条,以尽可能小的方式捕获稻农的面部表情。描绘一个人经历的各种情感状态,这些图形从自信和自豪感到满足感,同情心和疲倦。从商品的角度看,这些产品在货架上并排摆放时,将覆盖各种各样的人类感觉,就好像这些农民在彼此之间有富有表现力的对话场景。为了继续向大米产品背后的人类贡献致敬,选择了 Riceman 这个名称,以使其在品牌上永垂不朽。至于图形和视觉文字风格,选择了亚洲书法作为标识,以强调这种谷物的地域起源。至于材料,选择了一种高密度的麻布来盛装大米,并采用亚洲农民传统圆锥形帽子形式的纸箱盖。为了方便消费者掌握每次食用大米数量,在锥形帽的内侧标记了尺寸。

图 15-7 Riceman 包装设计

资料来源:有趣的 Riceman 大米包装设计[EB/OL]. http://www.dongyun01.com/zhishiku/n2323.htm,2020-5-15/2020-6-4.

思考:Riceman 大米包装设计的独特性在哪里?

(六) 艺术包装

艺术包装是一种符合消费者审美情趣以及消费需求,能够强化商品包装的装饰性功能,从而通过新、奇、美等外在形式,别具一格的图案、清新动人的文字、醒目明亮的色泽,为消费者带来极大的视觉刺激感,进而让大家形成心理上的美好感觉,让潜在购买欲望转换为实实在在的购买行动。比如,日本就曾经有过一种草编的内装五个鸡蛋的网袋。此种朴实的网袋涵盖了日本包装风格的各项重要内容,显得实用而又美观,证明了农产品的产地及年代,甚至还可使用题词以涵盖其中的内容。虽然消费者判断农产品孰优孰劣的基本标准为农产品自身质量之好坏,但是包装是农产品的脸面,从来都是以第一印象进入到消费者群体的视觉中的,也会影响到消费者对于农产品的取舍。因此,在最大限度上满足消费者所具有的审美及情感需求,是包装设计的重要目标。

(七) 个性包装

个性化商品包装是把产品的概念形象转化为视觉形象,通过视觉又能够感受到概念,既具有商业价值更兼有艺术欣赏价值。一是外观形式、结构的个性化,在做到能很好地保护商品的前提下,通过独特的造型不仅可以吸引眼球,也可以让品牌个性以更直观的方式呈现。二是包装材料的个性化,在包装中打破常规地运用材料,会产生意想不到的效果,如日本农产品经常使用可塑性、易变性强的软包装,因为消费者将具有可塑性、易变性的软包装视为现代时髦的包装象征。三是通过平面设计编排,将色彩、标志、文字等创新组合搭配,也是品牌在同类中脱颖而出的常见手法。

此外,农产品包装更加注重尺寸多样化与情境化,包装的设计尺寸更加重视迎合消费者的消费需求与习惯;灵活根据使用场景做出调整,设身处地地为消费者考虑包装尺寸与使用场景的便捷性、舒适度的匹配性。包装设计与移动设备结合也成为新的发展趋势,产品包装设计上进行信息传达与品牌宣传,增加品牌与消费者之间的互动,全球最大的威士忌品牌 Johnnie Walker 发布全新结合新科技的酒瓶包装瓶身装有通信感应器标签,所有详细信息,消费者可以通过手机靠近瓶身获得。

【归纳与提高】

农产品包装是对即将进入或已经进入流通领域的农产品或农产品加工品采用一定的容器或材料加以保护和装饰。农产品包装包括商标或品牌、形状、颜色、图案、材料、标签等要素。

包装具有保护功能,便利功能,促销功能,识别、美化及增值功能,心理功能等,其中保护功能、便利功能以及促销功能是其三大基础功能。

农产品营销的包装策略主要有类似包装策略、等级包装策略、组合包装策略、再利用包装策略、附赠品包装策略以及创新包装策略。

农产品包装设计原则主要包括安全方便设计原则、人性化设计原则、商业品牌塑造原则、突出地域文化内涵原则、突出绿色环保设计原则、提升艺术美设计原则等,其设计程序主要有前期策划、设计定位、创意设计、方案执行四步。

包装理念发展趋势主要包括包装设计人性化,绿色包装设计,包装设计民族化、本土化,动态包装设计,简约化包装设计。

【复习思考题】

1. 什么是包装？都有哪些因素构成？
2. 包装的主要功能有哪些？
3. 农产品营销的包装策略主要有哪些？
4. 如何设计一款农产品包装？
5. 农产品包装的发展趋势是什么？

章节案例

农产品地域包装如何设计

中国幅员辽阔，物产丰富，每个地方都有当地引以为豪的土特产品，土特产品是一个地方独有的、最具特色的产品，当地的人们谈论起来都能滔滔不绝、如数家珍，但是很多地方的土特产品很好，但是存在着包装设计差，没有特色，无法与特色鲜明的土特产品相匹配等问题。

1. 善用地域文化元素

我国历史悠久，风俗多样，地域性民间美术丰富多彩，地域性传统文化元素大量存在于年画、织绣、剪纸、壁画、皮影、民族服饰、脸谱等艺术形式中，多来自民间，是一个地方长期积淀下来的艺术成果，也最易被民众接受，产品包装设计师应该将其分析整理后创造性地运用于土特产品包装设计，这样做不仅使土特产品包装设计非常富有特色，也体现了中国历史文化价值。地域性是民间美术的重要特征之一，土特产包装设计和民间美术相结合，将呈现出极富地方色彩的特点。

2. 选用地域性材料

土特产一般都有悠久的历史和独特的生产加工方式，而它的包装同样要有很强的地域性，因此，在土特产品包装设计中，要利用当地独有的地域性材料来设计制作包装，这些地域性的材料是土特产品包装设计最廉价、最具个性特点的嫁衣，它为土特产品包装设计的新颖独特提供了基础。传统土特产品包装设计可以就地取材，对这些自然材料只需经过较为简单的加工就能加以利用。如大自然中的竹、木、稻草、泥土、藤、葵、棕、荃叶、柳条、玉米皮等编织材料以及陶瓷都可用于包装。典型的像福建用来包装茶叶的竹笋皮、海南用来装饰纪念品的椰子壳，还有经过烧制的陶器与玻璃制品等，都是作为土特产品包装设计材料的上佳选择。在土特产包装设计中，经常利用自然材料触视觉肌理来表达包装要传达的信息内容。土特产包装用的材质除了真实的自然材料外，还可以用特殊纸张、塑料等，通过加工、冲压等工艺产生各种仿自然材料的肌理。譬如木纹、石纹、植物纹等，逼真地再现自然，给人以亲近自然的感觉。这种利用大自然的原材料和加工后的再生材料的方法，更适合于对当地土特产进行包装，并且会非常独特，这些土特产品放到货架上进行销售时会独树一帜，大放异彩。

3. 发展地域性的包装造型

土特产品包装设计在造型设计时可以对当地自然物形进行模仿、解构与创新，以个性化、特色化、系列化的造型体现土特产品包装设计的特色。在土特产的包装结构设计中，要善于发现和利用这种大自然的包装，可以利用自然界中生物的原型，也可用仿生法加以借鉴和利用。产品包装设计师要不断地从大自然中汲取养分来创造新的设计形态，用解构主义的某些观点来诠释重构新的形态，打破思维定势，运用逆向思维和创造性思维，重新解读自然，往往会产生一些意想不到的崭新形态，做出具有独特视觉体验的土特产品包装设计。

4. 巧用地域性的色彩

几千年色彩的运用与发展，让人们追求、探索、认识了色彩美的规律，也逐渐形成了某些固定的观点和习俗。它依时代、地域而差异，或依个人喜好而悬殊。各个国家、民族，由于社会背景、经济状况、生活条件、传统习惯、风俗人情和自然环境的影响而形成了不同的色彩习俗。有特色的土特产品包装设计离不开地域性的色彩。在土特产的包装设计中要巧妙地运用地域性的色彩习俗能使产品给人以强烈的视觉冲击力，树立土特产的形象和品牌个性。土特产更能让许多人产生对家乡的感觉和回味，如今，在城市里的"农村人"很多，所以土特产更能让人产生对家乡的记忆，对家乡亲人的思念，对家乡风光和风味的回味，外出旅游、出差总会在当地买一些土特产品赠送亲友，受礼人也会倍感高兴，所以，土特产品包装设计要利用色彩对"情"进行渲染。在土特产品包装设计的色彩运用上追求浓而不腻、土而不俗的效果。

资料来源：赵炬宇．土特产包装设计中的地域文化传承[J]．包装工程，2019(16)：298-301.

思考：如何将地域性的文化、材料、造型、色彩等运用到农产品包装设计中去？

参 考 文 献

蔡宏信．浅谈广告的市场定位及其作用[J]．大众科技，2012，14(12)：209-210.
陈达强．产品包装与人性化设计[J]．装饰，2005(11)：111.
陈磊．包装设计[M]．北京：中国青年出版社，2006.
范凯熹．包装设计(第2版)[M]．上海：上海锦绣文章出版社，2012.
高敏．包装设计方法解析[M]．北京：中国商务出版社，2017.
管家庆，陈莹燕．包装设计：创意思维与表现[M]．武汉：武汉大学出版社，2010.
何静文，戴卫东．市场营销学[M]．北京：北京大学出版社，2014.
胡志勇．现代市场营销[M]．长沙：国防科技大学出版社，2000.
黄信初，蒋艺芝．包装设计[M]．哈尔滨：哈尔滨工程大学出版社，2008.
贾平，范林榜．现代物流管理(第2版)[M]．北京：清华大学出版社，2017.
李慧媛．包装设计[M]．北京：中国轻工业出版社，2011.
林慧．仓储管理实务[M]．西安：西北工业大学出版社，2011.
刘卉．包装设计[M]．上海：东华大学出版社，2010.
刘延琪．视觉传达在包装设计中的应用[M]．北京：中国水利水电出版社，2017.

陆岚．包装设计在农产品品牌营销中的作用探析[J]．经营管理者，2017(14)：270-271.
庞博，胡璟辉，赵俊杰．包装设计[M]．北京：化学工业出版社，2016.
苏旭峰．国际贸易理论与实务[M]．杭州：浙江工商大学出版社，2016.
孙国华．物流与供应链管理[M]．北京：清华大学出版社，2014.
涂俊明，钱卫忠，杨柳．农特产食品包装之路怎么走[J]．中国畜牧业，2017(14)：88-90.
魏洁．包装系统设计[M]．北京：中国建筑工业出版社，2013.
邢国永，郄建业．包装设计[M]．石家庄：河北美术出版社，2002.
徐长冬，陈伟，陈嵩博．现代市场营销学[M]．北京：清华大学出版社，2017.
张天琪．农产品物流管理与实务[M]．北京：中国财富出版社，2013.
张珣，齐巍．产品包装设计在农产品品牌营销中的作用管窥[J]．企业科技与发展，2018(3)：188-189.
郑丹．合作社营销学[M]．北京：社会科学文献出版社，2009.
郑笑仁，唐勇．乡村振兴战略背景下农产品包装设计探析[J]．湖南包装，2019(4)：99-101.
周晓利，张念．物流基础理论与实务[M]．北京：国防工业出版社，2011.

第十六章 农产品品牌文化与品牌资产

 知识与技能目标

1. 理解什么是农产品品牌文化。
2. 掌握农产品品牌文化的功能与意义。
3. 理解品牌文化与企业文化之间的关系是什么。
4. 理解农产品品牌资产的概念。
5. 掌握基于顾客心智的农产品品牌资产构成。

情境导入

现在不少人都认为,只有进入工厂经过生产工艺加工后的产品才是真正的"商品",才配有品牌和文化。在田间地头的产品是没那么多讲究的,谁买个土豆还要看看品牌,问问有没有品牌文化?以大米产业为例,中国已成为一个大米进口国,而进口的大米中,较大比例属于单价昂贵的大米品种。比如泰国香米这类区别于普通大米的高端大米品牌,在长三角、珠三角等富裕城市中就具有相当强的市场号召力;再比如日本越光大米进入中国市场后,在北京就卖99块钱一斤。低收入阶层不能长期消费这类价格昂贵的大米,他们仍然是国产低价大米的消费主力军,这也是很多大米企业认为自己无需做品牌也依然能生存的原因。作为一种农产品,大米的品牌内涵往往不是科技,而是文化。文化可以让人第一大本能活动的"吃"具有多样的意义。有文化的营销,品牌才更容易立得住、走得远,品牌力才能深厚持久。同时,还要让品牌文化有相应的故事支撑,以增加产品的独特内涵,引起消费者的共鸣。

资料来源:蓝狮农业品牌策划机构. 大米品牌农业建设之"品牌文化"[EB/OL]. https://www.sohu.com/a/161634315_469008, 2017-08-02/2020-06-10.

思考:建设优质品牌为什么需要建设品牌文化?品牌文化的塑造对品牌资产的形成具有什么作用?

品牌是市场竞争的强有力手段，同时也是一种文化现象，含有丰富的文化内涵。创建品牌就是一个将文化精致而充分展示的过程。农产品从田间地头到消费者的饭桌上，要想卖得多、卖得贵、卖得持久，提高产品的溢价能力，就一定要借助文化的力量，突出产品特色，使品牌增值。而品牌的价值体现在品牌资产的积累，为企业带来源源不断的利润和持续发展的驱动力。品牌文化和品牌资产都是一个长期经营的结果，是农产品生产经营者必须关注的问题。

第一节　农产品品牌文化的内涵

一、品牌文化的内涵

依据人类学对文化的理解，文化是作为社会成员的人们习得的复杂整体，包括知识、信仰、艺术、道德、法律、习俗，以及其他的能力和习性。功能主义学派认为文化包含了物质和精神两个方面，既包括道德及价值观等抽象的概念，也包括具体的物质实体。在现代语境中，通常将文化(Culture)视作组织或社会成员间共有的意义、仪式、规范和传统的集合。而亚文化(Subculture)则指某一文化群体中的次级群体成员共有的独特信念、价值观。

品牌文化是基于某一品牌对社会成员的影响、聚合而产生的亚文化现象。品牌文化(Brand Culture)是某一品牌的拥有者、购买者、使用者或向往者之间共同拥有的、与此品牌相关的独特信念、价值观、仪式、规范和传统的总和。

通过这个基础的定义，我们可以判断，品牌文化与品牌对消费者心理与行为的影响有密切关系。属于某种品牌文化群体中的消费者，他的身份、情感、价值观、行为习惯中的一部分已经与这种品牌紧密联系在一起。在营销人员的思维中，文化通常是被视作无法忽视亦难以改变的背景，Michael R. Solomon 在《消费者行为学》中强调"离开文化背景就很难理解消费"。

品牌文化是由消费者和品牌持有者共有的价值体系，而企业文化是由企业组织内部成员共同拥有的价值体系。企业文化(Corporate Culture)是企业的组织文化，是企业成员共有的一套意义共享的体系，使组织独具特色，区别于其他组织。

品牌文化与企业文化的区别体现在(表16-1)：

(1)企业文化更侧重企业自身的发展。企业形成的共同遵守的价值观、理念和行为方式的总和，重点是企业价值观。企业理念和行为方式的塑造，是企业生产与发展的指导思想。

(2)品牌文化的作用更多地体现在维持产品与消费者关系方面。品牌文化以品牌个性、精神的塑造和推广为核心，使品牌具备文化特征和人文内涵，通过各种策略和活动使这些消费者认同品牌所体现的精神。如茅台的国酒文化(国酒茅台，喝出健康来)、孔府家酒的家文化(孔府家酒，让人想家)、青酒的情感文化(喝杯青酒，交个朋友)、金六福的福文化(庆功的酒，好日子离不开它)。品牌文化的塑造很难通过具有强制力的正式规范来获得，必须取得消费者的认同。

表 16-1　企业文化与品牌文化的区别

对比项	企业文化	品牌文化
建立基础	管理与运营	销售领域
建立目的	解决企业存在的目的、未来发展方向、如何做等问题	解决与消费者的关系问题
建立环境	相对封闭	完全开放
主要构成	形象、行为、制度及价值观	品牌建立、推广维护、再生
形成形式	由少数人倡导和实践，不断总结提炼	也有自发过程，最终需要精心策划
目标人群	企业内部为主	消费者为主

二、品牌文化的功能

1. 品牌文化引导品牌健康发展

品牌文化规定了品牌所追求的远大目标，引导品牌的健康发展。一般而言，任何文化都是一种价值取向，规定着组织和个体所追求的目标，具有导向的功能。良好的品牌文化直接引导员工的心理和行为，形成统一的步调。农业企业、农民合作社通过价值观念来引导员工、社员，能够使员工、社员潜移默化地接受品牌的核心价值观，把思想、观念和行为引导到品牌发展目标上来，进而影响消费者。

2. 品牌文化提升消费者价值认同

品牌文化能够使消费者主动将该品牌的产品及形象作为其身份、社会阶层或者生活态度的积极象征物。消费者在购买商品、接受品牌文化的同时，也是对品牌精神、情感的认同，将品牌所持有和主张的观点、信念与自己原有的观点、信念结合，构成统一的态度体系，从而实现自我形象的重新塑造。如消费者认为"我们不是在吃麦当劳快餐，而是在享受麦当劳的饮食文化""星巴克咖啡意味着休闲的时光和美式生活的乐趣"。

3. 品牌文化培养消费者品牌忠诚

让消费者对品牌忠诚，让品牌升华为消费者的信仰，引导消费需求，是每一个品牌的终极使命。品牌文化是通过建立一种清晰的品牌定位，利用各种内外部传播途径形成受众对品牌在精神上的高度认同，从而提升品牌的产品销售量和企业的核心竞争力。

4. 品牌文化强化企业内部管理

品牌文化以一种无形的、非正式的、非强制的各种规范和人际伦理关系准则，对每个员工的思想和行为起到约束的作用。将品牌文化渗透到企业的生产经营中，提高整个企业的文化意识和文化观念，创造与品牌文化相适应的文化氛围和工作环境，能优化企业内部管理，增强企业凝聚力。

第二节　塑造农产品品牌文化

一、农产品品牌文化的内容

农产品品牌文化是企业对品牌战略进行全面规划与建设的过程中不断积累和发展所逐

渐形成的,由品牌精神文化、品牌行为文化、品牌物质文化构成。

(一) 品牌精神文化

品牌精神文化是在长期的品牌经营过程中,因受社会经济和意识形态影响而形成的文化观念和精神成果,是品牌文化的核心,是企业管理品牌的指导思想和方法论。因此,企业在规划和建设品牌文化的过程中,最为关键的是提炼出品牌的精神和价值观,并通过品牌的精神和价值观来规范与指导企业的生产、营销及传播行为。

农产品经营者创建品牌精神文化,就是要在市场营销与传播过程中形成一种有别于其他品牌的意识形态和价值观念,包括品牌价值观、品牌伦理道德、品牌情感、品牌个性、品牌制度文化等。品牌精神文化是品牌文化的核心和灵魂,决定了品牌的个性、品牌形象及品牌在营销传播活动中的行为表现,如麦当劳的品牌精神文化强调"家庭价值"。

(1) 品牌价值观。品牌在追求经营成果的过程中所推崇的基本信念和奉行的目标。

(2) 品牌伦理道德。品牌营销活动中应遵循的行为和道德规范,如诚信、公平竞争、社会责任、消费者权益等。

(3) 品牌情感。掌握目标顾客情绪的一种品牌承诺,是品牌忠诚的构成要素。

(4) 品牌个性。有关品牌的人格特质的组合,能透过人、物、图景或品牌角色承载,使消费者产生许多联系。

(5) 品牌制度文化。与品牌营销活动中形成的品牌精神、价值观等意识形态相适应的企业管理体制和组织结构。

(二) 品牌物质文化

品牌物质文化主要由产品或品牌的物质和符号构成,通过产品的物质形态或品牌的传播符号等各种表现方式向目标消费者传递并予以体现。品牌的物质构成要素包括产品文化,也包括多种构成品牌识别的元素和符号,如品牌名称、标志、基本色、基本字体、品牌广告曲、产品包装、质地、产品味道等。消费者通过对物质元素的感知和体验形成对产品品牌的综合认知和判断,进而对品牌产生深刻的印象。

(1) 产品文化。是在长期的生产经营中自然形成的涉及质量控制的意识规范、价值取向、思维方式、道德水平、行为准则、法律观念等。产品特质也成了消费者对农产品品牌进行判断的主要标准之一。

(2) 包装文化。为在流通过程中保护产品、方便储运、促进销售,按一定技术防范而采用的容器、材料及辅助物等的总体名称。产品包装蕴含着品牌个性,体现着品牌形象。

(3) 名称和标志文化。品牌名称是品牌中能够读出声音的部分,是形成品牌文化概念的基础。品牌标志是品牌中可以被识别,但不能用语言表达的部分。

(三) 品牌行为文化

品牌行为文化是品牌精神文化的贯彻,是品牌与消费者关系建立的核心过程,是企业经营作风、精神风貌、人际关系的动态体现,也是企业精神、企业价值观的折射。

(1) 品牌营销行为。从文化的高度确定市场的营销战略和策略,既包含商品构思、设计、造型、款式、包装、广告,又包括对营销活动的价值评价、审美评价和道德评价。

(2) 品牌传播行为。品牌传播行为包括广告、公共关系、新闻、促销活动、组织等。传播行为有助于品牌知名度的提升和品牌形象的塑造。

（3）品牌个人行为。不仅包括品牌形象代言人、企业家的个人行为，还包括员工和股东等个人行为。每个与品牌有直接关系的个人，其言行要尽可能做到与品牌所倡导的文化内涵保持一致，有利于品牌形象的塑造与传播。

二、塑造农产品品牌文化的途径

品牌文化是由企业的外部相关利益者共享的一套价值体系，相对而言更为不可控。因此，企业在塑造品牌文化方面，需要考虑的元素更为多元。

1. 创造象征符号

塑造品牌文化需要将品牌元素根植于消费者心智中，并成为某种象征符号，品牌显性要素设计中也被赋予了象征意义。通常是企业的形象识别要素，如品牌名称、品牌标识、产品包装、产品形象、代言人、商标、声音识别等。

2. 营造消费仪式与消费场景

仪式是一套复合的象征性行为，这些行为有固定的发生顺序，而且常常需要定期重复进行。有些品牌希望消费者将产品的使用与特定的仪式紧密联系在一起。有些品牌则试图将产品的使用过程本身仪式化，比如竹叶青茶，分享给购买产品的消费者一分钟的视频，具体说明产品仪式化的饮用方式。还有很多地区的地理标志产品等通过定期的、具有文化传统的仪式进行塑造和传播，如马家沟芹菜节。

3. 塑造名人效应

与品牌密不可分的人物是品牌文化的重要载体。许多品牌将其品牌的创始人塑造成为品牌的代表。品牌创始人的行为、言论和个人魅力很容易被消费者嫁接到对品牌的认知中，而品牌创始人往往也是企业领袖，他们可以通过传输理念、讲故事、确定承诺、彰显个性等多种人性化的方式帮助品牌建立文化认同。

4. 创建品牌社区

品牌社区是指使用同一品牌的一群消费者聚合联结而成的、以该品牌为关系基础的社会群体。品牌社区的成员对于品牌及其他使用者有相当程度的了解，他们知道自己属于一个以品牌为中心的群体，在这个群体中他们会分享品牌的各种知识和社会关系。品牌社区中，一些核心消费者，他们对品牌有更高的熟悉度和忠诚度，企业需要强化与核心消费者的关系，因为他们对社区其他成员具有重要的影响作用。随着互联网的普及，各种社交网站和即时通信技术及工具使消费者形成品牌社区越来越容易。如山东思远农业建立思远庄园微信公众号、客户群，成为消费者获取关于庄园产品、分享品牌体验、获得其他消费者帮助的重要渠道。

5. 重视并传播品牌历史

文化的形成需要历史的沉淀，塑造品牌文化需要重视和积累品牌成长的历史素材。在品牌创立之初就有意识地对资料和具有历史价值的各类资料进行保留，如第一款产品创意、第一笔合同、第一批员工名录等。另外，讲述和传播自己的品牌故事是非常重要的品牌文化塑造手段。品牌故事可以叙事梳理成品牌传记，除了官方的陈述和出版物之外，还可以以具有娱乐性和传播性的载体，比如微电影等形式进行传播。如贵州省打造的区域公用品牌"三穗鸭"，因其"眼高颈细形似船，嘴方脚橙尾像扇，公鸭绿头身棕褐，母鸭麻羽体背宽"的独特外形，放养式饲养，低脂肪、高蛋白质、肉质细腻的品质深受消费者的喜爱，是中国地方四大名鸭之一，历史上最早的文字记载追溯至今已有600多年。讲好品牌故事能够在市场上获得更多关注和认同。

【案例16-1】

思远农业企业文化与品牌文化

1. 组织使命

我们致力于中国现代农业的绿色、高效和可持续发展！

绿色：民以食为天，食以安为先！食品安全应该是农产品生产者的底线，也是我们的经营服务宗旨。

高效：农业生产者的辛苦付出应当获得合理的回报，只有帮助他们提高收益才能体现我们存在的价值。

可持续：农业生产事关国计民生，必须要以长远的眼光来看待。我们不单要考虑自己，更要为子孙后代考虑。所以，农业生产必须得是可持续的、健康的！

2. 组织定位

中国现代农业标准化生产专业服务机构。

中国：立足中国，服务中国农业（我们的心态是开放的，我们愿意接纳、吸收一切先进的东西来促进自我成长）。

现代农业：区别于传统农业，表现在生产组织形态、管理理念、生产技术应用、市场运作等方面。

标准化生产：区别于传统的经验主义，让生产的各个环节有标准、高标准，从根源上保障食品安全，提高生产效率。

服务：我们如此定位是基于这样一种认识：我们的客户需要的不仅仅是产品（农产品），更需要的是这种产品带来的特定或个性化的服务，是系统化的解决方案，以及由此产生的一种被尊重和自我价值实现的体验。我们要与客户建立长期共赢的伙伴关系。

定位结果：

(1) 我是谁？——思远农业

(2) 我的客户是谁——投身现代农业的种植管理者

(3) 我的核心优势是什么——服务

(4) 定位——中国现代农业标准化生产专业服务机构

(5) 我能提供什么产品——系统、完善的标准化解决方案（包括组织管理解决方案、标准化技术解决方案、教育培训解决方案、配套产品解决方案、生产服务解决方案、市场运作解决方案）

(6) 我的价值是什么——对生产者：省心省钱省力；高产量高品质高效益

对消费者：绿色、安全、放心、健康

对社会：服务农业，发展农业

对环境：生态、安全、可持续

（7）我如何与客户合作——导入运作模式，提供标准化方案，实现无忧生产

（8）标签——标准化让生活更美好！

7F 标准化——新型职业农民的致富宝典

思远服务——新型职业农民的贴身管家

思远培训——新型职业农民的田间课堂

思远农资——新型职业农民的丰收保障

3. 战略目标

建设中国现代农业社会化服务第一品牌。

社会化服务：技术研发体系；配套产品体系；市场服务体系；组织建设体系；7F标准化体系；教育培训体系；客服督导体系；品牌建设体系；信息化服务体系；农产品流通体系。

4. 核心理念

标准化让生活更美好！

（1）国家。农业生产事关国计民生，标准化在农业生产中扮演着越来越重要的角色。胡锦涛同志曾在讲话中指出：解决13亿人口的吃饭问题，促进农业增效、农民增收，必须加快实施农业的标准化，没有农业的标准化就没有农业的现代化，就没有食品安全保障。

（2）行业。只有把产前、产中、产后全过程纳入标准化轨道，才能加快农业从粗放经营向集约经营转变，才能提高农业科技含量和经营水平，才能完善适应现代农业要求的管理体系和服务体系。

（3）企业。思远农业自成立之初便致力于农业生产标准化的研发与推广工作，在技术体系、服务体系、组织建设体系、教育培训体系、信息化服务体系、品牌建设体系及农产品流通体系方面不断探索、实践、进步，这一切旨在促进实现农业生产过程中的生态安全、食品安全、农民增收，充分发挥标准化的价值，让生活更美好！

5. 思远农业文化标志

标志的故事：2004年春天我们的事业在伟大的齐文化发祥地临淄开始，在"孔子闻韶处"做服务的时候，于地头秦砖汉瓦中发现了5件春秋时期的铁制农具，其中两件是有三个爪的刨地工具，古人称"耒耜leisi"，古称"天子亲载耒耜"，我们决定以此为原型来创意思远农业的标志。本标志意味着思远农业的责任就是传承华夏农耕文明，我们要有所成就，就要像先祖一样辛勤耕耘，从种到收认真做好每一件事。

6. 思远农业经营管理理念

（1）思远农业价值观精髓

千万不要忘记我们是一名农民！

不要丢弃我们朴实的美德，因为我们有远大的目标，共同的价值观，高尚的人格，顽强的精神，在做世界上最有价值的事业，所以我们是最伟大的。

一屋不扫，何以扫天下！

这是我们预防丧失斗志和企业官僚化的前提。

> 我们没有脱产的管理者。
> 到一线才能了解情况,才能指导工作,才能实现价值。
> 作为思远农业的工作者,必须冲锋在前,享受在后。
> 不抛弃,不放弃。
> 每天进步一点点。
> (2) 思远农业的社会责任
> 思远农业要担起一个企业应负的责任,不懈地服务农业、发展农业,把利国、利民、利社会、利地方作为思远农业的奋斗目标。
> 利国:响应国家号召发展农业服务三农;
> 利民:为企业社员和广大菜农带来切实的增产、增收;
> 利社会:生产出安全绿色的蔬菜供应广大消费者;
> 利地方:为北方保护地蔬菜种植的持续发展做出应尽的义务。
> 资料来源:思远农业微信公众号(ID:siyuanfuwu)。
> 思考:思远农业是如何塑造其企业文化与品牌文化的?

第三节 农产品品牌资产概述

凯文·凯勒(Kevin Lane Keller)曾提出,在企业全球化的浪潮中,建立强势品牌的关键是建立品牌资产,并且建立长期测量与管理品牌资产的机制。品牌资产提升了品牌在营销战略中的重要性及地位,也为企业的营销管理和相关研究提供了重心。

一、品牌资产的定义

品牌资产是指与品牌、品牌名称和品牌标识等相关的一系列资产或负债,它们能够增加或减少某产品或服务带给该企业或顾客的价值。对品牌资产的界定一般从两个角度阐述:一是基于企业视角的品牌资产;二是基于消费者视角的品牌资产。

(一) 基于企业视角的品牌资产

一般从企业的营销和财务两个方面分析,首先,从企业营销的角度分析品牌资产的基本属性,是希望借助品牌的影响力,帮助企业提高品牌产品的销售量和利润率。营销的产出可以由品牌在商品市场上的绩效来反映,包括品牌溢价能力、价格弹性、市场占有率、品牌的扩张力和延伸力、品牌的盈利能力。因此,品牌资产是一系列关于品牌顾客、渠道成员和品牌所属企业的联想与行为,这使强势品牌比弱势品牌更容易获得市场利润。

其次,从财务视角分析品牌资产的基本属性,是对品牌资产的评估,包括根据股价走势、未来收益等评估品牌价值,以便向投资者或股东提交财务报表,为各项商业活动提供证明企业资产价值的依据。

"品牌资产"一词的关键在于"资产",它更多的是会计学上的含义。和其他易于理解的有形资产一样,品牌是一种无形资产。因此,品牌除了本身具有经济价值(可以估值)之外,还可以为其带来稳定的超额收益,是企业创造经济价值不可缺少的一种资源。"品牌资产"一词表明,品牌是企业无形资产的重要组成部分。

(二)基于消费者视角的品牌资产

凯勒"基于顾客的品牌资产模型"认为,强势品牌的理论源于顾客的心智。虽然企业营销努力的最终目标是增加销售收入,但必须先在顾客心中留下清晰、美好、积极的品牌印象,进而使顾客对品牌产生正面态度和评价。品牌资产来源于企业与消费者之间的关系,具有价值性、无形性、波动性、累积性等特征。

基于顾客心智的品牌资产中,最终能够为品牌所有者带来丰厚的利润,获取更多市场份额的便是品牌忠诚度和品牌溢价能力这两大资产。品牌忠诚度和品牌溢价能力属于结果性的品牌资产,是伴随品牌知名度、认可度、品牌联想这三大品牌资产创建后的产物。

知识拓展

中国农业品牌目录首批农产品区域公用品牌价值评估和影响力指数,是由中国农产品市场协会组织中国农业大学等单位,选取了"中国农业品牌目录2019农产品区域公用品牌"中的100个品牌开展的公益性价值评估和影响力指数评价,涵盖十大类农产品。评估和评价工作立足于我国农业的资源禀赋、产业规模、品牌价值、市场号召力,以及生产传统等要素,坚持市场导向,以评估的独立性、科学性和动态性为原则,以品牌价值理论和超额价值理论为基础,旨在构建农产品区域公用品牌价值评价体系。

农产品区域公用品牌价值评估和影响力指数评价,有利于各级政府部门掌握我国农产品区域公用品牌建设的实际情况,为顶层设计、政策创设及扶持政策的出台提供服务;有利于提升农产品区域公用品牌竞争力;有利于增进消费者对我国优秀品牌的了解和提高认知度,增强消费者对国内品牌的消费信心。

资料来源:首批农产品区域公用品牌价值评估结果公布[J].农村百事通,2020(07):27.

首批农产品区域公用品牌价值评估榜单详见中国农业品牌研究中心网站http://www.brand.zju.edu.cn/

二、品牌资产的特点

所谓品牌资产就是消费者关于品牌的知识,是有关品牌的所有营销活动给消费者造成的心理事实,其主要有以下几个特点。

1. 无形性

品牌资产不具有独立实体,人们无法使用感官直接感受到。它必须通过一定的载体来表现自己,直接载体是品牌名称、符号等品牌元素,间接载体是与产品和企业有关的品牌知名度、美誉度和忠诚度等。从取得的方式来看,有形资产通常通过市场交换的方式得到,而多数品牌资产是通过企业的经营活动自创的,只有极少部分是通过收购兼并等方式取得的。另外,品牌资产兼具可确指和不可确指无形资产的特点。一方面,它常常需要和特定的产品(或企业)结合在一起,强势品牌与其所代表的产品或企业密不可分,一旦建立,竞争企业很难模仿或复制；另一方面，品牌资产在某些时候也可以游离于企业之外而单独存在，其他企业通过购买或接受转让等方式直接获得品牌的所有权或使用权。

2. 品牌资产可以买卖和有偿转让

与其他资产一样，品牌资产可以进行买卖和有偿转让，前提条件是其价格可以相对科学地估算出来，并得到买卖双方的认可。

3. 品牌资产的形成需要一个长期积累的过程

纵观世界知名品牌，无不是在企业长期不懈的努力下，经历了岁月的风雨，才拥有了今天的地位。品牌资产的创建和维护过程是一个长期的系统工程，绝不是单独依靠某个因素就可以得到的。

4. 品牌资产的投资和使用具有交错性

不同于有形资产在使用中通过折旧的方式实现价值，品牌资产在使用过程中必须对其进行持续投资和维护，根据市场情况的变化制定有效的策略，并持续投入相应的资源，避免品牌资产贬值。同时，对品牌资产的科学管理和使用还会使品牌资产不断增值，如成功的品牌延伸和市场扩张等都会促使品牌资产增值。

5. 品牌资产的构成和估价复杂

品牌资产构成的复杂性为科学地评估其价值和价格，对其进行有效管理增加了难度和不确定性。

6. 品牌资产的收益具有不确定性

品牌资产可以为其所有者带来收益，但与有形资产不同的是，不仅同一个品牌被不同的企业拥有时收益不同，即使被同一个企业拥有，也会因为使用范围（地理空间、产品类别等）的不同而发生变化。同时，品牌资产在使用过程中还需要不断地投资，否则就会出现贬值的趋势。

另外，需要注意的是，虽然品牌资产是企业无形资产的重要组成部分已经成为不争的共识，但是，目前国际会计准则还不允许将自创的品牌资产的数值纳入资产负债表中。因此，多数企业资产的账面价值远远低于实际价值，品牌资产的价值没有得到体现。

三、基于顾客心智的品牌资产

大卫·艾克（David A. Aaker）提出品牌资产的五角星模型，认为品牌资产包括品牌忠诚度、品牌认知度、品牌知名度、品牌联想、其他专有资产（如商标、专利、渠道关系等）5个方面，这些资产通过多种方式向消费者和企业提供价值（图16-2）。

图 16-2　品牌资产的五角星模型

第十六章　农产品品牌文化与品牌资产

（一）品牌知名度

品牌知名度是指某品牌被公众知晓和了解的程度，它表明品牌被多少或多大比例的消费者所知晓，反映的是顾客关系的广度。品牌知名度是评价品牌社会影响大小的指标，可以通过创造独特且易于记忆的广告、不断展示品牌标志、运用公关手段、运用品牌延伸手段等来提高品牌知名度。

品牌知名度一般分为四个层次：无知名度（Unaware of Brand）、提示知名度（Aided Awareness）、无提示知名度（Unaided Awareness）和第一提及知名度（Top of Mind）。从品牌管理的角度，一般考虑后3个方面。它们呈金字塔形，层次越高越难实现，如图16-3。

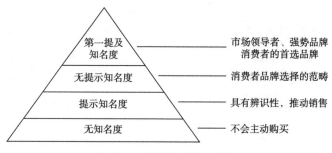

图16-3　品牌知名度的层次

1. 无知名度（没听过）

无知名度是指消费者对品牌没有任何印象，原因可能是消费者从未接触过该品牌，或者是该品牌没有任何特色，容易让消费者遗忘。消费者一般不会主动购买此品牌的产品。

2. 提示知名度（知道）

提示知名度是指消费者在经过提示或某种暗示后，想起某一品牌，能够说出自己曾经听说的品牌名称。比如，当问某人白菜有哪些品牌时，他可能说不出什么品牌，但经提示"胶州大白菜"后给出肯定的回答，那么"胶州大白菜"就具有一种提示知名度。这个层次是传播活动的第一个目标，它在顾客购买商品选择品牌时具有十分重要的作用。

3. 无提示知名度（记得）

无提示知名度是指消费者在不需要任何提示的情况下能够想起某种品牌，即能正确区别先前所见或听到的品牌。对某类产品来说，具有无提示知名度的往往不是一个品牌，而是一串品牌。比如，对于梨品牌，你可能说出砀山酥梨、库尔勒香梨、莱阳梨、河北鸭梨、京白梨等很多区域梨品牌。虽然有的品牌没有被第一个想到，但也非常重要。

4. 第一提及知名度（首先记得）

第一提及知名度是指消费者在没有任何提示的情况下，所想到或说出的某类产品的第一个品牌。例如，在山东提及茶叶，大部分消费者会想到"崂山绿茶"，说到大蒜，大部分消费者会想到"金乡大蒜"。

（二）品牌认知度

品牌认知度是指在知晓品牌名称的基础上对品牌的各方面信息的了解程度，是消费者对某一品牌在品质上的整体印象。对于品牌认知的因素包括产品功能、特点、适用性、可信赖度、包装、服务、价格、渠道等。品牌认知度的层次一般包括听说而已、有所了解、比较了解、非常了解4个层次。

品牌认知度可以成为消费者购买的理由，能为企业提供品牌差异化定位和为品牌的延伸打下基础。农产品生产经营者可以通过多种方式提高品牌认知度，如保证高品质、承诺高品质、重视顾客参与、追求品质文化、注重创新、传递高品质信息、设计品质认知信号、广告宣传、提供有效保证与寻求支持、完善服务系统等。

（三）品牌联想

联想是一种重要的心理现象和心理活动。事物之间的不同联系反映在人脑中，就会形成心理现象的联系。品牌联想是指消费者在看到某一品牌所勾起的所有印象、联想和意义的总和，如产品特点、使用场合、品牌个性、品牌形象等，具体如图16-4所示。

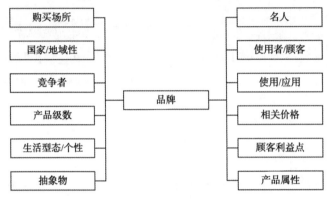

图16-4 品牌联想的内容

1. 品牌联想的类型

品牌联想可分为3个层次：品牌属性联想、品牌利益联想、品牌态度，如图16-5所示。

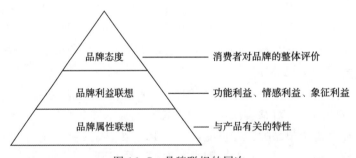

图16-5 品牌联想的层次

（1）品牌属性联想。品牌属性联想是指对于产品或服务特色的联想，比如消费者认为产品和服务是什么。根据与产品或服务的关联程度，我们可把属性分为与产品有关的属性和与产品无关的属性。与产品有关的属性联想是指产品的物理构成或服务要求，它们决定着产品性能的本质和等级。与产品无关的特性并不直接影响产品性能，但它可能影响购买或消费过程，比如产品颜色和包装，产品的制造厂家或国家，产品出售场所以及哪些人认同该品牌等。

（2）品牌利益联想。品牌利益联想是指消费者感知的某一品牌产品或服务属性带来的价值和意义。品牌利益联想又可分为功能利益联想、象征利益联想和体验利益联想。功能利益是指产品或服务内在固有的可以提供给消费者的利益，这种利益一般与产品或服务相关属性匹配，是消费者购买该产品或服务最基本的动机，比如购买有机蔬菜，就是为保证食品的安全健康。象征利益是指产品或服务能提供给消费者的相对外在的利益，它一般与产品或服务无关属性匹配，尤其是与使用者状况相匹配。这种象征性的利益可以满足消费者的社交需要、自尊需要等一些比较高层次的需要。体验利益是指消费者消费产品或服务后的感受，它既与产品或服务相关属性相匹配，又与产品或服务无关属性相匹配，这些利益能使消费者获得愉悦感或者某种刺激。

（3）品牌态度联想。品牌态度是最高层次也是最抽象的品牌联想。它是指消费者对品牌的总体评价和选择。品牌态度通常建立在品牌属性和品牌利益上。比如说，消费者对乡村旅游民宿的态度建立在它的位置、客房、外观设计、服务质量、娱乐设施、食品质量、安全性和收费上。品牌态度有几个幅度，比如从厌恶到喜欢。值得一提的是，品牌态度是难以改变的。

2. 构建品牌联想

品牌联想有助于品牌认知。扩大品牌知名度，是品牌差异化和品牌延伸的基础，可以通过讲述品牌故事、借助品牌代言人、建立品牌感动等方式建立良好品牌联想。构建品牌联想可以从如何产生品牌强度、品牌偏好性和品牌独特性三方面入手。

（1）品牌联想的强度，是指品牌商品在生产过程中产量和质量方面的功能。不断增强联想强度的两个因素：个人对产品信息的关注程度；产品信息宣传的密度。如王老吉，为更好地唤起消费者的需求，电视广告选用了消费者认为日常生活中最易上火的五个场景：吃火锅、通宵看球、吃油炸食品薯条、烧烤和夏日阳光浴，画面中人们在开心享受上述活动的同时，纷纷畅饮红罐王老吉。结合时尚、动感十足的广告歌反复吟唱"不用害怕什么，尽情享受生活，怕上火，喝王老吉"，促使消费者在吃火锅、烧烤时，自然联想到红罐王老吉，从而促成购买。

（2）品牌联想的偏好性，是指确信品牌所具有的属性和利益能满足他的需求。影响偏好性的两个因素，一是品牌联想的理想度，即品牌联想的相关性、独特性和可信度；二是品牌联想的可传达性，产品实际或潜在的绩效能力、现在或未来的沟通前景、顾客接受的性能的持续性。

（3）品牌联想的独特性，是指品牌具有稳定的竞争优势或独特的销售定位。可以通过与竞争对手直接比较而清晰传达，在不确定对手的情况下可以间接的传达。

（四）品牌忠诚度

一部分消费者在品牌选择上呈现高度的一致性，即在某一段时间甚至很长时间内重复选择一个或少数几个品牌，很少将其选择范围扩大到其他品牌。这种消费者在一段时间甚至很长时间内重复选择某一品牌，并形成重复购买的倾向，称为品牌忠诚。品牌忠诚度是来自消费者对品牌的满意并形成忠诚的程度，反映消费者对于某一品牌偏爱程度的衡量指标，是品牌资产中的核心因素。培养品牌忠诚度的方法主要包括：给顾客不转换品牌的理由；推出新产品、更新广告、举办促销等活动；努力接近消费者，了解市场需求；提高消费者的转移成本等。其主要途径是增加品牌差异化的附加价值。

品牌忠诚一般分为无品牌购买者、习惯性购买者、满意购买者、情感购买者和忠诚购买者五个层次，如图 16-6。

图 16-6　品牌忠诚度金字塔

1. 无品牌忠诚者

这一层消费者会不断更换品牌，对品牌没有认同，对价格非常敏感。哪个价格低就选哪个，许多低值易耗品、同质化行业和习惯性消费品都没有什么忠诚品牌。在农贸市场、集市上销售的农产品通常也没有品牌忠诚消费者。

2. 习惯购买者

这一层消费者忠于某一品牌或某几种品牌，有固定的消费习惯和偏好，购买时心中有数，目标明确。如果竞争者有明显的诱因，如价格优惠、广告宣传、独特包装、销售促进等方式鼓励消费者试用，让其购买或续购某一产品，消费者就会进行品牌转换购买其他品牌。如社区直营店销售的农产品，会积累一些习惯购买用户。

3. 满意购买者

这一层的消费者对原有消费的品牌已经相当满意，而且已经产生了品牌转换风险忧虑，也就是说，购买另一款新的品牌，会有效益的风险、适应上的风险等。如消费者在某个电商平台上购买到满意的农副产品，则会持续购买此平台上销售的产品。

4. 情感购买者

这一层的消费者对品牌已经有一种爱和情感，某些品牌是他们情感与心灵的依托，之所以能历久不衰，就是已经成为消费者的朋友、生活中不可缺的用品，且不易被取代。如褚橙，励志橙的品牌精神激发消费者的情感认同，成为情感购买者。

5. 忠诚购买者

这一层是品牌忠诚的最高境界，消费者不仅对品牌产生情感，甚至引以为骄傲。品牌忠诚主要通过消费者的情感忠诚、行为忠诚和意识忠诚表现出来。其中情感忠诚表现为消费者对企业的理念、行为和视觉形象的高度认同和满意；行为忠诚表现为消费者再次消费时对企业的产品和服务的重复购买行为；意识忠诚则表现为消费者做出的对企业的产品和服务的未来消费意向。

（五）其他资产

其他资产是指那些与品牌密切相关的，对品牌增值能力有重大影响的，且不易准确归类的特殊资产，如专利、专有技术、创意等。其他品牌资产可以使品牌差异化变为可能，也使竞争对手的模仿变得困难。对其他品牌资产的投资包括对品牌的保护，对任何假冒自己品牌的行为决不能姑息，否则将会减少自己的品牌资产。

【归纳与提高】

品牌文化是某一品牌的拥有者、购买者、使用者或向往者之间共同拥有的、与此品牌相关的独特信念、价值观、仪式、规范和传统的总和。品牌文化具有引导品牌健康发展、提升消费者价值认同、培养消费者品牌忠诚、强化企业内部管理等功能。

品牌文化是企业对品牌战略进行全面规划与建设的过程中不断积累和发展所逐渐形成的，由品牌精神文化、品牌行为文化、品牌物质文化构成。

塑造农产品品牌文化的途径包括创造象征符号、营造消费仪式与消费场景、塑造名人效应、创建品牌社区、重视并传播品牌历史等。

品牌资产是指与品牌、品牌名称和品牌标识等相关的一系列资产或负债，它们能够增加或减少某产品或服务所带给该企业或顾客的价值。品牌资产具有无形性、可以买卖和有偿转让、形成需要一个长期积累的过程、品牌资产的投资和使用具有交错性、品牌资产的构成和估价复杂、品牌资产的收益具有不确定性等特点。

品牌资产的五角星模型，认为品牌资产包括品牌忠诚度、品牌认知度、品牌知名度、品牌联想、其他专有资产(如商标、专利、渠道关系等)5个方面，这些资产通过多种方式向消费者和企业提供价值。

【复习思考题】

1. 结合某一农产品品牌谈谈其品牌文化的构成要素？
2. 品牌文化的功能有哪些？选择一农产品品牌为例，说明这些功能是如何发挥作用的？
3. 简述品牌资产的概念，如何从企业视角和消费者视角理解品牌资产？
4. 说明农产品生产经营者如何有效地管理品牌资产？
5. 结合农产品品牌案例分析基于顾客心智的品牌资产构成？

章节案例

2019年12月，浙江大学CARD中国农业品牌研究中心联合中国农业科学院茶叶研究所、《中国茶叶》杂志、浙江大学茶叶研究所、浙江永续农业品牌研究院等研究机构，第十一次开展了"2020中国茶叶区域公用品牌价值评估"(港澳台地区除外)的专项研究。评估依据为浙江大学胡晓云领衔自主研发的"中国农产品区域公用品牌价值评估模型"(简称CARD模型)，在CARD模型中，茶叶区域公用品牌价值=品牌收益×品牌忠诚度因子×品牌强度乘数。

根据评估数据所得，98个有效评估的茶叶区域公用品牌的品牌总价值为1970.62亿元，较2019年有效评估的107个茶叶区域公用品牌的品牌总价值高出71.34亿元。本次有效评估品牌的平均品牌价值为20.11亿元，较2019年增加了2.36亿元，增长率为13.29%，比去年的平均品牌价值增长率高出了4个百分点。

品牌收益是指剔除生产、劳动等环节产生的收益，由品牌所带来的收益部分。在

CARD 模型中，茶叶区域公用品牌的品牌收益是年销量×(品牌零售均价-原料收购价)×(1-产品经营费率)三年数据综合得出的结果，平均单位销量品牌收益则直观体现品牌溢价能力大小。评估中，98 个茶叶区域公用品牌的平均品牌收益为 11910.68 万元，比 2019 年增加了 1332.95 万元，增长了 12.60%。

品牌忠诚度因子(BL)指的是消费者对品牌的认可及忠诚程度，该因子测算侧重于能否在长时间内维持稳定的价格及销售。在 CARD 模型中，品牌忠诚度因子=(过去 3 年平均售价-销售价格标准差)÷过去三年平均售价。产品售价越稳定，品牌忠诚度因子越高。据评估数据显示，有效评估品牌的平均品牌忠诚度因子为 0.898，基本与 2019 年持平(因子大小为 0.897)。

品牌强度及其乘数由品牌带动力、品牌资源力、品牌经营力、品牌传播力和品牌发展力等五个能够表现品牌稳定性和持续性的因子加权得出，是体现品牌未来持续收益能力、抗风险能力和竞争能力大小的指标，是对品牌强度高低的量化呈现。有效评估品牌的平均品牌强度乘数为 18.51，2019 年该平均值为 18.52，略有下降。

整体而言，本次有效评估品牌在"品牌强度五力"上存在发展不均衡的状况，历史文脉资源占有与发掘、品牌的组织经营管理等方面的工作成效较好，但在区域联动、品牌传播与营销拓展等方面表现较弱。于产区而言，也同样存在着发展不均衡的状况，华南产区有效评估品牌的"品牌强度五力"较强，其余 3 个产区则存在不同层面的不足之处。

在茶叶区域公用品牌建设未来发展趋势方面，报告指出：数字化与品牌化双轮驱动、双化互动局面将快速形成；茶叶出口步伐加快，国际品牌传播将成为重要阵地；茶产业用工问题成为焦点问题。

2019 年淘宝发布的《春茶消费数据》表明，年轻人消费占比提升，大多数年轻人不仅希望喝茶简单而时尚，也希望买茶简单而便捷。使用新媒体传播这一举措，贴合当下茶叶消费市场的年轻化、电商化消费特征。由于疫情的影响，2020 年茶季，许多茶品牌将销售渠道和品牌传播放在了互联网、移动手机终端上，不少茶品牌开启了线上茶事活动以及直播带货活动。如 2020 年 4 月，新昌县的大佛龙井茶借品牌重塑和价值再造之机，开展了一场别开生面的"云节庆"，通过提前预热和精心设计的七朵祥云——云直播、云游览、云互动、云发布、云观点、云连线、云消费环节，借助互联网实现高效精准传播，当天的直播曝光量便达到 1800 多万人次。

新媒体的运用，顺应了互联网时代消费者的生活方式及其转型，扩大了品牌的知名度、认知度，并通过专业团队的把关，呈现符合品牌个性与品牌核心价值的"镜像表达"，形成虚拟世界的品牌场景与品牌吸引力。未来，新媒体传播不仅会得到各中国茶叶区域公用品牌的重视，更将体现超越传统传播方式的革命性转型价值。

资料来源：胡晓云，李闯，魏春丽.2020 中国茶叶区域公用品牌价值评估报告[EB/OL]. http://www.brand.zju.edu.cn/Article/show.aspx?articleid=1640，2020-05-18/2020-06-10.

思考：

1. 茶叶区域公用品牌价值评估的指标是如何选取的？
2. 评估品牌资产可以采取哪些方式？如何进行农产品品牌资产的评估？
3. 塑造品牌文化对提升品牌资产价值有何作用？

参 考 文 献

程宇宁. 品牌策划与管理(第2版)[M]. 北京：中国人民大学出版社，2014.
郭国庆. 市场营销学[M]. 北京：中国人民大学出版社，2018.
罗雪菲. 特色农产品区域公用品牌构建模式研究 ——以贵州省"三穗鸭"品牌为例[J]. 现代营销(经营版)，2020(02)：128-129.
王海忠. 品牌管理[M]. 北京：清华大学出版社，2014.
王军. 企业品牌创建策划[M]. 北京：中国社会出版社，2010.
卫军英，任中峰. 品牌营销[M]. 北京：首都经济贸易大学出版社，2013.
张明立，冯宁. 品牌管理[M]. 北京：清华大学出版社；北京交通大学出版社，2010.